JN234560

イラストでわかる……………………
建築施工管理用語集

中井多喜雄＋石田芳子＝著
Illustration

学芸出版社

まえがき

　近年，建設投資は年々増大し，建築関係の技術者としての建築士（1級，2級，木造）と建築施工管理技士（1級，2級）という法定有資格者の重要性・必要性は従来にも増して顕著なものになってきております．説明するまでもなく，建築士が建築物に関する設計・工事監理という発注者側の技術者を対象としたものであり，建築施工管理技士は具体的な施工計画・施工図の作成をはじめ，建築現場の施工管理を行うなど，建築工事を請負う受注者つまり建設業者側の技術者を対象としたものであります．

　いずれにしても，建築士と建築施工管理技士は斯界における車の両輪のようなもので，両者が対等に協力し合って工事を進めなければ立派な建築物を建築することは不可能なのです．しかし，建築施工管理技士となるためには，**建築施工管理技士試験**（学科試験〔建築学，建築設備等，建築施工，仕上げ施工，施工管理法，法規〕および実地試験）にチャレンジし合格しなければなりません．特に先ず合格しなければならない学科試験は，正しい知識をもって臨まなければ合格できず，正しい知識の修得の基礎は正しい建築関係用語を修得することから始まります．

　本書は，建築施工管理技士受験に必要不可欠とする用語を厳選し，正確にわかりやすく解説して用語集としたものであり，かつ，巻末の索引を利用されれば，建築施工用語辞典としても活用できるようアレンジした次第で，本書を80％程度，理解されれば建築施工管理技士試験には必ず合格されるはずです．本書を受験参考書・基礎的な建築施工用語辞典として有効的にご活用いただき，斯界でのご活躍の栄冠を獲得されるステップとなれば望外の喜びであります．

　2000年6月

中井多喜雄

勉強に際してのアドバイス

　建築施工管理技術検定試験（建築施工管理技士）については，**建築・軀体(くたい)・仕上げ**の３つの種別に区分され，受験者の希望により種別を選ぶことはできず，あくまでも**実務経験の工事種別**（内容）によって受験種別が定められるのです．

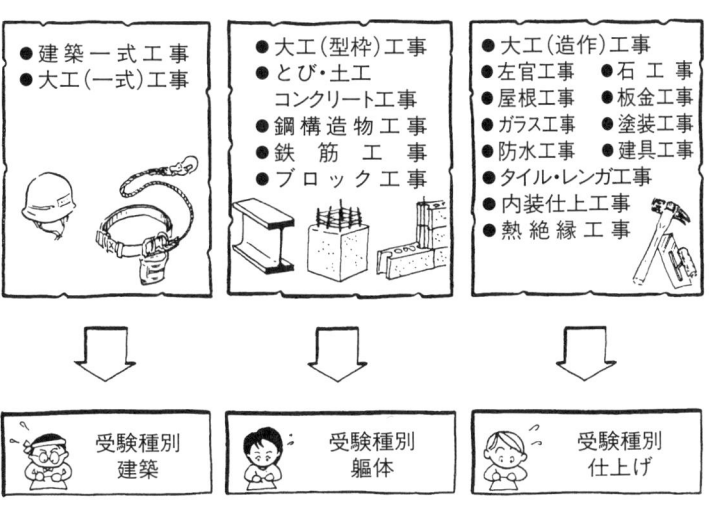

　そして受験種別によって勉強（出題）の科目なども相当に異なるわけです．建築学の基礎知識，建築設備等，施工管理法，法規の科目は建築・軀体・仕上げの受験種別に係わらず共通に必須ですが，例えば，建築施工の科目は仕上げ種別受験の人は勉強する必要がなく，仕上げ施工の科目は軀体種別受験の人には勉強は不必要なのです．したがって効率よく勉強して頂くために，各項のイラスト頁（右頁）の左上部に逐一，〈建築・軀体・仕上げ共通〉，〈建築・軀体共通〉，〈仕上げが主体，一部は建築共通〉などと明示しておきますので，例えば，仕上げ種別受験者は〈建築・軀体共通〉と示している項目は読むことはなく効率よく勉強されることを願っている次第です．

目　次

1. 建築学の知識　　8

1.1　計画原論（環境工学）――――――――――8
　　1.1.1　日照・日影　8
　　1.1.2　採光・換気　14
　　1.1.3　伝熱・結露　18
　　1.1.4　音響・色彩　22

1.2　構造力学――――――――――――――28
　　1.2.1　力学　28

1.3　建築構造――――――――――――――32
　　1.3.1　地盤・基礎　32
　　1.3.2　鉄筋コンクリート構造　38
　　1.3.3　鉄骨構造　44
　　1.3.4　建築物設計・構造計算　46
　　1.3.5　木構造・補強コンクリートブロック造　48

1.4　建築材料――――――――――――――52
　　1.4.1　木材　52
　　1.4.2　セメント・コンクリート　56
　　1.4.3　鋼材・非鉄金属　62
　　1.4.4　アスファルト　64
　　1.4.5　石材　66
　　1.4.6　ガラス・タイル　66
　　1.4.7　塗料　68
　　1.4.8　プラスチック　70

2. 建築設備等（共通工学）の知識　　72

2.1　空気調和設備・給排水衛生設備――――――72
　　2.1.1　空気調和設備　72
　　2.1.2　給排水衛生設備　76

2.2　電気設備・消防設備――――――――――80

2.2.1　電気・照明設備　80

2.2.2　消防・防災設備　84

2.3　契約図書・測量・建設機械など ———————— 88

2.3.1　契約図書　88

2.3.2　積算・測量　92

2.3.3　建設機械　96

3．建築施工　　　　　　　　　　　　　　　98

3.1　仮設工事 ———————————————— 98

3.1.1　共通仮設工事　98

3.1.2　直接仮設工事　100

3.2　土工事・地業 ————————————— 108

3.2.1　土工事　108

3.2.2　地業　118

3.3　鉄筋コンクリート工事 ————————— 128

3.3.1　鉄筋工事　128

3.3.2　コンクリート工事　136

3.3.3　型枠工事　148

3.3.4　補強コンクリートブロック工事　154

3.4　鉄骨工事 ———————————————— 156

3.4.1　鉄骨の工作・建方　156

3.4.2　鉄骨の接合　160

4．仕上げ施工　　　　　　　　　　　　　176

4.1　防水・シーリング工事 ————————— 176

4.1.1　防水工事　176

4.1.2　シーリング工事　184

4.2　石工事・タイル工事 —————————— 188

4.2.1　石工事　188

4.2.2　タイル工事　194

4.3 屋根・とい工事および金属工事 —————— 202

4.3.1 屋根工事 202
4.3.2 とい工事 210
4.3.3 金属工事 212

4.4 左官工事・建具工事 ————————————— 222

4.4.1 左官工事 222
4.4.2 建具工事 234

4.5 塗装工事・内装工事 ————————————— 242

4.5.1 塗装工事 242
4.5.2 内装工事 250

5. 施工管理法　　　262

5.1 施工計画・工程管理 ————————————— 262

5.1.1 施工計画 262
5.1.2 工程管理 268

5.2 品質管理・安全管理 ————————————— 278

5.2.1 品質管理 278
5.2.2 安全管理 284

6. 法規　　　288

6.1 建築基準法・建設業法 ————————————— 288

6.1.1 建築基準法 288
6.1.2 建設業法 296

6.2 労働基準法・労働安全衛生法 ———————— 302

6.2.1 労働基準法 302
6.2.2 労働安全衛生法 304

参考および引用文献 306
索引 308

1.1 計画原論（環境工学）

1.1.1 日照・日影

1 日照・日射・日影に関する用語

日照とは，太陽の直射光線が地表を照射，つまり，地表面において太陽からの放射（輻射）を主として光の影響の点からとらえたときに用いられる太陽放射のことです．ある土地である指定された月日に1日何時間日照があるか（直射日光が当たるか）を時間数で表したものを日照時間といいます．そして日出から日没までの時間数（晴れた日に日照があるべき時間）を可照時間といい，日照時間と可照時間の比（日照時間／可照時間）を日照率（％）といい，日照率はその土地の天気の性質を示す指標の1つとされます．

壁面の方位と日照とは，南向きの壁は他の壁の向きに比べて，冬季には長い時間日照を受け，夏季には短い時間しか日照を受けない最もよい方向というわけです．

日射とは，太陽から地上に到達した太陽放射エネルギーをいい，特に建築分野で熱を問題とする場合に用いられます．晴天の場合に大気を透過して直接地表面に達する直達日射と，太陽放射のうち空気分中の，じ

んあい，雲などにより散乱されて間接的に地表に達する天空放射とがあり，両者の合計を全天日射といいます．

直達日射における日射量を直達日射量といい，天候条件の影響を強く受けます．一般的な傾向としては，夏至では水平面に達する日射量がもっとも大きく，鉛直面では東・西面が最大で，南・北面は少なく，また，冬至では南面する鉛直面がもっとも大きく，北面では皆無に近いのです．

建築物の日照に影響を与えるものに日影があり，南面に高い建物が建つと日影が生じ，北側の住宅などにじゅうぶんな日照を確保することが難しくなり，この日影の状況を正確に把握することは建築物の計画において重要事項となるわけです．平面上に垂直に立てた棒の先端が，その平面上に投じる日影（太陽の運行に従って描く軌跡）をグラフ化したものを日影曲線といい，建物によってできる影を求めるために用いられます．

〈建築・躯体・仕上げ共通〉　　　　　　　　**1. 建築学の知識**

$J_H = J \times \sin h$　水平面直達日射量
$J_V = J \times \cos h$　垂直面直達日射量
J：法線面直達日射量
h：太陽高度

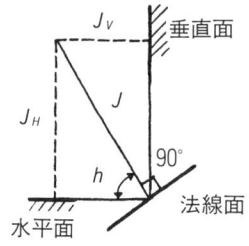

日射量

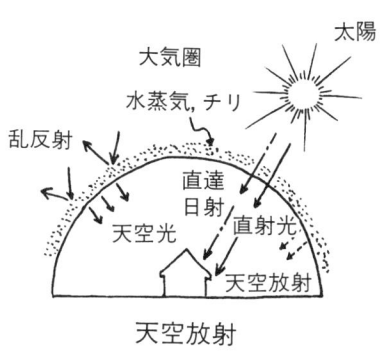

天空放射

壁面の方位と可照時間（東京の）

壁画の方位	夏　　至	春分・秋分	冬　　至
南　　　　面	7 時間 0 分	12 時間 0 分	9 時間 34 分
北　　　　面	7 時間 24 分	0 分	0 分
東面・西面	7 時間 12 分	6 時間 0 分	4 時間 47 分
東南面・西南面	8 時間 2 分	8 時間 0 分	8 時間 6 分
東北面・西北面	6 時間 22 分	4 時間 0 分	1 時間 34 分

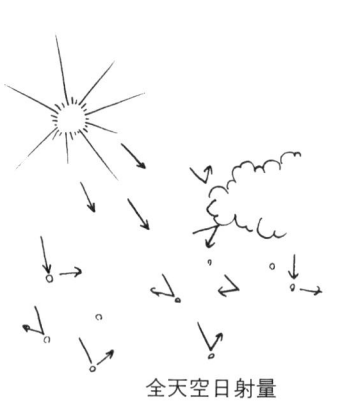

全天空日射量

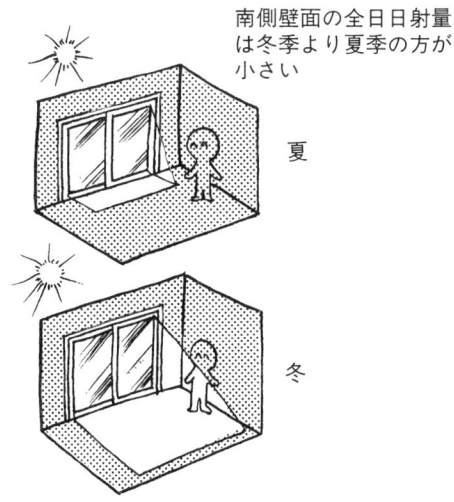

南側壁面の全日日射量
は冬季より夏季の方が
小さい

夏

冬

9

1.1 計画原論（環境工学）　　　　　　　　　1.1.1 日照・日影

2 日影曲線図に関する用語

　日影曲線図とは，ある地点や既存建築物の窓などが，周囲の建築物の影響により日影となる1日の時間数を図上計測するため，太陽の高度，方位角，日影の長さなどをまとめてグラフとして描いたもので，緯度によって異なった図となります．なお，**太陽の位置**は，**高度**（右図のhで，太陽と地平面のなす角）と**方位角**（図のaで，太陽の方向と真南のなす角）から成り立ち，太陽の真南にきたときの方位角が0でそのときの太陽高度を**南中高度**，その時刻を**南中時**といいます．

　日影曲線図の使用法：右の図の破線は，時刻（地方真太陽時）を表し，図で示すように，日影曲線と時刻線との交点から棒の位置まで引いた線が，その時刻における棒の日影となり，南北の線から方位がわかります．また，棒の位置を中心とした同心円は，棒の長さを1とした場合の影の長さを表します．したがって，影の長さは，時刻線と日影曲線との交点から読み取れる同心円の半径によって示されるのです．図から，東京に

おいては冬至の正午に長さ1mの棒の影は南北方向のとき，その長さは約1.7mであることがわかり，いずれにしても「建物の影は日影曲線を利用して，建物の角に建物と同じ高さの棒が立っている」と考えればよいのです．

　終日日影とは，建物の周囲で1日中まったく日照のない部分をいい，終日日影の大きさは，建物の高さが高い場合には，東西方向の長さに比例した大きさとなり，また，建物の軸の方向によっても異なります．夏至の日に終日日影となる部分は，1年中日照がないことになり，これを**永久日影**といい，建物の形や向きによっては永久日影を生じるので注意が必要です．

　日照は人間生活にとって大切な要素であり，基本的に保障されるべきもので，建築基準法により**日影規制**がなされ，住居地の日照確保が行われているのです．

〈建築・軀体・仕上げ共通〉　　　　　　　　　　　　**1. 建築学の知識**

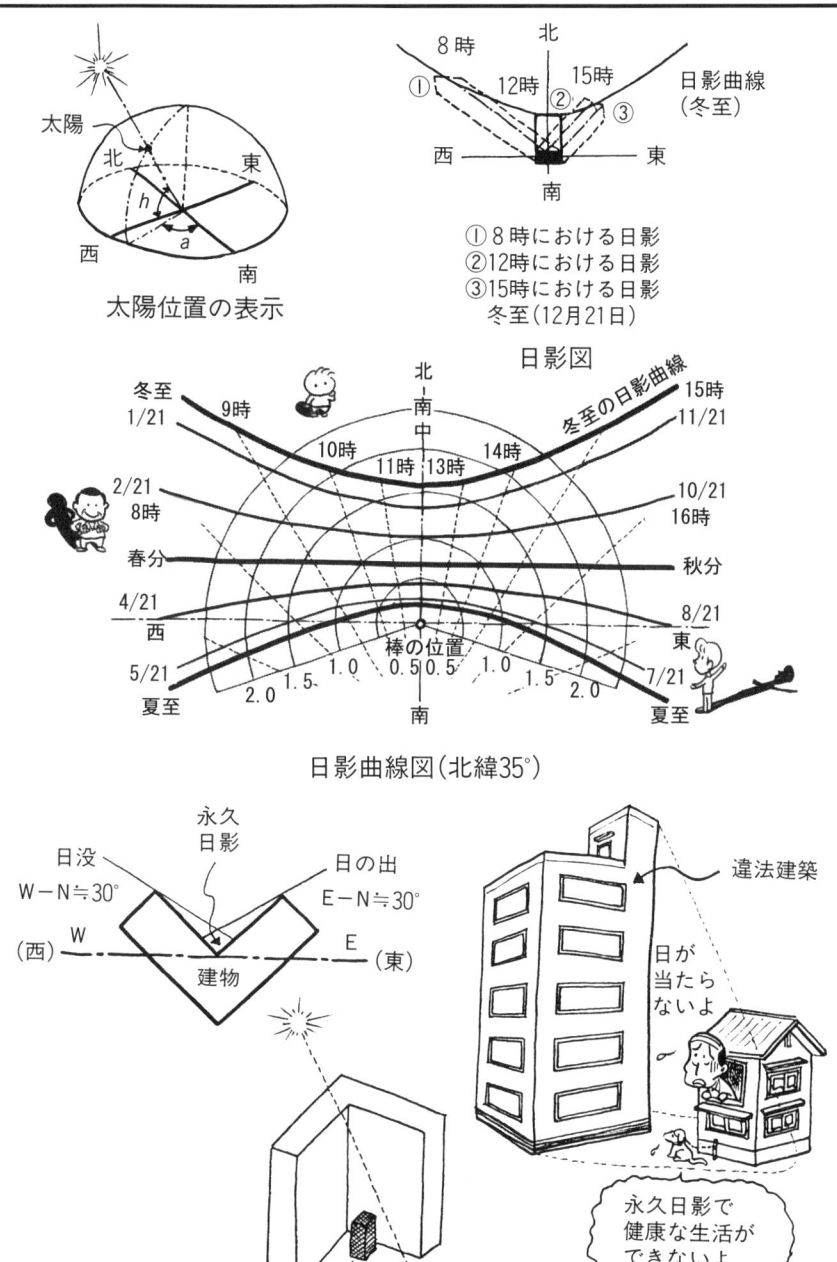

太陽位置の表示

①8時における日影
②12時における日影
③15時における日影
冬至(12月21日)

日影図

日影曲線図（北緯35°）

1.1 計画原論（環境工学）　　　　　　　　　1.1.1 日照・日影

3 日影規制・気候図に関する用語

日影規制とは，中高層建築物について，その敷地境界線から一定距離を超える範囲に，一定時間以上の日影を生じさせないように建物の形態を規制し，周囲の日照などの住環境を保護しようとするもので，正式には日影による**中高層の建築物の高さの制限**といいます．具体的には，①建築物が隣地に及ぼす日影を時間数で規制する．②冬至日の真太陽時の8時から16時（北海道では9時から15時）の間において検討する．③右表のうちから地方公共団体が，その地方の気候および風土，土地利用の状況などを勘案して条例で定める．④日影時間の検討は図(a)に示すⒶとⒷの範囲において，図(b)に示すようにGL（平均地盤面）から1.5mまたは4mまたは6.5mの高さの位置において行う．

隣棟間隔とは，主として集合住宅の南北方向の間隔で，冬至に最低で4時間の日照を確保できる間隔をいい，冬至の4時間日照を得る場合には，南面の住棟高さの約2倍が必要で，6時間日照では2.4倍が必要で

す．なお**東西方向の隣棟間隔**は視線，音などのプライバシーや延焼防止などの観点で決まります．

気候図（クリモグラフ）とは，縦軸に日平均気温，横軸に月平均湿度をとって，その土地の気温と湿度の年間変動を描いた図で，各都市，地域の状態を比較するとその違いがはっきりし，日本の気候は季節風の影響で，夏季は高温多湿，冬季は低温低湿となります．

なお，1日の最高気温と最低気温の差を**日較差**といい，一般に内陸では日較差が大きく，海岸地方では小さくなります．そして1年の最高気温と最低気温の差を**年較差**といい，日較差と同じ傾向を示し，年較差は7～8月が最高，1～2月が最低となります．

気候要素（気象要素）とは，建築計画において，生活に影響する気象現象で，気温・湿度・風雨・日照をいいます．

〈建築・軀体・仕上げ共通〉

1. 建築学の知識

日影規制

対象地域	制限を受ける建築物	平均地盤面からの高さ	測定時間	測定範囲内での制限時間	
				10≧l>5	l>10
第一種低層住居専用 第二種低層住居専用	軒高>7m 階数≧3 (地階を除く)	1.5m	冬至の日の地方真太陽時 午前8時～午後4時 (北海道内は 午前9時～午後3時)	3時間	2時間
				4時間	2.5時間
				5時間	3時間
第一種中高層住居専用 第二種中高層住居専用	高さ>10m	4m 6.5m		3時間	2時間
				4時間	2.5時間
				5時間	3時間
第一種住居 第二種住居 準住居 近隣商業地域 準工業地域	高さ>10m	4m 6.5m		5時間	3時間
				4時間	2.5時間
				5時間	3時間

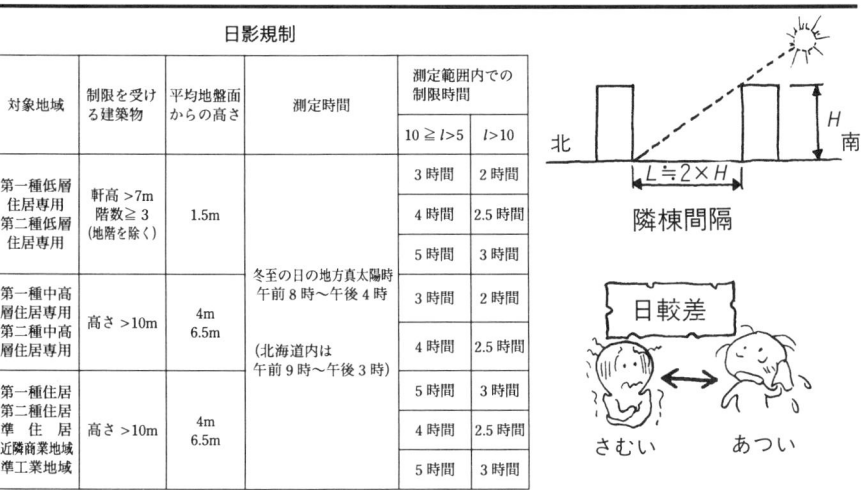

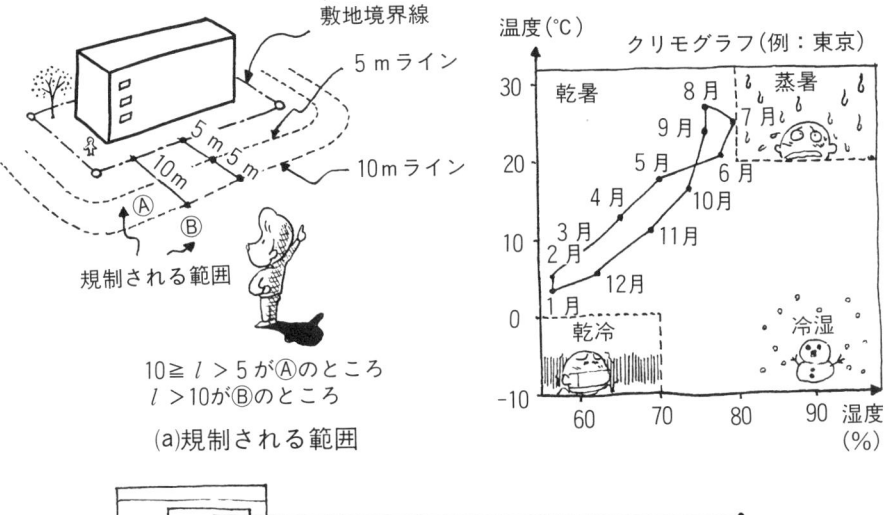

(a)規制される範囲

(b)測定する水平面の高さ

13

1.1 計画原論（環境工学）　　　　　1.1.2 採光・換気

4 　採光に関する用語

採光とは，自然の光つまり，太陽からの可視放射いわゆる天空光を建物の窓より室内に採り入れ照度を得る昼光照明（窓採光）のことをいいます．これに対し人工の光源（ランプなど）により照度を得ることを照明といいます．昼光照明（自然採光）では，窓の向き，大きさ，形，位置などにより大きく変化するため，室内で均一な照度を得るには種々工夫が必要です．そして昼光照明は窓の位置により，南側採光，北側採光，東側採光，西側採光，天窓採光に大別されます．東西南北採光を総称して側窓採光といい，両壁に窓を設ける場合を両側（窓）採光，片側の壁に窓を設ける場合を片側（窓）採光といいます．

側窓採光では窓の形，面積が同じであれば窓の位置が高い高側窓（頂側窓）ほど室内の奥まで照度が高くなります．

のこぎり屋根とは，のこぎりの歯のような片流れが連続した屋根をいい，採光しやすく，とくに北側採光は理想的で直射日光をさえぎり，工

場などで広く用いられます．天窓採光は文字通り屋根（天）に窓，つまり天窓（トップライト）を設ける採光方式で，雨仕舞，断熱などに不利ですが，採光量，照度分布が均一で，近隣の影響を受けにくい利点があり，美術館や博物館で主に採用されます．

採光に必要な開口部とは，昼光照明を行うために，窓などの採光上有効な開口部を設けることが義務づけられ，これを有効採光面積（採光率）といい，国民の健康を保護する目的から有効採光面積は，①住宅では床面積の1/7以上，②学校の教室では1/5以上とされています．

照度とは，光を受けている面の明るさを表す量で，単位はlx（ルクス）で示し，1 m²に1 lm（ルーメン）の光束で照らしている明るさを1 lxとします．

照度基準とは，室内の用途などにより，適正な明るさが必要で，この基準をいいます．

14

〈建築・軀体・仕上げ共通〉

1. 建築学の知識

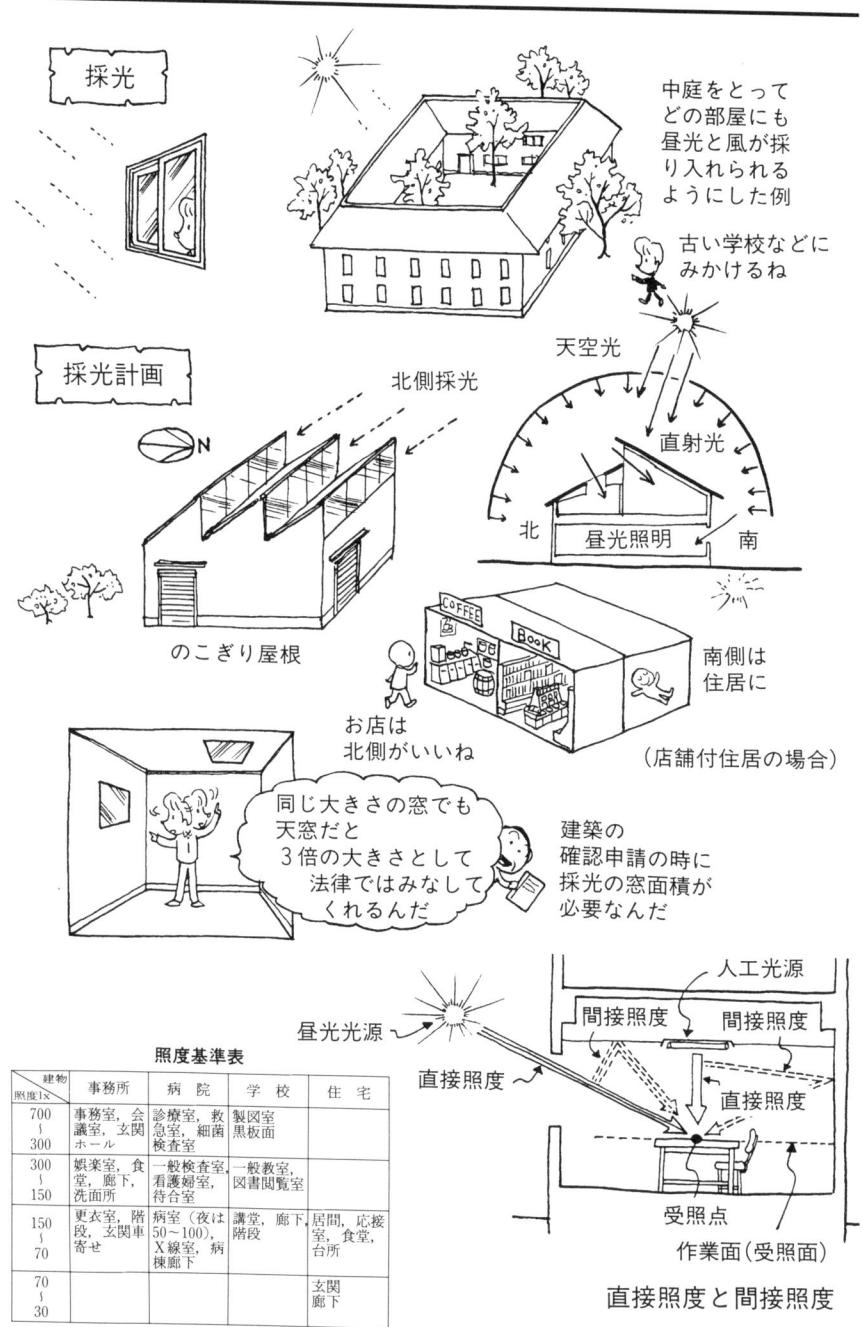

採光

中庭をとって
どの部屋にも
昼光と風が採
り入れられる
ようにした例

古い学校などに
みかけるね

採光計画

北側採光

天空光

直射光

北　昼光照明　南

のこぎり屋根

お店は
北側がいいね

南側は
住居に

（店舗付住居の場合）

同じ大きさの窓でも
天窓だと
3倍の大きさとして
法律ではみなして
くれるんだ

建築の
確認申請の時に
採光の窓面積が
必要なんだ

人工光源

間接照度　間接照度

昼光光源

直接照度

直接照度

受照点

作業面（受照面）

直接照度と間接照度

照度基準表

照度lx ＼ 建物	事務所	病院	学校	住宅
700 〜 300	事務室、会議室、玄関ホール	診療室、救急室、細菌検査室	製図室黒板面	
300 〜 150	娯楽室、食堂、廊下、洗面所	一般検査室、看護婦室、待合室	一般教室、図書閲覧室	
150 〜 70	更衣室、階段、玄関車寄せ	病室（夜は50〜100）、X線室、病棟廊下	講堂、廊下階段	居間、応接室、食堂、台所
70 〜 30				玄関廊下

15

1.1 計画原論（環境工学）　　　　1.1.2 採光・換気

5 換気に関する用語

換気とは，室内の汚染空気を外気（新鮮空気）と入れ替えることをいい，次の2つに大別されます．

自然換気は変動する自然力を利用するもので次のように大別されます．風力換気とは，屋外の風圧力により生じる圧力差によるもので，換気量は風速に比例します．重力換気（温度差による換気）は，室内と屋外の温度差により生じる空気の浮力によるもので，換気口の位置を上下に離すことが有効な方法で，換気量は開口部の面積に比例し，内外の温度差，上下の開口部の垂直距離の平方根に比例します．

機械換気（強制換気）とは，送風機と排風機を用いて強制的に換気を行うもので，実用上は機械換気が広く用いられ，次の3種類があります．第1種（機械）換気は送風機（機械給気）と排風機（機械排気）を併用する方式で，室内の気流分布や風圧力の制御が容易で広く用いられます．第2種（機械）換気は送風機により機械給気を行い，排気は排気口から自然排気を行うもので，室内は正圧

（＋）になり，扉の開閉の際などに他の部屋などからの汚染空気が侵入しないので，手術室やクリーンルーム，ボイラー室などに用います．第3種（機械）換気は排風機により機械排気を行い，室内を負圧（－）にすることにより，給気口より自然給気する方式で，負圧のため室内の汚染空気が外に漏れにくいので便所，ちゅう房室，コピー室などに採用されます．なお，自然給気口と排気筒による自然換気を第4種換気法といいます．

必要換気量とは，室内を適正な空気状態に維持するため導入する外気量をいい，必要換気量は換気する室内の床面積当たり1時間に必要とする量として $m^3/m^2 \cdot h$ で表す場合と，換気回数で表す場合があります．換気回数とは，その室に入ってくる1時間当たりの換気量を室の容積で割った値で，1時間に何回入れ替わったかということです．

〈建築・軀体・仕上げ共通〉　　　　　　　　　　　　**1. 建築学の知識**

炭酸ガス　浮遊粉じん　一酸化炭素
気流ゼロ　　　　　　　　　　多湿
悪臭
空気汚染

新鮮空気
換気

第1種換気

第2種換気

第3種換気

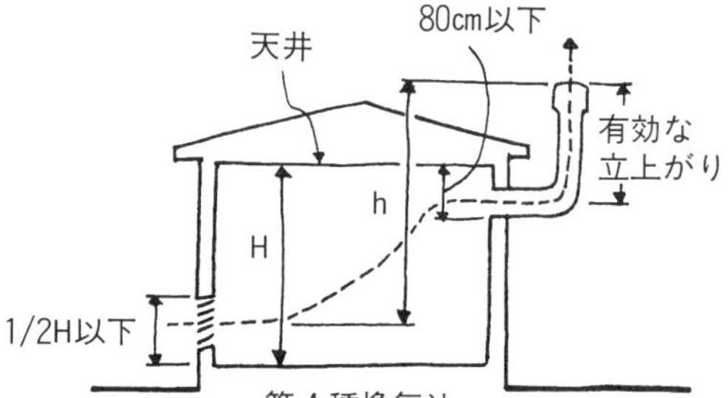

天井　　　　80cm以下
　　　　　　　　　　　有効な
　　h　　　　　　立上がり
H
1/2H以下
第4種換気法

各室の必要換気量（床面積 1 ㎥ / 1 時間）

室　　名	換気量（㎥）	室　　名	換気量（㎥）
事　務　室	10	劇場, 映画館	75
居　　　室	8	営業用食堂	25
百貨店売場	15	病　　室	15
浴室, 便所	30	厨　　房	60
教　　　室	20	図　書　館	15

室の用途別換気回数

建物種別	1 時間当り
住　　宅	2 ～ 3 回
事　務　室	3 ～ 6 回
教　　室	6 回
劇　　場	8 ～ 10 回

1.1 計画原論（環境工学）　　　　　　　　　　　1.1.3 伝熱・結露

6　伝熱に関する用語

　物体中の熱の移動機構は熱伝導，対流伝熱，放射伝熱およびこれらの組合せとなり，これらの熱の移動現象を総称して**伝熱**といいます．建物内外の伝熱経路は右図(a)のようになり，外部からの熱（空気熱）が建物（壁体）表面で熱伝達（**表面熱伝達**）し，壁体内部を熱伝導し，再び室内の壁体表面で表面熱伝達して室内空気に伝わるのが，屋外から室内への伝熱のパターンです．このように高温側の気体（空気）の熱が固体（壁体）を貫通（熱伝導）して，低温側の空気に伝熱することを**熱貫流**または**熱通過**といいます．固体内を熱が高温部から低温部へ直線的に移動する現象を**熱伝導**といい，これに対し固体表面とこれに接触する空気との間の伝熱を**熱伝達**（**表面熱伝達**）といいます．この場合は固体（壁）表面に接している薄い空気の膜があり，伝熱上大きな抵抗となるため曲線状となるのです．

　熱伝導率とは，物体内部の等過面の単位面積を通って単位時間に垂直に流れる熱量と，その方向における

温度勾配との比．つまり，材料（固体）の熱の伝わりやすさを示す単位（W/(m・K)（ワット毎メートル・ケルビン））で，材料の密度と関係があり，熱伝導率の値が大きいほど物体を通る熱が大きく熱を伝えやすいことを意味します．**熱伝達率**とは，固体表面での周囲流体との間の熱流束を両者の温度差で除した値．つまり固体表面と周囲空気の間の対流と放射による伝熱で，風のない所では小さく，風があると大きくなり，単位はW/(m²・K)（ワット毎平方メートル・ケルビン）です．**熱貫流率**とは，壁体内の熱伝導と表面との熱伝達を含む壁全体の単位面積当たりの伝熱量（W/(m²・K)）で，熱貫流率の値が小さいほど熱が伝わりにくいのです．**熱貫流抵抗**は熱貫流率の逆数で伝熱のしにくさを示し，単位は(m²・K)/W（平方メートル・ケルビン毎ワット）です．

　比熱とは物質の熱を蓄える性質を表すもので，比熱が大きくなるほど温度1℃高めるのに要する熱量は大きくなります．

18

〈建築・軀体・仕上げ共通〉

1. 建築学の知識

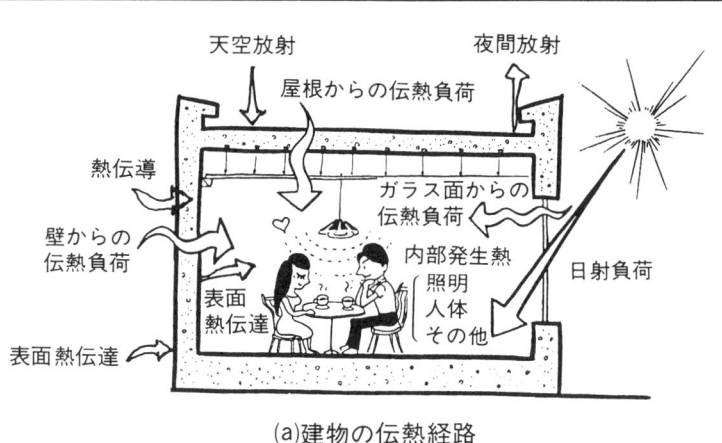

(a)建物の伝熱経路

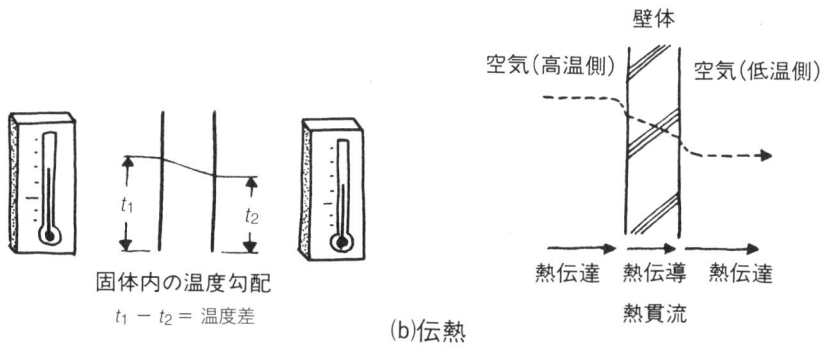

固体内の温度勾配

$t_1 - t_2 =$ 温度差

(b)伝熱

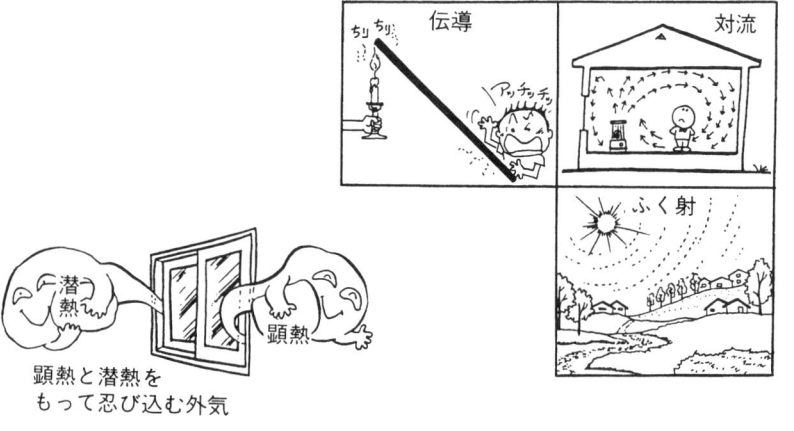

1.1 計画原論（環境工学）　　　　　　1.1.3 伝熱・結露

7 | 結露に関する用語

　水蒸気を含む空気が冷却して飽和状態になるときの温度を**露点**といい，露点以下の温度に低下すると（飽和絶対湿度線を超えると）水蒸気は液化（水滴）し，この現象を**結露**といいます．冬季に窓ガラスや断熱性の悪い外壁などの内側に生じやすいのです．壁などの表面に生じる結露を**表面結露**，壁などの内部が空気層で構成されている場合は表面結露は生じませんが，壁などの内部に結露が生じることがあり，これを**内部結露**といいます．なお，空気はその中に水蒸気を含み，これを**湿り空気**といい，その水蒸気を除いた空気を**乾き空気**といいますが，乾き空気は実際には存在せず湿り空気のみです．

　湿り空気中の含有水蒸気の度合（空気の乾湿の度合）を**湿度**といい，次の2つに分けられます．**絶対湿度**とは，湿り空気中の水蒸気の質量と乾き空気の質量との比，つまり単位質量の空気中に現存する水蒸気の質量をいい，単位はkg/kgで表します．**相対湿度**は**関係湿度**ともいい**RH**と記号します．湿り空気中の水

蒸気の分圧を，そのときの温度の飽和水蒸気圧で除した値，つまり，ある温度の空気中に含みうる最大限の水分量に比べて，どの程度の水分を含んでいるかを示す値で，百分率（％）で表します．通常，単に"湿度"といえば相対湿度のことを意味します．

　いずれにしても，結露によりかびの発生，変色，仕上げ材の腐食などの被害をもたらすため，その**防露対策の基本**としては，冬季には内壁表面温度を室内の空気の露点以上とすることです．具体的には，①壁に断熱材を入れ熱貫流抵抗を大きくし，かつ，壁を厚くまたは二重壁とする．②壁体の材料に熱容量の大きいものを用いる．③断熱材を低温側に，断湿材を高温側に（壁体内部の断熱材の室内側に防湿層を設ける）する．④壁体内側表面を吸湿性のある材料とする．⑤空調においては室内換気をよくし，絶対湿度を一定にして室温を上げる．ことです．

〈建築・軀体・仕上げ共通〉　　　　　　　　　**1. 建築学の知識**

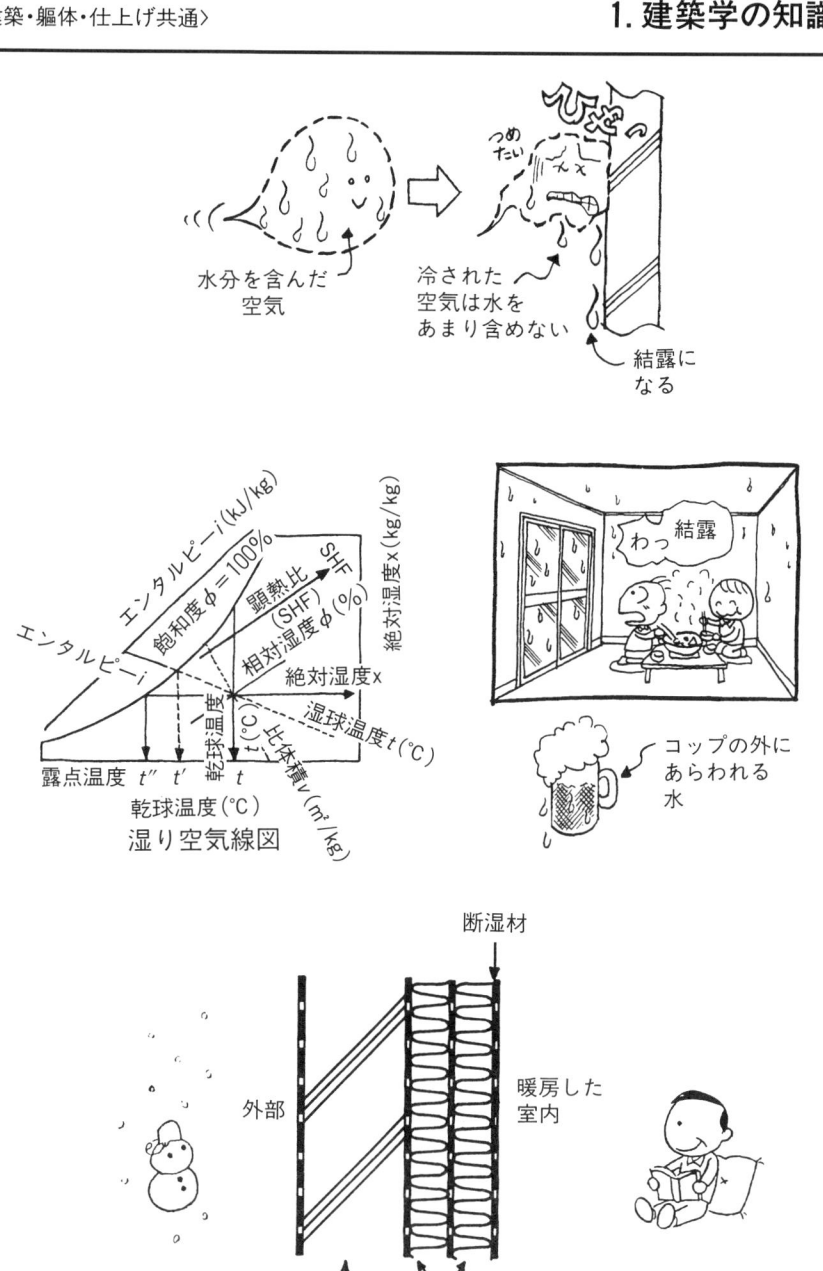

1.1 計画原論（環境工学）　　　　　　　　　　1.1.4 音響・色彩

8	音に関する用語

音とは，音波またはそれによって起こされる聴覚的間隔で，音が媒体（空気）中を伝わる速さを音速といい，気温 15℃のときでは毎秒 340 mです．音の三要素とは，音の強さ，音の高さ，音色で，音の種類は音の三要素ですべて決定されます．

dB（デシベル）は音圧レベル，音響パワーレベル，振動レベルを表す物理的尺度としての単位です．phon（ホン）は騒音レベルを表す単位で，1 phon＝1 dB の関係にあります．

音が壁や穴の開口部を通って背後に伝わる（回り込む）現象を回折といい，音（入射音）が壁などにぶつかってはね返される音を反射音といいます．夜間とくに晴れた冬季に音が遠くまで聞こえるのは，音が地表面に対して凹な曲線となる屈折現象によるものです．同じ周波数の音波が 2 つ同時に存在するとき，音圧の高いところ同士が重なり合えば全体の音圧は高くなり，音圧の高いところと低いところが重なり合えば全体の音圧は打ち消し合って小さくなり

この現象を干渉といいます．そして，小さい音が大きい音のために聞こえなくなる現象がマスキングです．

反響（エコー）とは，直接音（入射音）と反射音との時間差が 1/20 以上ずれると 2 つの音として聞こえる現象で，山彦は反響の著しい例ですが，反響は反射面を吸音材とすることで防ぐことができます．そして，ある音源が止まった後もその音が残っている現象を残響といい，音源が停止時の大きさから 60 dB 下がるのに要する時間を残響時間といいます．

最適残響時間とは，残響時間には部屋の用途により適正値があり，この値をいいます．ホールや劇場などでは最適残響時間は 2〜3 秒と長く，講演会場など話を聞く部屋は 0.5 秒程度と短くします．なお，内装仕上げ材の吸音率が大きくなるほど残響時間は短くなり，同じ仕上げ材では，部屋の容積が大きくなるほど残響時間は長くなります．

〈建築・軀体・仕上げ共通〉

1. 建築学の知識

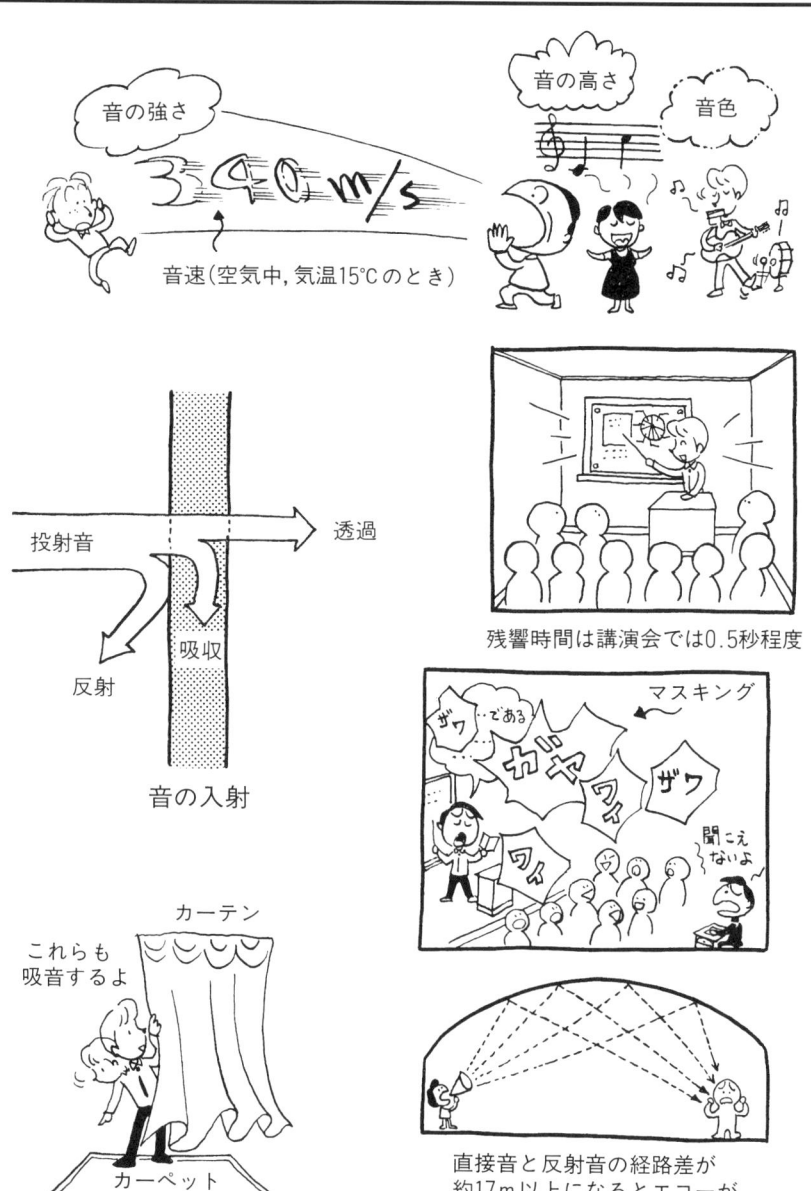

1.1 計画原論（環境工学）　　　　　　　　　　1.1.4 音響・色彩

9	音響設計・騒音に関する用語

明瞭度とは，室内の音の聞き取りやすさを表す尺度で，一般に残響時間が長いほど明瞭度は低下し，85％以上であれば良好，70％以下の場合は不良とされます．

音響効果と騒音防止は建築物の必須条件：劇場などにおいては，客席の前部からの反射音は音を大きく（後部の座席まで届くように）積極的に反射させるように計画します．このため客席前部は反射面としますが，客席の後方約2/3より後の壁や天井から反射する音は反響の原因となるので，反響を弱めるため客席後部は吸音面とします．また，室内に平行な反射性壁面があると，反射が規則的に繰り返されるブルーンといった音が残る**鳴竜**現象が生じます．

騒音とは，心理的に不快を感じる音をいい，騒音が10 dB上がると2倍やかましく感じ，10 dB下がるとやかましさが半分に感じられます．騒音の許容基準値を**許容騒音レベル**といい，普通の話し声で60 dB，大声で90 dB，閑静地では40 dBを標準とします．なお，比重の小さい材料（防音材料）は，一般に音の透過率が高く，遮音効果は少ないのです．

音源から伝わってくる音を**入射音（投射音）**といい，建物や壁などの物体にぶつかると，その一部は反射音となり，残りの音波は物体の中に入り，この音を**吸収音**といいます．吸収音の一部は物体を通過し，再び空気中に伝わって人の耳に伝わり，この音を**透過音**といいます．室内に伝わる透過音は入射音に比べると，反射音と吸収音との和だけ減少します．

遮音による**騒音防止**の効果を高めるには，壁などの透過損失の値を高めることが必須条件となり，一般に材料の透過損失はコンクリートのような比重が大きいものほどその値が増大し，板厚も大きいほど値が増加します．

なお，開口部には二重窓を取り付けると遮音に効果があるように，壁も二重壁にすると遮音効果が大きくなります．

〈建築・躯体・仕上げ共通〉　　　　　　　　　　　　　　# 1. 建築学の知識

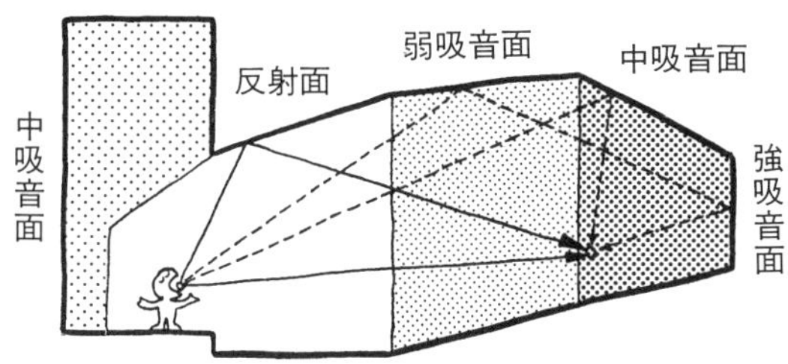

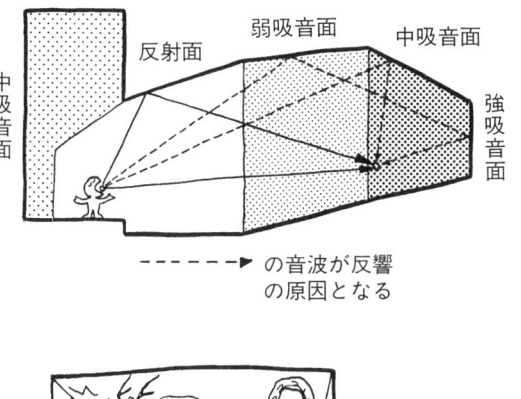

クラシックなどは残響時間が
2〜3秒と長いほうがよい

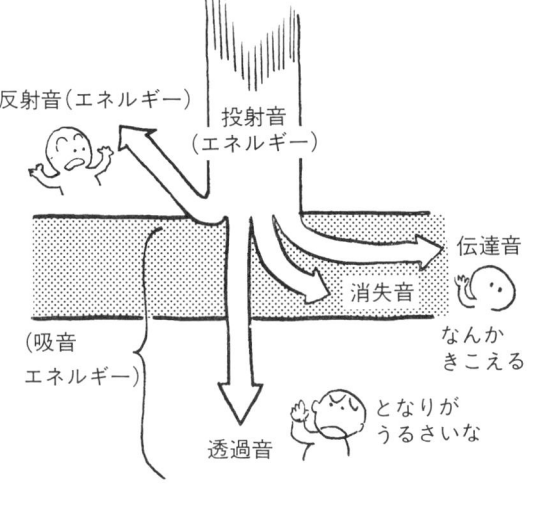

許容騒音レベル

室　　　名	許容量〔dBA〕
ラジオスタジオ，テレビスタジオ	25〜30
音楽室（観客がいないとき）	30〜35
劇場（観客がいないとき）	30〜35
病院，住宅，アパート，ホテル，教室，講堂	35〜40
映画館，オーディトリアム，教会	35〜40
会議室，小事務室，図書館	40〜45

吸音材

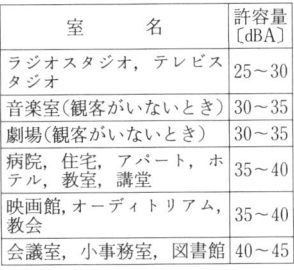

吸音域	材料	吸音材
高音域	グラスウール ロックウール 木毛セメント板 吹付石綿	多孔性吸音材
低音域	合板 ハードテックス スレート板 プラスチック板	膜振動吸音材
共鳴周波数域	穿孔金属板 穿孔合板 穿孔硬質繊維板 穿孔アスベスト板	有孔性吸音材

1.1 計画原論（環境工学） 1.1.4 音響・色彩

10 色彩に関する用語

　色を表す体系を**表色系**といい，一般には**マンセル表色系**が多用され，これは**色彩**を色相，明度，彩度の三要素により表しています．色の種類は色相，明度，彩度で決定されるのでこれを**色の三要素（色の三属性）**といい，色の三要素の関係をわかりやすくしたのが**マンセルの色立体**です．これは垂直線に明度，水平軸に彩度，円周に色相をはめて表し，純色と中間色，無彩色を程よく充てんさせたものです．

　色相とは赤 R，黄 Y，緑 G，青 B，紫 P などのような，色知覚の性質を特徴付ける色の属性をいい，以上の 5 色と中間色，橙 YR，黄緑 GY などの計 10 色で示します．**明度**とは，色の明るさを示す尺度で，純黒の 0 から純白を 10 として 11 段階で示します．**彩度**とは，色の鮮やかさを示す尺度で，**無彩色**（色相をもたない白，灰色，黒）からの離れ方を数字で示し，数字が大きいほど鮮やかな色になります．無彩色を 0，純色で最も彩度が高い赤を 14 とします．なお，**最高彩度**（彩度の段階）は色相

によって異なり，赤が最も多く，青が最も少ないのです．**有彩色**は無彩色以外の色で，色相をもつ明色・暗色・清色・濁色などすべてを含みます．

　同じ色彩であっても面積が広い場合は小さい場合よりも，色は明るく，彩度も鮮やかに見え，これを**色彩の面積効果（面積効果）**といいます．**色対比（対比効果）**とは，2 つの色を対比してみると，個々の実際の色よりも 2 つの色の違いが強調されて感じられる現象です．

　色彩効果に関しては次のような用語があります．**進出色**は，暖色系の赤，橙，黄，赤紫をいい，**後退色**は，寒色系の緑，青緑，青，青紫をいいます．**膨張色**とは，実際よりも大きく見える色で，一般に明るい色，橙などです．**収縮色**は実際よりも小さく見える色で，一般に暗い色，青などです．**補色**とは，2 種の色を混合して無彩色になる相互の色をいい，赤↔青緑などで，補色の色を対比させると鮮やかに見えます．

〈建築・軀体・仕上げ共通〉

1. 建築学の知識

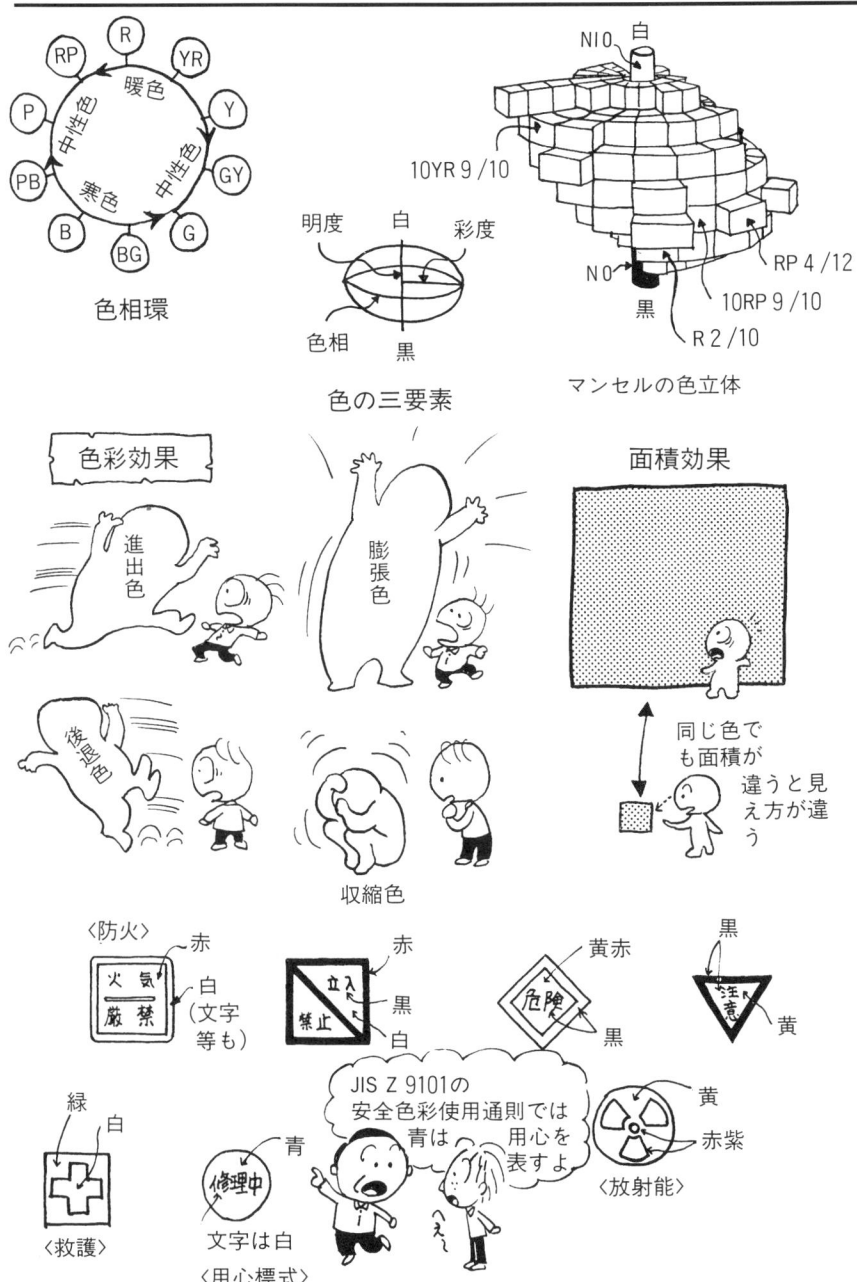

1.2 構造力学　　　　　　　　　　　　　　　　　　　　1.2.1 力学

11 | 力の性質に関する用語

力とは，物体の運動状態を変えさせたりする作用をいい，単位としてN（ニュートン）を用います．モーメントとは，物体に回転を生じさせる能力をいい，考えた点から力の作用線に下した垂直線の長さとその力の積です．力を表すには，大きさ，方向，作用線の3つが必要で，これを力の三要素といい，力の作用点を作用線上のどこに移動しても，力の効果は変わりません．

力のつり合い条件とは，いくつかの力を受ける物体が，つり合うための条件のことで，図式的には示力図（力の合成，力の分解のとき用いる力のベクトルの多角形）および連力図（いくつかの平行力または平行に近い力の合力の作用線を求めるため，示力図と共につくられる図）が閉じることです．なおベクトルとは力，速度のような大きさ，方向によって定まる量です．

力のモーメントとは，作用する力の大きさと回転の軸から力の作用点までの垂直距離の積をいい，単位はN・m（ニュートンメートル）です．

力の合成とは，物体に加わるいくつかの力を，これらと等しい効果をもつ1つの力にまとめることをいい，まとめた力を合力といいます．逆に物体に加わる1つの力を，これと同じ効果をもついくつかの力に分けることを力の分解といい，分けられた力を分力といいます．

曲げモーメントとは，部材をわん曲させる働きをする力によって断面に発生するモーメントをいい，例えばはりに荷重（力）がかかると，はりを曲げようとする曲げ作用が生じ，この曲げ作用の大きさをいいます．

反力とは，力（外力）を受ける物体が，支点で支えられてつり合い状態にあるとき，支点から物体に働く圧力で，支点に作用する力と大きさは同じで，向きは反対です．

断面性能とは，部材の断面形状による負担能力の程度を比較するための尺度をいいます．

偶力とは，大きさが等しく，平行で向きが反対の一対の力です．

28

〈建築・躯体・仕上げ共通〉

1. 建築学の知識

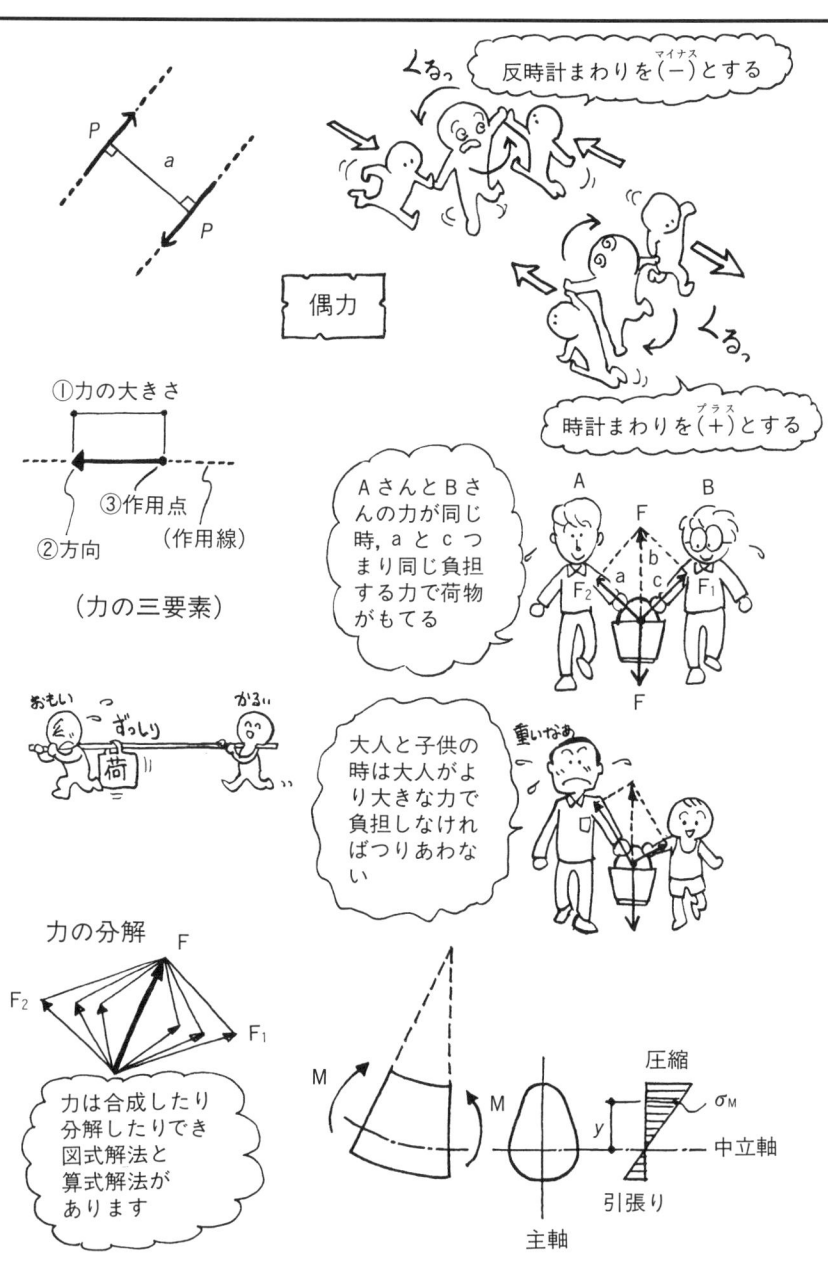

くるっ　反時計まわりを(－)とする

偶力

時計まわりを(＋)とする

①力の大きさ
③作用点
（作用線）
②方向

（力の三要素）

AさんとBさんの力が同じ時, a と c つまり同じ負担する力で荷物がもてる

おもい　ずっしり　荷　かるい

大人と子供の時は大人がより大きな力で負担しなければつりあわない

重いなあ

力の分解　F
F₂　F₁

力は合成したり分解したりでき図式解法と算式解法があります

M　M

圧縮
σ_M
中立軸
引張り
主軸

曲げモーメント

29

1.2 構造力学　　　　　　　　　　　　　　　　　　1.2.1 力学

12 | 断面の性質・応力に関する用語

断面一次モーメントとは，次の値（単位は cm³, m³）をいいます．①図形の断面積 A と，この断面の**図心**（部材断面の重心）から X 軸までの距離 y の積で求まる．$[Sx = A \times y]$．②図心の位置を求める場合は $[y = Sx/A]$．断面一次モーメントは図心を求める場合に利用します．

断面二次モーメントとは，断面の図心を通る軸に関して断面の微小面積と軸までの距離の二乗を乗じ断面全体について積分した値をいい，部材の曲げ変形を求めるときに利用します．

荷重とは構造物などが外部から受ける力（外力，重さ）をいい，物体に荷重が加わるとき，その物体内に生じる抵抗力（内力）を**応力**といいます．応力は荷重の加わる方向力などにより，圧縮・引張り・せん断応力などに分けられます．

トラスに生じる応力：トラス（部材の節点がピン接合となっている三角形を単位とした**構造骨組**）は三角形で構成されるので，トラス部材には軸方向力のみが生じ，曲げモーメ

ント，せん断力は生じません．**軸方向力**とは，軸方向に働く荷重（引張荷重と圧縮荷重）をいいます．

節点法とは，1 つの節点を中心として節点に集まるすべての部材を横切るような切断面を考え，節点に作用する部材反力，つまり，つり合い条件から部材応力を求める静定トラスの解法で，クレモナ図解法と切断法に大別されます．

ヤング係数とは，弾性材料の**応力度**（断面の単位面積当たりの応力，応力度＝応力/断面積）と**ひずみ度**（材料が応力や温度・乾燥などにより物体の形が変化する度合）の関係を示す比例定数です．

応力・ひずみ線図（**応力度・ひずみ曲線**）とは，縦軸に応力，横軸にひずみを取って，材料試験における応力とひずみとの対応関係を示した図で，鋼材の応力度（N/mm²）とひずみ度との関係は右の図のとおりです．**降伏点**とは応力の増加を伴わずにひずみが増加するときの限界の応力で，材料の機械的強度を示す重要な値の 1 つです．

〈建築・軀体・仕上げ共通〉　　　　　　　　　　　　　**1. 建築学の知識**

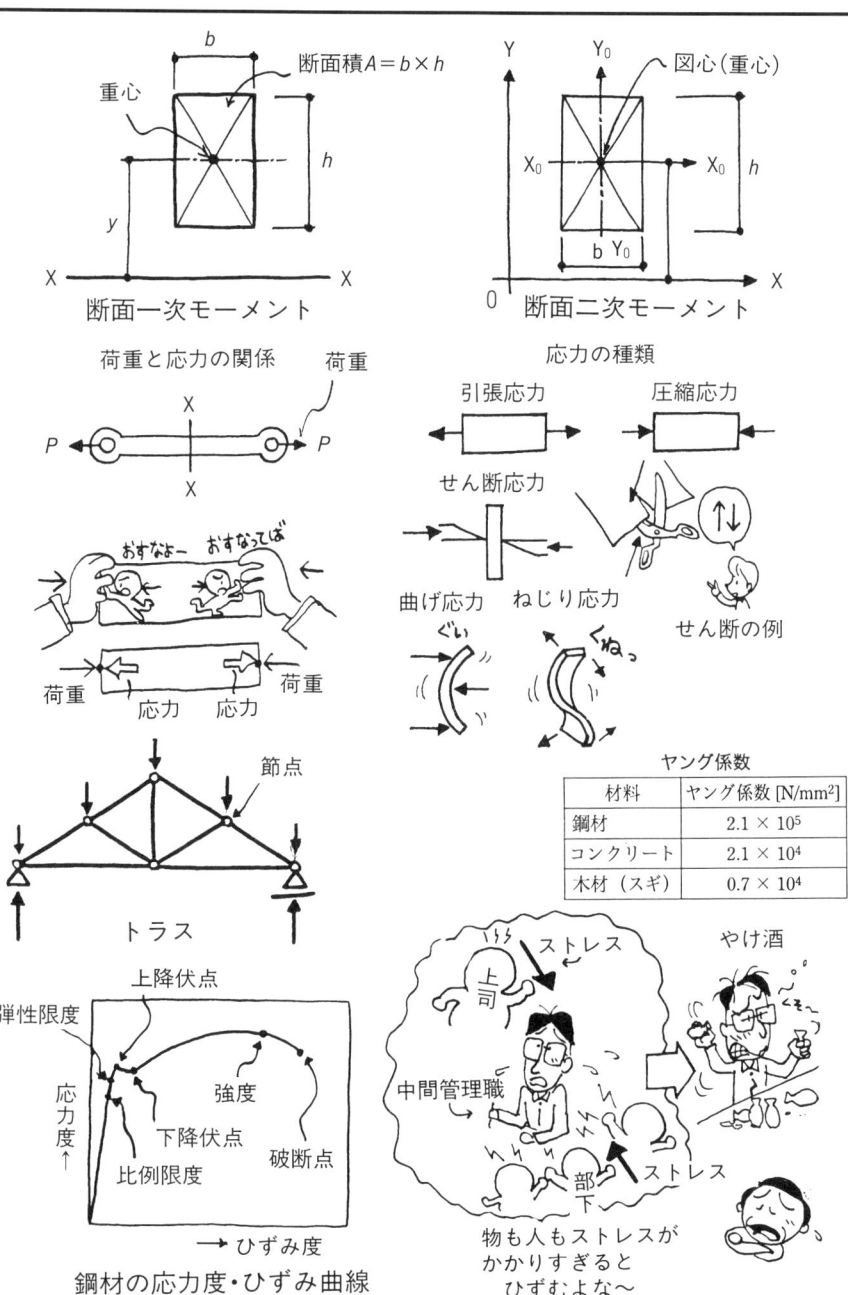

断面一次モーメント

断面二次モーメント

荷重と応力の関係

応力の種類

トラス

鋼材の応力度・ひずみ曲線

ヤング係数	
材料	ヤング係数 [N/mm²]
鋼材	2.1×10^5
コンクリート	2.1×10^4
木材（スギ）	0.7×10^4

物も人もストレスが
かかりすぎると
ひずむよな～

31

1.3 建築構造
1.3.1 地盤・基礎

13 | 地盤に関する用語

地盤とは，岩盤の上にある土層部分をいいます．土の物理的・力学的性質，粒度組成などを土質といい，土の粒径は細砂，シルト，粘土の順に小さくなります．

圧密とは，土中の上載荷重の影響を受けて，徐々に排水され土が圧縮されていく現象で，圧密により生じる地盤沈下を圧密沈下といい，建築物の不同沈下の原因となり，圧密は透水性の悪い粘土質の地盤に生じやすいのです．液状化現象（クイックサンド）とは，地盤が地震（振動）によって間げき水圧が上り，砂のせん断抵抗がなくなり，液体のように流動性を帯び建築物の支持力を失う現象で，地下水などで飽和した砂地盤で発生します．

地盤調査とは建設予定敷地の障害物の状況，土層および土質，地下水位，地耐力などを設計・工事計画に資するため調査することをいい，主に次の試験法が用いられます．

標準貫入試験は，地盤の土の締まり具合を知るためのもので，63.5 kgのおもりを 75 cm の高さから自由落下させ，試験用のサンプラー（規定の鋼管）を 30 cm 打ち込むために要する打撃回数である N 値を測定し，土層の硬軟を調べる試験です．例えば粘土層では，N 値 10 以上であれば硬く，5 程度で中位，2 以下では軟らかいと判定します．スウェーデン式サウンディング試験とは岩石，礫（小石）を除くあらゆる土質の標準貫入試験の補助法です．

平板載荷試験とは，すべての土質を対象に，載荷板（30 cm の正方形の鋼板）を地盤に載荷し，予定地耐力に相当する荷重を加え，沈下量と荷重の関係から地耐力を求める試験をいいます．

地耐力とは，地盤が上載荷重（建築物の重量）に耐えうる強さをいい，主として設計時の許容地耐力として用いられます．地盤の長期許容地耐力度は，B：密実なれき層 30，C：密実な砂質地盤 20，D：堅い粘土質地盤 10，A：砂質地盤 5 です．

〈建築・軀体・仕上げ共通〉

1. 建築学の知識

	1μm	5μm	74μm	0.42mm	2.0mm	5.0mm	20mm	75mm	30mm		
コロイド	粘土	シルト	細砂	粗砂	細礫	中礫	粗礫	コブル	ポルダー
			砂			礫					
		土質材料						岩石質材料		

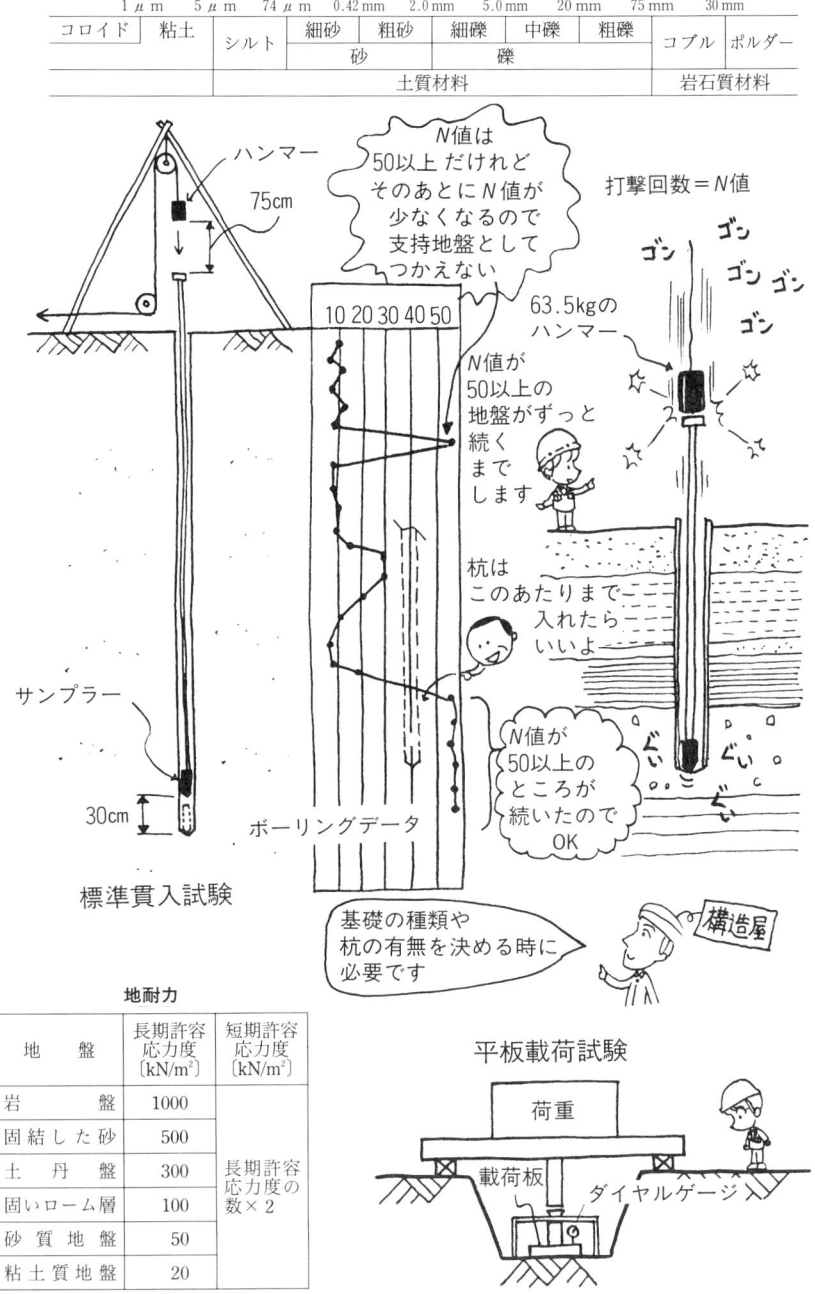

標準貫入試験

ボーリングデータ

基礎の種類や杭の有無を決める時に必要です

地耐力

地　　盤	長期許容応力度〔kN/m²〕	短期許容応力度〔kN/m²〕
岩　　　盤	1000	長期許容応力度の数×2
固結した砂	500	
土　丹　盤	300	
固いローム層	100	
砂 質 地 盤	50	
粘土質地盤	20	

平板載荷試験

33

1.3 建築構造　　　　　　　　　　　　1.3.1 地盤・基礎

14 地盤・基礎に関する用語

軟弱地盤とは軟弱層が厚い地盤，すなわち比較的新しい沖積層で含水量の非常に多いシルト層など，外部要因が働かずに圧密が進行しているような地盤をいい，支持力は小さく地盤沈下が発生しやすく，地震時に建築物の被害が大きくなるおそれがあり，耐震設計では3種地盤として別の扱いがされています．

基礎とは，建築物上部構造の荷重を地業，地盤に伝える下部構造の総称で多種に分類され，基礎は上部構造と対比してよぶとき**基礎構造**といいます．**直接基礎**とは，上部構造からの荷重を杭などを用いずに，基礎スラブから直接地盤に伝える基礎で次の2つがあります．①**べた基礎**：上部構造の広範囲な応力を単一の基礎スラブで地盤に伝える形式の基礎．②**フーチング基礎**：フーチング（鉄筋コンクリートの建物において，荷重を杭または地盤に伝えるため柱や壁の最下部を拡大した部分）をもった基礎の総称です．

杭基礎とは，杭を用いる基礎です．**杭（くい）**は構造物の荷重を基礎などを介して，地盤に伝達させるための柱状の構造部材をいい，材料から，次の3種に大別されます．①**木杭**：木製（主として松材）の杭で，腐食防止上，地下常水位以下に打ち込みます．②**鋼杭**：鋼製（主にH形鋼，鋼管）の杭で，溶接により継手が可能で，長い杭に適し，コンクリートの合成杭にも利用される．鋼杭は腐食対策として**腐食代**（完成後，使用中の腐食による金属の減耗分を見越して，設計時に増しておく厚み）を見込んで肉厚を厚くした鋼材を用いる．③**プレストレストコンクリート杭（PC杭）**：PC鋼材を用い高強度コンクリートに**プレストレス**（外力による作用を打ち消すように，あらかじめ部材に与える応力）を導入し，部材の引張応力を打ち消し，曲げ抵抗を増大させた構造のコンクリート杭．

根入れとは，杭，基礎などの地中に埋設した部分をいいます．

34

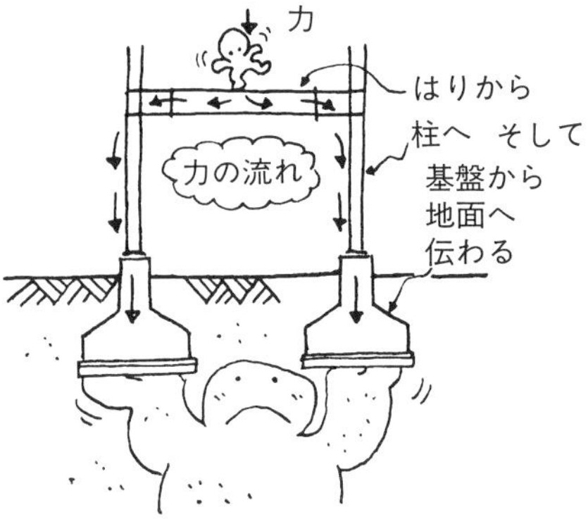

〈建築・軀体・仕上げ共通〉

1. 建築学の知識

力

力の流れ

はりから
柱へ　そして
基盤から
地面へ
伝わる

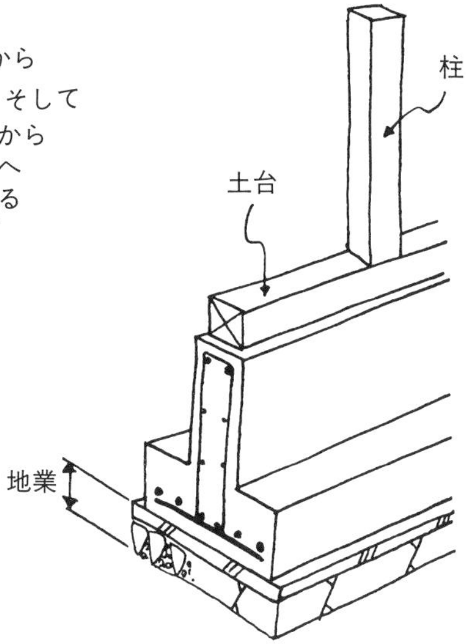

柱

土台

地業

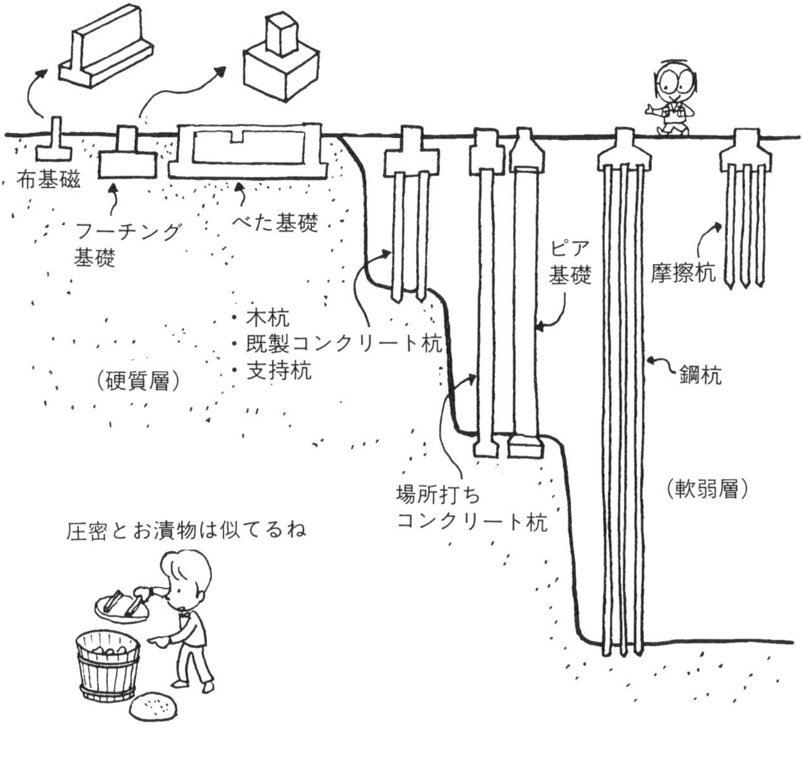

布基磁

フーチング
基礎

べた基礎

・木杭
・既製コンクリート杭
・支持杭

（硬質層）

ピア
基礎

摩擦杭

鋼杭

（軟弱層）

場所打ち
コンクリート杭

圧密とお漬物は似てるね

35

1.3 建築構造   1.3.1 地盤・基礎

15 | 杭基礎・地業に関する用語

杭基礎の支持方式は次の2つに分けられます．①**先端支持杭**：杭の先端抵抗によって荷重を支持する杭．なお，**支持力**とは，地盤または杭などの基礎の支持しうる荷重です．②**摩擦杭**：杭の周辺摩擦力にその支持力を期待する杭で，支持杭と区別する用語．なお，**負の摩擦力（負の周面摩擦）**とは，圧密沈下している地層を貫いて支持層まで打設させている杭の周囲に作用する下向きの摩擦力をいいます．

杭基礎の許容支持力は杭の支持力のみによるのを原則とします．

杭基礎の施工法から，次の3つに分類されます．①**打込み杭**：打込み工法による既製杭．②**埋込み杭**：既製杭を打ち込みによらず，何らかの方法で穴あけして埋め込んで設置する杭．③**場所打ち杭**：既製杭を用いずに，地中にせん孔して鉄筋かごを設置し，コンクリートを打設する，いわば現場でつくる杭．場所打ち鉄筋コンクリート杭が代表的です．

場所打ち鉄筋コンクリート杭とは，現場において地中に構築される鉄筋

コンクリート杭．すなわち，機械で掘削を行い，鉄筋をそう入し，コンクリートを打設して，そのまま杭とするもので，掘削方法や掘削孔の崩壊防止方法 の違いにより，アースドリル杭，BH杭，リバース杭，ベノト杭，深礎杭などがあります．

地業とは，**基礎スラブ**（上部構造の応力を地盤または地業に伝えるために設けられた構造部分で，フーチング基礎ではフーチング，べた基礎ではそのスラブ部分）を支えるために，それより下に割ぐり，杭などを設けた部分またはその作業をいい，次の2つに大別されます．①**割ぐり地業**：根切り底を突き固め，割栗石を**小端立て**（小端を上にして縦に敷くこと）で並べ，石のすき間につぶし砂利を入れて突固める地業．②**杭打ち地業**：杭によって構造物の荷重を支持する地業．支持杭によるものと摩擦杭によるものがあります．

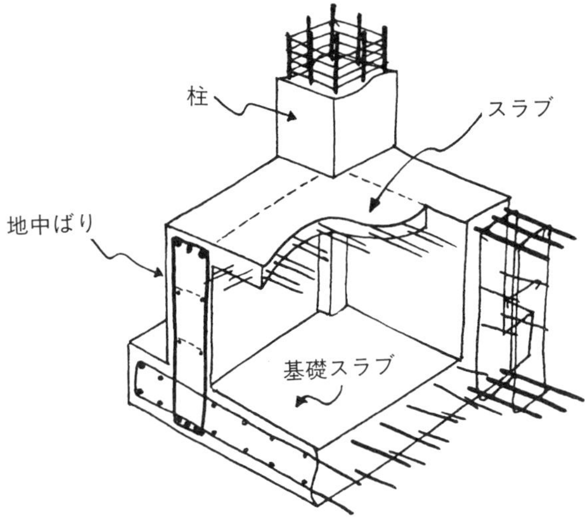

〈建築・躯体・仕上げ共通〉 1. 建築学の知識

柱

スラブ

地中ばり

基礎スラブ

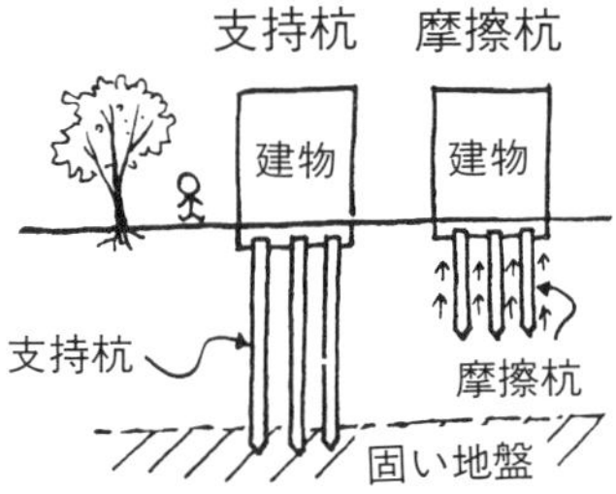

支持杭　摩擦杭

建物　建物

支持杭

摩擦杭

固い地盤

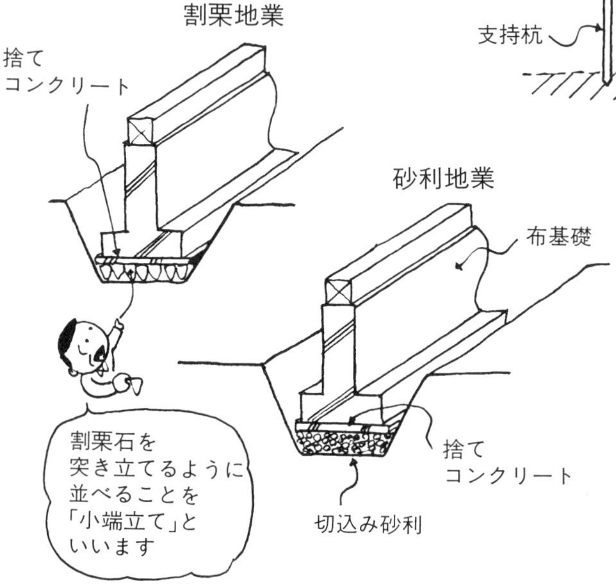

割栗地業

捨て
コンクリート

砂利地業

布基礎

割栗石を
突き立てるように
並べることを
「小端立て」と
いいます

切込み砂利

捨て
コンクリート

37

1.3 建築構造　　　　　　　　1.3.2 鉄筋コンクリート構造

16　鉄筋コンクリート構造に関する用語

鉄筋コンクリート構造（RC 構造）とは，鉄筋とコンクリートを組み合わせ，相互の短所を補い合った構造をいい，次のような長所があります．①コンクリートと鉄筋の線膨張係数はほぼ同じであるため強度が維持され，圧縮力にも有効．②コンクリートと鉄筋の付着を確保することにより一体式構造を確保する．③コンクリートは鉄筋に比べて熱伝導率が非常に小さいため耐火性，耐熱性に優れる．④コンクリートがアルカリ性なので内部の鉄筋がさびにくい．

被り厚さ（かぶり）とは，一番外側の鉄筋の表面から，これを覆うコンクリートの表面までの寸法をいい，防火上，鉄筋の防せい上，強度上などから法令上，被り厚さの最小値が定められています．**座屈**とは，長柱など細長い部材に限界以上の圧縮力が加わると**屈曲**（急に横方向にわん曲が起こること）し出す現象をいいます．

鉄筋とは，コンクリート中に入れて補強し，鉄筋コンクリートを形成

する棒鋼をいい，**丸棒鋼**（断面が円形の棒鋼）と**異形棒鋼**（コンクリートに対する付着力を高めるため，表面にリブなどの突起をつけたもの）がありますが，コンクリートとの付着強さの大きい異形棒鋼が広く用いられます．

鉄筋の記号：鉄筋は形状や製造法などにより次のような記号が付けられています．SR：熱間圧延棒鋼，SD：熱間圧延異形棒鋼，SRR：再生丸棒，SDR：再生異形棒鋼．そして，異形棒鋼の直径および断面積は，その異形棒鋼と同じ重量の丸棒鋼に換算したときの直径および断面積で，これを**公称直径，公称断面積**とよんでいます．

溶接金網（ワイヤーメッシュ，ウェルドメッシュ）とは，径 2.6〜8.0 mm の鉄線を格子状に組み，接点を電気溶接したもので，主にスラブ，壁，あばら筋，**有孔ばり**（ウェブに貫通孔を設けたはり）の補強などに用いられます．

〈建築・躯体・仕上げ共通〉　　　　　　　　　　　　**1. 建築学の知識**

引張力に対して強い　ねばりもある

引張力に対して非常に弱い　ねばりがない

火災に弱い

耐火的耐久性あり

圧縮力に対して座屈する

圧縮力に対して強い

ある日　人間が仲人をして…

線膨張係数とほぼ同じよ

膨張係数は$1.0×10^{-5}$なんだ

空気中で錆びる

合体!!　鉄筋コンクリートの誕生!!

今はほとんど異形鉄筋です

被り厚さ

	壁・床	耐力壁 柱・はり	土に接する 壁・柱, 床・はり	基礎
被り厚さ〔cm〕	≧ 2	≧ 3	≧ 4	≧ 6

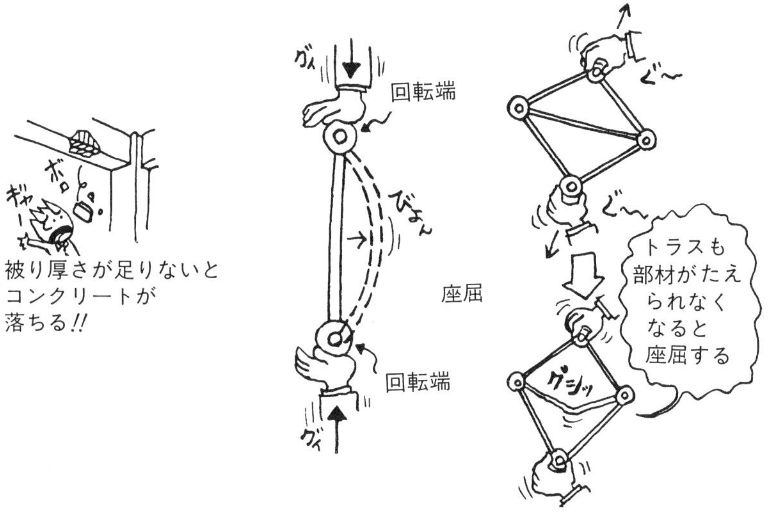

被り厚さが足りないとコンクリートが落ちる!!

グイ　回転端　びょ〜ん　座屈　回転端　グイ

ぐ〜　ぐ〜　グシッ

トラスも部材がたえられなくなると座屈する

1.3 建築構造　　　　　　　　1.3.2 鉄筋コンクリート構造

17 | 鉄筋に関する用語

鉄筋の使用箇所などによる呼称の主なものは次のとおりです.

主筋とは,鉄筋コンクリート部材の軸方向力または曲げモーメントを負担する鉄筋をいい,柱の軸方向力鉄筋,はりの**上端筋**(コンクリートの上端に配置する鉄筋),および**下端筋**(コンクリートの下端に配置する鉄筋),スラブの短辺方向の**引張鉄筋**(曲げ応力を受ける鉄筋コンクリート部材の引張側に配置し,引張応力を負担させる鉄筋)などが代表的です.そして,スラブの長辺方向に配置するものを**配力筋**(**副筋**)といい,主筋方向以外の方向に応力を分散させるために配置するわけです.

あばら筋(**スターラップ**)とは,はりの上下筋を巻く鉄筋で,はりに対するせん断補強のために用います.**腹筋**は,はりのウェブ部分に配筋する折曲げ筋,あばら筋,振れ止め筋の総称です.**折曲げ筋**は,はりの主筋を曲げ上げまたは曲げ下げて,他側の主筋に達するようにしたもので,**せん断補強筋**(鉄筋コンクリート部材のせん断破壊を防止し,曲げ

破壊を先行させるために設置する補強筋)としても使います.**幅止め筋**は,あばら筋の幅を一定に保つように,腹筋の間に架け渡す水平補助筋です.

補強筋とは,鉄筋コンクリート造の部分を補強するための鉄筋で,開口部周囲の曲げ補強筋,せん断補強筋などをいい,コンクリートブロック造のブロック壁に入れる縦筋および横筋も補強筋といいます.**補助筋**とは,計算で要求される鉄筋以外に用心のため,または位置・形状を保つために入れる鉄筋の呼称です.

帯筋(**フープ**)とは,柱の主筋を一定の間隔で水平方向に巻き,せん断補強とともに,主筋の圧縮力による座屈やはみ出しを防ぎ,主筋を固定するためのものです.

複筋とは,鉄筋コンクリート部材で上端と下端にそれぞれ配置する鉄筋,つまり引張側・圧縮側にも配筋する鉄筋の呼称です.

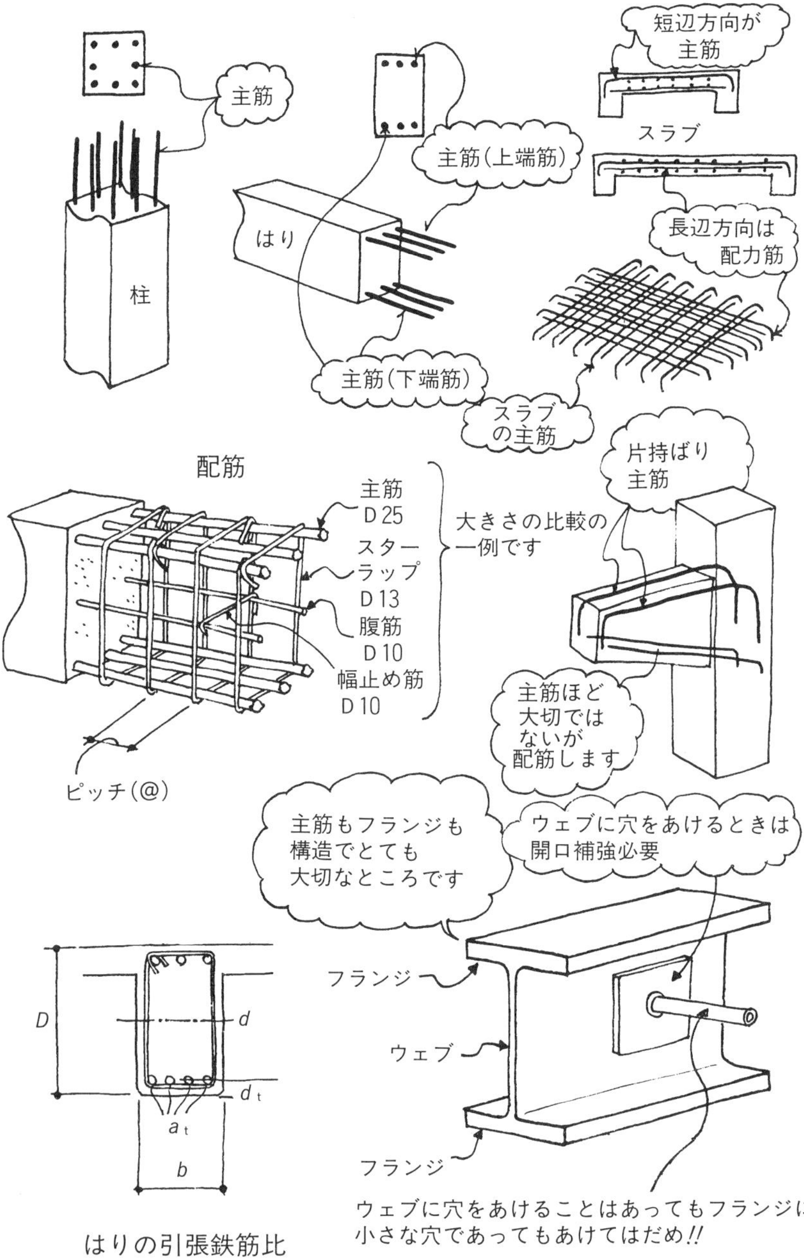

〈建築・躯体・仕上げ共通〉

1. 建築学の知識

主筋

主筋（上端筋）

はり

柱

主筋（下端筋）

短辺方向が主筋

スラブ

長辺方向は配力筋

スラブの主筋

配筋

主筋 D25
スターラップ D13
腹筋 D10
幅止め筋 D10

ピッチ（@）

片持ばり主筋

大きさの比較の一例です

主筋ほど大切ではないが配筋します

主筋もフランジも構造でとても大切なところです

ウェブに穴をあけるときは開口補強必要

フランジ

ウェブ

フランジ

D d

d_t

a_t

b

はりの引張鉄筋比

ウェブに穴をあけることはあってもフランジには小さな穴であってもあけてはだめ!!

41

1.3 建築構造　　　　　　　　　　　1.3.2 鉄筋コンクリート構造

18 配筋に関する用語

配筋とは，鉄筋コンクリート構造で，各部位において，鉄筋を施工図どおりに正しい方法で，正しい位置に組むことをいい，配筋終了後に型枠を組み，コンクリートを打設するわけです．

配筋のポイントとしては次の点をよく理解して下さい．鉄筋コンクリートは各部位において，それぞれ生ずる応力が異なるわけで，その部位の発生応力に耐え得るよう補強するために配筋します．すなわち，配筋の考え方は曲げモーメントにより，引張力が生ずる部分に必ず鉄筋を配置し，引張力を負担させることにあります．

鉄筋比とは，鉄筋コンクリート部材のある断面における鉄筋の主筋の全面積と部材断面積との比（％）をいい，引張鉄筋の断面積の和をはりの有効断面積または柱の全断面積で割った値を引張鉄筋比といいます．そして，引張鉄筋と圧縮側コンクリートが同時に許容応力度に達するときの引張鉄筋比をつり合い鉄筋比といいます．

鉄筋継手とは，鉄筋を連続させるための接合をいい，重ね継手，溶接，ガス圧接などが用いられ，配筋における鉄筋継手の位置は強度上，応力の小さい部分としなければなりません．そして，主筋継手の位置は次のように定められています．大梁の主筋継手および圧接中心位置は，上端筋では $L_0/2$ 以内に，下端筋では両端からはりせい（D）以上離れた位置より $L_0/4$ 以内です（L_0 はスパン）．柱主筋の主筋継手の位置は，はり上端から 500 mm 以上，かつ 3/4 H_0 以下の位置とすることとされています（右図を参照）．

はりせいとは，はりのせい（けたともいい，はり・けたなどの部材の上端から下端までの垂直距離）をいい，スパン（はり間）とは，はりなどの支点間距離です．複筋ばりとは，はりの上端と下端に配筋したはりで，構造耐力上，主要なはりは複筋ばりとしなければなりません．鉄筋のあきとは，鉄筋相互の間隔をいい，コンクリート中の粗骨材が通るようにします．

〈建築・躯体・仕上げ共通〉   # 1. 建築学の知識

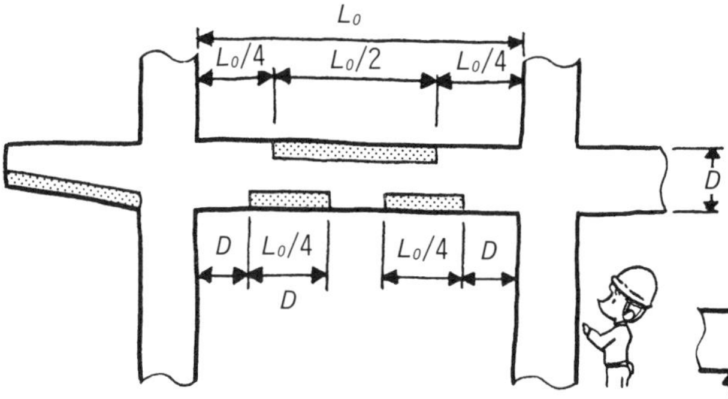

はりの主筋の継手範囲

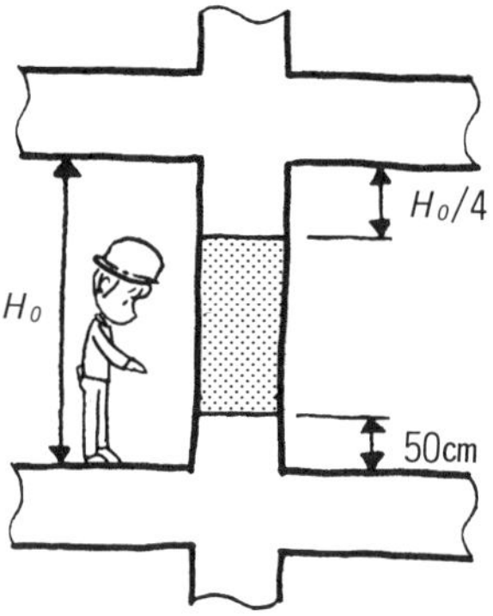

柱の主筋の継手範囲

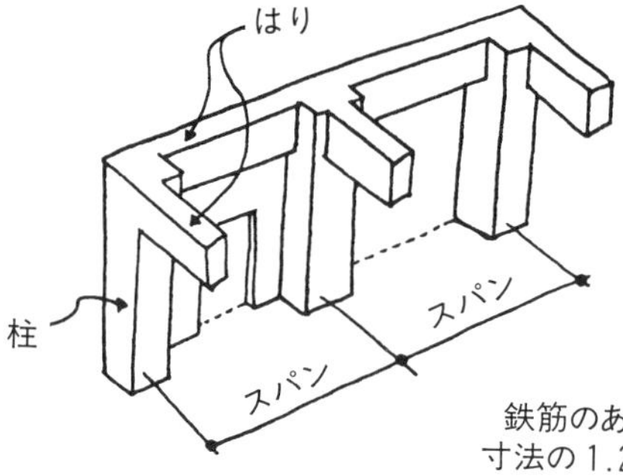

鉄筋のあきは粗骨材の最大
寸法の1.25倍以上かつ25mm
以上とする

はりの設計

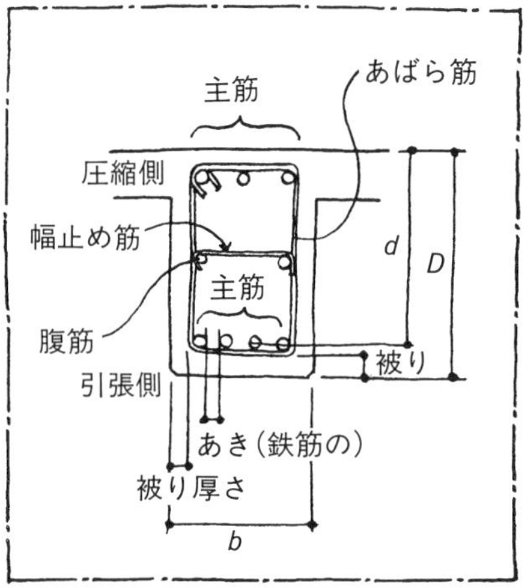

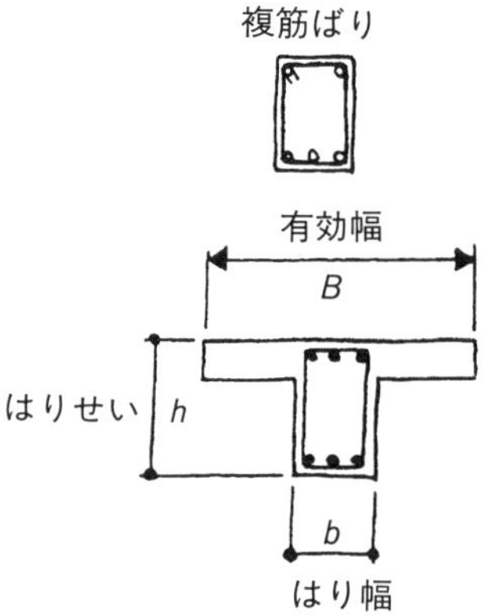

複筋ばり

1.3 建築構造　　　　　　　　　　　　1.3.3 鉄骨構造

19 | 鉄骨構造に関する用語

鉄骨構造（S造）とは，構造上重要な部分に鋼材（主に形鋼）による部材を用いて構成された構造をいい，鉄筋コンクリート構造に比べて次のような特徴があります．①鉄骨の比重は 7.85，鉄筋コンクリートの比重は約 2.4 で，同一規模では鉄骨構造の質量は小さい．②工場加工の比率が高く，現場作業が少なく工期が短い．③鋼材は大きな変形能力を有し，じん性のある挙動をする．つまり，じん性が大．④鋼材は耐食性に乏しく防錆処理が必要．⑤鉄は高温では著しく強度が低下し，火災にあうと500℃で引張強度は約 1/2 となり，自重を支えられなくなるので，耐火被覆を必要不可欠とする．なお，強度上じゅうぶん安全な構造物でも変形，振動などの面で支障を生じることが多いのです．

バンドプレートとは，鉄骨構造の十字型の柱の主材の外周を結び，主材の座屈やねじりなどを防ぐ帯鋼をいい，フランジプレートは H 形鋼などのフランジ部分プレートです．ウェブプレートとは，I 形鋼・H 形鋼な

どの部材でフランジをつなぐ部分です．ガセットプレートとは，柱はり隅角部やトラス節点に集合する部材を接合するための鋼板です．スチフナとは補剛材の総称で，プレートガーダー（I 形断面の鉄骨組立てばり）やボックス柱（箱形断面の柱）のフランジやウェブの座屈を防ぐために用いられる鋼板です．なお，補剛材とは構造物を変更しにくいように，剛性を高めるための材で，床や屋根面を一体化したり，はりなどの横座屈を防止するために設置されます．

フィラープレートは，厚さの異なる板をボルト接合などする際，板厚の差をなくすためにそう入する薄板のことです．スプライスプレート（添板）は，鋼材の接合部分に用いる添え板で，スプライスプレートによる継手（接合）を添板接合といいます．下弦材とはトラスばりなどの下側の弦材（トラス上下に配置される部材）をいい，一般に引張材になり，上弦材は上方に位置する弦材です．

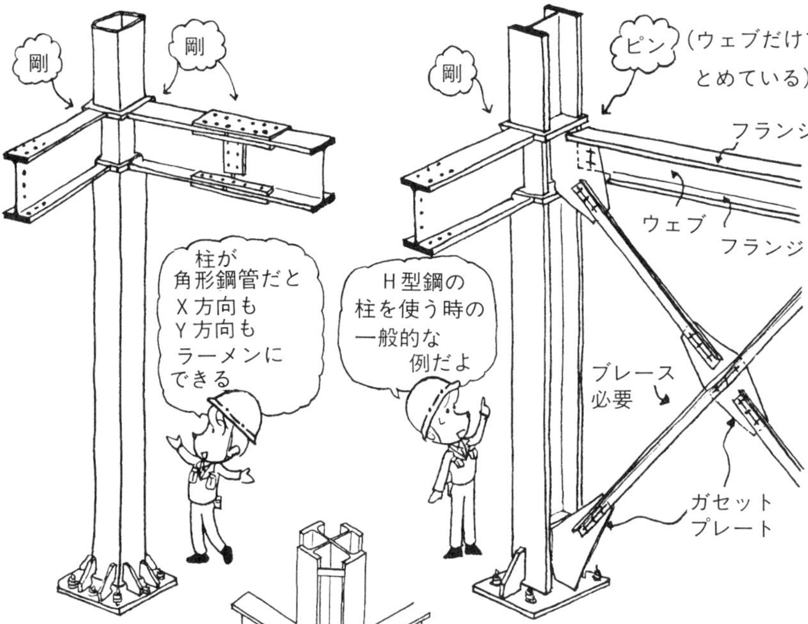

〈建築・軀体・仕上げ共通〉　　　　　　　　　　　　　　**1. 建築学の知識**

剛

剛

剛

ピン（ウェブだけで
とめている）

フランジ

ウェブ

フランジ

柱が
角形鋼管だと
X方向も
Y方向も
ラーメンに
できる

H型鋼の
柱を使う時の
一般的な
例だよ

ブレース
必要

ガセット
プレート

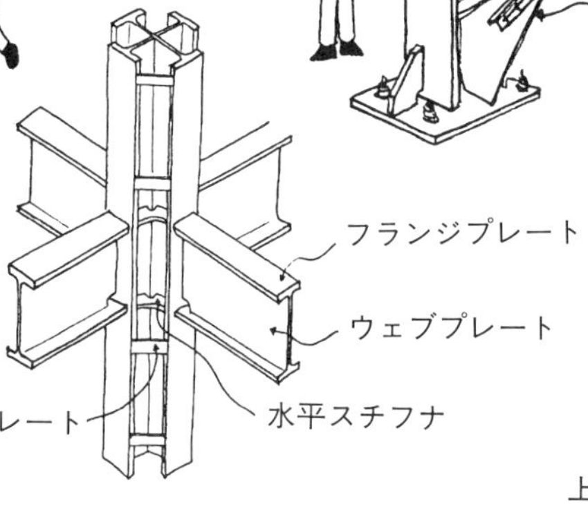

フランジプレート

ウェブプレート

バンドプレート

水平スチフナ

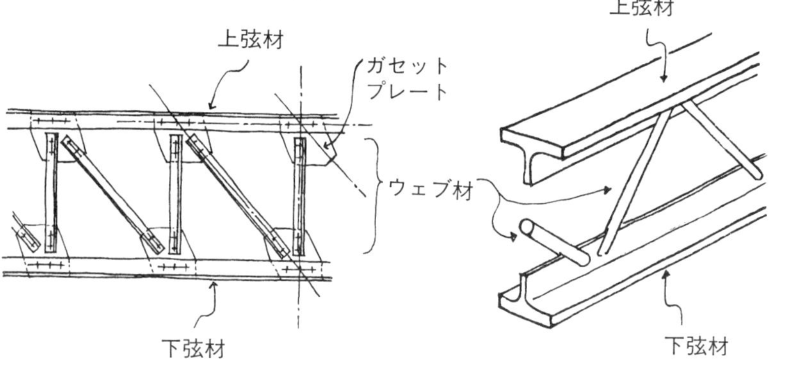

上弦材

上弦材

ガセット
プレート

ウェブ材

下弦材

下弦材

ガセットプレート

45

1.3 建築構造　　　　　　　　　　　1.3.4 建築物設計・構造計算

20 建築物の設計・構造計算に関する用語

　構造設計とは，建築設計のうち主として構造の立場から実施することで，**構造設計の原則**とは建築物全体が，これに作用する自重，積載荷重，積雪，風圧，土圧および水圧ならびに地震その他の震動，衝撃に対して一様に構造耐力上安全であるようにすることです．

　構造計算とは，構造設計の原則にそって，安全であるように応力や断面を数値計算する設計計算をいいます．

　構造計算上の外力は，建築物の外部より作用する力で，構造物の自重や自己ひずみ応力も外力に置き換えて扱います．**構造計算上の荷重**は，建築物が受ける外力をいい，長期荷重と短期荷重に分けて考えます．

　長期荷重は建築物に常時作用している荷重で，法的には次の荷重をいいます．**固定荷重**：構造物の躯体（建築物の構造主体）の重量と仕上材料の重量を総称しています．**積載荷重**：構造物の床に加わる人間，物品の荷重で，単位面積に対する質量（N/m²）で表し，建物の用途と部位によって設計用に標準値が与えられています．

　積雪荷重は積雪質量が建築物に外力として作用する荷重で，法的な**多雪地域**（積雪量が多く，長期間降雪がある地域で特定行政庁が指定した地域）では長期荷重ですが，一般地域では短期荷重として扱います．なお，**積雪の単位荷重**は積雪1cmごとに1m²につき20N以上としなければなりません．

　短期荷重は地震，暴風，積雪などの**非常時荷重**と長期荷重をそれぞれ組み合わせた荷重の状態です．

　地震力とは，地震の動的な揺れを静的に評価して，設計荷重として用いる力をいい，地震力は地盤の種別に応じて数値が規定されています．第一種地盤は0.4，第二種地盤は0.6，第三種地盤は0.8．

　風圧力とは，建築物の外周面に作用する暴風時の荷重で，**速度圧**（流体の全圧と静圧の差）に風力係数を乗じて計算します．

46

〈建築・軀体・仕上げ共通〉

1. 建築学の知識

荷重の種類

固定荷重（▶建令84）

建築物の部分	種　　別		重量 N/m²	備　考
屋根	瓦ぶき	ふき土なし	640	下地・たるきを含みもやを含まない（屋根面につき）
		ふき土あり	980	
	石綿スレート又は金属板ぶき	もやに直接ふく	250	もやを含まない
		その他	340	下地・たるきを含みもや含まず
	波形鉄板ぶき	もやに直接ふく	50	もやを含まない
	薄鉄板ぶき		200	下地・たるきを含みもや含まず
	ガラス屋根		290	鉄製枠を含みもや含まず
	厚型スレートぶき		440	地・たるきを含みもや含まず
木造のもや	もやの支点間距離≦2m		50	
	〃　　〃　　≦4m		100	
天井	さお縁		100	つり木・受木・その他の下地を含む（天井面につき）
	繊維板張・仕上板張・合板張・金属板張		150	
	木毛セメント板張		200	
	格　縁		290	
	しっくい塗		390	
	モルタル塗		590	
床	木造の床	板　張	150	根太を含む（床面につき）
		畳　敷	340	床板・根太を含む
		床ばり　張り間≦4m	100	
		〃　　≦6m	170	
		〃　　≦8m	250	
	コンクリートの床の仕上	板　張	200	根太・大引を含む
		フロアリングブロック張	150	仕上厚さ1cmごとにその cm の数値を乗ずる
		モルタル塗・人造石塗・タイル張	200	
		アスファルト防水層	150	厚さ1cmごとにその cm の数値を乗ずる
壁	木造の建築物の壁の軸組		150	柱・間柱・筋かいを含む（壁面につき）
	木造の建築物の壁仕上	下見板張・羽目板張・繊維板張	100	下地を含み軸組を含まない
		木ずりしっくい塗	340	
		鉄網モルタル塗	640	
	木造の建築物の小舞壁		830	軸組を含む
	コンクリートの壁の仕上	しっくい塗	170	仕上厚さ1cmごとにその cm の数値を乗ずる
		モルタル塗・人造石塗	200	
		タイル張	200	

㊟ N：ニュートン（従来の1kg≒9.8 N）

積載荷重（▶建令85）

室の種類		構造計算の対象		
		（い）床 N/m²	（ろ）大ばり・柱・基礎 N/m²	（は）地震力 N/m²
1	住居の居室　住宅以外の建築物の寝室・病室	1800	1300	600
2	事務室	2900	1800	800
3	教　室	2300	2100	1100
4	百貨店又は店舗の売場	2900	2400	1300
5	劇場・映画館・演芸場・観覧場・公会堂・集会場その他これらに類する用途に供する建築物の客席又は集会室　固定席	2900	2600	1600
	〃　その他	3500	3200	2100
6	自動車車庫及び自動車通路	5400	3900	2000
7	廊下・玄関又は階段	3から5までの室に通ずるものにあっては、5の「その他」の値による		
8	屋上広場又はバルコニー	1の数値による。ただし、学校又は百貨店の建築物は4の数値による		

● 柱又は基礎の垂直荷重による圧縮計算
　上表（ろ）欄の数値はその支える床の数に応じてこれに下表の数値を乗じたものまで減らすことができる。ただし、上表5に掲げるものは除く

支える床数	積載荷重を減らすための数値
2	0.95
3	0.9
4	0.85
5	0.8
6	0.75
7	0.7
8	0.65
9≦	0.6

● 倉庫業用の倉庫の床の積載荷重は実況の数値が3900 N/m²未満であっても、3900 N/m²とすること

風力係数

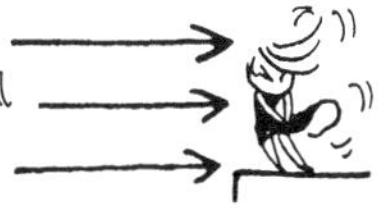

風

（建築基準法施行令第87条）

地表面粗度区分		Zb	ZG	α	Gf（ガスト影響係数）			
					H≦10	10<H<40	40≦H	
I	都市計画区域外で極めて平坦な区域	5 m	250 m	0.10	2.0	左欄と右欄の線形補間	1.8	これらの区域特定行政庁規則で定める
II	都市計画区域内で海岸から500m以内の区域等	5 m	350 m	0.15	2.2		2.0	
III	I　II　IV以外の区域	5 m	450 m	0.20	2.5		2.1	
IV	都市計画区域内で都市化が極めて著しい区域	10 m	550 m	0.27	3.1		2.3	

H：建築物の高さと軒高の平均（単位：m）
風力係数の算出方法
風力計数：$Cf = Cpe - Cpi$
Cpe　：閉鎖型・開放型の建築物の外圧係数（屋外から当該部分を垂直に押す方向を正とする）
Cpi　：閉鎖型・開放型の建築物の内圧係数（室内から当該部分を垂直に押す方向を正とする）

1.3 建築構造　　　　1.3.5 木構造・補強コンクリートブロック造

21 木構造に関する用語

木構造（木質系構造，木造）とは，主要構造部が木材で構成された構造をいい，軸組工法の他，ツー・バイ・フォーや大スパン構造などがあります．①大スパン構造は，柱などの支点の間隔を大きくとった構造系で，体育館，倉庫などスパンの大きい建物に用いられる構造です．②ツー・バイ・フォー構法（枠組壁工法）は，2インチ×4インチの単位の用材を基本とし，釘打ちと接着で壁パネルをつくりこれを現場で結合する構法です．軸組工法とは，土台・柱・はり・けた・筋かいなどから構成される壁体または骨組の平面架構いわゆる軸組で構成される構造をいい，木構造の主流をなすものです．すなわち，木構造は木材を主要構造部材に使用したもので，通常は柱・はりと耐震要素としての筋かいで構成されます．

通し柱は下階の柱材と上階の柱材が連続している形式の柱で，階数が2以上の建築物における隅柱またはこれに準ずる柱は通し柱としなければなりません．管柱は階ごとにけた

を挟んで連続しない柱をいいます．筋かいとは，四辺形に組まれた軸組に対角線状に入れた補剛材をいい，水平力に対する抵抗要素の1つで，圧縮力を負担する筋かいは，厚さ3cmで幅9cmの木材を使用したもの，または同等以上の耐力を有するものとしなければなりません．引張力を負担する筋かいは，厚さ1.5cmで幅9cmの木材もしくは径9mmの鉄筋を使用したもの，またはこれと同等以上の耐力を有するものとしなければなりません．はり，けたその他の横架材には，その中央部付近の下側に耐力上支障のある欠込み（木造の継手・仕口において，材の一部を他の材の幅の分だけ欠き取ること）をしてはなりません．

土台とは，柱の下部に配置して，柱からの荷重を基礎に伝える横材です．火打ちとは，けた・土台などが直交する水平部材を補強するための斜材（筋かい，火打ちなど斜めに取り合う材の総称）をいいます．

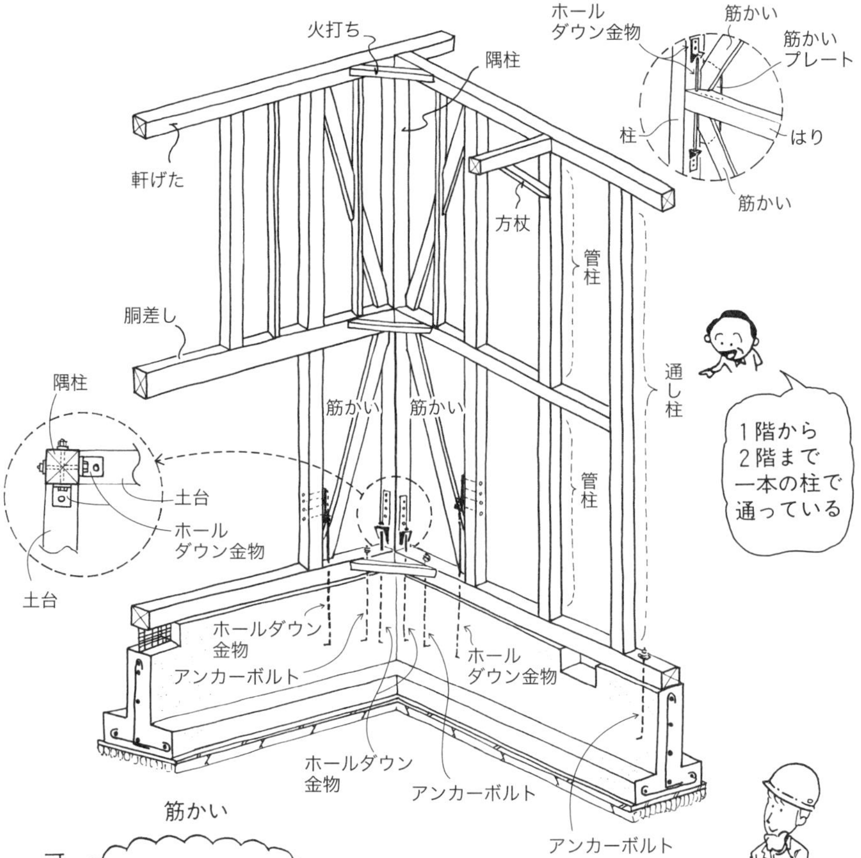

〈建築・軀体・仕上げ共通〉　　　　　　　　　　　**1. 建築学の知識**

火打ち

隅柱

ホールダウン金物

筋かい

筋かいプレート

柱

はり

筋かい

軒げた

方杖

管柱

胴差し

通し柱

隅柱

土台

ホールダウン金物

筋かい　筋かい

1階から2階まで一本の柱で通っている

土台

管柱

ホールダウン金物
アンカーボルト

ホールダウン金物

ホールダウン金物

アンカーボルト

アンカーボルト

筋かい

可

短すぎてダメ

不可

木造

集成材です

大スパン構造

49

1.3 建築構造　　1.3.5 木構造・補強コンクリートブロック造

22 木構造・補強コンクリートブロック造に関する用語

壁体とは，いわゆる壁の実体をいい，間仕切・カーテンウォールなどの**非構造壁**は含みません．

真壁とは，柱が表に現れるよう仕上げた壁構造をいい，一般に和室の壁仕上げに用いられます．**大壁**は内部，外部ともに，柱が表に現れない壁構造で一般に洋風建物の壁に用いられます．大壁は筋かいや壁の下地材に断面の大きなものが使用でき，かつ金物で補強が可能なので丈夫な骨組となり，水平力に対する抵抗力は真壁に比べ1.5〜2倍で耐震的です．

木構造の設計のポイントは次のとおりです．①建物全体の安全確保上，柱，はり，壁などを荷重に対して，つり合いよく均等に配置する．②真壁より大壁とする方が耐震的である．③耐力壁の有効長さは，一般に平屋建における値より2階建の2階部分の値の方が大きい．④上下階の柱，耐力壁は同一箇所に設けるのがよい．⑤2階建で広い部屋を造る場合は2階に設ける方がよい．

補強コンクリートブロック造とは，空洞コンクリートブロックの空洞部に適切な間隔に鉄筋を縦横に配して，そこにモルタル・コンクリートを充てんしながらコンクリートブロックを組積して**耐力壁**（ラーメン構造に一体となって打ち込まれた壁体で柱・はりの水平力負担を軽減させる効果をもつ）をつくる**組積造**（主体構造を石・れんが・コンクリートブロックなど塊状の材料を積み上げて造る構造）です．

臥梁（がりょう）とは，各階の壁体頂部に設ける水平材で，鉄筋コンクリート造とします．耐力壁の縦筋の末端にフックを付けて，その径の40倍以上を基礎または基礎ばり，およびがりょうまたは屋根板に**定着**（端部を移動しないように固定することで，鉄筋・ケーブル・PC鋼材などの終端部処理に用い，**アンカー**ともいう）することと規定されています．

空洞コンクリートブロックは軽量化，鉄筋そう入などの目的で空洞としたブロックで，A・B・Cの3種に分類されます．

〈建築・軀体・仕上げ共通〉

1. 建築学の知識

ブロック

ブロックの種類 壁量・強度・階数・軒高		A種ブロック	B種ブロック	C種ブロック
壁量 〔cm/m²〕	平家または最上階	15 以上	15 以上	15 以上
	最上階から数えて 2 つ目の階	21 以上	18 以上	18 以上
	最上階から数えて 3 つ目の階	—	27 以上	21 以上
全断面圧縮強度 〔kg/cm³〕		40 以上	60 以上	80 以上
階　　数		2 以下	3 以下	3 以下
軒の高さ〔m〕		7 以下	11 以下	11 以下

コンクリートブロックの形状

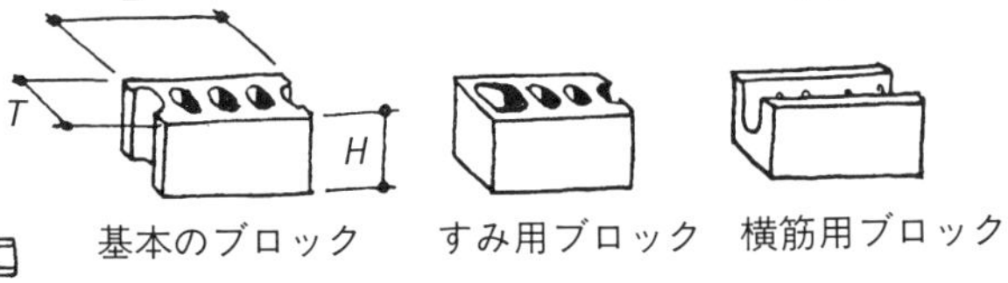

基本のブロック　　すみ用ブロック　　横筋用ブロック

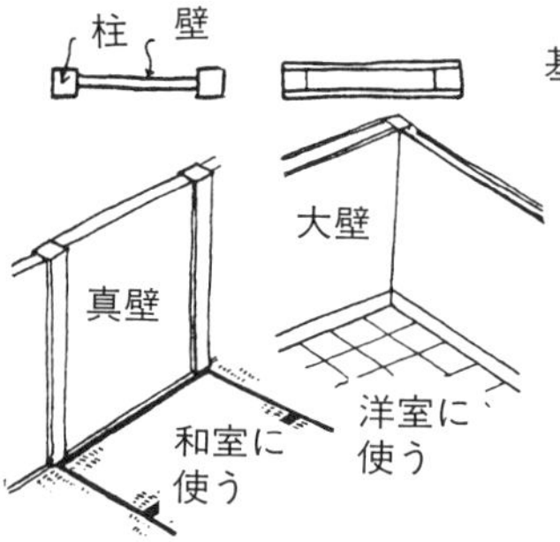

柱　壁

真壁　　大壁

和室に使う　洋室に使う

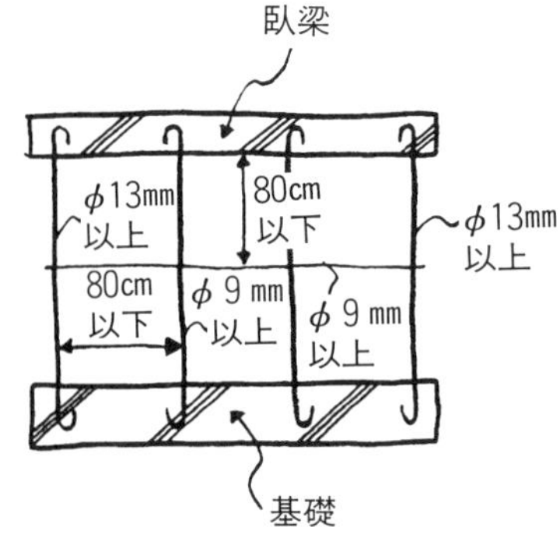

シェルの厚い方を上にして積む

鉄筋

臥梁

φ13mm 以上　80cm 以下　〜φ13mm 以上

80cm 以下　φ9mm 以上　φ9mm 以上

基礎

補強コンクリートブロックの配筋

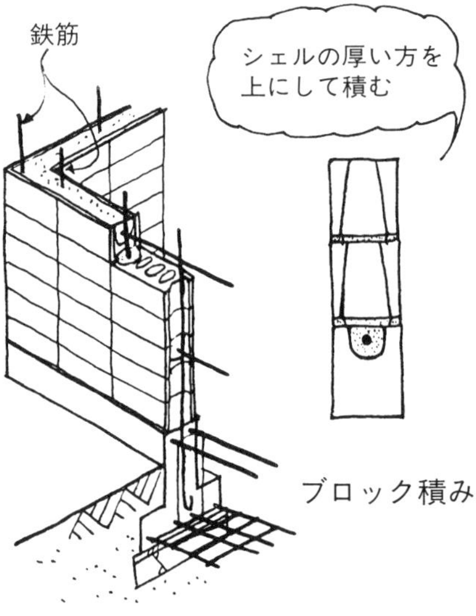

ブロック積みの原則

| 1.4 建築材料 | 1.4.1 木材 |

23 木材に関する用語Ⅰ

木材の一般的性質は，①欠点のない木材強度はコンクリート強度より大きい．②**比強度**（強度/比重）は鋼材の比強度より大きい．③木材の着火点いわゆる**火災危険温度**は約260℃と極めて低い．

木材の強度については，①強度は繊維に直角方向より繊維方向の方が大きい．②含水率が小さいほど，また気乾比重が大きいものほど強度は大きい．③木材の繊維方向の圧縮強度を100（基準）とした場合，引張強度は80〜90，曲げ強度は130〜140，せん断強度は15〜20となる．④節は強度の低下に影響する．⑤心材は辺材より強度が大きく，伸縮が少ない．

木材の収縮率に関しては，繊維方向が最も小さく，次に繊維に対して直角方向である半径方向，接線方向の順に大きくなります．もちろん，木材全体としても気乾木材が収縮率は小さく，強度は大きくなります．なお，**収縮率**とは元の長さに対する収縮長さの変化量の百分率（％）です．

収縮膨張率とは，木材の含水率1％に対する体積変化率をいい，**含水**率は，木材中に含まれる水分の割合（％）で，含水率の大小が木材の伸縮変形，強度を大きく支配し，木材を加工する前に含水率約15％にまで乾燥しておけば，その後の変形や狂いは少なくなります．

繊維飽和点とは，木材の細胞が水分で飽和されているときの含水率をいい，強度・変形とも繊維飽和点以上の含水率では変化がないが，それ以下では含水率の低下に伴い，急激に強度が増大します．

気乾とは，木材の含水率が大気中で平衡を保っている状態で，この状態の木材を**気乾木材**といい，樹種に関係なく含水率約15％を示し，その比重を**気乾比重**といい，一般に気乾比重が大きいほど強度が高いのです．

辺材（**心去り材，白太**）とは，原木の樹皮に近い部分から製材されたもので，心材に比べ含水率が大きく，強度・耐久性が劣ります．

〈建築・軀体・仕上げ共通〉

1. 建築学の知識

木材の許容応力度

長期に生ずる力に対する許容応力度 (単位 N/mm²)				短期に生ずる力に対する許容応力度 (単位 N/mm²)			
圧縮	引張り	曲げ	せん断	圧縮	引張り	曲げ	せん断
$\dfrac{1.1\,Fc}{3}$	$\dfrac{1.1\,Ft}{3}$	$\dfrac{1.1\,Fb}{3}$	$\dfrac{1.1\,Fs}{3}$	$\dfrac{2\,Fc}{3}$	$\dfrac{2\,Ft}{3}$	$\dfrac{2\,Fb}{3}$	$\dfrac{2\,Fs}{3}$
この表において，Fc，Ft，Fb 及び Fs は，それぞれ木材の種類及び品質に応じて国土交通大臣が定める圧縮，引張り，曲げ及びせん断に対する基準強度(単位 N/mm²)を表すものもする. 〈注〉大臣が定め＝平12建告1452 ⇒告示編							

木材の特質

長 所	短 所
・強さ・弾性が大 ・軽量で加工が容易 ・感触が良い ・熱伝導率が小	・可燃性あり(約260°で発火) ・吸湿・吸水性あり ・乾燥による変形が大 ・腐朽しやすい

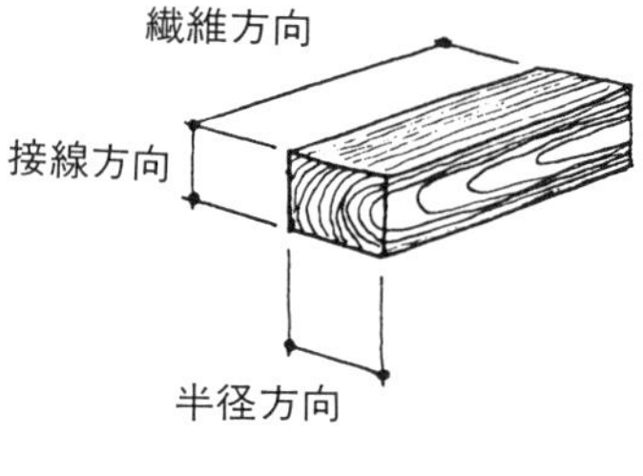

繊維方向

接線方向

半径方向

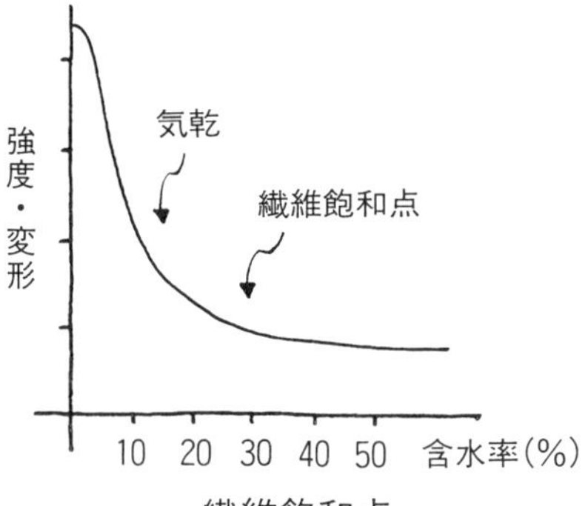

強度・変形

気乾

繊維飽和点

含水率(%)

繊維飽和点

1.4 建築材料　　　　　　　　　　　　　　　　　　　　1.4.1 木材

24 木材に関する用語 Ⅱ

心材（心持ち材，赤身）とは，樹心（丸太の中心部分）近くの赤味を帯びた部分が製材されたもので，樹心を含むので強度・耐久性とも辺材よりも優れ，構造部材として用いられます．背割り（心びき）とは，心材（丸太も含む）の乾燥による割れの発生を防ぐため，あらかじめ背の部分に樹心まで鋸目（切れ目）を入れることです．板目とは，年輪に対してほぼ接線方向に切断した製材の面に現れる木目（木理ともいい，木材の表面に現れる年輪模様）をいい，柾目は木材を年輪と直角にひき割った製材の面に現れる木目です．木表とは，板目の板において樹皮に近い方の面をいい，木裏よりも収縮が多く，木表を内側にした凹形に反りやすいのです．木裏とは樹心に近い方の面をいいます．

木材の腐朽と蟻害については，木材は腐朽しやすい欠点はあるが，心材は辺材に比べて腐朽しにくく，樹脂が多い木材や気乾木材は腐朽しにくいのです．木材は日陰で多湿の箇所では蟻害を受けやすい欠点があり，

蟻害とは，白蟻が繊維方向に食い，強度が低下する被害で，とくに土台に被害が大きいのです．なお，秋材は春材より蟻害を受けにくいのです．蟻害を受けやすい木材は，松類，杉，もみなどで，受けにくいのはチーク，けやき，かし，ひばなどです．

秋材とは，晩夏から秋にかけ形成される木材組織で，年輪の色の濃く硬い部分．春材は春から夏にかけて構成される木材組織で，秋材に比べて細胞が大きく淡泊で軟らかい部分をいいます．

集成材とは，木材の欠点である節や割れなどを取り除いた部分を10〜30 mm断面の板，小角材とし，繊維方向に長手にそろえて接着剤で重ね張りし角材，厚板材としたものです．積層材は何枚もの薄板材（単板）を繊維方向を平行にして接着剤で張り合わせてつくった木材で，狂いが少なく均質な長大材が得られます．

四方柾材とは，四面がすべて柾目の角材をいい，強度的に弱いが高級和室の柱などに用いられます．

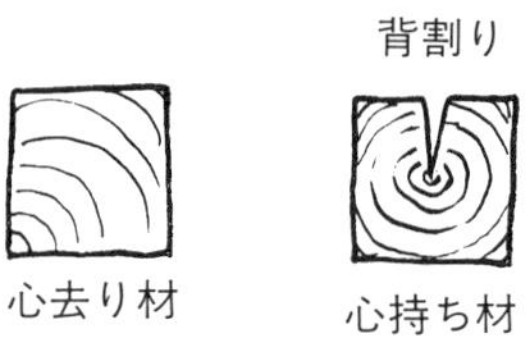

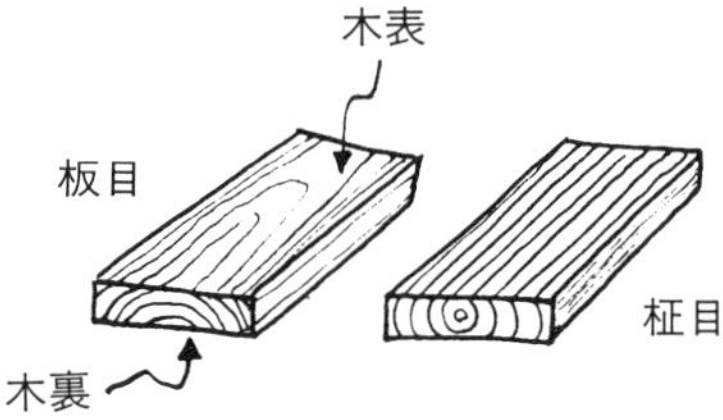

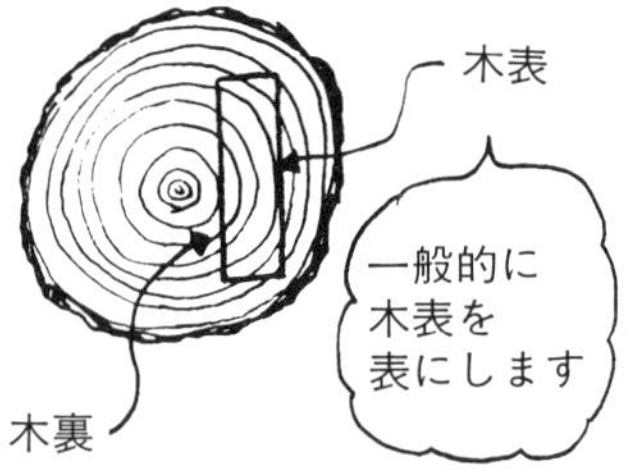

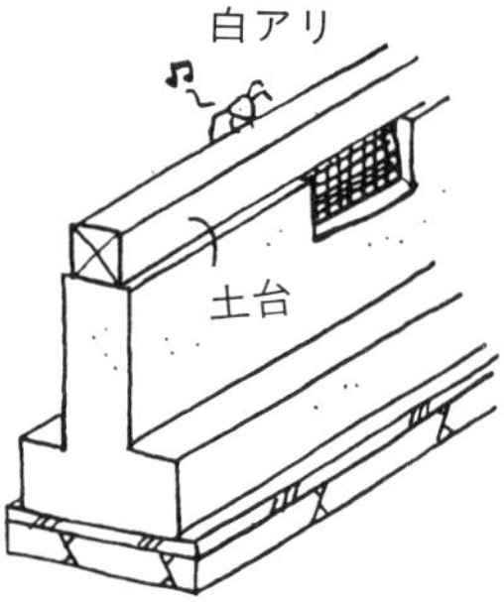

〈建築・軀体・仕上げ共通〉   # 1. 建築学の知識

背割り

木表

心去り材   心持ち材

板目

木裏   柾目

樹皮

辺材
心材

木表

外皮

四方柾目

一般的に
木表を
表にします

木裏

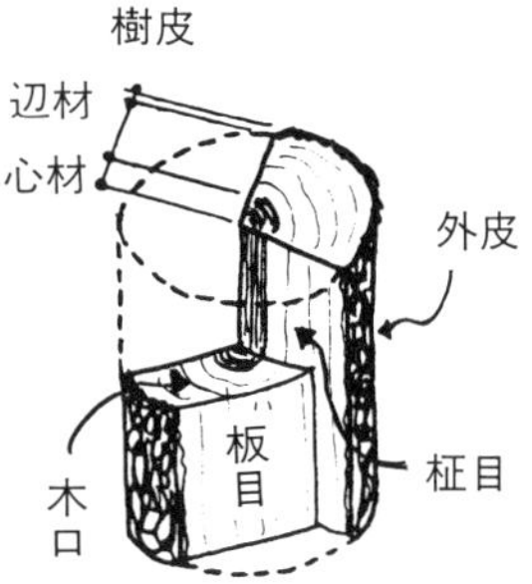

板
目

木
口

柾目

白アリ

土台

クレオソート(コールタールを分留して
得られる液体)が木材の防腐剤・防蟻剤
として,木材に塗布されます

木材の硬さ
木材の硬さは,最硬,甚硬,硬,軟,甚軟に区分される.
最硬の木材──あかがし,しらかし,うばめがし,いちいがし,おのおれ,にす,つげ,
くぬぎ,たがやさん,こくたん,ヒッコリーなど
甚硬の木材──あらかし,けやき,みずなら,こなら,あきにれ,うわみざくら,いぬ
えんじゅ,いぬぶな,やまぐわなど
硬の木材──ぶな,くり,せん,くす,しい,しらかば,ほお,かつら,きはだ,しお
じ,かえで,はるにれ,いちい,つがなど
軟の木材──あかまつ,くろまつ,ひめこまつ,からまつ,ひのき,ひば,すぎ,と
ち,かや,くるみ,しななど
甚軟の木材──きり,とうひ,えぞまつ,とどまつ,さわら,ねずこ,こうやまきなど

1.4 建築材料　　　　　　1.4.2 セメント・コンクリート

25　セメント・骨材に関する用語

セメントとは，水と反応して硬化する鉱物質の粉末で多種に分類されますが，一般的にはポルトランドセメントまたはポルトランドセメントを主体としたセメントをいいます．①**ポルトランドセメント**は，石灰石・粘土・酸化鉄などを原料としたもので，コンクリート工事用として最も広く使用されます．②**高炉セメント**は急冷された高炉スラグを用いた混合セメントです．③**フライアッシュセメント**は火力発電所などの微粉炭燃焼炉から回収した細粒灰（フライアッシュ）とポルトランドセメントの混合セメントです．④**シリカセメント**は珪酸質の入ったポルトランドセメントで，化学的抵抗が大きく耐水性に優れ，**珪酸セメント**ともいいます．

水硬性とは，水と化学反応（**水和反応**）して硬化することをいい，水硬性のセメントを**水硬性セメント**と総称します．なお，水和反応により発生する熱を**水和熱**といいます．**気硬性**とは，水と混合した物質が空気中の炭酸ガス（CO_2）との反応や，大

気中の水分が蒸発（乾燥）し硬化することをいい，気硬性のセメントを**気硬性セメント**といいます．しっくい，ドロマイトプラスターがそうで，いわば左官材料として用いられます．

骨材とは，モルタルまたはコンクリートをつくるために，セメントおよび水と練り混ぜる砂や砂利などの総称で，粒度により次のように分けられます．①**細骨材**：標準網ふるい5 mm 以下の粒径のものが85％以上通過する骨材をいい，砂がそうです．なお，**細骨材率**とは，コンクリート中の全骨材量に対する細骨材量の絶対容積比を百分率で表した値です．②**粗骨材**は5 mm 網ふるいに質量で85％以上とどまる骨材で，砂利，**砕石**（岩石などを人工的に破砕してつくった砂利）などがそうです．

骨材の含水量は混練などに関係し，含水分のない状態を**絶乾状態**，骨材内部は飽水しているが表面が乾いた状態を**表乾状態**，表面は乾いているが中心部に水を含んだ状態を**気乾状態**，に大別されます．

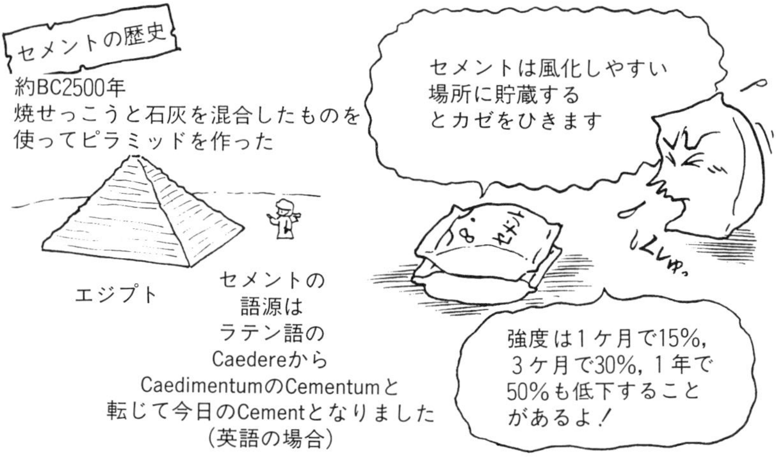

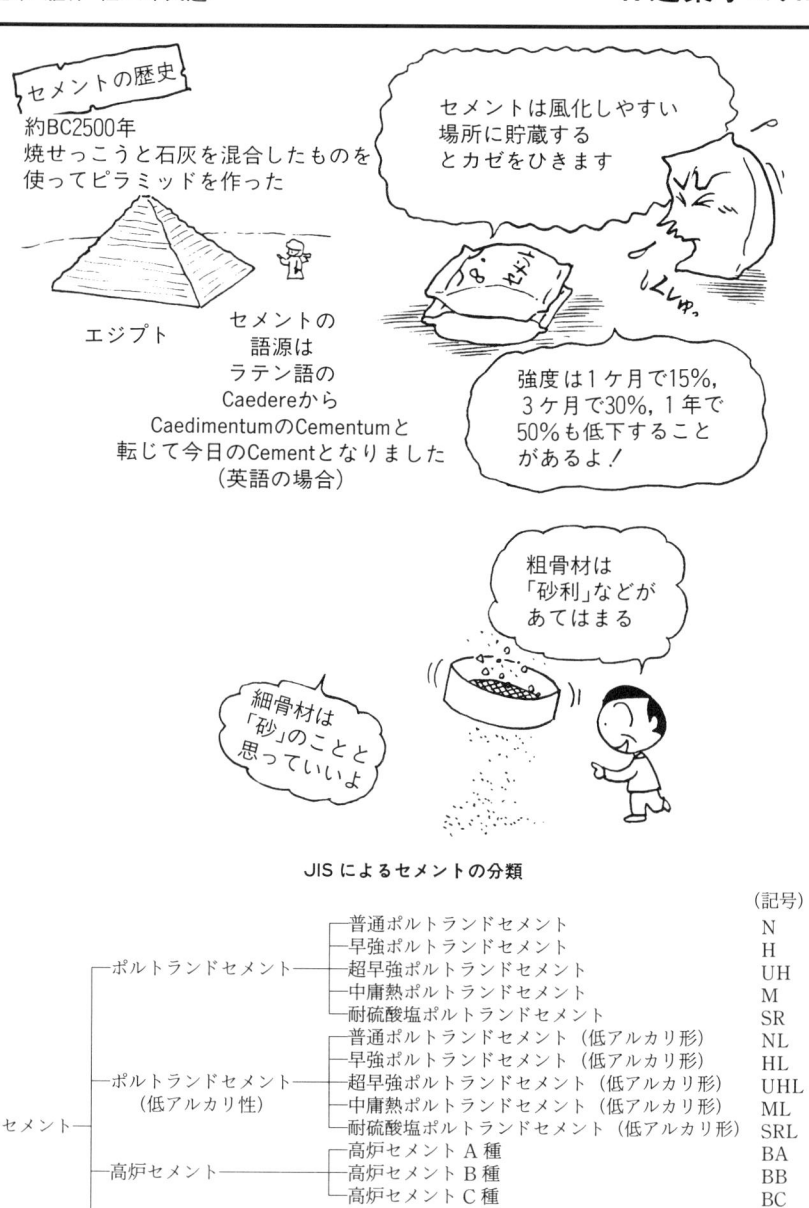

〈建築・軀体・仕上げ共通〉   # 1. 建築学の知識

セメントの歴史

約BC2500年
焼せっこうと石灰を混合したものを
使ってピラミッドを作った

エジプト

セメントの
語源は
ラテン語の
Caedereから
CaedimentumのCementumと
転じて今日のCementとなりました
（英語の場合）

セメントは風化しやすい
場所に貯蔵する
とカゼをひきます

強度は1ケ月で15%,
3ケ月で30%, 1年で
50%も低下すること
があるよ！

粗骨材は
「砂利」などが
あてはまる

細骨材は
「砂」のことと
思っていいよ

JIS によるセメントの分類

			(記号)
		普通ポルトランドセメント	N
		早強ポルトランドセメント	H
	ポルトランドセメント	超早強ポルトランドセメント	UH
		中庸熱ポルトランドセメント	M
		耐硫酸塩ポルトランドセメント	SR
		普通ポルトランドセメント（低アルカリ形）	NL
		早強ポルトランドセメント（低アルカリ形）	HL
	ポルトランドセメント（低アルカリ性）	超早強ポルトランドセメント（低アルカリ形）	UHL
セメント		中庸熱ポルトランドセメント（低アルカリ形）	ML
		耐硫酸塩ポルトランドセメント（低アルカリ形）	SRL
		高炉セメント A 種	BA
	高炉セメント	高炉セメント B 種	BB
		高炉セメント C 種	BC
		シリカセメント A 種	SA
	シリカセメント	シリカセメント B 種	SB
		シリカセメント C 種	SC
		フライアッシュセメント A 種	FA
	フライアッシュセメント	フライアッシュセメント B 種	FB
		フライアッシュセメント C 種	FC

1.4 建築材料　　　　　　　　1.4.2 セメント・コンクリート

| 26 | コンクリートに関する用語 I |

セメントペーストとは，セメントと水を混練しペースト状としたもので，とろ，あま，のろと俗称され，これに細骨材（砂）を加えたものがモルタルです．

コンクリートとは，一般にセメント，水，細骨材および粗骨材，場合によってはこれらに混和材を混ぜたものをいいます．

混和剤（コンクリート混和剤）とは，コンクリートの性質を改良するために混入（添加）する薬品をいい，その代表的なものとして次のものがあります．①ＡＥ剤：コンクリートの中に無数の微細気泡を含ませるために用いる表面活性剤で，添加することによりワーカビリティーが良くなり，均質で凍結・融解に対する抵抗性・耐久性が増し，水量を増やさずに流動性が増大します．なお，減水剤と併用したものをＡＥ減水剤といいます．②減水剤とは，コンクリートの所定の流動性を確保しつつ，水量を減らすことのできる混和剤で，強度を低下させずにワーカビリティーの向上がはかれます．③流動化

剤：既に混練を完了したコンクリートに添加することで，元のコンクリートの強度・耐久性を損なうことなく流動性を高めるものです．④膨張剤：鉄筋コンクリート工事における乾燥収縮によるひび割れを低減させるためのもので，エトリンガイト系と石灰系があり，膨張剤を 15 ％程度混ぜたセメントを膨張セメント（無収縮セメント）といいます．

水セメント比とは，水量をセメントの量で除した重量比のことで，一般に水セメント比が小さいほどコンクリートの強度は大きくなります．

単位セメント量とは，フレッシュコンクリート（打設直後のコンクリート）1 m³ 中に含まれるセメントの重量で，単位セメント量が多いと高強度となるが，乾燥収縮によるひび割れが発生しやすく，逆に少ないとワーカビリティーが悪くなり，普通コンクリートで最小値は 270 kg/m³ とされています．

〈建築・躯体・仕上げ共通〉

1. 建築学の知識

コンクリートの許容応力度

長期に生ずる力に対する許容応力度（N/mm²）				短期に生ずる力に対する許容応力度(N/mm²)			
圧縮	引張り	せん断	付着	圧縮	引張り	せん断	付着
$\dfrac{F}{3}$	$\dfrac{F}{30}$(Fが21を超えるコンクリートについて，国土交通大臣がこれと異なる数値を定めた場合は，その定めた数値)		0.7(軽量骨材を使用するものにあっては，0.6)	長期に生ずる力に対する圧縮，引張り，せん断又は付着の許容応力度のそれぞれの数値の2倍(Fが21を超えるコンクリートの引張り及びせん断について，国土交通大臣がこれと異なる数値を定めた場合は，その定めた数値) とする			

この表において，F は，設計基準強度（単位　N/mm²）を表すものとする

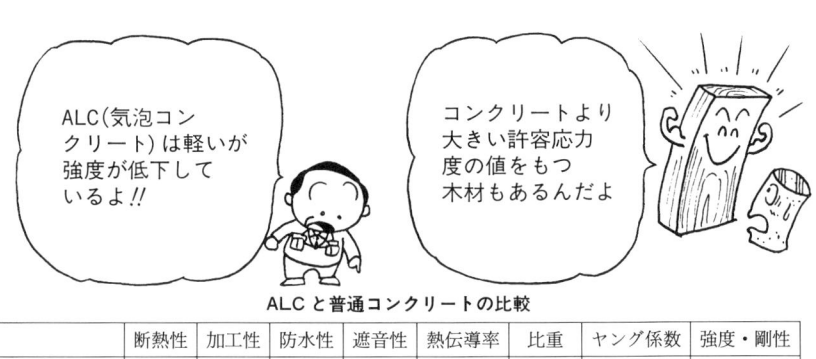

ALC(気泡コンクリート)は軽いが強度が低下しているよ!!

コンクリートより大きい許容応力度の値をもつ木材もあるんだよ

ALC と普通コンクリートの比較

	断熱性	加工性	防水性	遮音性	熱伝導率	比重	ヤング係数	強度・剛性
ALC	◎	◎	×	○	○	○	○	○
普通コンクリート	○	○	○	◎	◎	◎	◎	◎

コンクリートのおよその組成

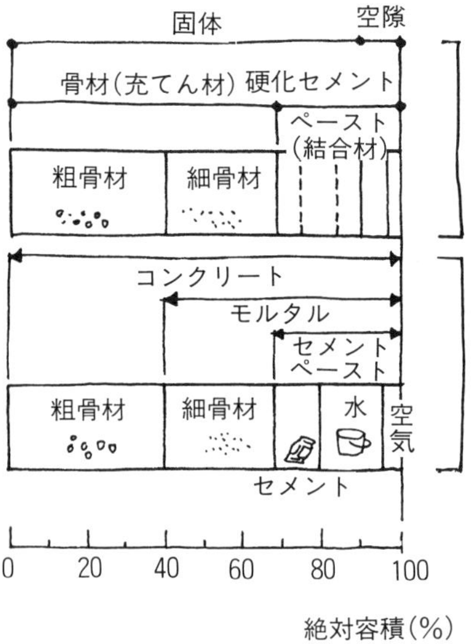

固体　　　　空隙

骨材(充てん材) 硬化セメント
　　　　ペースト(結合材)
粗骨材　細骨材

硬化コンクリート

コンクリート
　モルタル
　セメントペースト
粗骨材　細骨材　水　空気
セメント

フレッシュコンクリート

0　20　40　60　80　100
絶対容積(%)

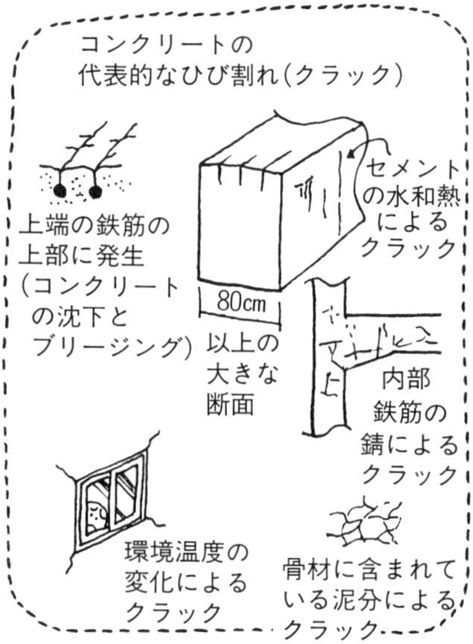

コンクリートの代表的なひび割れ(クラック)

上端の鉄筋の上部に発生(コンクリートの沈下とブリージング)

セメントの水和熱によるクラック

80cm 以上の大きな断面

環境温度の変化によるクラック

内部鉄筋の錆によるクラック

骨材に含まれている泥分によるクラック

1.4 建築材料　　　　　　1.4.2 セメント・コンクリート

27 コンクリートに関する用語 Ⅱ

普通コンクリートは，普通ポルトランドセメント・砂利・砂からなる比重 2.3 の一般的なコンクリートをいいます．重量コンクリートとは，重量骨材を用い比重 3.5～4.0 に増したもので，放射線遮へい用とされます．軽量コンクリートとは気乾比重 2.0 以下のコンクリートで，組成的には次の 2 種があります．骨材に人工的な軽量骨材を用い，比重 1.4～2.0 とした軽量骨材コンクリート（軽量コンクリート）と AE 剤や起泡剤を用い，コンクリート中に微細な気泡をコンクリート容積の 3～5 ％含ませ軽量化した気泡コンクリート（AE コンクリート）．なお，気泡コンクリートを高圧・高温の状態で養生いわゆるオートクレーブ養生を行って製造された軽量気泡コンクリートを ALC といい，ALC を鉄筋で補強し板状に成型したものを ALC パネルとよびます．断熱性・耐火性に優れるので内外壁・屋根・床などに多用されますが，構造材として用いるのは 2 階建までに制限されます．

レディーミクストコンクリートとは，工場生産され工事現場へコンクリートミキサー車で運ぶ状態のコンクリートで，生コンクリートやレミコンと俗称されます．

ワーカビリティー（施工軟度）とは，コンクリートやモルタルの打設の作業の難易に関する軟らかさの程度をいい，流動性，ブリージングに対する抵抗性などを含めた総合的な，かつ，経験的に判別される指標で，通常，スランプ試験，ブリージング試験などで判定します．ブリージングとは，コンクリート打設後，材料が分離して水の一部がコンクリートの上面に上昇する現象で，とくに水セメント比が大きく，スランプが大きいコンクリートほどこの現象が生じやすく，ブリージングが著しい場合は，コンクリートの沈下量が大きく，透水性，透気性に劣り，鉄筋との付着強度の低下を招きます．スランプとは，コンクリート施工軟度を示す用語で，この値が大きいほど軟らかいコンクリートです．

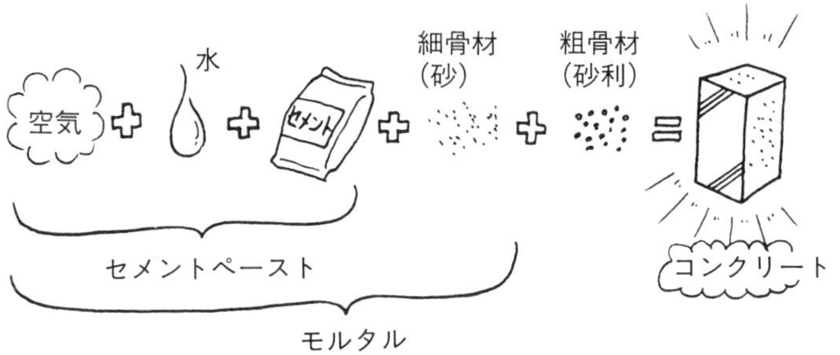

〈建築・軀体・仕上げ共通〉　　　　　　　　　　　# 1. 建築学の知識

空気 ＋ 水 ＋ セメント ＋ 細骨材（砂） ＋ 粗骨材（砂利） ＝ コンクリート

セメントペースト

モルタル

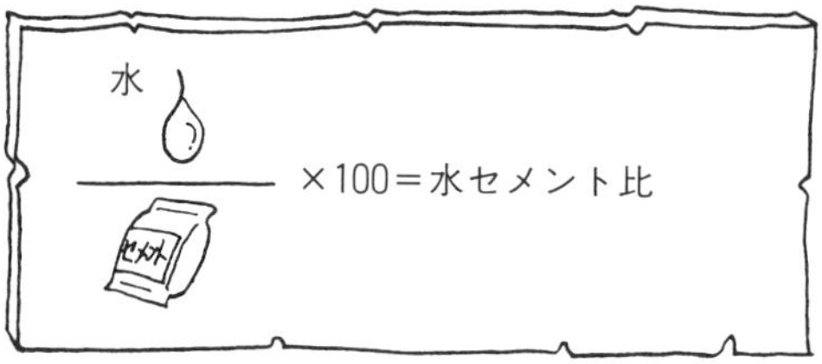

$$\frac{水}{セメント} \times 100 = 水セメント比$$

海砂を使うとき貝がらがまじっているとコンクリートの強度, 耐久性, 水密性が低下するから注意しよう

海砂や海砂利の塩化物はコンクリートには影響ないけど中の鉄筋が錆るから注意!!

塩分以外にもアルカリイオンと骨材の中のシリカイオンが反応して
さらに水分を吸収して膨張してひびわれるのをアルカリ骨材反応といいます

スラブ・はり・壁・柱に使われる粗骨材の大きさの標準範囲は砂利で20〜25mm以下砕石では20mm以下とされているんだよ

柱
スラブ
はり
壁

1.4 建築材料　　　　　　　　　　　　　　1.4.3 鋼材・非鉄金属

28	鋼材に関する用語

鋼材とは，鋼構造に用いられる鋼の材料を総称していい，形状からは，形鋼，棒鋼，鋼板，鋼管などに分けられ，建築関係では主に形鋼，棒鋼が用いられます．鋼材は原則として炭素含有量 0.3 ％以下の炭素鋼である**軟鋼**が用いられ，鋼材の一般的性質は**降伏点** 190〜294 N/mm²，引張強さ 392〜490 N/mm²，温度による鋼材の強さは 500℃で強度は 1/2 に低下し，1000℃では 0 になります．なお，**引張り強さ**とは引張り試験で，試験片の耐え得る最大荷重です．そして，**炭素鋼**とは鉄と炭素の合金で，炭素は鋼の強さを左右する重要な元素で，炭素の含有量により炭素鋼の性質が大きく変わり，炭素の含有量により次のように分けられます．**極軟鋼**(0.2 ％以下)，**軟鋼**(0.12〜0.20 ％)，**硬鋼** (0.4〜0.5 ％)．

形鋼とは，山形，I 形，H 形などの断面形状に圧延された厚さ 4 mm 以上の構造用鋼材をいい，**構造用鋼材**は建築・土木・船舶などの構造材として用いる鋼材で，**一般構造用圧延鋼材**(極軟鋼または軟鋼を圧延して

つくったもので**SS** と記号)，**溶接構造用圧延鋼材**(溶接性に優れ，とくにきれつなどが生じにくい鋼材で，**SM** と記号し A，B，C 種があり，A，B，C の順序に溶接性がよい)に大別されます．

軽量形鋼(**LGS**)とは，鋼板や鋼帯から冷間成型法によって溝形，Z 形，山形などの断面に型成された，厚さ 1.6〜4.0 mm 程度の形鋼をいい，主に小規模な建物の構造材，一般間仕切壁に用いられ，軽量形鋼でつくった鉄骨構造物を**軽量鉄骨造**といいます．

棒鋼とは鋼製の棒で，建築関係では主に次のものが用いられます．**鉄筋コンクリート用棒鋼**(鉄筋用として溶接性・圧縮性を重視したもので丸鋼，異形棒鋼がある)．**リベット用圧延棒鋼**(リベット製造用の熱間圧延棒鋼で SV と記号)．

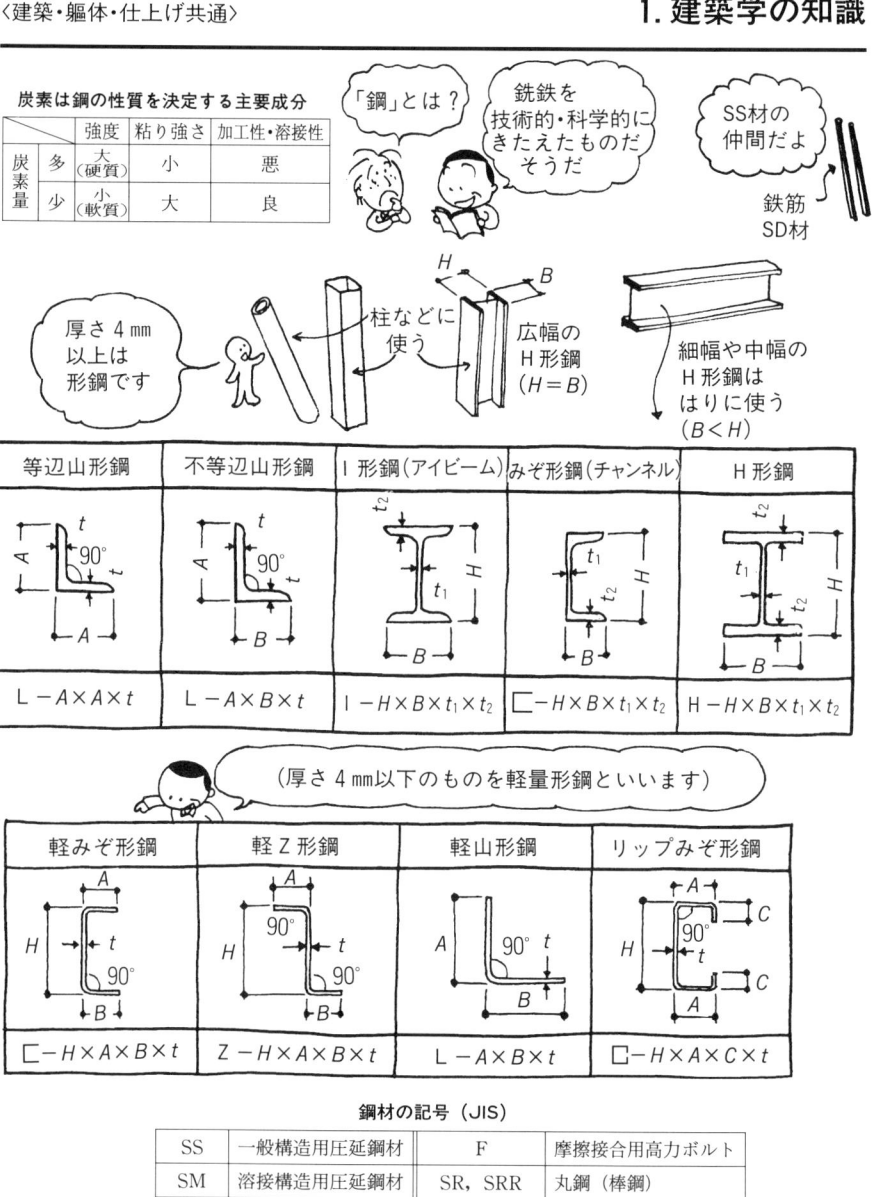

〈建築・軀体・仕上げ共通〉 　　　　　　　　　　**1. 建築学の知識**

炭素は鋼の性質を決定する主要成分

		強度	粘り強さ	加工性・溶接性
炭素量	多	大（硬質）	小	悪
	少	小（軟質）	大	良

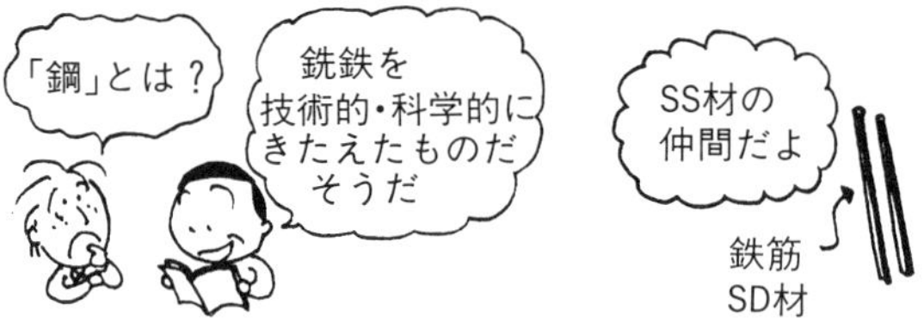

「鋼」とは？

銑鉄を技術的・科学的にきたえたものだそうだ

SS材の仲間だよ

鉄筋 SD材

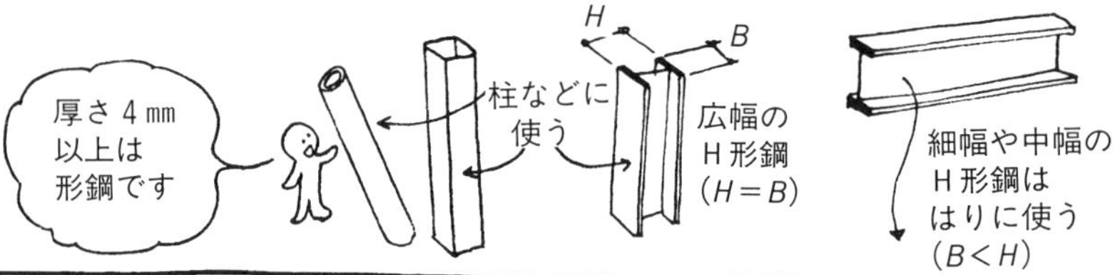

厚さ4mm以上は形鋼です

柱などに使う

広幅のH形鋼 (H=B)

細幅や中幅のH形鋼ははりに使う (B<H)

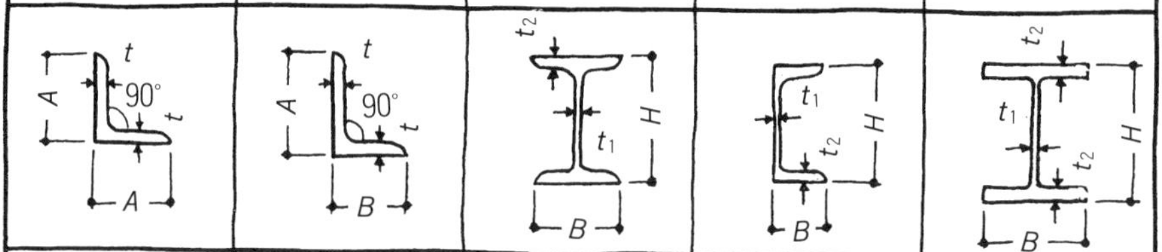

等辺山形鋼	不等辺山形鋼	I形鋼（アイビーム）	みぞ形鋼（チャンネル）	H形鋼
$L-A×A×t$	$L-A×B×t$	$I-H×B×t_1×t_2$	$□-H×B×t_1×t_2$	$H-H×B×t_1×t_2$

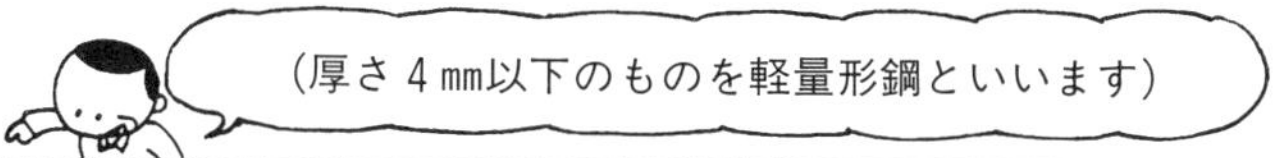

（厚さ4mm以下のものを軽量形鋼といいます）

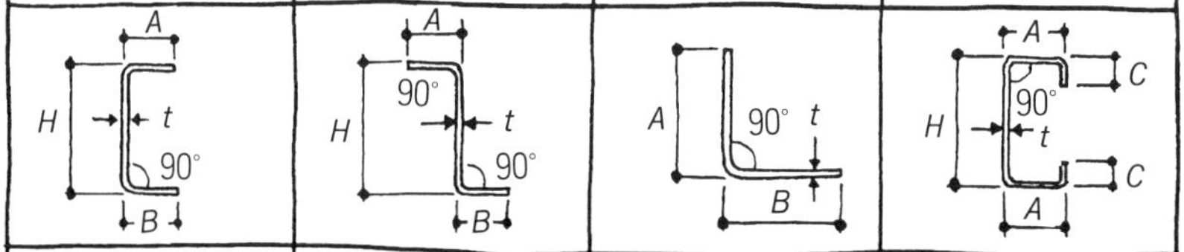

軽みぞ形鋼	軽Z形鋼	軽山形鋼	リップみぞ形鋼
$□-H×A×B×t$	$Z-H×A×B×t$	$L-A×B×t$	$□-H×A×C×t$

鋼材の記号（JIS）

SS	一般構造用圧延鋼材	F	摩擦接合用高力ボルト
SM	溶接構造用圧延鋼材	SR，SRR	丸鋼（棒鋼）
SSC	一般構造用軽量形鋼	SD，SDR	異形鉄筋（異形棒鋼）

JISに定められている鋼材の記号の例

SS　　　400

保証されている最小引張強さ（400 N/mm²）以上
鋼材の種類（一般構造用圧延鋼材）

63

1.4 建築材料

1.4.3 鋼材・非鉄金属
1.4.4 アスファルト

29 鋼材・非鉄金属・アスファルトに関する用語

鉄筋は JIS では，鉄筋コンクリート用棒鋼と鉄筋コンクリート用再生棒鋼に大別され，熱間圧延棒鋼は SR，熱間圧延異形棒鋼（異形鉄筋）は SD，再生丸鋼は SRR，再生異形棒鋼は SDR とそれぞれ記号されます．なお，再生鋼材とはいわゆる鉄くず（鋼くず）の再圧延によって製造された鋼材の総称です．熱間圧延とは約 800°C 以上の高温で圧延することで，常温で圧延することを冷間圧延といいます．鉄筋に関しては16の項も参照して下さい．

非鉄金属とは，文字通り鉄以外の金属の総称で，建築の分野で使用される非鉄金属の代表的なものとしては銅，鉛，亜鉛，スズ，アルミニウム，チタンならびにこれらの合金です．

ボンデライジングとは，鋼板や亜鉛鉄板の表面に，リン酸塩や硝酸塩などの溶液で酸化皮膜を生成させる処理をいい，防錆力がつくとともに防錆塗料の付着がよくなります．

アスファルトは防水性に極めて優れた性質があり，建築物の防水用として多用（加工）されます．

アスファルトルーフィング（アスファルト防水紙）は，アスファルトフェルトまたは厚手の紙の両面にアスファルトを塗布または含浸させたものです．砂付きアスファルトルーフィングは，アスファルトルーフィングの表面に砂の粒子を散布密着させたもので，風の吸引力によるはく離防止のもので，一般に押さえのない屋根防水の最上層の仕上げ張りとして用います．ストレッチルーフィングは，合成繊維にアスファルトを浸透させ，表裏面に鉱物質の粉末を付着させたもので，強度・耐久性に優れ，アスファルト防水の主力材料です．アスファルトプライマーは，ブローンアスファルト（アスファルトを加熱し空気を吹き込んで酸化重合させたもの）を溶剤に溶かし液状としたものです．常温ではけ塗りができるようにしたもので，防水下地に塗布し溶融アスファルトの密着を助ける下処理剤です．

〈建築・躯体・仕上げ共通〉

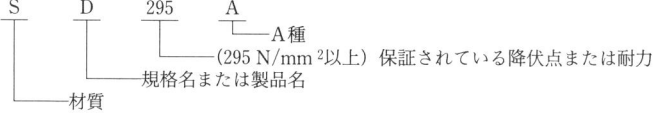

1. 建築学の知識

鉄筋の種類および強度

種類の記号	降伏点または 0.2%耐力 N/mm²	引張強さ N/mm²
SR 295	295 以上	440 ～ 600
SD 295A	295 以上	440 ～ 600
SD 295B	295 ～ 390	440 以上
SD 345	345 ～ 440	490 以上
SD 390	390 ～ 510	560 以上
SD 490	490 ～ 620	620 以上

JIS に定められている鉄筋の記号の例
（鉄筋コンクリート用棒鋼 SD 295 A)

S　　　D　　　295　　　A

A種
(295 N/mm²以上) 保証されている降伏点または耐力
規格名または製品名
材質

非鉄金属と鋼の物理的性質

金　属	比重	融点 (℃)	比　　熱 (J/(kg・K))	線膨張係数 (10⁻⁶/℃)	熱伝導率 (w/(m・K))
アルミニウム	2.69	660	933	24.6	222
鋼	7.79	1430	423	10.4	0.101
銅	8.93	1080	385	16.5	393
ニッケル	8.9	1450	440	13.3	92
鉛	11.3	327	126	29.0	35.1

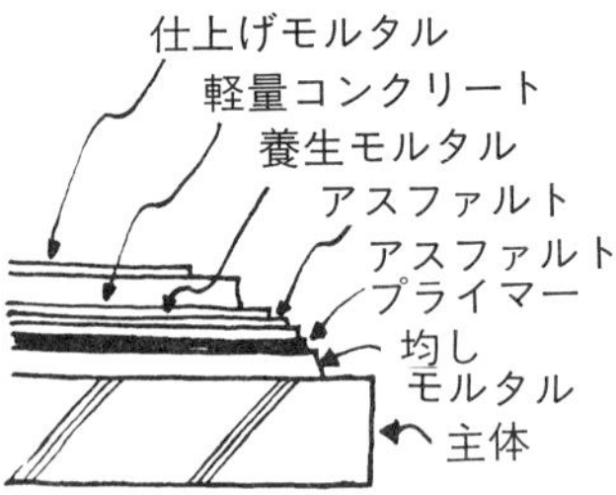

仕上げモルタル
軽量コンクリート
養生モルタル
アスファルト
アスファルト
プライマー
均し
モルタル
主体

アスファルト防水

人が
めったに
歩かないところ
の仕上げと
人が時々歩く
ところの仕上げは
材料をかえるよ

65

1.4 建築材料

1.4.5 石材
1.4.6 ガラス・タイル

30 石材・ガラス・タイルに関する用語

石材は近年では装飾用として主に用いられ天然石と人造石に大別されます．天然石として用いるのは次のものです．①火成岩：地球内部のマグマが固結して生成した岩石で花こう岩（みかげ石）と安山岩（鉄平石）があり，板石として壁，床などに用いられます．②堆積岩（水成岩）：岩石の破片などが層をなして積り固まったもので，火成岩と同じような用い方をされます．③変成岩：火成岩・水成岩のどちらかが，天然の圧力・熱により変質したもので大理石が代表的で，火成岩や水成岩と同じ用い方とともに，テラゾーの種にもされます．人造石として用いられる主なものは次のとおりです．①テラゾー：顔料・白セメントに大理石などの砕石粒を練り合わせ，硬化後つや出ししたもので，大理石の代用品です．②擬石：種石に大理石以外の岩石を用い，テラゾーに準じてつくられたものです．

トラバーチンは多孔質で縞模様のある茶褐色の石灰石で大理石の一種として扱われています．

石材の品質は JIS により，産地および岩石の種類ごとに1等品，2等品，3等品に区分され，石材の強度上，硬石（圧縮強度 4903 N/cm²以上，吸水率5％未満），準硬石（圧縮強度 981 ～ 4903 N/cm²，吸水率5 ～ 15 ％），軟石（981 N/cm²未満，吸水率 15 ％以上）の3つに区別されます．

ガラスは建築用としては，右表に示すように普通板ガラス，型板ガラス，フロート板ガラス，網入りガラス，熱線吸収ガラス，複層ガラス，強化ガラス（破損した場合，小豆状の細片となり安全）が用いられ，網（金網）入りガラスは防火設備と認定されています．

タイルは壁・床用の粘土製品で，生地の質によって磁気質タイル（吸水率1％未満），せっ器質タイル（吸水率1～10％），陶器質タイル（吸水率10～17％）と区分され，JIS で形状・モジュールが規定されています．用途としては内装タイル，外装タイル，床タイル，モザイクタイルと区分されます．

〈建築・軀体・仕上げ共通〉

1. 建築学の知識

石 材

石　　名	一般的性質	用　　途
花崗岩(みかげ石)	ち密，耐久性大，外観美しい，耐火性なし	内・外装用
流紋岩(軽石)	硬，加工困難，多孔質，耐火性大	内装用
安山岩(鉄平石)	加工容易，光沢なし，耐久性あり，耐火性大	内・外装用
凝灰岩(大谷岩)	多孔質，軽量，吸水量大，耐久性なし，耐火性大，軟質加工容易	内・外装用
砂　岩(多胡石)	耐火性あり，吸水量大で耐久性なし，加工容易，光沢なし	内装用
大理石(テラゾー原料)	ち密，強度大，光沢あり，酸に弱い，耐火性小	内装用

ガラス

ガラス名	一般的性質	用　　途
普通板ガラス	紫外線をよく吸収，光沢あり，切断・加工容易	一般建築用
型板ガラス	ガラス面の型板の凹凸によって光を室内に拡散，視線をさえぎる	装飾用
フロート板ガラス	光沢に優れた高級窓ガラス，超高層ビルに使用	ショーウインドーなど
網入りガラス	ガラスが破損しても飛散しない	防火・防盗用
熱線吸収ガラス	赤外線・可視線・紫外線の透過を押える，シックな色彩	断熱用
複層ガラス	2枚または数枚の板ガラスを重ねた間に乾燥空気を封じこめる	防音・防寒・断熱用
強化ガラス	普通板ガラスに比べて3〜5倍の強度をもつ	耐衝撃用

普通ガラス　　網入りガラス　　強化ガラス

割れた時にこまかいつぶになるのもある

タイルの用途上の区分

呼 び 名	生地の質
内 装 タイル	磁器質・せっ器質陶器質
外 装 タイル	磁器質・せっ器質
床　 タ イル	磁器質・せっ器質
モザイクタイル	磁器質

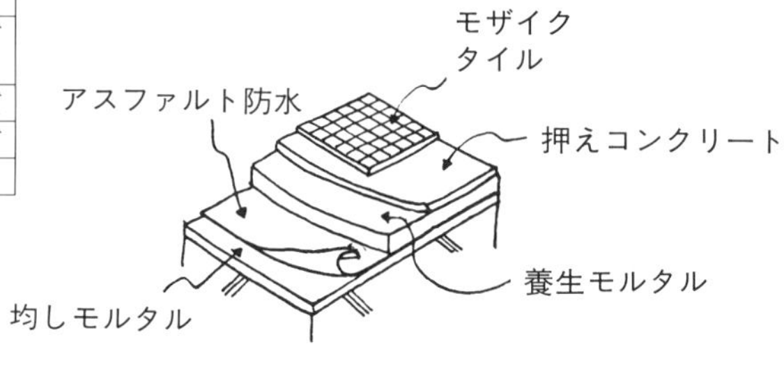

モザイクタイル
アスファルト防水
押えコンクリート
養生モルタル
均しモルタル

67

1.4 建築材料　　　　　　　　　　　　　　1.4.7 塗料

| 31 | 塗料に関する用語 |

塗料とは，物体の表面の保護，外観・形状の変化，その他を目的として用いる材料の一種です．流動状態で物体の表面に広げる（塗装する）と薄い膜となり，時間の経過につれてその面に固着したまま固体の膜いわゆる塗膜となり，連続してその面を覆うものをいい，塗料の一般的な構成は右図のとおりです．塗膜要素は塗膜になって残る成分より成るもので，塗膜主要素は乾性油，樹脂などで，塗料が乾燥したとき膜となる主体です．塗膜副要素は乾燥剤，安定剤など塗膜主要素の補助作用をするもので，塗膜助要素は塗料を液体状態に保つために用いる溶剤（揮発性成分）などで，塗膜に残らない成分です．ビヒクル（展色剤）とは，塗料の成分の基材となるもので，塗料の中で顔料を分散させている液状成分で，油性ペイントの油，合成樹脂ペイントのワニスなどがそうです．

塗料の種類は極めて多種ですが概略，右表のとおりです．

ペイントとは広義には塗料の総称ですが，狭義には顔料とボイル油を練り合わせた塗料をいいます．調合ペイントは特にボイル油など塗膜助要素を加える必要がなく，かき混ぜて一様にすれば，すぐ塗れるように製造されたペイントで，油性調合ペイントと合成樹脂調合ペイントがあります．エマルションペイントはボイル油・油ワニス・樹脂などを水中に乳化してつくった液状物をビヒクルとして用いた塗料で，乳化重合で得た合成樹脂エマルションをビヒクルとしてつくった合成樹脂エマルションペイントが代表的です．鉛丹さび止めペイントは，さび止め顔料として鉛丹（四三酸化鉛を主成分とした赤顔料）を用いたものです．エナメルペイントは，平滑で光沢のある塗膜ができるようにつくった顔料着色塗料です．ラッカーとは硝化繊維素を主原料とする塗料で，乾燥時間が早くつやのある固い塗膜ができ，顔料を入れたラッカーエナメルと顔料の入らない透明なクリヤラッカーがあります．

68

〈建築・軀体・仕上げ共通〉

1. 建築学の知識

塗料の種類と適応素地

種　　　類	性　　能							素地の種類			
	付着性	耐衝撃性	耐摩耗性	耐水性	耐酸性	耐アルカリ性	耐候性（屋外バクロ）	木部	鉄部	亜鉛メッキ面	コンクリートモルタル面
調　合　ペ　イ　ン　ト	○	○	△	○	△	×	△	◎	◎	○	×
フ　タ　ル　酸　エ　ナ　メ　ル	○	○	○	○	△	×	○	◎	◎	△	×
オ　イ　ル　ス　テ　イ　ン	○	○	×	△	△	×	△	◎	×	×	×
ワ　　　　ニ　　　　ス	○	○	○	△	△	×	○	◎	×	×	×
ク　リ　ヤ　ラ　ッ　カ　ー	○	○	○	○	△	×	△	◎	×	×	×
塩化ビニル樹脂エナメル	○	○	○	◎	◎	○	◎	○	◎	◎	◎
ペイント合成樹脂エマルション　1種(外部用)	○	○	○	○	×	○	○	○	○	○	◎
〃　2種(内部用)	○	○	○	△	×	○	×	×	×	×	◎

塗料の構成

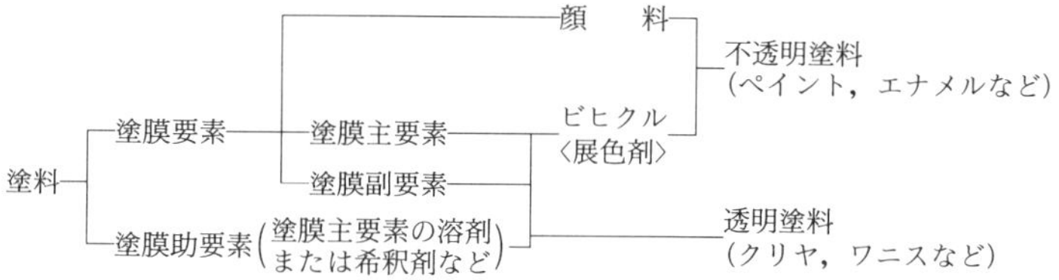

塗料
- 塗膜要素
  - 塗膜主要素
    - 顔料 ── 不透明塗料（ペイント，エナメルなど）
    - ビヒクル〈展色剤〉
  - 塗膜副要素 ── 透明塗料（クリヤ，ワニスなど）
- 塗膜助要素（塗膜主要素の溶剤または希釈剤など）

1.4 建築材料

1.4.7 塗料
1.4.8 プラスチック

32 塗料・プラスチックに関する用語

オイルステインとは，木部塗装において木地を生かした仕上げをする場合の着色塗料で，油溶性の染料などを揮発性溶剤に溶かしてつくったものです．**ワニス**は，樹脂類を溶剤に溶かしてつくった塗料の総称で，顔料は含まれていず，塗膜は概して透明です．成分により，精ワニス・油ワニス・ウレタンワニスがあり，たんに**ニス**ともいい木製品の仕上塗装，木部塗装の目止めなどに用います．なお，**目止め**とは，木部塗装の素地調整の１つで，素地面の小さな穴や割れ目をとの粉などで埋めて平滑にすることをいいます．

耐候性とは屋外で，日光・風雨・露霜・寒暖・乾湿などの自然の作用に抵抗して変化しにくい塗膜の性質をいいます．

水性塗料は，カゼインなどの膠着剤に顔料を混合して水に溶けやすく，水で薄めて用いる塗料で，引火の危険がなく安全ですが，乾燥には時間を要します．コンクリート・モルタル面に適したアクリルエマルション系と，鉄部・木部に適した水溶性ア

ルキッド樹脂系に大別されます．

プラスチック（合成樹脂）とは，高分子物質を主原料として人工的に有用な形状につくられた固体の総称で，熱可塑性と熱硬化性に大別され，塗料や接着剤，保温材，防音材など各種用途の材料の原料となります．

熱硬化性プラスチックは，一度硬化すると加熱しても変形しにくいプラスチックで，フェノール樹脂，ポリエステル樹脂などがあります．**熱可塑性**プラスチックは加熱により軟化・変形するもので，塩化ビニル，アクリル樹脂，ポリエチレンなどがあります．

FRP（ガラス繊維強化プラスチック）は，プラスチックにガラス繊維を混ぜ補強したもので，強度・耐久性に優れ**ポリバス**（FRP製の浴槽）や高架水槽・受水槽などに用いられます．

〈建築・軀体・仕上げ共通〉   # 1. 建築学の知識

塗　料

塗料名	一般的性質
油性ペイント	耐候・耐水性，乾燥遅し，耐アルカリ性ではない
水性ペイント	光沢なし，はく落しやすい，耐水性小，耐酸・耐アルカリ性大
油性ワニス	塗膜強，光沢・弾力あり，耐水・耐久性大，油性ペイントより乾燥速い
ラッカー	耐水・耐酸・耐アルカリ性大，速乾性のためスプレーガン使用，塗膜硬く，光沢あり
エナメル	耐久・安定性小により外部塗装は不適，色調鮮明，塗膜硬い
オイルステイン	速乾性，耐水・耐食性大，木部の着色防腐用に使用
合成樹脂塗料	速乾性，耐水・耐油・耐酸・耐アルカリ性大
防錆塗料(光明丹)	鉄部錆止め下地用として用いられる
うるし	日本古来の最高級塗料，塗膜は硬く，光沢よい

この水槽は
FRP製だよ！

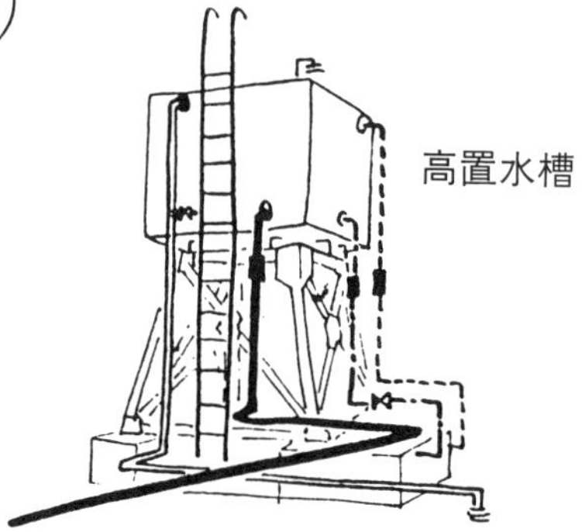

高置水槽

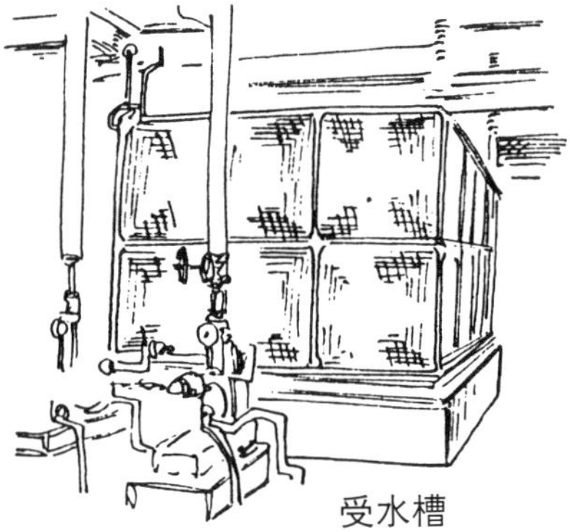

受水槽

2.1 空気調和設備・給排水衛生設備　2.1.1 空気調和設備

33 空気調和設備に関する用語 I

　空気調和設備とは，**空気調和**すなわち，室内の空気を清浄にし，温度，湿度，気流などを快適な状態に調整する装置で，**空気冷却器**，**空気加熱器**，加湿器，エアフィルタおよび送風機，ダクト，冷却塔などで構成されるものです．

　空気調和機とは，空気調和設備のうち，空調の目的を達するために必要な機器を1つのケーシングに納めた空気調和ユニットです．**エリミネータ**とは，加湿器から送られる通過空気中の水滴を除去する装置をいいます．**機械換気設備**は，機械換気方式に必要なファン（送風機，排風機），ダクトなどをいいます．**ファン（送風機）**とは，羽根車をモータによって回転させ，空気を吸込み，これに圧力を与えて送り出す機械で，遠心送風機と軸流送風機に大別されます．**ダクト（風道）**は，空調用などの空気を輸送するための長方形，丸型の断面をした通風路をいいます．**ダンパ**とは，ダクト内に設けダクト内の風量を調節するための板をいいます．なお，断面が長方形（矩形）

のものを**長方形ダクト（矩形ダクト）**といい，リブやダイヤモンドブレーキで補強し，空気抵抗も大きいが，ダクト内風速7〜15 m/sの**低速ダクト**として用います．断面が円形で抵抗も少なく，ダクト面積の少ないものを**円形ダクト（スパイラルダクト）**といい，風速15〜25 m/sの**高速ダクト**として用います．**吹出し口**は，給気ダクトより送られてくる空気を室内に送入するための供給口をいい，**アネモスタット**などがあります．

　ファンコイルユニット方式は，ファンコイルユニットといい，冷・温水コイル，ファン，エアフィルタなどをケーシングに納めた小型の空調機を各室に配置し，このファンコイルユニットまで中央機械室のボイラや冷凍機から，冬は温水を夏は冷水を，直接供給して空調を行う方式で，各室の個別制御が確実に行えます．

　単一ダクト方式とは，1本のダクトに冷風または温風を送り，各室の吹出し口より供給し空調を行う方式です．

〈建築・軀体・仕上げ共通〉　　**2. 建築設備等(共通工学)の知識**

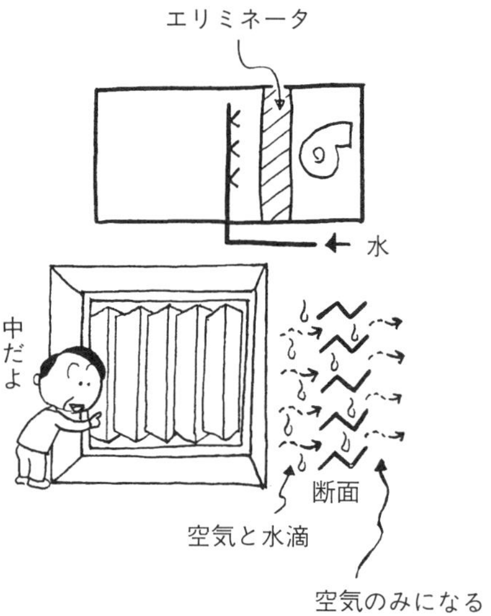

空気調和設備

エリミネータ

← 水

空気調和機

中だよ

断面

空気と水滴

空気のみになる

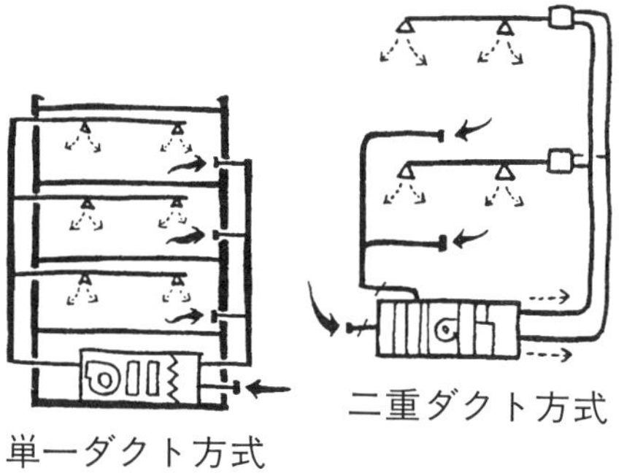

ファンコイルユニット方式

吹出し口

冷温水コイル

送風機

エアフィルタ

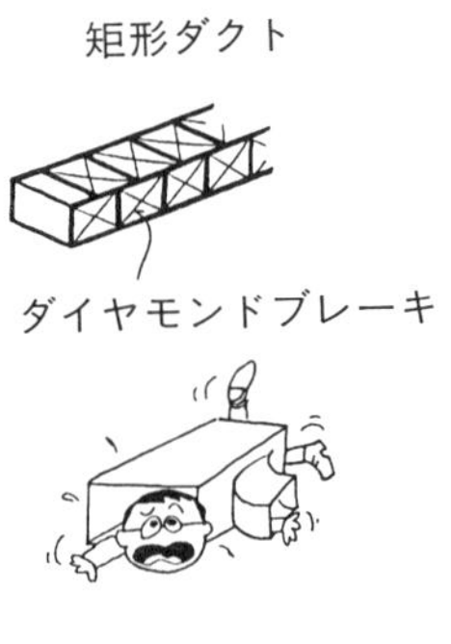

単一ダクト方式

二重ダクト方式

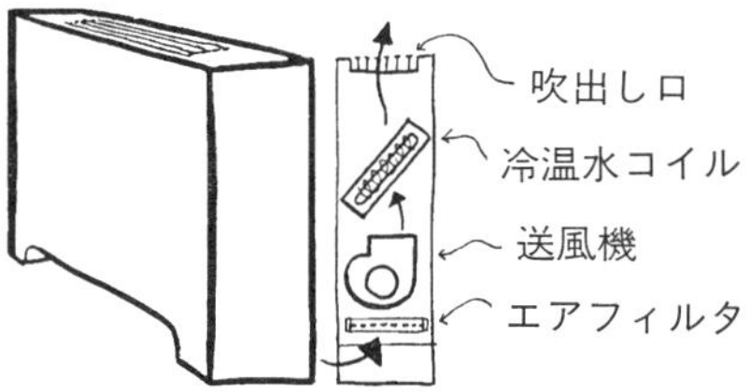

矩形ダクト

ダイヤモンドブレーキ

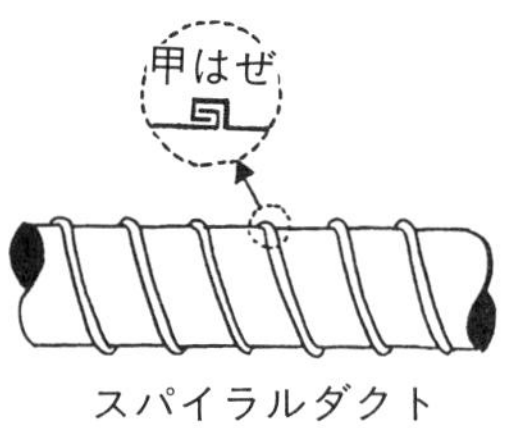

甲はぜ

スパイラルダクト

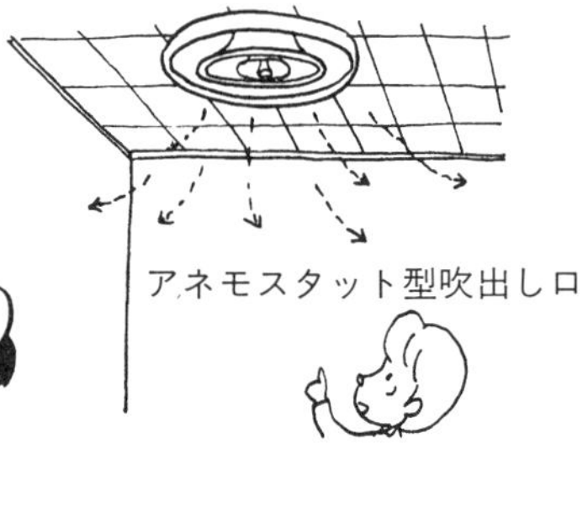

アネモスタット型吹出し口

73

2.1 空気調和設備・給排水衛生設備　　　2.1.1 空気調和設備

34 空気調和設備に関する用語 Ⅱ

二重ダクト方式とは，中央式空調機で冷風と温風をつくり，それぞれ別のダクトで送風し，各室の吹出し口に混合箱を設け，ここで冷風と温風を混合して吹出し，空調を行う方式をいいます．

冷凍機とは，冷媒の蒸発熱を利用して冷凍作用を行う機械をいい，冷媒の圧縮方法により**圧縮冷凍機**と，冷媒としてフロンガスなどを用いない**吸収冷凍機**に大別されます．

冷却塔（クーリングタワー）とは，水冷式冷凍機の冷却水を再循環使用するための熱交換器，つまり FRP 製の格子などを充てんした塔の上から温水（使用済みの冷却水）を流し，これを大気と向流また直交流で接触させて水を冷却する装置です．

冷凍トン（RT）とは，冷凍機を 24 時間連続運転した場合，何トンの重さの氷をつくる能力があるかという冷凍機の冷凍能力を表す尺度（単位）です．**ヒートポンプ（熱ポンプ）**とは，冷凍機を本来の目的である冷却のためだけではなく，冷房のときとは逆に，冷凍機の凝縮器でつくられ

る熱を利用し，暖房にも用いるようにした冷凍機のことです．

蒸気暖房とは，ボイラからの蒸気を空調機の空気加熱器や室内のラジエータやコンベクタに供給・放熱し，暖房を行う方式で，大規模ビルや工場に適します．**温水暖房**とは，ボイラからの温水をラジエータなどに供給し，暖房する方式で，住宅，ホテル，病院などに適します．**温風暖房**とは，加熱した空気をダクトにより各室に送風し暖房を行う方式をいいます．**直接暖房**は各室に配置したラジエータなどに蒸気や温水を供給してふく射暖房を行う方式をいい，家庭や小規模ビルなどで採用されます．**床暖房**は床に熱源設備を埋め込み放射暖房を行うもので，床面付近は温度が高く，床より高くなるほど室温は低下するという他の暖房形式にみられない大きな特徴があります．

ボイラとは，燃焼ガスなどにより水を加熱して，大気圧を超える圧力の蒸気または圧力を有する温水を発生させる機械をいい，前者を**蒸気ボイラ**，後者を**温水ボイラ**といいます．

〈建築・躯体・仕上げ共通〉

2. 建築設備等（共通工学）の知識

冷凍機の種類と用途

方式	種類		用途
蒸気圧縮式	往復動冷凍機（レシプロ冷凍機）		空調用（小・中容量 100 Rt 程度以下）・冷凍用
	遠心冷凍機（ターボ冷凍機）		空調用（大容量 100 Rt 程度以上）・冷凍用（大容量）
	回転冷凍機	ロータリ冷凍機	小形ー空調用（ルームエアコン）中・大形ー冷凍用
		スクリュー冷凍機	空調用（ヒートポンプ）・冷凍用
吸収式	吸収冷凍機		空調用

蒸気暖房と温水暖房

	蒸気暖房	温水暖房
設備費	安い	高い
経常費	やや高い	安い
操作	難しい	やさしい
快適さ	やや悪い	良い
予熱	早い	遅い
冷却	早い	遅い
騒音	あり	なし
凍結の危険	なし	あり
適用される建物の例	大規模事務所・学校・工場	住宅・アパート・病院（病室）・中小規模事務所

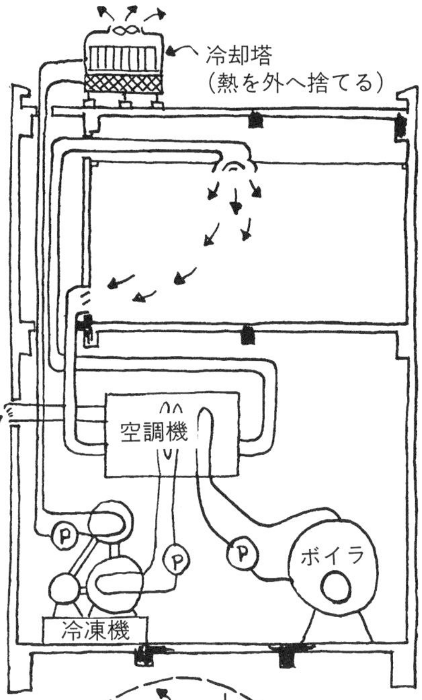

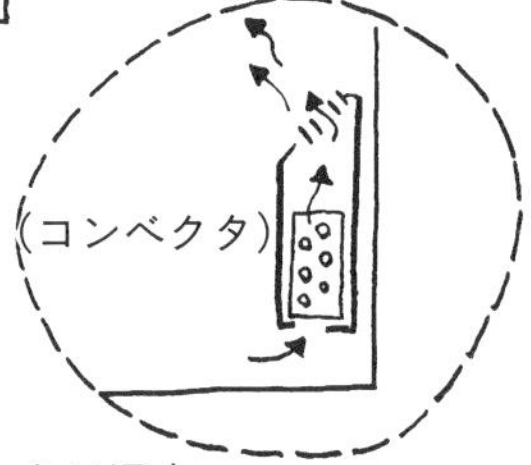

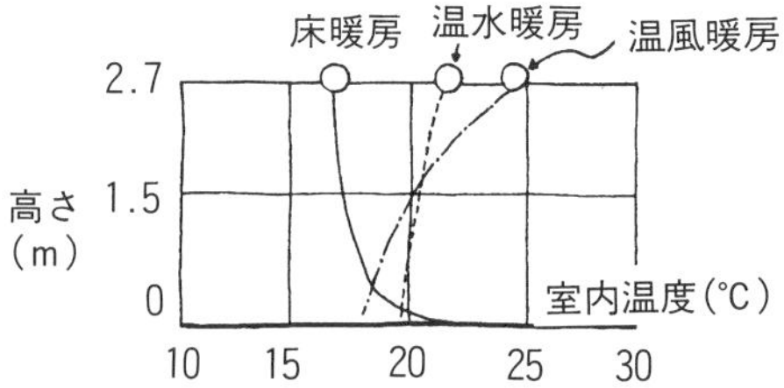

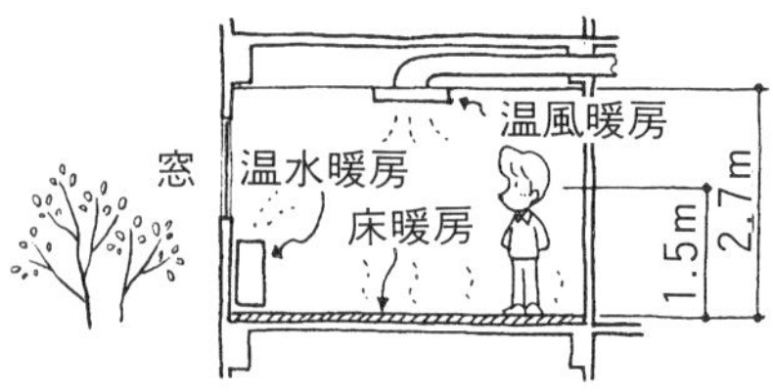

暖房形式と室内温度分布

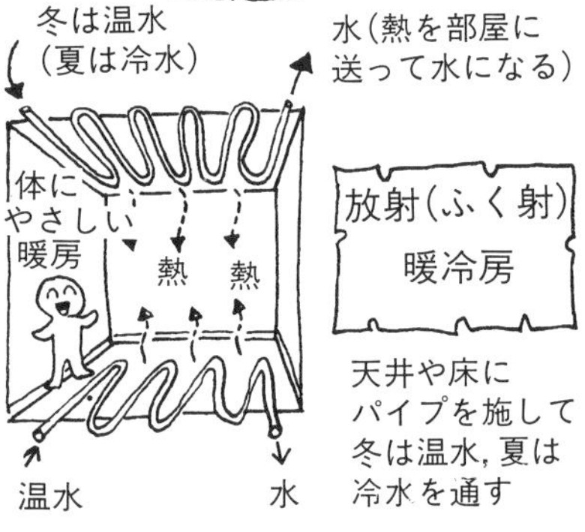

冷却塔（熱を外へ捨てる）

空調機

ボイラ

冷凍機

（コンベクタ）

冬は温水（夏は冷水）

水（熱を部屋に送って水になる）

体にやさしい暖房

熱 熱

放射（ふく射）暖冷房

天井や床にパイプを施して冬は温水、夏は冷水を通す

温水 水

2.1 空気調和設備・給排水衛生設備　　　　2.1.2 給排水衛生設備

35 給水設備に関する用語

一般建築物の給水設備は**給水量**を基礎として計画しますが、給水量は人員、使用器具によって求めるのです。基準値は表に示すとおりです。

建築物内の上水の給水方式としては、次の3方式が採用されます。**直結給水方式（直結方式）**とは、水道本管からの水道管を引き込み、その水圧力で所要箇所に給水するもので、2階建てまでの建物に適用されます。**高架水槽給水方式（高置タンク方式）**とは、ビルの屋上などの高所に給水槽（高架水槽）を設置し、これにポンプで揚水、貯水し、落差の水圧により、所要箇所に給水するもので、3階以上の建物には原則としてこの方式が用いられます。**圧力水槽給水方式（圧力タンク方式）**は、圧力水槽内の水を圧縮空気で加圧し給水する方式で、水圧変動が大きく、維持管理も難しいため、高置タンクの設置が不可能なビルなどで採用されます。**給水管**とは、建物内の上水の給水のために用いる管をいい、右の表に示すものが用いられます。**給水弁**とは、給水配管の途中に設けて、水を止めたり、水量調節のために用いるバルブで、仕切弁、玉形弁を用います。**逆止め弁（チェッキ弁）**は、弁体が流体の背圧によって逆流を防止するよう作動するバルブです。**ボールタップ**は、水槽に給水し、フロート（浮子）の浮力により自動的に給水、停止するバルブをいいます。

フラッシュバルブ（洗浄弁）とは、大便器や小便器の汚物・汚水を洗浄するため用便後、ハンドル（ボタン）を操作すると一定時間に一定量の水量を流して自動的に閉止するバルブです。

クロスコネクションとは、上水給水配管と上水以外の水の配管、または排水配管とが不用意に連絡された状態をいい、クロスコネクションは衛生上の見地から厳禁されています。**ウォータハンマ（水撃作用）**とは、給水弁などを急開閉した場合、給水管内の水圧が異常上昇、低下し圧力波が生じて流体に伝わり、管壁を叩き、振動し、衝撃音を出す現象をいいます。

〈建築・軀体・仕上げ共通〉

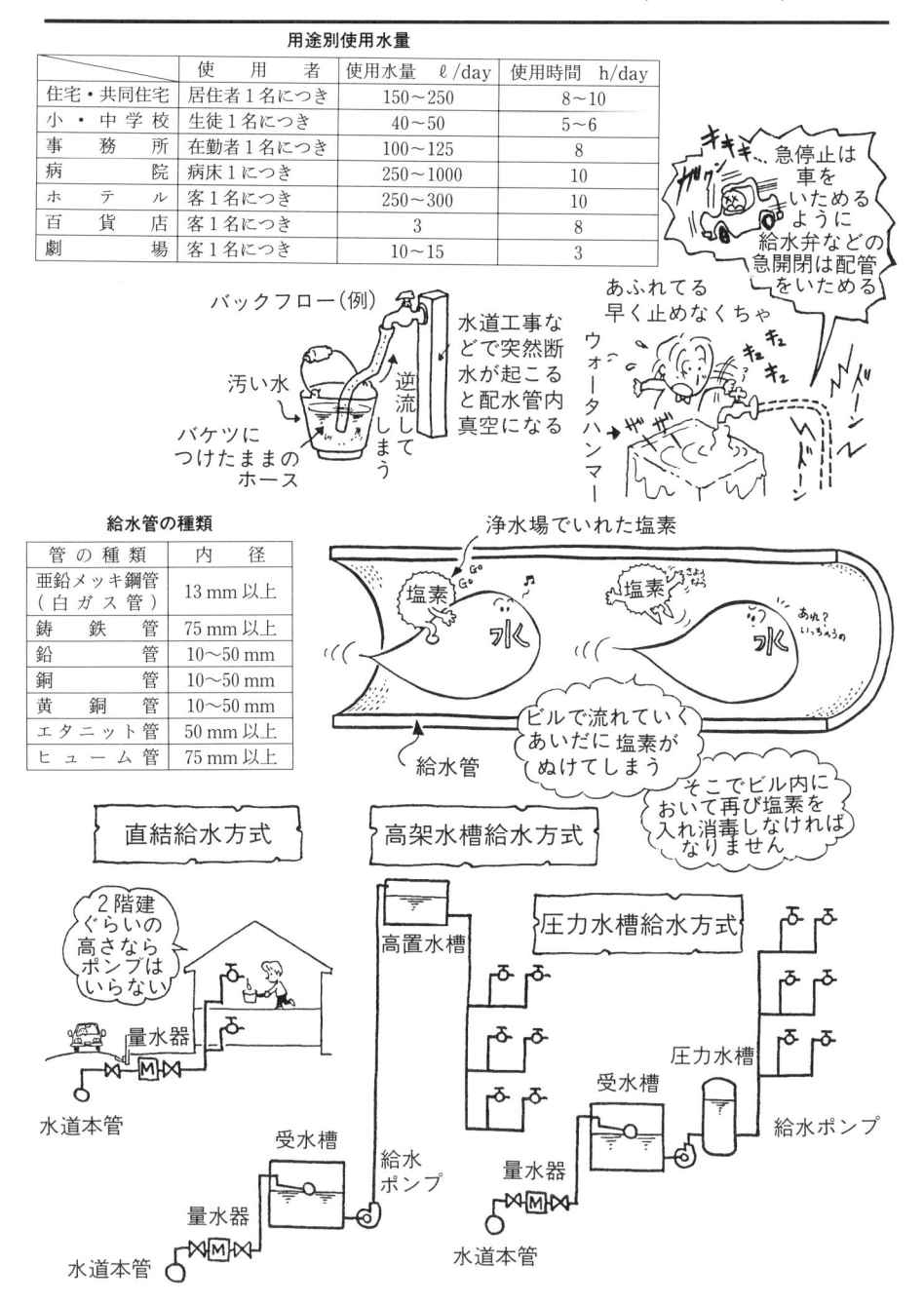

2. 建築設備等（共通工学）の知識

用途別使用水量

	使 用 者	使用水量　ℓ/day	使用時間　h/day
住宅・共同住宅	居住者1名につき	150～250	8～10
小・中学校	生徒1名につき	40～50	5～6
事 務 所	在勤者1名につき	100～125	8
病 院	病床1につき	250～1000	10
ホ テ ル	客1名につき	250～300	10
百 貨 店	客1名につき	3	8
劇 場	客1名につき	10～15	3

急停止は車をいためるように給水弁などの急開閉は配管をいためる

バックフロー（例）

汚い水

バケツにつけたままのホース

逆流してしまう

水道工事などで突然断水が起こると配水管内真空になる

あふれてる早く止めなくちゃ

ウォータハンマー

給水管の種類

管 の 種 類	内 径
亜鉛メッキ鋼管（白ガス管）	13 mm 以上
鋳 鉄 管	75 mm 以上
鉛 管	10～50 mm
銅 管	10～50 mm
黄 銅 管	10～50 mm
エタニット管	50 mm 以上
ヒューム管	75 mm 以上

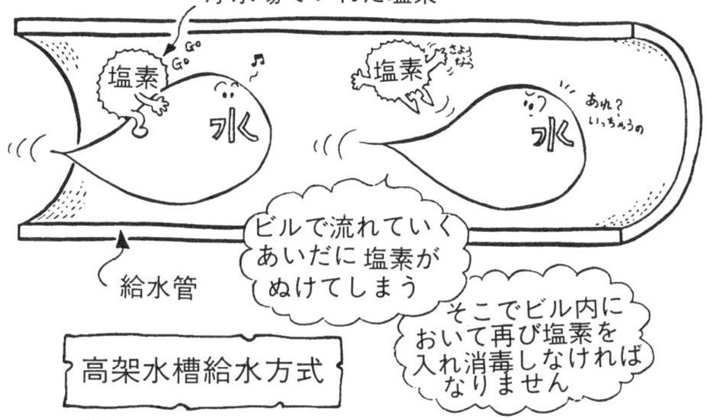

浄水場でいれた塩素

塩素

塩素

あれ？いちゅうの

水

水

給水管

ビルで流れていくあいだに塩素がぬけてしまう

そこでビル内において再び塩素を入れ消毒しなければなりません

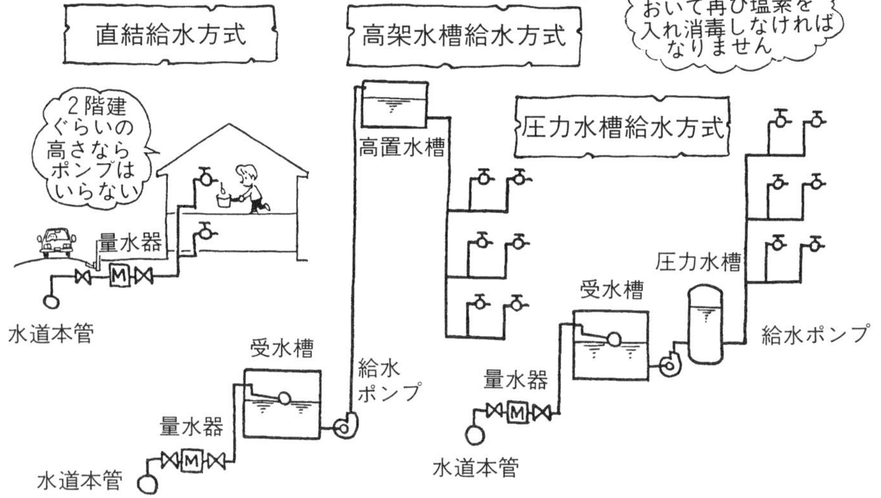

直結給水方式

高架水槽給水方式

2階建ぐらいの高さならポンプはいらない

高置水槽

圧力水槽給水方式

量水器

圧力水槽

水道本管

受水槽

給水ポンプ

受水槽

給水ポンプ

量水器

量水器

水道本管

水道本管

2.1 空気調和設備・給排水衛生設備　　　2.1.2 給排水衛生設備

36 排水衛生設備に関する用語

排水の種類には次の3つがあります．**汚水排水**とは，水洗便所からのし尿を含む排水をいい，**雑排水**は洗面・手洗器，浴槽，流し台などからの排水です．**雨水排水**は雨水，湧水の排水をいいます．なお，**分流式**とは下水道へ汚水・雑排水と雨水を別々の排水管系で排水する方式です．**合流式**は，建物内の排水を汚水と雑排水と同一の排水管系で排除する方式をいいます．そして**間接排水**とは，衛生器具からの排水が逆流したり，その下水ガスが侵入するような不衛生な状態が起きないように，器具排水管にいったん空間（**排水口空間**）を設け，排水管へ排水するものです．

排水管としては，排水用鋳鉄管，硬質塩化ビニル管，鉛管，陶管，石綿セメント管，鉄筋コンクリート管などが用いられます．

屋内排水とは，屋内各所からの排水を屋外排水管へ導く設備をいい，建物外壁面から1mまでの管を指します．屋内排水管の配管勾配は，管径75mm以下では1/50以上，75〜100mmは1/100以上とします．

屋外排水とは，屋内排水の各系統を合流して公共下水道へ導く設備をいい，排水管は地盤凍結面以下に埋設します．

排水トラップ（トラップ）とは，排水管内の排水による悪臭，有毒ガスなどが，洗面器などの衛生器具の排水口から室内に逆流，侵入するのを防止するための**封水**をいいます．

封水破壊（破封）とは，排水トラップの封水がなくなり排水管からの悪臭，有毒ガスが室内に逆流出してくる現象をいい，破封の原因としては，①自己サイホン作用，②吸引作用，③はね出し作用（逆圧作用），④蒸発作用，⑤毛細管作用などです．

通気管（ベントパイプ）とは，排水配管において，排水トラップの破封を防止し，かつ，排水の流動を円滑にさせるため，管内の排水による気圧変化を大気に逃がし，管内をつねに大気圧に維持するために設ける大気に開放した管をいいます．通気管の配管方式としては，各個通気・回路通気・環状通気・伸長通気などがあります．

〈建築・軀体・仕上げ共通〉　　　**2. 建築設備等（共通工学）の知識**

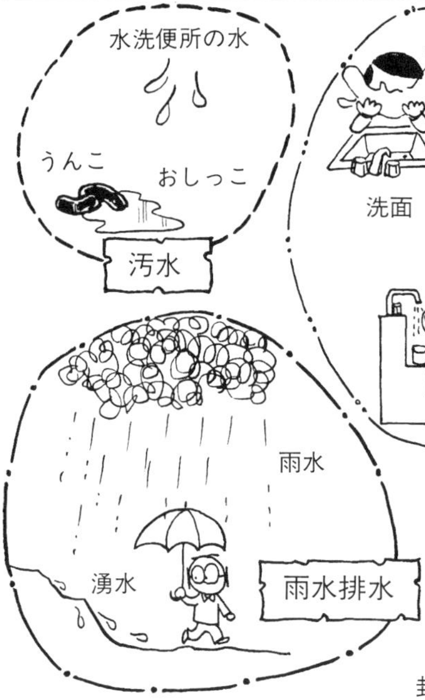

水洗便所の水

うんこ　おしっこ

汚水

洗面

手洗

浴槽

流し台

雑排水

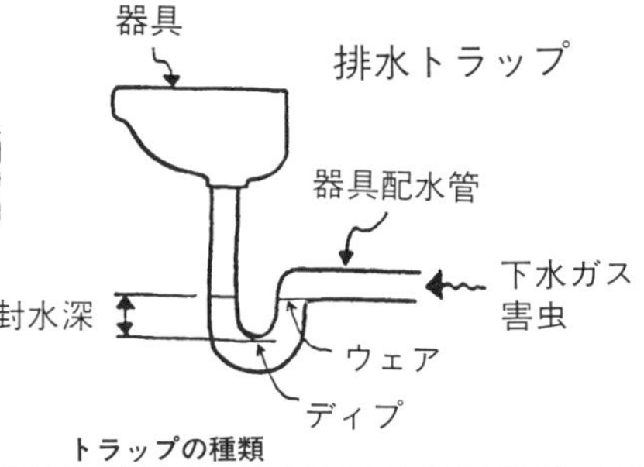

雨水

湧水　　**雨水排水**

器具

排水トラップ

器具配水管

下水ガス
害虫

封水深

ウェア

ディプ

間接排水

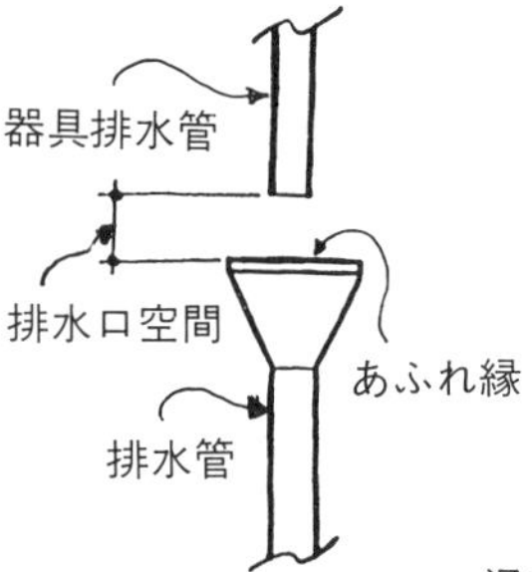

器具排水管

排水口空間

あふれ縁

排水管

トラップの種類

Sトラップ	Pトラップ	Uトラップ	わんトラップ	ドラムトラップ
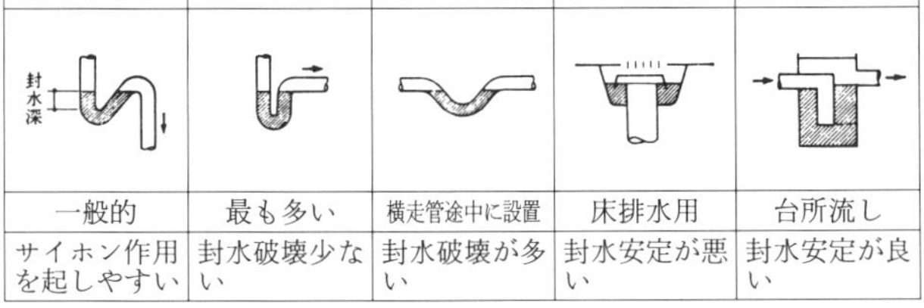 封水深				
一般的	最も多い	横走管途中に設置	床排水用	台所流し
サイホン作用を起しやすい	封水破壊少ない	封水破壊が多い	封水安定が悪い	封水安定が良い

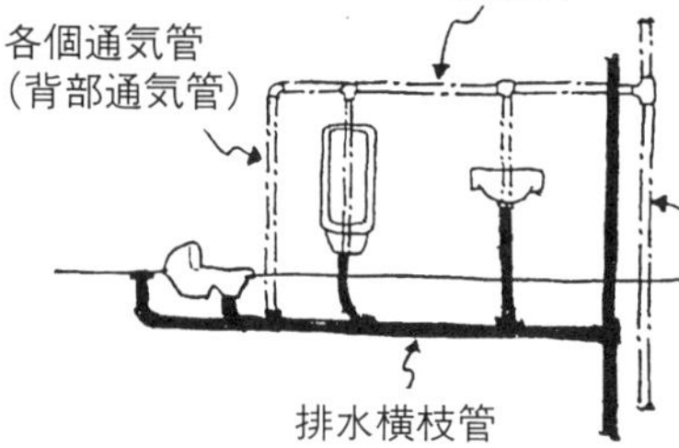

通気横枝管

各個通気管
（背部通気管）

伸頂通気管

湿り通気管

通気立て
主管

排水横枝管

排水立て管

各個通気方式 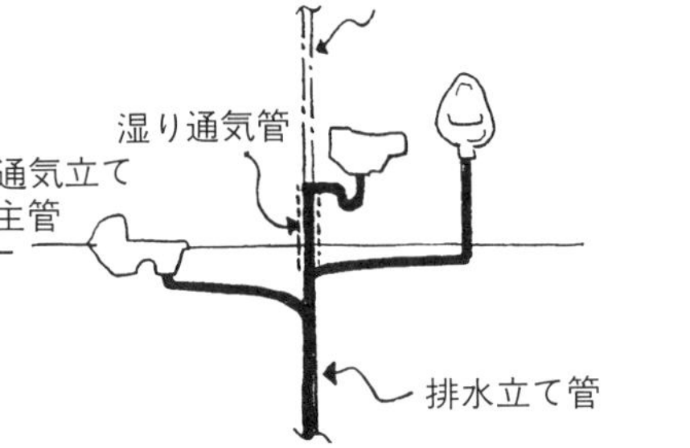　　　　　　　**伸頂通気方式**

2.2 電気設備・消防設備　　　　　　2.2.1 電気・照明設備

37 電気設備に関する用語

オームの法則とは，電流 I は電圧 E に比例し抵抗 R に反比例するという法則，すなわち，〔$I=E/R$，$E=I \cdot R$〕で表されます．

電気の単位は，**電流** I は A（アンペア），**電圧** E は V（ボルト），抵抗 R は Ω（オーム），**電力** P は W（ワット），**周波数**（交流の電流が毎秒当たりの方向を変化させる回数）は H_z（ヘルツ）です．

一般用電気工作物とは，電力会社から 600 V（**低圧**）以下の電圧で受電する電気設備で，主に家庭用やごく小規模のビル・工場などのものです．**自家用電気工作物**とは，**高圧**（交流 600 V を超え 7000 V 以下）で受電し，その受電電力の容量が 50 kW 以上のものでビル・工場用です．なお，両者における電気工事などの作業は**電気工事士**でなければ行えません．

甲種電気用品とは，電気用品取締法で特に危険・障害の発生の多い電気用品と定めたもので，**乙種電気用品**は電気時計や事務用電気機器具などを指します．

受変電設備とは，自家用電気工作物において高圧受電したものを，必要使用電圧（100 V，200 V など）に降圧（変電）する設備で変圧器が主役となります．

建物内の電気機器に電気を供給するための**屋内配線方式**は次の 3 種に大別されます．**単相二線式**とは，1 本を電圧側電線とし，他の 1 本をアース線として電気供給するもので，電圧は 100 V で，電灯回路に用います．**単相三線式**は，柱上変圧器から 3 本の電線が出され，真中をアース線とし，両隣りの電線を電圧側電線とし，アース線に対してそれぞれ 100 V の電圧を保ち，100 V と 200 V の電圧を供給する方式です．100 V は電灯，コンセントとして使い，200 V は大型電熱器や 40 W 蛍光灯などに使用するもので，住宅などの屋内配線の主流を占めています．**三相三線式**とは，3 本の電線を 1 組とし，電線相互間の電圧を 200 V として低圧動力用とする配線方式で，ビルや工場の低圧動力用とされるものです．

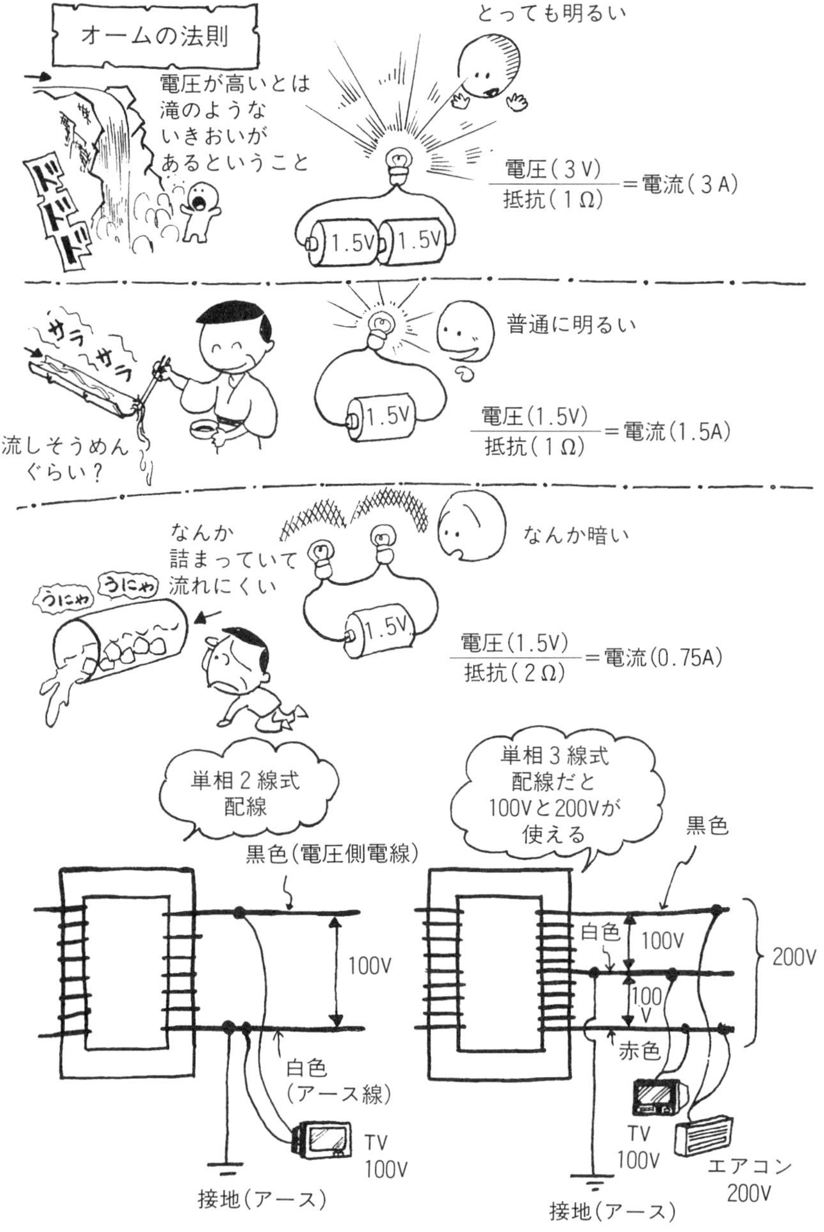

〈建築・軀体・仕上げ共通〉 **2. 建築設備等（共通工学）の知識**

オームの法則

とっても明るい

電圧が高いとは
滝のような
いきおいが
あるということ

$$\frac{電圧（3\,V）}{抵抗（1\,\Omega）}=電流（3\,A）$$

1.5V 1.5V

サラサラ

普通に明るい

流しそうめん
ぐらい？

1.5V

$$\frac{電圧（1.5V）}{抵抗（1\,\Omega）}=電流（1.5A）$$

なんか
詰まっていて
流れにくい

うにゃ うにゃ

なんか暗い

1.5V

$$\frac{電圧（1.5V）}{抵抗（2\,\Omega）}=電流（0.75A）$$

単相2線式
配線

単相3線式
配線だと
100Vと200Vが
使える

黒色（電圧側電線）

黒色

100V

白色 100V

100V

200V

白色
（アース線）

赤色

TV
100V

TV
100V

エアコン
200V

接地（アース）

接地（アース）

81

2.2 電気設備・消防設備　　　　　　2.2.1 電気・照明設備

38 電気工事・照明設備に関する用語

配線工事は屋内配線などの布設（工事）をいい，小規模建物では主に次の2つが採用されます．**フロアダクト工事**とは，床下に鋼板製のダクトを埋め込み，ダクト内に電線を格納し，室内の各所へ配電する形式で，広い床面積を有する事務所などで採用されます．**金属管工事**とは，電線を保護し配線施工を容易にするため，金属管を敷設して，この中に絶縁電線を通す方式です．管内で電線を接続してはならず，接続点（分岐点）には必ず**プルボックス**や**アウトレットボックス**などの鋼板製箱を用います．なお，**配線に使用する電線**は，径1.6mm以上の電線を使用し，屋内配線は負荷電流を考慮し，幹線といくつかの分岐回路を設け，負荷電流は白熱灯100V…1A，蛍光灯20W…0.3A，コンセント…1.5Aとして分岐回路を計算します．

照明方法としては主に次の3方式が採用されます．**直接照明**とは，光源からの光の大部分が直接，被照面に投射するような反射傘，ルーバなどの器具を用いて照明する方式です．

間接照明とは，光源の光を全部，天井や壁面に直接投射し，その拡散反射による拡散光によって間接的に被照面を照明する方式で，効率は悪いのですが装飾用の照明として用いられます．**全般拡散照明**とは，光源からの直接光が40～60％の範囲で被照面を照らすもので，間接照明と直接照明の中間的な照明方式です．

建築化照明とは，天井・壁などに照明器具を埋め込み，器具を目立たさないで（仕上面を発光面として）室全体を照明することをいい，光天井，ルーバ天井などがあります．

主に用いられる**光源（人工照明灯）**のうち，**蛍光灯**は水銀蒸気を封入した放電灯です．**白熱電球（白熱灯）**はガラス球内のフィラメントの熱放射により発光する光源をいいます．**LED**は電気を流すと発光する半導体の一種です．**ナトリウム灯**はナトリウム蒸気放電で発生する黄色の単色光を利用した放電ランプです．

演色性とは，人工照明下で光源が実際の物体の色をどの程度忠実に表しているかを示す尺度をいいます．

82

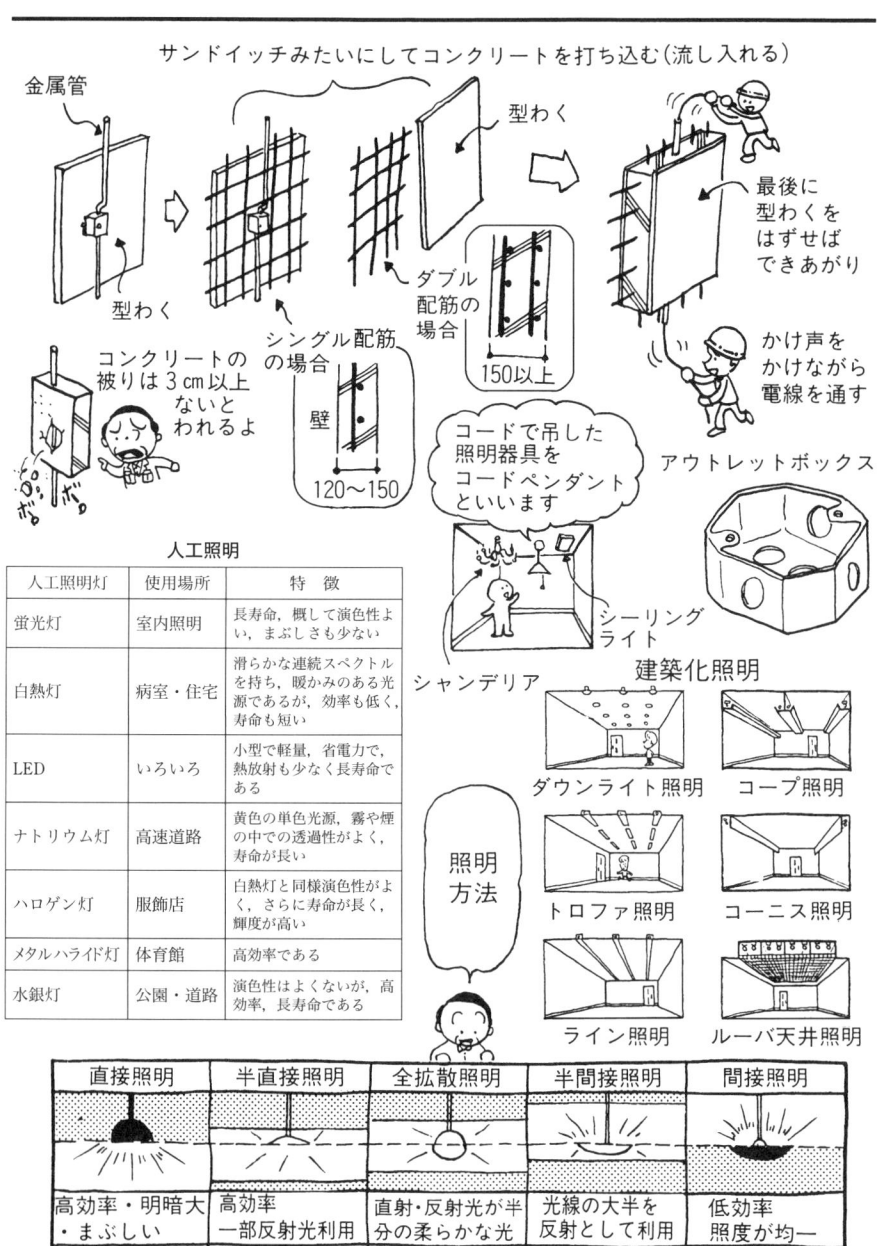

〈建築・躯体・仕上げ共通〉 **2. 建築設備等（共通工学）の知識**

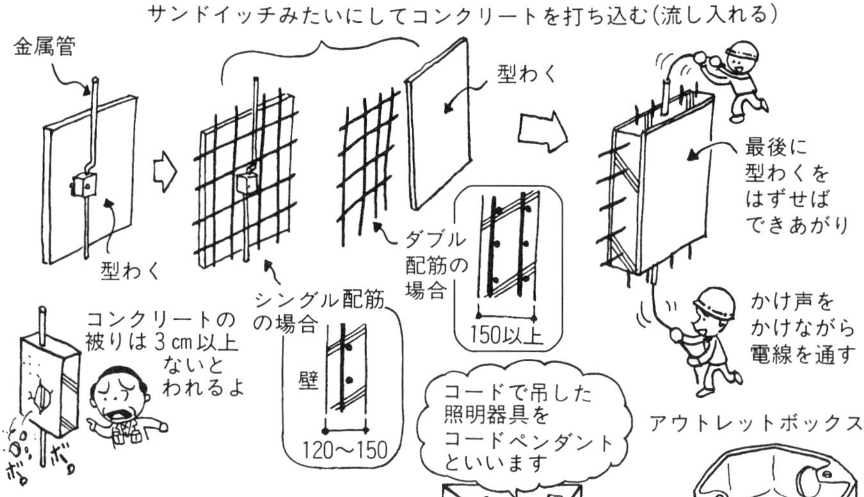

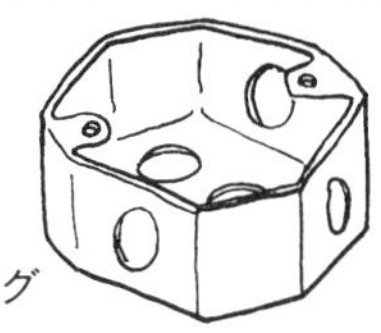

サンドイッチみたいにしてコンクリートを打ち込む（流し入れる）

金属管

型わく

型わく

ダブル配筋の場合

150以上

シングル配筋の場合

壁

120～150

最後に型わくをはずせばできあがり

コンクリートの被りは3cm以上ないとわれるよ

かけ声をかけながら電線を通す

コードで吊した照明器具をコードペンダントといいます

アウトレットボックス

シャンデリア

シーリングライト

人工照明

人工照明灯	使用場所	特　徴
蛍光灯	室内照明	長寿命、概して演色性よい、まぶしさも少ない
白熱灯	病室・住宅	滑らかな連続スペクトルを持ち、暖かみのある光源であるが、効率も低く、寿命も短い
LED	いろいろ	小型で軽量、省電力で、熱放射も少なく長寿命である
ナトリウム灯	高速道路	黄色の単色光源、霧や煙の中での透過性がよく、寿命が長い
ハロゲン灯	服飾店	白熱灯と同様演色性がよく、さらに寿命が長く、輝度が高い
メタルハライド灯	体育館	高効率である
水銀灯	公園・道路	演色性はよくないが、高効率、長寿命である

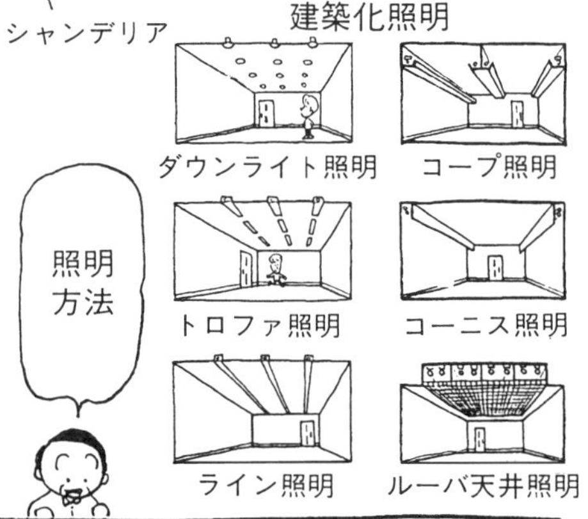

建築化照明

ダウンライト照明

コープ照明

トロファ照明

コーニス照明

ライン照明

ルーバ天井照明

照明方法

直接照明	半直接照明	全拡散照明	半間接照明	間接照明
高効率・明暗大・まぶしい	高効率一部反射光利用	直射・反射光が半分の柔らかな光	光線の大半を反射として利用	低効率照度が均一
一般事務室・教室	会議室	店舗	応接室	ロビー
80%	60%	50%	40%	30%

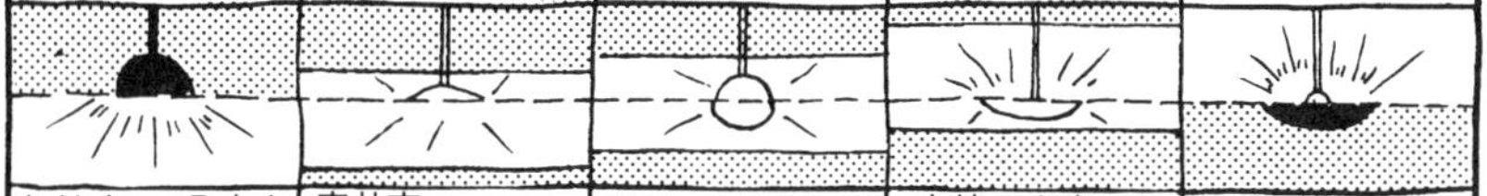

照明率だよ

2.2 電気設備・消防設備　　　　　　2.2.2 消防・防災設備

39	消防設備に関する用語

消防設備とは，消防法による**消防設備等**（右表参照）を指すと考えてよいでしょう．

自動火災報知設備（火災報知器）とは，火災時の熱，煙または炎を感知器によって感知し，自動的に警報を発する装置で感知器，受信機，音響装置などから構成されます．

非常警報設備とは，火災発生時，建物内部の人々に音声（放送）または警報音（ベル・サイレン）により火災発生を速く，的確に知らせて消火・避難を促すためのもので，非常ベル，自動サイレンおよび放送設備の３種があります．

屋内消火栓設備とは，屋内火災に対して建物内の関係者が放水用具を移動，操作して消火活動を行う水消火設備です．**屋外消火栓設備**は，ビルなどの１～２階の火災や隣接建物への延焼防止のため，建物外からの消火活動を行う水消火設備をいいます．**スプリンクラー設備**とは，火災発生時に天井面に取り付けてあるスプリンクラーヘッドより，火源とその周辺に大雨状に散水落下（水滴状

に放水）させ，火災を効率よく消火するための水消火設備をいいます．

泡消火設備は，泡で燃焼面を厚く覆い空気を遮断し窒息消火するもので，放水すれば火災が拡大するガソリンなど引火性液体（車庫，ガソリンスタンドなど）の消火に適します．

不活性ガス消火設備は，二酸化炭素（炭酸ガス）という不燃性，かつ不電導体のガスを放出し窒息消火するもので，電気火災や精密機器などの消火に最適です．なお，**ドレンチャー設備**とは，建物外部全体に雨状に放水し，水幕により近隣の火災から類焼を防止するためのもので，消防設備等には該当しません．

非常電源とは，火災時に常用電源が停電した場合，消火設備などが正常に作動できるように設置する電源です(右表参照)．なお，同じ趣旨の非常電源であっても建築基準法により設置が義務付けられるものは**予備電源**といい，いわば防災設備に該当するものです．ややこしいですね．

84

〈建築・軀体・仕上げ共通〉

2. 建築設備等（共通工学）の知識

消防用設備等の種類

消防の用に供する設備	消火設備（水その他の消火剤を使用して消火を行う）	①消火器及び簡易消火用具（水バケツ，水槽など） ②屋内消火栓設備 ③スプリンクラー設備 ④水噴霧消火設備 ⑤泡消火設備 ⑥不活性ガス消火設備 ⑦粉末消火設備 ⑧屋外消火栓設備 ⑨動力消防ポンプ設備
	警報設備（火災の発生を報告する）	①自動火災報知設備 ②漏電火災警報器 ③消防機関へ通報する火災報知設備 ④非常警報器具（警鐘，携帯用拡声器，手動式サイレン等） ⑤非常警報設備（非常ベル，自動式サイレン，放送設備）
	避難設備（火災時の避難に用いる）	①避難器具（すべり台，避難はしご，救助袋，緩降機など） ②誘導灯 ③誘導標識
消防用水		防火水槽又はこれに代わる貯水池，その他の用水
消火活動上必要な施設		①排煙設備 ②連結散水設備 ③連結送水管 ④非常コンセント設備 ⑤無線通信補助設備

スプリンクラー

1号消火栓

2人必要だ

1人でOK

2号消火栓

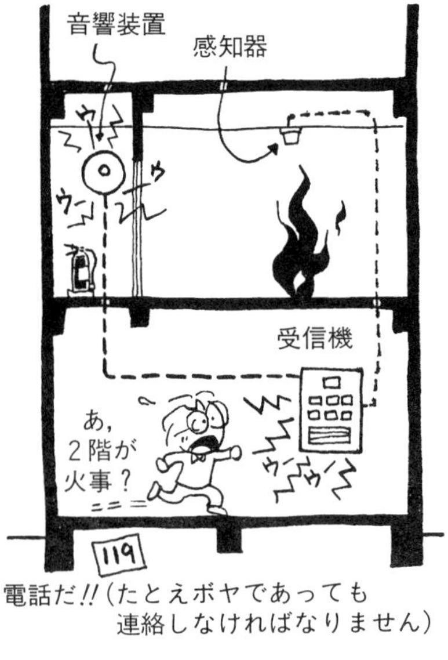

音響装置

感知器

受信機

あ，2階が火事？

119

電話だ!!（たとえボヤであっても連絡しなければなりません）

非常電源（消防法）

負荷の種類	自家発電設備	非常電源専用受電設備	最低供給時間
屋内消火栓設備	○	○	30 分間
スプリンクラー設備	○	○	〃
水噴霧消火設備	○	○	〃
泡消火設備	○	○	〃
不活性ガス消火設備	○	―	1 時間
ハロゲン化物消火設備	○	―	30 分間
粉末消火設備	○	―	〃
自動火災報知設備	―	○	10 分間
ガス漏れ火災警報設備	―	○	30 分間
排煙設備	○	○	〃
非常コンセント設備	○	○	〃
誘導灯	―	―	20 分間
無線通信補助設備	―	―	30 分間

予備電源（建築基準法）

負荷の種類	自家発電設備	蓄電池設備	最低供給時間
非常用照明	○	○	30 分間
地下街の通路照明	○	○	〃
避難階段の照明	○	○	〃
非常口の進入口灯	○	○	〃
排煙設備	○	―	〃
地下街の排水設備	○	―	〃
非常用エレベータ	○	―	1 時間

2.2 電気設備・消防設備　　　　　　　　2.2.2 消防・防災設備

40 防災設備に関する用語

防災設備とは，火災・地震などに対して，建物の安全や人命の安全確保のための建築設備の総称で，消防法による消防設備等，建築基準法による排煙設備，避雷設備，予備電源，非常用エレベータなどが該当します．

避雷針とは，落雷によって生じる火災，損害を防止するために設ける突針部，避雷導線，接地電極からなる**避雷設備**をいいます．

排煙設備とは，初期火災において発生する煙を排除して避難活動，消火活動を容易にするための建築基準法に定められた設備，すなわち，防煙壁，排煙口，排煙ダクト，排煙機，排煙口開放装置などを総称していいます．

非常用進入口とは，はしご付き消防車による消火活動，救助活動を容易にするために建築物の高さ31 m以下にある3階以上の各階で，道などに面した外壁面に設けるバルコニー付きの進入口です．

非常用照明灯は，電池を内蔵し非常時に点灯するランプで，直接照明で床面で1 lxの照度を確保し，周囲

の温度が140℃で30分間点灯する性能が必要です．

防火区画とは，火災発生時に延焼の拡大防止および避難を容易にするため，通常，150 m²以内ごとに設ける耐火構造の床，壁または防火設備で仕切られる区画をいいます．

非常用エレベータとは，火災時に消防隊が消火活動，救助活動のために運転できるようにしたエレベータで，通常は一般のエレベータとして使用し，火災発生時に火災管制運転をまず行い，これが終了後，かご扉インターロック解除装置を作動させて消防隊が運転するわけです．

昇降路（エレベータシャフト）とは，エレベータのかごが昇降するのに必要な専用抗（立て穴区画）で，エレベータに関係する設備（配管など）以外の設備は設けてはならないことになっています．

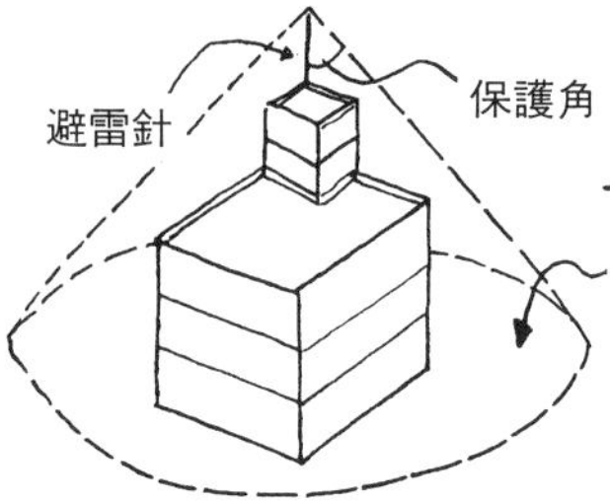

〈建築・軀体・仕上げ共通〉

2. 建築設備等（共通工学）の知識

避雷針

保護角

避雷針

地上に描いた円
（保護範囲）

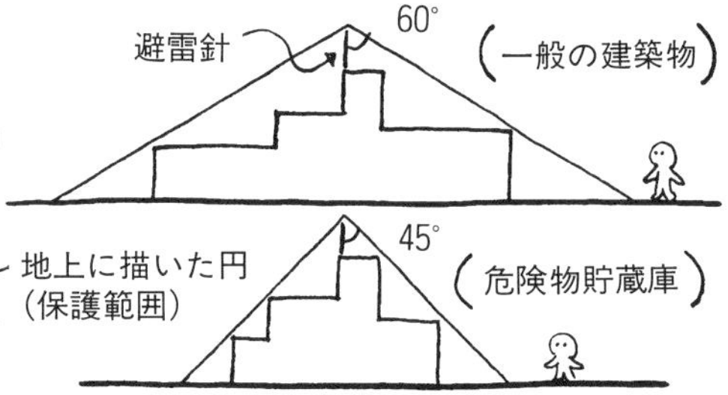

60° （一般の建築物）

45° （危険物貯蔵庫）

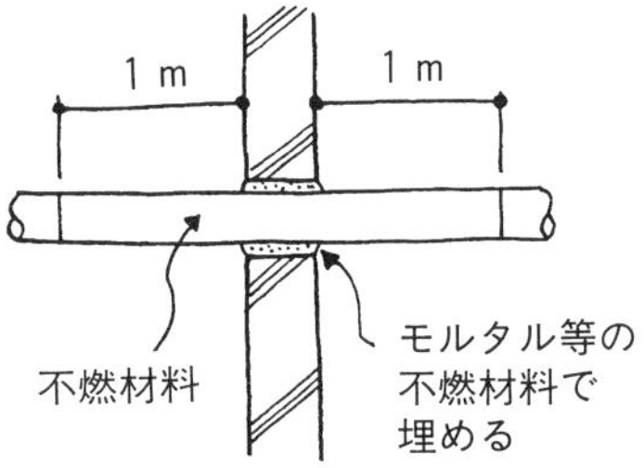

1 m　1 m

不燃材料

モルタル等の
不燃材料で
埋める

管が防火区画等を
貫通する場合

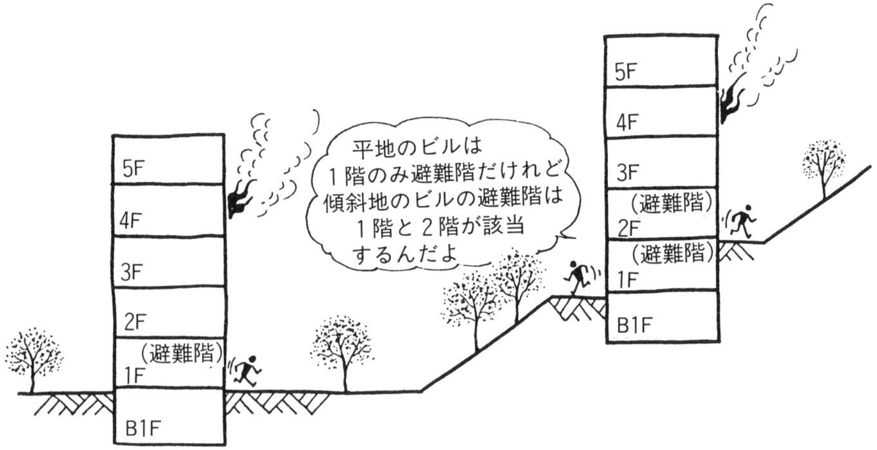

平地のビルは
1階のみ避難階だけれど
傾斜地のビルの避難階は
1階と2階が該当
するんだよ

5F
4F
3F
2F
(避難階)
1F
B1F

5F
4F
3F
(避難階)
2F
(避難階)
1F
B1F

87

2.3 契約図書・測量・建設機械など

2.3.1 契約図書

41 契約約款・設計図書に関する用語

請負契約約款とは，建築の注文者（**施主**）と施工者との間に交される建築工事の請負に関する契約内容を書面で明らかにしたものです．**契約用書類**は次のものから成ります．

契約約款とは，工事名，場所，工期，請負代金額，契約保証金，工事完成保証人など，契約内容の細部を示す契約書の添付文書で，民間工事の場合は一般に民間（旧四会）連合協定工事請負契約約款が採用され，公共工事では公共工事標準請負契約約款が用いられます．**請負代金内訳書**は種目および科目の内訳金額を記入したものです．

設計図書とは概略次のようなものをいいます．建築物の建築工事実施のために必要な図書（現寸図）その他これに類似する書類および仕様書をいいます．つまり，設計の段階で作成される**配置図**，**平面図**，**立面図**，**矩計図**，**詳細図**などの基本図面および仕様書を指し，設計図書は作成してから（竣工検査が終了した時点から）15年間保存することが義務付けられています．**仕様書**とは，設計者

の工事のうち図面では表すことができない事項を文字，数字で表現するものをいい，次の2つがあります．

共通仕様書は多数の工事現場で共通する一般事項，材料の種類，品質，施工方法などを明記したものです．**特記仕様書**は共通仕様書に示す共通事項以外に，それぞれの工事に特有の事項を記載した仕様で，共通仕様書と内容が異なるときは特記仕様書を優先します．

民間（旧四会）連合協定工事請負契約約款は，日本建築学会，日本建築協会，日本建築家協会，全国建設業協会により作成された工事請負の契約約款で，そのポイントの1つである**かし担保期間**（契約目的物の完成引き渡しに欠陥があった場合，請負者が注文者に対して負う保証期間）は，木造建物：1年間．石造・鉄骨造・コンクリート造の建物，土地の工作物，地盤：2年間．とされ，また，いわゆる**工事の丸なげ**は原則として禁止されています．

〈建築・躯体・仕上げ共通〉 **2. 建築設備等（共通工学）の知識**

設計図書

設備図
構造図
意匠図

設計図

図面につけるよ

特記仕様書

本になってるよ

共通仕様書

現場説明書
（質問回答書
も含みます）

契約　OK

たのむで

下請

一式

丸なげは
禁止の はず
なのに!!

工事監理

設計図
どおりに
なっている
かな？

よみ方はいっしょ
だけど
字と内容が
ちがうよ

工事管理

工事を
つつがなく
完成させ
るために
行う必要
な手だて
のこと

2.3 契約図書・測量・建設機械など　　　　2.3.1 契約図書

42 | 契約約款に関する用語

公共工事標準請負契約約款とは，中央建設業審議会が定めた工事請負の契約約款をいい，公共工事の場合に適用され，民間（旧四会）連合協定工事請負契約約款とは，その内容が多少異なっています．この契約約款の主なポイントを示すと次のとおりです．①請負代金の変更については，発注側の変更事項などがない場合で，天災・地変その他の不可抗力により生じた損害の損害額は発注者に請求できます．②工事の丸なげは，もちろん，原則的に禁止です．

現場代理人とは，請負者に代わって建設工事の施工を遂行する者で請負者の代理人です．現場代理人は工事現場に常駐し，その運営および取締りを行う他，工事の施工に関し請負者の一切の権限を行使し，または責任を負います．請負者は現場代理人の権限と行為について，工事の注文者の意見の申出方法を書面により，注文者に通知しなければなりません．そして，通常の建設現場では，現場代理人が主任技術者または監理技術者とを兼ねることが認められています．

監理技術者とは，発注者から直接建設工事を請負った特定建設業者が，所定工事金額を超える請負工事の場合，施工の技術上の管理を行う者で，重要公共工事では工事現場ごとに専任の監理技術者を置かなければなりません．

主任技術者とは，建設業者が施工にあたって，工事現場の技術を管理つかさどる者をいい，建築施工管理技士も主任技術者になれるのです．いずれにしても，工事現場で施工に従事する者は，主任技術者または監理技術者がその職務として行う指導に従わなければなりません．

監督員とは，発注者に代わって，建設工事の請負者の施工に関し，監督または指示する発注者の代理人をいいます．工事の発注者が工事現場に監督員を置く場合は，その監督員の権限や行為について，請負人が意見を申し出る場合の方法を，書面により請負人に通知しなければなりません．

〈建築・軀体・仕上げ共通〉

2. 建築設備等（共通工学）の知識

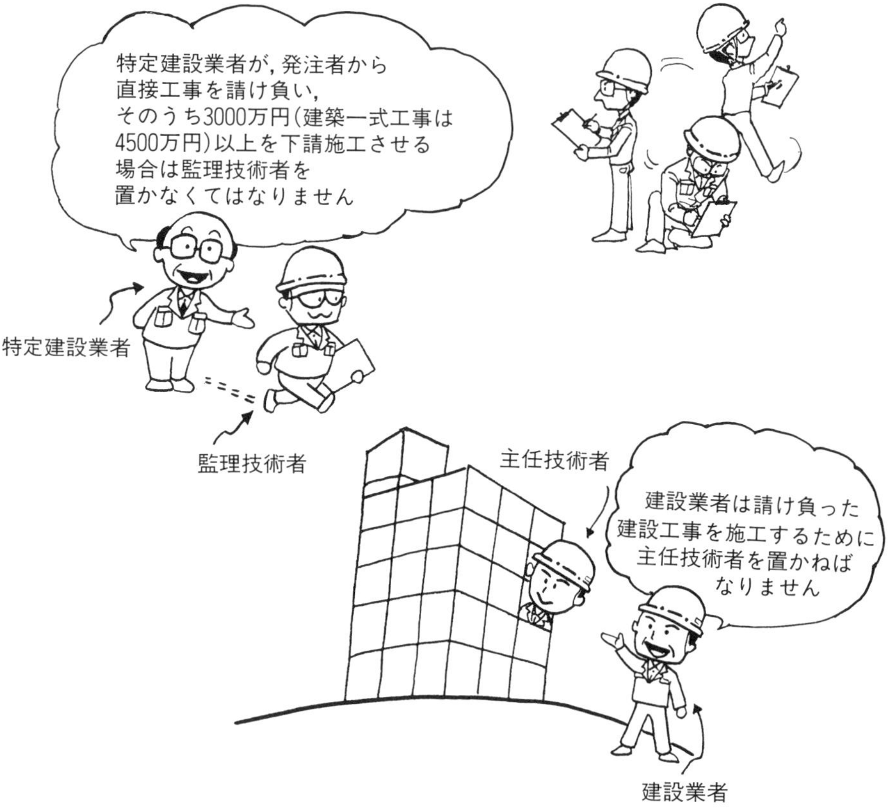

2.3 契約図書・測量・建設機械など　　　　　　2.3.2 積算・測量

43 積算に関する用語

　積算（見積り）とは，設計図書・仕様書および現場の状況等に基づいて，建築物の生産に必要な工事費を各部分の集積の形で事前に予測することをいい，次の2つに大別されます．

　概算積算とは企画・基本設計の段階で行う大まかな工事費見積りをいいます．明細積算とは，建築物の実施設計や着工の段階で設計図書等から可能な限り正確に工事費を算定することをいいます．なお，建築工事原価の内訳の概略は，材料費40％，労務費25％，外注費25％，経費15％程度といわれます．

　歩掛りとは，工事の原価計算に用いる単位当たりの標準的な労務量や資材料をいい，積算の際に使用するものです．

　工事価格の構成の基本を示すと右図のとおりです．一般管理費は人件費，福利厚生費，保険料などが該当し，共通仮設費とは直接工事に必要とする足場，山留などの費用を指します．共通費は共通仮設費と諸経費（現場経費と一般管理費）と合わせた

ものです．

　数量積算とは，設計図に基づいてその数量を適切に算出することをいい，そのルールが官民合同による建築積算研究会により建築数量積算基準が定められています．数量積算のまとめ方としては次の4つがよく用いられます．①部位科目による分類：建築構成している床，柱，はり，壁など機能と場所を同じくしているものを，それぞれ独立した部品と考え，まとめたものです．②部分別内訳：設計図から数量計測を行う場合，軀体は基礎，柱などの各部材別に，仕上げは内部と外部に分け，内部は部屋ごとに床，壁，天井などの面積が計測され，この計測作業の区分をそのまま内訳区分として表示するものです．③工種別内訳：工種別にまとめたもので一般的に使われる内訳です．④要素別分類：建築生産に使われる最小単位を考えられる要素ごとに分類したものです．見積りなどの実務で使われる単位は，数量の原価要素の複合であり複合単位といいます．

〈建築・軀体・仕上げ共通〉

2. 建築設備等（共通工学）の知識

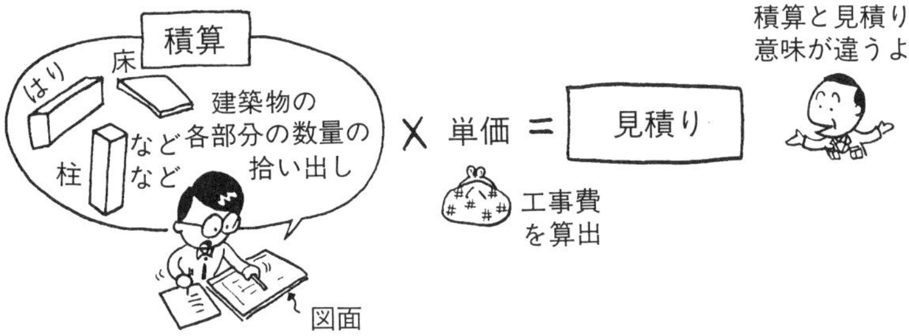

積算

はり　床

建築物の
各部分の数量の
拾い出し

柱　など　など

図面

× 単価 ＝ 見積り

工事費
を算出

積算と見積りは
意味が違うよ

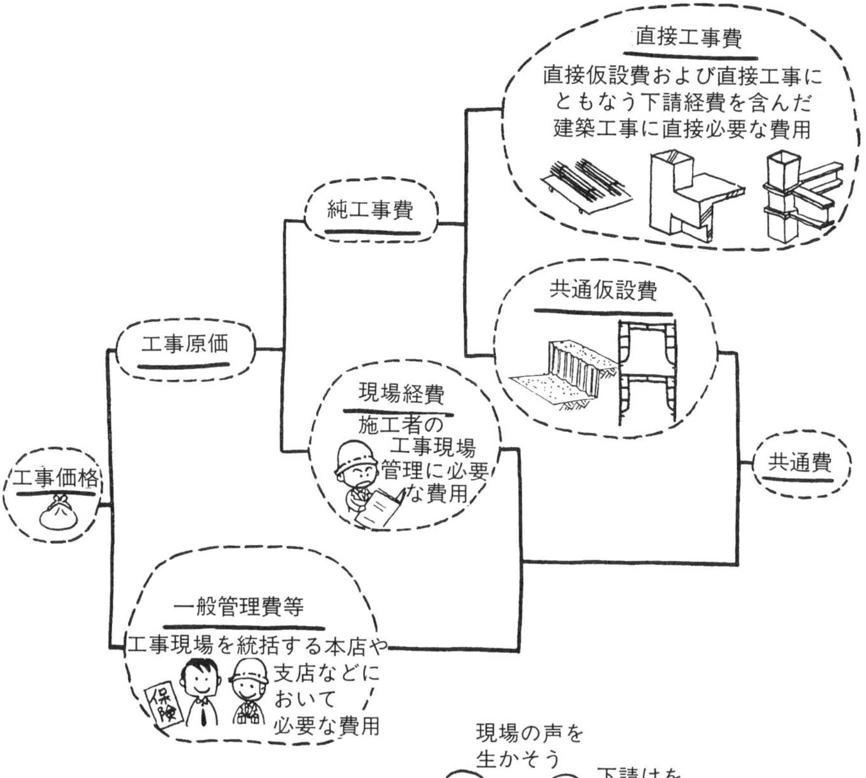

直接工事費

直接仮設費および直接工事に
ともなう下請経費を含んだ
建築工事に直接必要な費用

純工事費

共通仮設費

工事原価

現場経費
施工者の
工事現場
管理に必要
な費用

共通費

工事価格

一般管理費等
工事現場を統括する本店や
支店などに
おいて
必要な費用

保険

現場の声を
生かそう

下請けを
大切にしている
ところは
仕事が美しいね♬

日ごろのコミュニケーションが
大切

2.3 契約図書・測量・建設機械など　　　　　　　2.3.2 積算・測量

44 | 測量に関する用語

　測量とは，土地の地形，広さ，方位，標高（高低）などを計測することをいい，測量に使用する機器を測量機材といいます．

　アリダード（指方規）とは，平板測量に用いる目盛り付きの透視器で，平板を設置（据え付け）した点から，目標の地点を見通して方向を測り，図上に方向線を描くのに用います．

　平板測量とは，三脚に取り付けた平板上でアリダードを動かし，ポールを立てた目標点の距離，方向などを測定した平板上の紙面に作図する測量をいいます．現地で簡単に作図できますが，あまり高い精度は期待できません．標準精度は 1/1000 以下で，小規模の測量には適しています．

　レベル（水準儀）とは，水平方向を視準するため，ある点から各測点間の高低差を求める水準測量（高低差測量）に用いるもので，壁面などに水準基準を記すことを「レベルを見る」「レベルを出す」などといいます．

　水準点（ベンチマーク，BM）とは，建築物の敷地内にあって，建物の基準位置・高さを決める原点（基準となる点）をいい，一般に直方体とし，コンクリート・石などで造られます．

　トランシット（転鏡儀）とは，望遠鏡・分度盤・水準器装置からなる測角機器，すなわち水平角，鉛直角を測定するものです．視距離（所定の目標を判別できる最大距離）を利用すると距離や高さも測定できます．

　トラバース測量（骨組測量，多角測量）とは，基準点の位置を定めるため，測定間を多角形で結び，各測線の距離および方位角を定めて，各測線の緯距・経距を求める測量です．そして，測点を結んだ測線がつくる多角の図形をトラバースといい，折れ線の図形を開トラバース，多角形の図形を閉トラバース，両者を合わせたものを結合トラバースといいます．

　測量機材の取扱いの基本的な留意事項は，器具を三脚に取り付けたままの運搬を極力避けることにあります．

〈建築・軀体・仕上げ共通〉

2. 建築設備等（共通工学）の知識

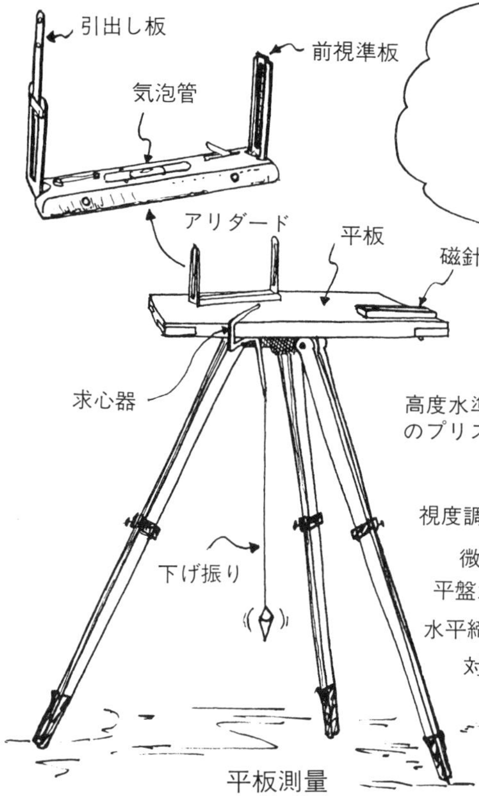

引出し板

前視準板

気泡管

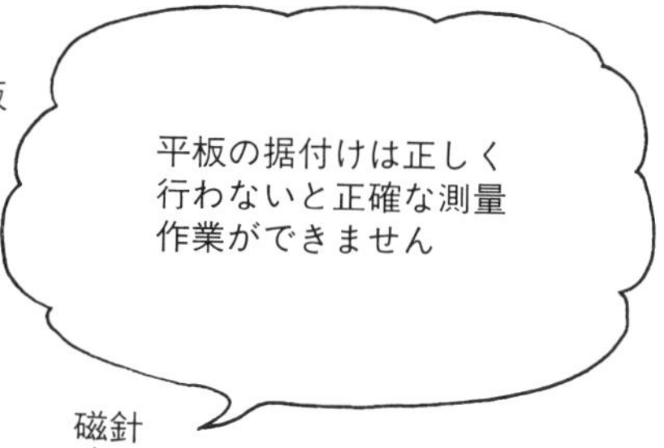

> 平板の据付けは正しく
> 行わないと正確な測量
> 作業ができません

アリダード

平板

磁針

求心器

トランシット

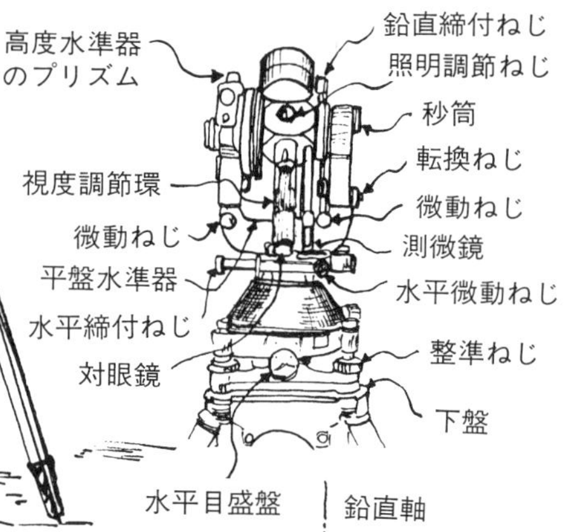

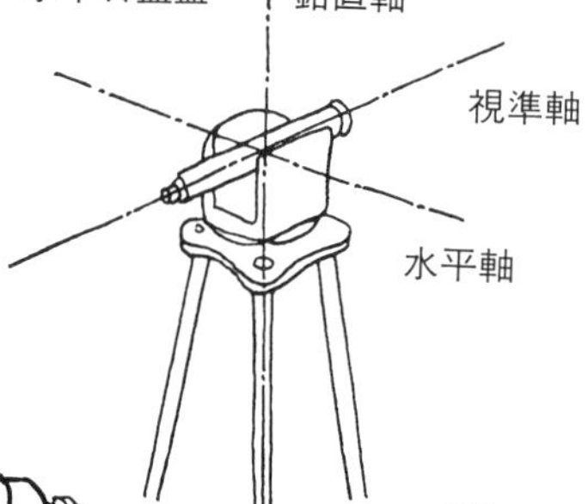

高度水準器
のプリズム

鉛直締付ねじ

照明調節ねじ

秒筒

転換ねじ

視度調節環

微動ねじ

微動ねじ

測微鏡

平盤水準器

水平微動ねじ

下げ振り

水平締付ねじ

整準ねじ

対眼鏡

下盤

平板測量

水平目盛盤

鉛直軸

視準軸

水平軸

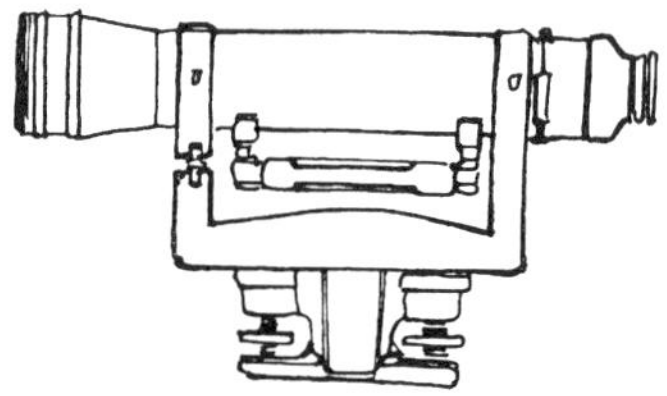

Yレベルの構造

トランシット

a

b

A

B

既知点

未知点

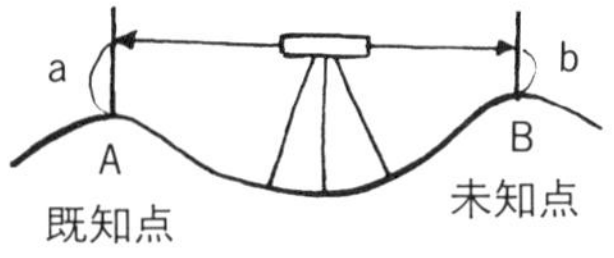

B点の高さ＝A点の高さ＋(a−b)

水準測量

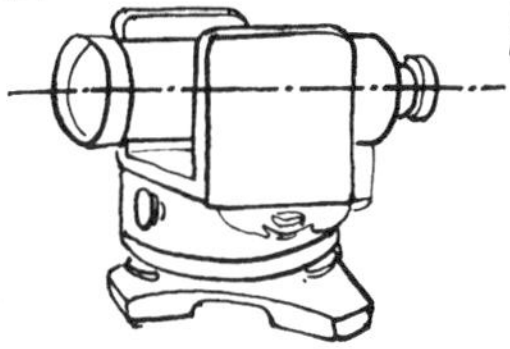

レベル

95

2.3 契約図書・測量・建設機械など   2.3.3 建設機械

45 施工機器・建設機械に関する用語

インパクトレンチ（空気レンチ）
とは，圧縮空気によって高力ボルト
を締め付ける機械，一定トルク値を
与えて，それ以上締め付けないよう
に設計されています．**トルクレンチ**
は指定したトルク値で高力ボルトを
締め付ける手動式の用具で，高力ボ
ルトの検査にも用います．なお，**ト
ルク**とは，回転している部品が回転
軸のまわりに受ける偶力（距離×力）
で単位は m・kg です．

コーキングガンはコーキングを施
すために，コーキング剤を詰めてお
き，適宜，押し出す器具です．

バーベンダーは鉄筋の曲げ加工に
用いる機械，手動式と自動式があり，
ベンダーともいいます．

リーマとは，鋼材に穴をあけると
き，穴の精度を高め，穴心を一致さ
せるための錐状の工具です．

**バックホー（プルショベル，ドラ
グショベル）**とは，バケットを手前
に引き寄せ後退掘りする掘削機械で，
溝や建物の基礎など，溝状の狭い掘
削に適しています．**パワーショベル**
は，ショベルを手前から前方へ回転

させながら行う掘削機械で，地盤面
より上方の固い地盤の掘削に適して
います．

ディーゼルハンマーは，杭などを
打ち込むための基礎工事用機械で，
能力は優れるが振動・騒音が大きい
欠点があります．

ランマーとは，単気筒2サイクル
空冷内燃機関による機械がはね上が
り，自重落下を利用して基礎の土
砂・割栗石の締固めを行う機械です．

バッチャープラントとは，生コン
工場でコンクリート材料を所定の配
合に計量して，ミキサーに送る計量
設備です．**トラックミキサー（生コ
ン車）**は生コンクリートを運搬する
トラックで，走行中に生コンをつく
る**トランシットミキサー**と，生コン
が分離しないように撹はんしながら
運搬する**アジテータトラック**があり
ます．**バイブレーター（振動機）**と
は，打設後のコンクリートが流体状
にあるときに，振動を与えて，型枠
内の空気を抜き，完全に充てんさせ，
不均一なコンクリートとならないよ
うにするための機械です．

96

〈建築・躯体・仕上げ共通〉　**2. 建築設備等（共通工学）の知識**

コンクリート施工用機械

鉄 筋 用		バーベンダー，シアカッター，電動のこ，自動鉄筋切断曲げ機
コンクリート工事用	軽量・試験機	バッチャープラント，イナンデータ，ウォセクリーター，エアメーター，ディスペンサー，シュミットハンマー，スランプコーン
	運搬・打設用	アジテータトラック（生コン車），コンクリートミキサー，コンクリートポンプ，コンクリートバケット，カート，ベルトコンベアー，シュート，フロアホッパー，バイブレーター

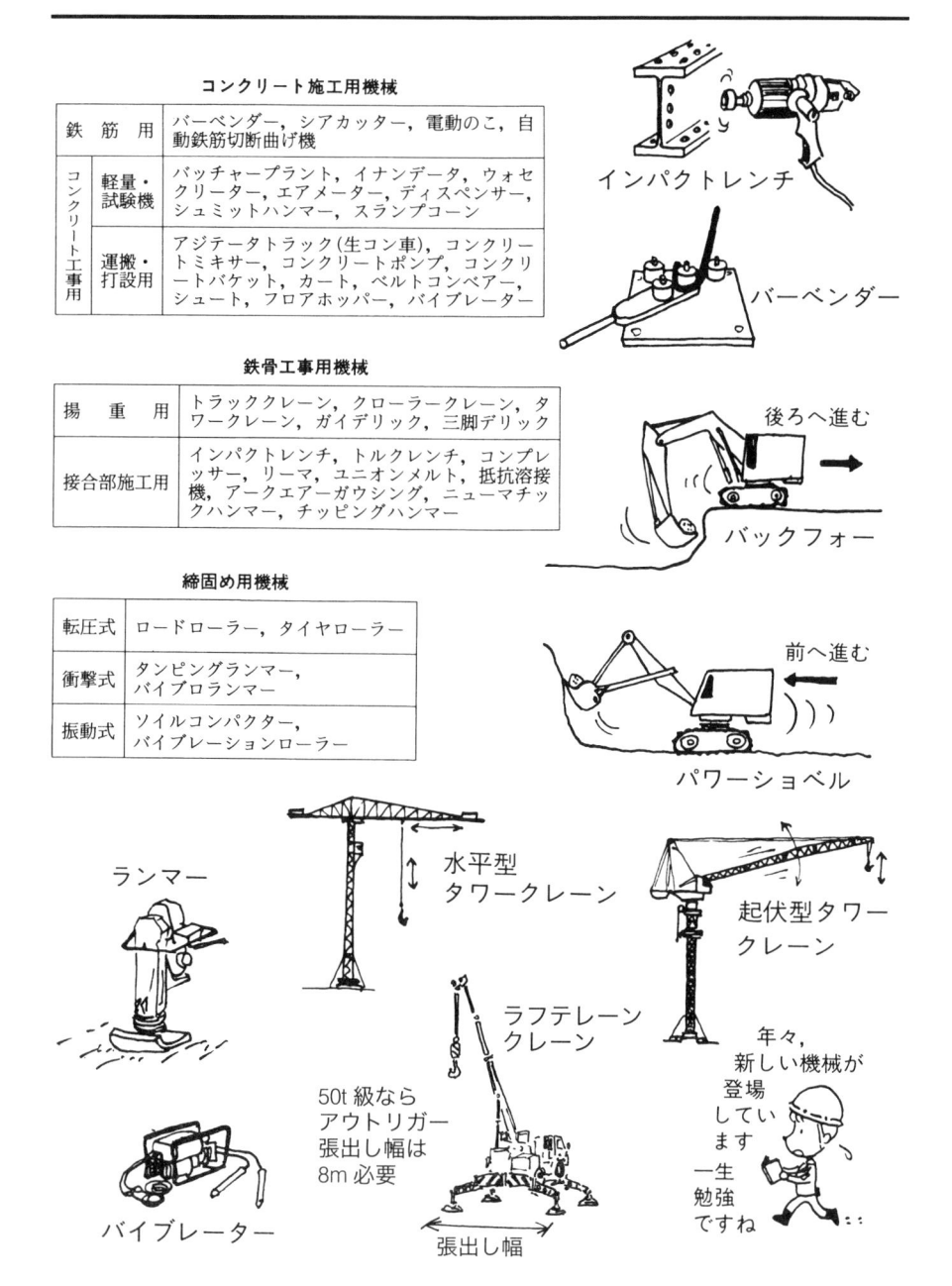

インパクトレンチ

バーベンダー

鉄骨工事用機械

揚 重 用	トラッククレーン，クローラークレーン，タワークレーン，ガイデリック，三脚デリック
接合部施工用	インパクトレンチ，トルクレンチ，コンプレッサー，リーマ，ユニオンメルト，抵抗溶接機，アークエアーガウジング，ニューマチックハンマー，チッピングハンマー

後ろへ進む

バックフォー

締固め用機械

転圧式	ロードローラー，タイヤローラー
衝撃式	タンピングランマー，バイブロランマー
振動式	ソイルコンパクター，バイブレーションローラー

前へ進む

パワーショベル

ランマー

水平型タワークレーン

起伏型タワークレーン

ラフテレーンクレーン

50t級ならアウトリガー張出し幅は8m必要

バイブレーター

張出し幅

年々，新しい機械が登場しています　一生勉強ですね…

3.1 仮設工事　　　　　　　　　　　3.1.1 共通仮設工事

46 仮設建築物に関する用語

　仮設工事とは，工事中，仮に設備する間接的な工事をいい，工事が終わればすべて撤去され，後に残らないもので，山留め工事，型枠工事，現場事務所，下小屋などはすべて仮設工事です．なお，仮設工事の計画を行うことを仮設計画といい，仮設工事は共通仮設工事と直接仮設工事の２つに分けられます．

　共通仮設工事とは，仮設道路，仮囲い，仮設建築物，動力，用水，光熱，共通的な機械器具など，施工に際し準備工事および各種工事に共通して使用される仮設物を扱う工事をいいます．

　仮設建築物とは，工事期間中，現場内に設置される現場事務所，作業員詰所，下小屋，物置（倉庫）等，工事完了時までに撤去される一時的な建物の総称です．なお，下小屋とは，工事期間中，関係作業者のちょっとした作業や休息のために設置する仮設建物をいいます．

　仮囲いとは，工事現場の危険防止のため敷地の周囲にめぐらす塀状の仕切りをいい，法令上，木造２階建

て以外の構造の建築物の工事には，その周囲に地盤上から1.8 m以上の板塀その他これに類する（波形鉄板塀等）仮囲いを設けなければなりません．

　なお，仮囲いの出入口，通常口などは引戸または内開きとしなければなりません．

　仮設倉庫（材料置場）に関しては次の点を認識して下さい．①セメント倉庫は湿気を防ぐため，出入口以外の開口部は設けず，床は地盤面より30 cm以上の高さとし，周囲に排水溝を設置する．②石灰倉庫は，生石灰は加水により発熱，発火する危険性があり，水湿にはじゅうぶん注意する．③塗料倉庫は，油性塗料やその溶剤（シンナー等）があるため，火気厳禁とし，周囲の仮設建物から離れた位置に設け，屋根・内外壁・天井は防火構造とするか不燃材料で覆う．

　いずれにしても，仮設建築物は限られた期間のみ使用するものなので，建築基準法の適用が全部または一部除外されます．

〈躯体・建築共通〉   **3. 建築施工**

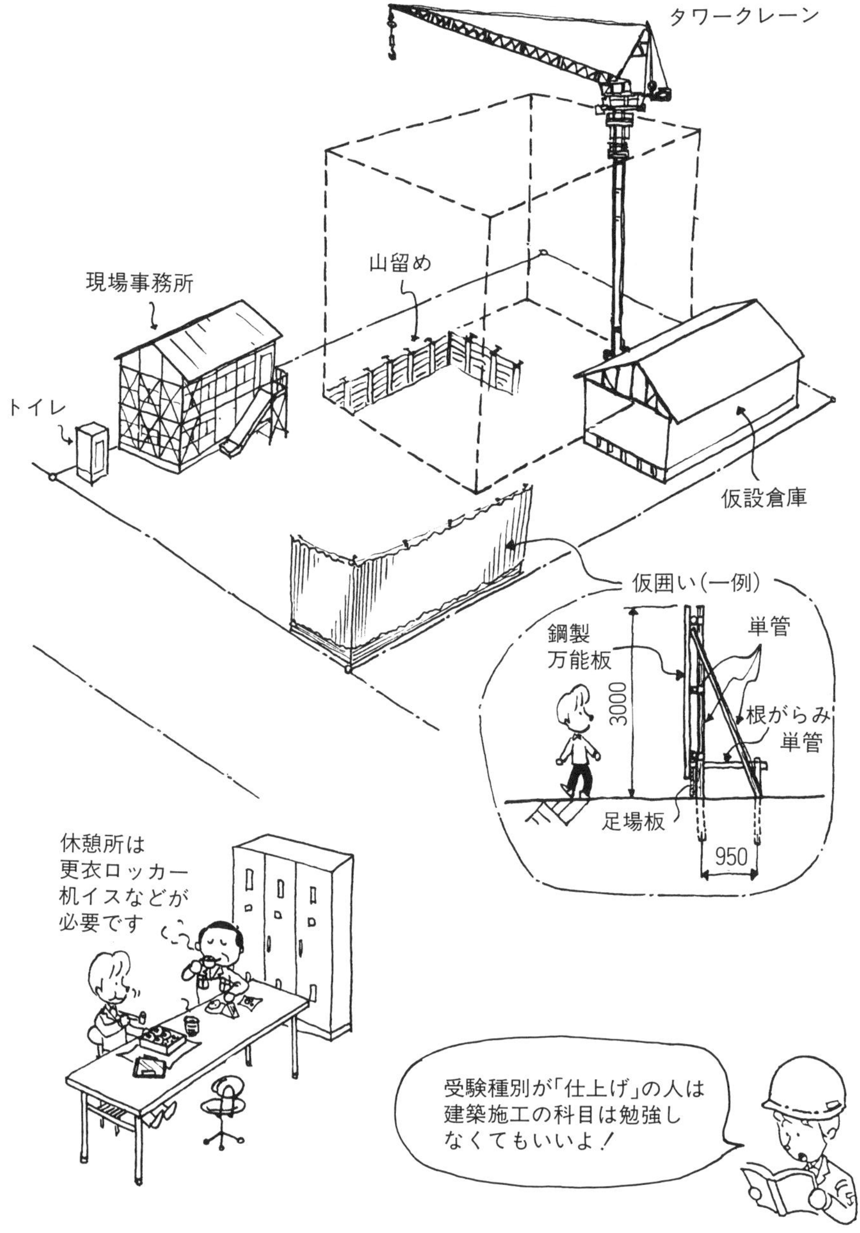

タワークレーン

現場事務所

山留め

トイレ

仮設倉庫

仮囲い（一例）

鋼製
万能板

単管

3000

根がらみ
単管

足場板

950

休憩所は
更衣ロッカー
机イスなどが
必要です

受験種別が「仕上げ」の人は
建築施工の科目は勉強し
なくてもいいよ！

99

3.1 仮設工事　　　　3.1.2 直接仮設工事

47 足場に関する用語 I

直接仮設工事とは，なわ張り，やり方，墨出し，山留め，型枠，足場，登り桟橋などのように，工事種類によって限定時に使用される仮設物を扱う工事をいいます．

足場とは，工事を行う場合の仮設作業床となり，また作業員の通路，材料や架構中の部材等を支える目的で構築された木製または鋼製の仮設物をいいます．材料からは丸太足場と単管足場に，構造上からはわく組足場，支柱足場，柱足場，吊足場に大別されますが，広く用いられるのは本足場としての単管足場，丸太足場，わく組足場の3つです．いずれにしても足場の設置については，労働安全衛生法の規定によらねばなりません．

単管足場は，鋼管をクランプによりその交差部を緊結して組み立てる足場です．**クランプ**とは，単管足場の組み立てなどに用いる結合金具で**固定クランプ（直交クランプ）**と，**自在クランプ**などがあります．単管足場は比較的大きい建築工事に用いられます．

丸太足場は杉丸太で組んだ足場で，住宅建築などごく小規模の工事現場に採用されます．

わく組足場は，工場で足場用鋼管として一定寸法・一定形状のユニットとして製造したものを，現場で組み立てる足場で，組み立ては上下枠を差し込み，一定間隔で立てた枠間に床板を引っ掛け，交差筋かいを十字に取り付けて堅固なものにします．壁つなぎの間隔は，わく組足場が最も広く，したがって少なくてよい特徴があり，大規模な工事現場に採用されます．

なお，**本足場**とは2列の建て地，布，腕木，筋かいから構成され，建物外部に組み立てられる足場を指し，倒壊防止のために，壁つなぎや控えなどをとります．本足場に対して，建地が1列だけの足場を**一本足場（一側足場）**といい，足場板がなく作業には不適です．

吊り足場は上部から吊り下げた作業床をいい，鉄骨工事（ボルト締めなど）やエレベータピット内の作業用などとします．

〈躯体・建築共通〉   # 3. 建築施工

```
        ┌─ 丸太足場
材料 ───┤
        └─ 鋼管足場
           (パイプ足場)
           ・単管足場
           ・わく組足場
```

```
        ┌─ 支柱足場 ──┬─ 本足場
        │            ├─ 一側足場
        │            │  (ひとかわ)
構造 ───┤            └─ たな足場
        ├─ わく組足場
        ├─ 吊足場
        ├─ 脚立足場
        └─ その他
```

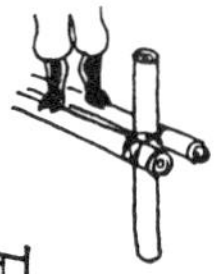

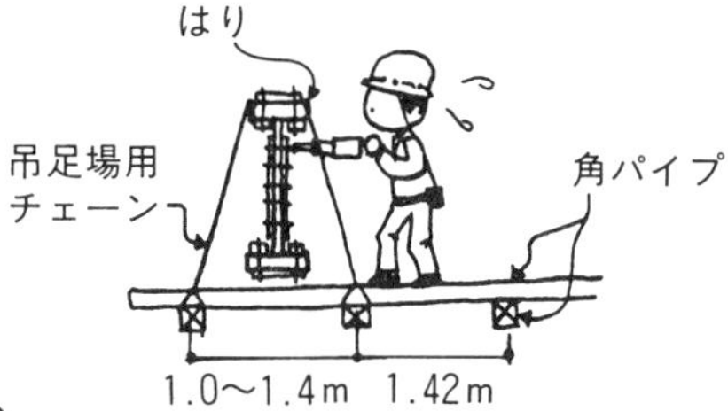

かならず
3点支持すること!!

ハネ出しには
のらない

移動式足場

人を
乗せたまま
移動しては
だめ!!

脚輪

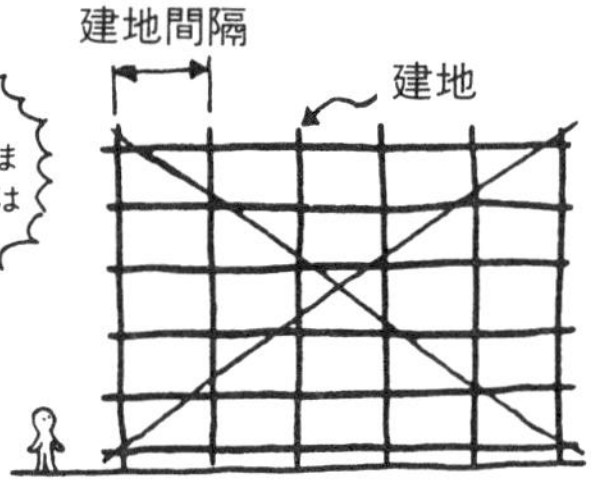

壁つなぎ

ブラケット

はり

吊足場用
チェーン

角パイプ

1.0〜1.4m   1.42m

建地間隔

建地

本足場の種類

	丸太足場	単管足場	わく組足場
材　料	丸太：目通り径 105 mm 以上 緊結材：10 番(3.2 mm)以上 のなまし鉄線	炭素鋼鋼管：JIS A 8951 に適 合する鋼管を亜鉛メッキする 付属金具：緊結・継手・ベース 金具	わく組材：JIS A 8951 に適合 する鋼管をわく形に加工する 付属金具：継手・ベース金具
最高高さ		31 m を超える部分の建地は 2 本組とする	45 m 以下
建地間隔	2.5 m 以下 (通常 1.8 m 以下)	けた行：1.8 m 以下 はり間：1.5 m 以下	建わく間：1.8 m 以下
布 間 隔	1.5 m 以下 (とびつき 3 m 以下)	1.5 m 以下 (とびつき 2 m 以下)	最上層・5 層以内ごと (とびつき 2 m 以下)
腕　木	建地間隔の 1/2 (1.2〜0.9 m)	間隔 1.5 m 以下で布・建地に緊 結	腕木なし
筋 か い	角度 45°，たすき掛け，筋かい の交差しない建地をなくす 間隔：10 m　水平間隔：14 m	角度 45°，たすき掛け，筋かい の交差しない建地をなくす 間隔：10 m　水平間隔：14 m	建わくごとにたすき掛け
壁つなぎ	垂直：5.5 m 以下 水平：7.5 m 以下	垂直：5 m 以下 水平：5.5 m 以下	垂直：9 m 以下 水平：8 m 以下
脚　部	根入れ 60 cm 以上又は根がら みで固定する	ベース金具を設け，根がらみで 連結する	ベース金具を設け，根がらみで 連結する
荷重限度	施工精度により異なる	建地間：3.92 kN	建わく間：3.92 kN

※移動式足場：幅 1.2m なら高さ 4.24m が基準

3.1 仮設工事　　　　　　　　　3.1.2 直接仮設工事

48 足場に関する用語 Ⅱ

建地とは，足場・仮囲いなどの垂直材（柱）をいい，作業の安全確保の見地から建地間の間隔いわゆる建地間隔の最大寸法は，建地間の最大積載量の関係から決められ，一般的にけた行方向で1.5〜1.8 m，はり間方向で1.2〜1.5 m とされます．

壁つなぎとは，外部足場が主として外側に倒壊するのを防止するため，足場と建物の壁をつなぐ控え材（傾斜や倒壊を防ぐ支え）をいい，一般に建地および布（建地と建地を連結する水平部材）の3間隔ごとに設けるのが原則です．なお，けた行筋かいは後踏みの内側に取り付け交差する箇所は必ず緊結します．後踏みとは，外部足場（建築工事において，建物周囲に組み立てられる足場）において，2列に並ぶ建地のうち，建物より離れた外側をいい，建物に近い方を前踏みといいます．そして足場板を支える単管や丸太をころばしといいます．

作業床とは，高所で作業を行うためのスペースで，足場の高さが2 m以上の場合は，吊り足場を除き，幅は，40cm 以上，床材間のすき間は3cm 以下，85cm 以上の手すりが必要です＊．

床材は転位，または脱落しないように2以上の支持物を取り付けます．しかし，この作業床の規定は，幅20cm 以上，厚さ3.5 cm 以上，長さ3.6 m 以上の板を床材として用い，これを作業に応じて移動させる場合には，①足場板は3以上の支持物にかけ渡す．②足場板の支点からの突出部の長さを10 cm 以下とする．③足場板を長手方向に重ねるときは支点の上で重ね，その重ねた部分の長さは20cm 以上とする．

なお，足場の高さ制限に関しては，45 m 以下とされています．

足場板とは，作業床や桟橋などに用いる長さ4 m，幅24 cm，厚さ2.5cm（板材の種類により板厚は詳しくは異なります）程度の厚板をいい，道板は足場板の同義語としても用いられますが，運搬車が通行するために地面に敷く板をいいます．

＊2m 以上の高さの作業床には，作業者の落下防止措置として，85cm 以上の手すりを設けて，中桟か下桟も設置し，物の落下防止措置も行う．

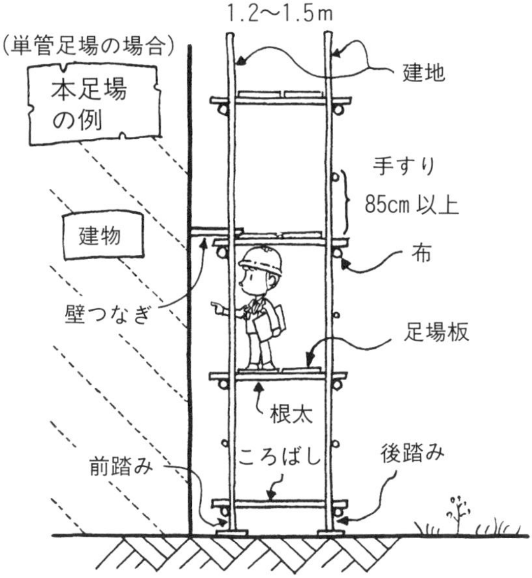

〈軀体・建築共通〉

3. 建築施工

（単管足場の場合）

本足場 の例

1.2〜1.5m

建地

手すり 85cm 以上

布

足場板

建物

壁つなぎ

根太

ころばし

前踏み

後踏み

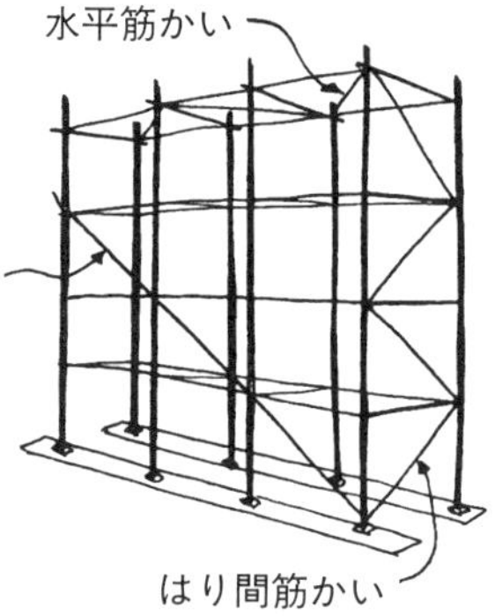

水平筋かい

けた行 筋かい

はり間筋かい

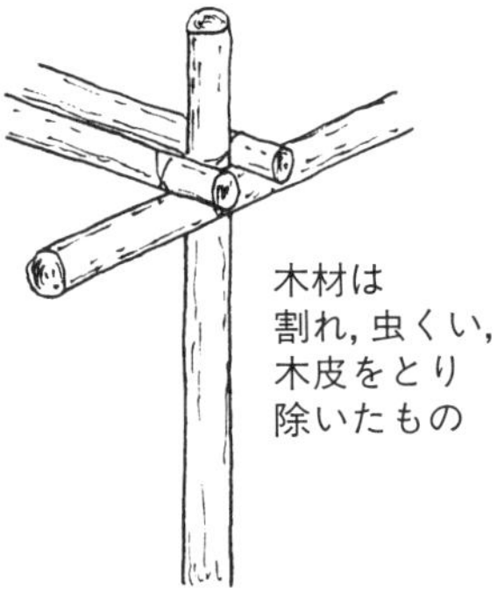

木材は 割れ，虫くい， 木皮をとり 除いたもの

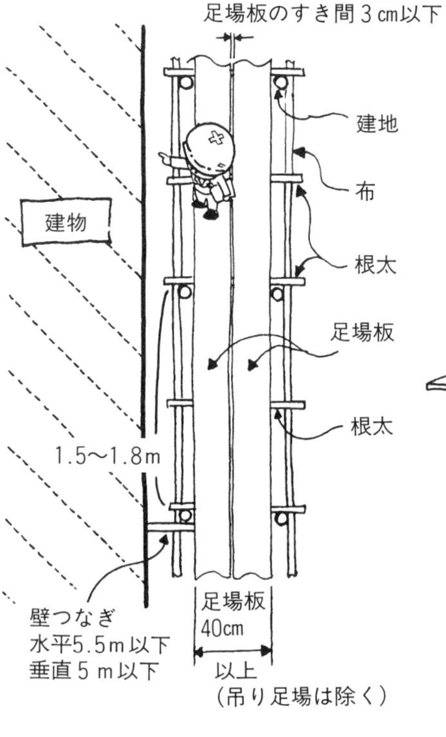

足場板のすき間 3cm以下

建地

布

根太

建物

足場板

根太

1.5〜1.8m

壁つなぎ 水平5.5m以下 垂直5m以下

足場板 40cm 以上 （吊り足場は除く）

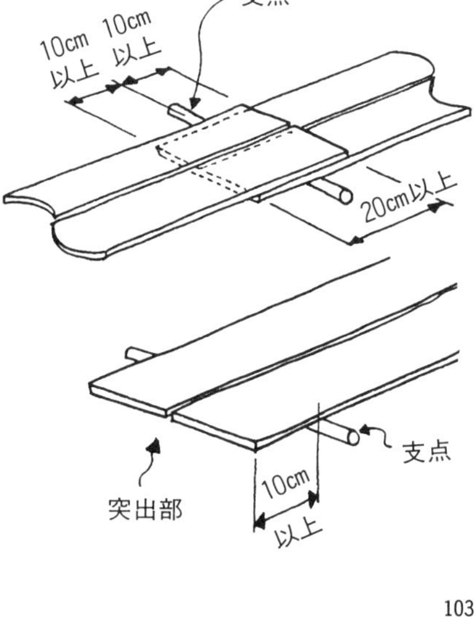

支点

10cm 10cm 以上 以上

20cm以上

突出部

支点

10cm 以上

103

3.1 仮設工事

3.1.2 直接仮設工事

49 桟橋・朝顔・足場の組立てに関する用語

ローリングタワー（移動式足場）
とは，わく組足場などの材料でやぐら組をつくり，基部に車をつけた移動式の作業台で，室内の天井や屋外の比較的低い位置でのいわゆる高所作業に用いられます．

桟橋（さん橋）とは，作業員の通路，資材運搬通路として組み立て，足場板や道板などを敷いた仮設物をいいます．

材料桟橋とは資材を一時うける目的の桟橋をいいます．

登り桟橋は足場の各段に通じる昇降のための傾斜路をいい，次のように規定されています．①勾配は30°以下，幅は90cm以上，手すりの高さは85cm以上．②勾配が15°を超えるものには，**踏み桟（足止め**ともいい，足場板などに一定間隔で横位置に取り付けるすべり防止用の細幅の木）などの滑り止めを設ける．③高さが8m以上の場合は，7m以内ごとに踊場を設置する．

朝顔とは，高層建築物の工事において，落下物を防ぐ目的で2階または3階部分の足場から斜めに突き出

した板張りの防護棚や防網をいい，正式には**物体の落下による危険防護棚**なんですが，朝顔に似ているので"あさがお"と俗称されています．その設置基準は次のとおりです．①高さ10m以上では1段以上，高さ20m以上では2段以上設ける．②突き出す長さは，骨組（足場）から水平距離で2m以上，また水平面との角度は20度以上とする．なお，**防網**は**鉄網**ともいい，落下防止用の金網をいいます．

足場の組立て・解体の作業に関しては，**足場の組立等作業主任者**の指揮・監督のもとで行い，作業の区域内には関係作業車は立入り禁止とします．そして強風，大雨，大雪など悪天候のため，作業の実施について危険が予想されるときは，作業を中止しなければなりません．

脚立は説明するまでもなく，高い所で作業をするのに用いる自立型の高さ1.8〜2.7mのパイプ製のはしごですが，種々規制されています．

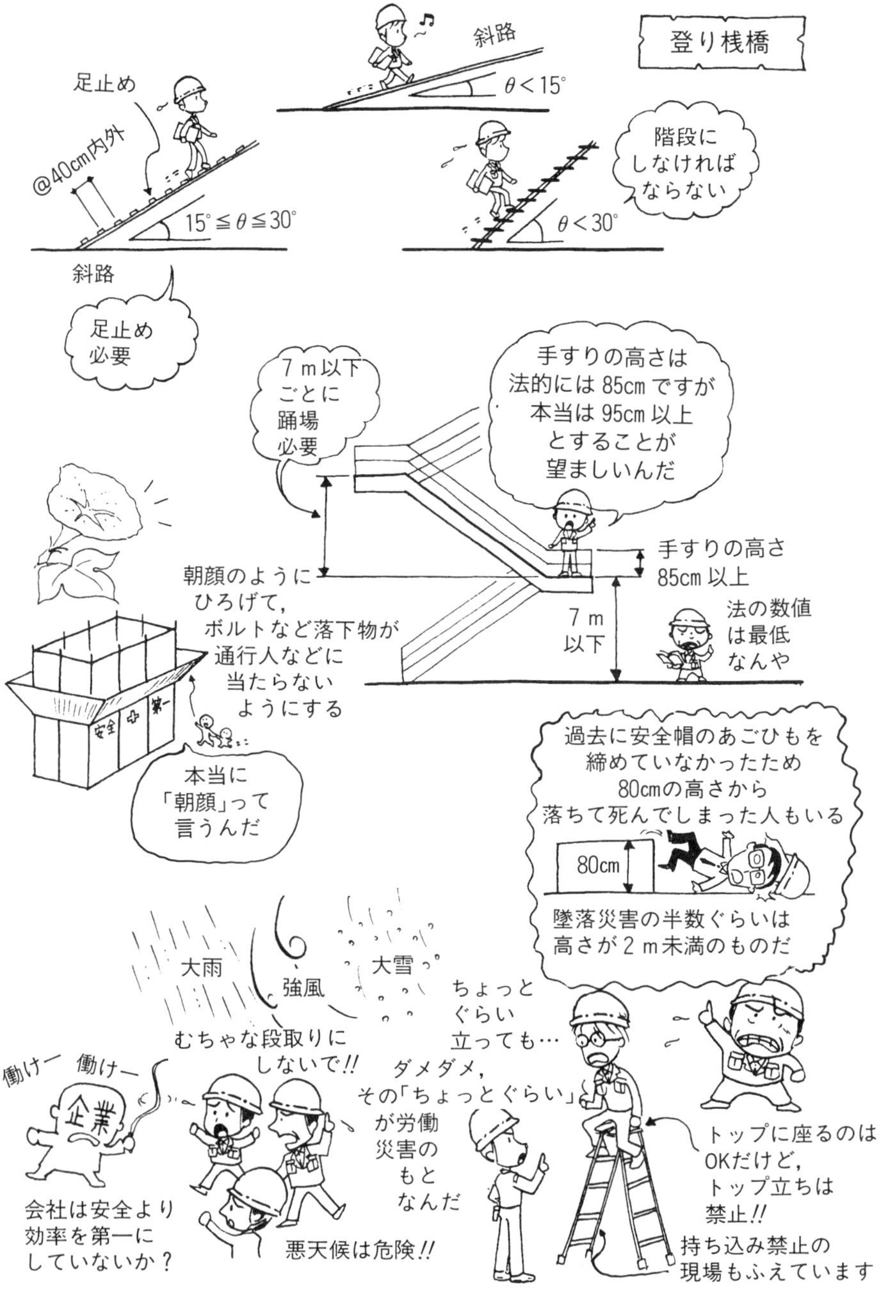

〈躯体・建築共通〉   # 3. 建築施工

登り桟橋

足止め
@40cm内外
$15° \leqq \theta \leqq 30°$

斜路
$\theta < 15°$

階段に
しなければ
ならない

$\theta < 30°$

斜路
足止め
必要

7m以下
ごとに
踊場
必要

手すりの高さは
法的には85cmですが
本当は95cm以上
とすることが
望ましいんだ

朝顔のように
ひろげて,
ボルトなど落下物が
通行人などに
当たらない
ようにする

手すりの高さ
85cm以上

7m
以下

法の数値
は最低
なんや

本当に
「朝顔」って
言うんだ

過去に安全帽のあごひもを
締めていなかったため
80cmの高さから
落ちて死んでしまった人もいる

80cm

墜落災害の半数ぐらいは
高さが2m未満のものだ

大雨
強風
大雪

むちゃな段取りに
しないで!!

ちょっと
ぐらい
立っても…

ダメダメ,
その「ちょっとぐらい」
が労働
災害の
もと
なんだ

働けー 働けー
企業

会社は安全より
効率を第一に
していないか？

悪天候は危険!!

トップに座るのは
OKだけど,
トップ立ちは
禁止!!

持ち込み禁止の
現場もふえています

105

3.1 仮設工事　　　　　　　　　　　　　　3.1.2 直接仮設工事

50 なわ張り・やり方・墨出しに関する用語

　なわ張り（縄張り）とは，建築工事の現場（敷地）の地盤面に，配置図に基づいて柱・壁の中心線（建物の外郭線）にそってなわを張り，建築物の位置を示すことをいい，やり方の設置にも役立たしめます．

　やり方（やりかた）とは，なわ張りに基づき，基礎工事に着手する前に行うもので，水杭（やり方杭・見当杭ともいい，水平材を打ち付けるための杭）と水貫（やり方貫，水杭に水平に打ち付ける小幅板で，高さの基準とする）を設置し，水貫の上に高さの基準を示し基準となる水平を定める水盛りを行うとともに心出しを行うことです．すなわち，基礎工事に着手する前に，柱・壁の中心線，内・外壁面の水平位置等を標示するため建物四隅や周辺の主要部に設ける仮設物で，土木工事では丁張といいます．

　なお，なわ張り作業は，係員立ち会いの上，配置図などに従って行います．そして，やり方作業が終了した後は，係員の検査を受け，承認を得ることが必要です．

　やり方は隅やり方と平やり方とからなり（右図参照），やり方に狂いなどが生じた場合すぐに発見できるように，水杭の頂部にいすか（鳥のくちばしがくい違ったような形の木材の木口の切り方）を切っておきます．

　水糸とは，やり方などで水平および通り心（建物の柱列や壁の軸線を通して設定する基準線または中心線）を示すために用いる糸をいいます．

　墨出しとは，やり方からとった基準線をさらに，柱心，壁心，壁仕上墨などの逃げ墨を打つ作業をいいます．なお，逃げ墨とは，基準になる位置から，ある寸法だけ避けた位置に打つ墨（墨つぼの墨糸によって，部材の上に印した直線）を打つ作業をいいます．心墨（中墨）とは，建物の基準や部位・部材の中心線を出す墨をいいます．

　心出しとは，墨出しをする際，水貫に柱，壁など各部の中心線心を印すことをいいます．

106

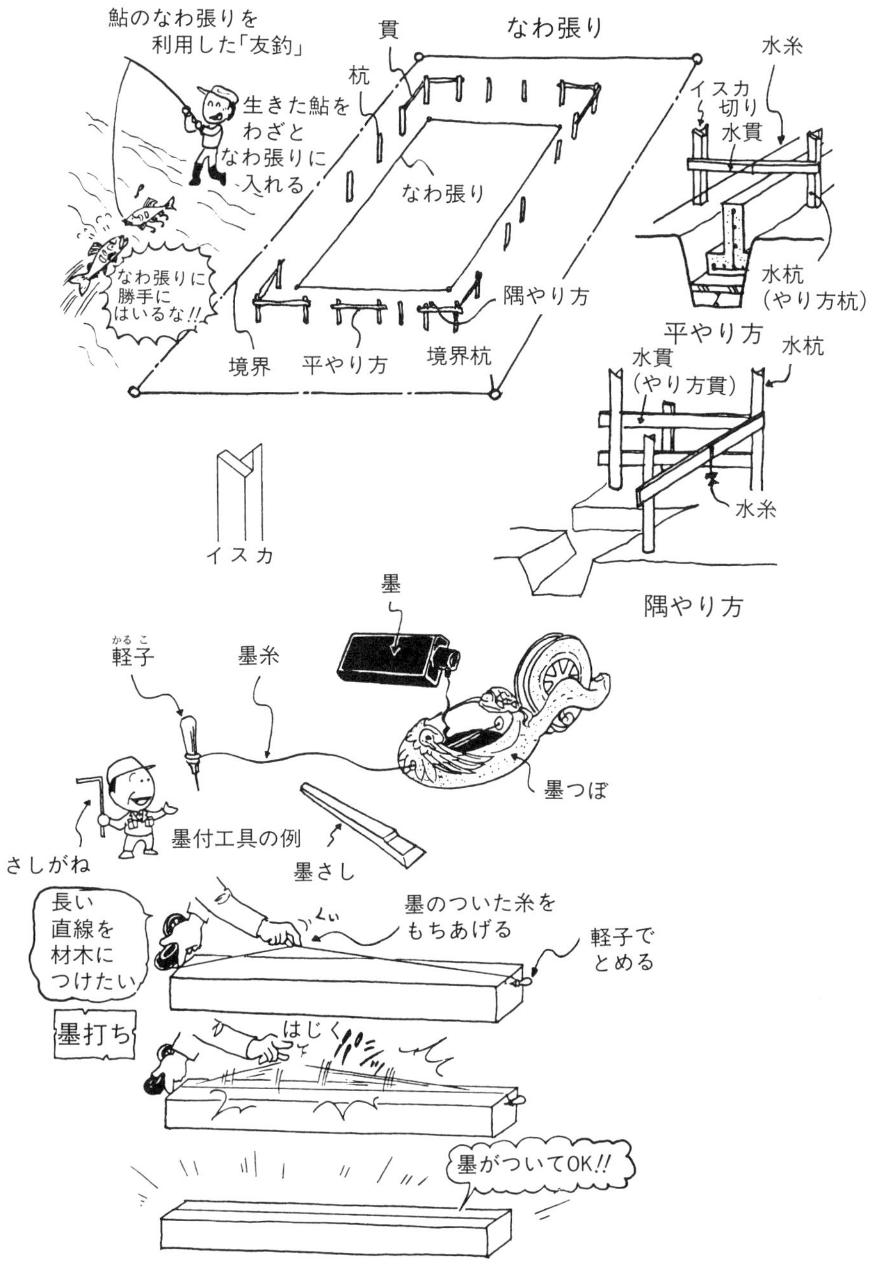

〈躯体・建築共通〉

3. 建築施工

鮎のなわ張りを
利用した「友釣」

生きた鮎を
わざと
なわ張りに
入れる

なわ張りに
勝手に
はいるな!!

貫
杭
なわ張り
なわ張り
隅やり方
境界　平やり方　境界杭

水糸
イスカ
切り
水貫
水杭
（やり方杭）

平やり方
水貫
（やり方貫）
水杭
水糸

隅やり方

イスカ

軽子（かるこ）
墨糸
墨
墨つぼ

墨付工具の例
墨さし
さしがね

長い
直線を
材木に
つけたい

墨のついた糸を
もちあげる
軽子で
とめる

墨打ち

はじく
パチン

墨がついてOK!!

107

3.2 土工事・地業　　　　　　　　　　　　　3.2.1 土工事

51 土工事・根切り・山留めに関する用語

土工事とは，地盤の掘削，基礎完了後の埋め戻しなどの工事を総称していいます．ただし，積算の内訳書の項目では習慣的に山留め工事も含まれることが多いのです．土工事の主なものとしては根切り，地下水処理，床付け，埋戻しおよび盛り土，山留めが挙げられます．

土工事前の調査事項：土工事を開始する前には災害防止上，次の事項について調査などを行います．①周囲の建物の安全確保．②地中埋設物などに対する確認・措置．なお，設計図に地下埋設物が表示されていても，じゅうぶん調査し，敷地外の場合は関係者の立会いを受けて確認する．③工事現場以外（運搬途中，敷地周辺）の道路，排水路の土砂などによる汚れ防止，埋戻し土の雨による流出防止．なお，**工事中の留意・監視事項**としては，①周辺地盤の沈下，移動，のり面のひび割れ．②山止め壁の変形．③湧水・漏水，井戸水の水位．④近隣への騒音，振動，じんあいの飛散．⑤周囲の建物，周辺の地中埋設物．

根切りとは，基礎工事のために地盤を所定の位置まで掘削し，所定の空間をつくる工事をいい，基礎の種類によって次のように分類されます．**つぼ掘り**は独立基礎のように，柱の下部分ごとに穴状に根切りすることです．**布掘り**は布基礎の場合に，壁またははりに沿って細長く地盤を根切りすることです．**総掘り**とはべた基礎に対処するため，総体（全面）的に地盤を掘削することをいいます．なお，**根切り工法**としては，**のり付けオープンカット工法**，**山留めオープンカット工法**，**アイランド工法**，**トレンチカット工法**等があります．

山留め（山止め）とは，根切りなど，掘削の際に周囲の地盤が崩れないよう，または湧水を防止するために矢板，または**せき板**（土止め用の板）を用いて土圧を支える壁（**山留め壁**）を設けることをいいます．

矢板とは，山留めに用いる仮に壁面を構成する材料をいい，**鋼板矢板**と**木製矢板**に分けられ，山留めは山留めの壁と支保工から構成されます．

108

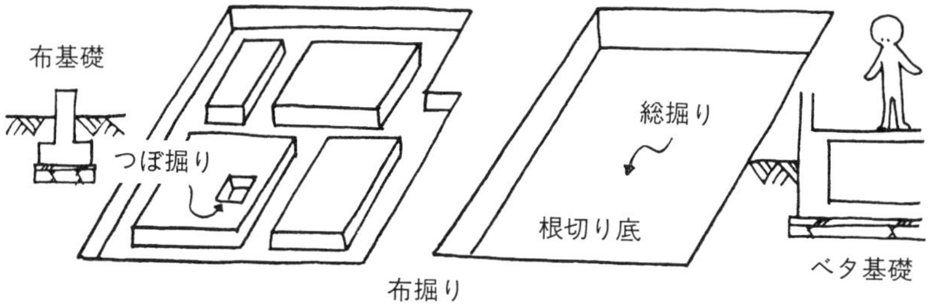

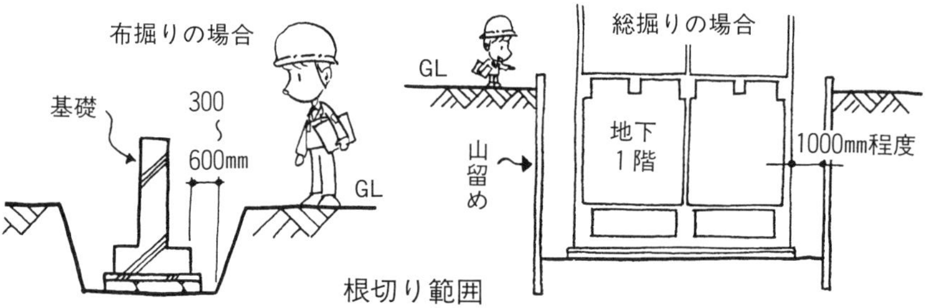

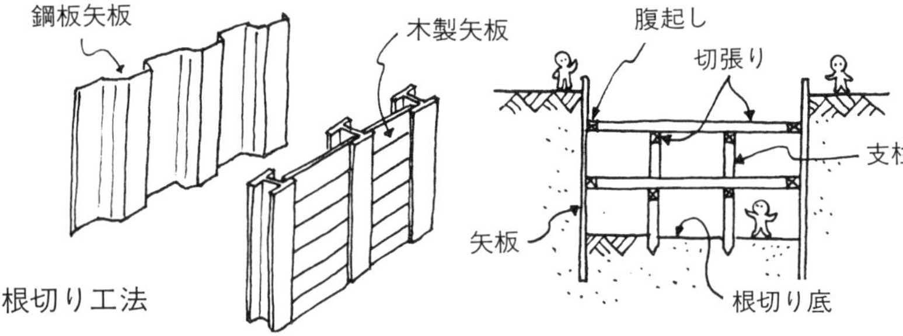

〈躯体・建築共通〉   # 3. 建築施工

布基礎

つぼ掘り

布掘り

総掘り

根切り底

ベタ基礎

布掘りの場合

基礎

300～600mm

GL

根切り範囲

総掘りの場合

GL

山留め

地下1階

1000mm程度

鋼板矢板

木製矢板

根切り工法

腹起し

切張り

支柱

矢板

根切り底

のり付けオープンカット	山留めオープンカット	アイランド工法	トレンチカット
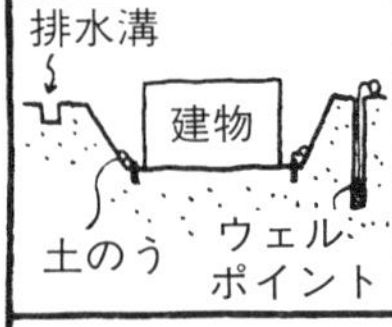 排水溝 建物 土のう　ウェルポイント	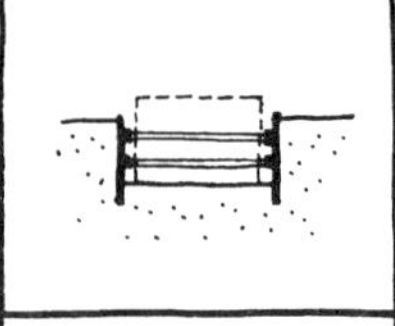	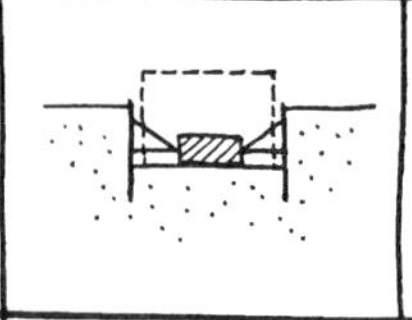	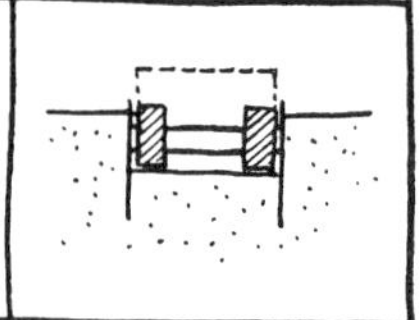
敷地に余裕があり,湧水の恐れがない場合,支保工の障害なし	矢板または親杭を掘削外周に打設し曲げ抵抗で土圧に抵抗する	中央部先行,周囲後掘り工法。広く,浅い掘削に適する	建物の地下室部分の構造体を先に施工し,よう壁とする。軟弱地盤

109

3.2 土工事・地業　　　　　　　　　　　3.2.1 土工事

52 | 山留め工法に関する用語 I

　支保工とは，上部あるいは横から荷重を支えるために用いる仮設構造物の総称で，型枠支保工と山留め支保工に分けられますが，前者はトンネル工事に用いられるものです．

　山留め支保工は山留めに用いる支保工をいい，腹起し，切張りより構成されます．腹起しとは矢板を保持するための水平材をいい，切張りは腹起しにあてがい，土圧に抵抗する材をいいます．なお，杭・矢板などの地中に埋設した部分や地中埋設物の先端などの貫入深さを根入れといいます．

　山留め工法には，切張り工法，アースアンカー工法，逆打ち工法，ケーソン工法があります．

　切張り工法（水平切張り工法，切梁工法）は最も一般的に用いられるもので，矢板や山留め壁に沿った腹起しを支持する水平の切張りを設置して内部を掘削する工法です．

　いずれにしても，山留めに適切な工法を選択するためには，土質，地下水位などの地盤条件，掘削の規模，山留め壁に要求される剛性・止水性，

振動・騒音の公害および工期，工費などを総合的に検討する必要があります．

　山留め壁の種類は多種あり，適材適所で用いますが，山留め壁の種類と選定の目安を示すと次のとおりです．

　親杭横矢板工法：礫岩層に最適で，排泥水の処理に有利です．

　鋼矢板工法：軟弱層に最適で，排泥水の処理に有利です．

　場所打ち鉄筋コンクリート柱列壁工法：軟弱層に最適で，周辺地盤の沈下防止に有利です．

　既製コンクリート柱列壁工法：止水性が悪い以外は普通の条件．

　ソイルセメント柱列壁工法：いずれの地盤にも普通に用いられ，止水性が有利です．

　連続地中壁工法：軟弱層に最適で，大規模・大深度の工事に適し，かつ，剛性，止水性，周辺地盤沈下防止に有利です．

110

〈軀体・建築共通〉   # 3. 建築施工

山留め工法

切張り工法	アースアンカー工法	逆打ち工法	ケーソン工法
格子状に組んだ切張り・腹起しで土圧を支持する一般的工法	アンカーの引張り抵抗を土圧に持たせる工法, 支保工なし	地下構造物を支保工に利用し地下1階・2階と逆に構築してゆく	ケーソンの作業室から圧縮空気を送り内部を掘削し沈下させてゆく

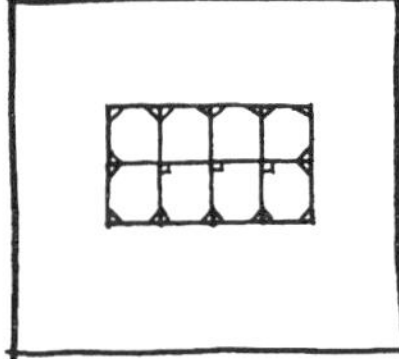

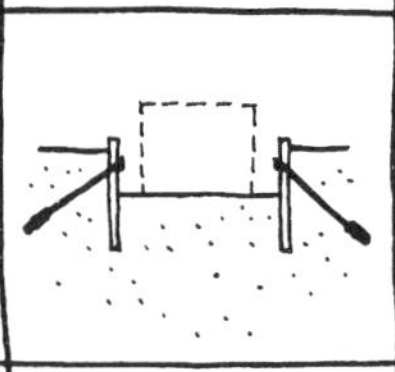

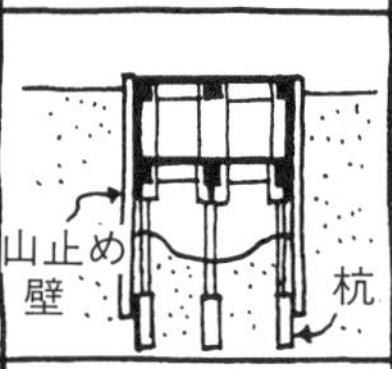

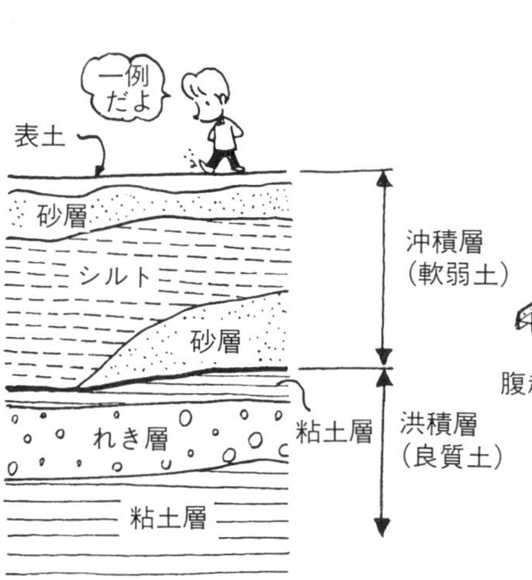

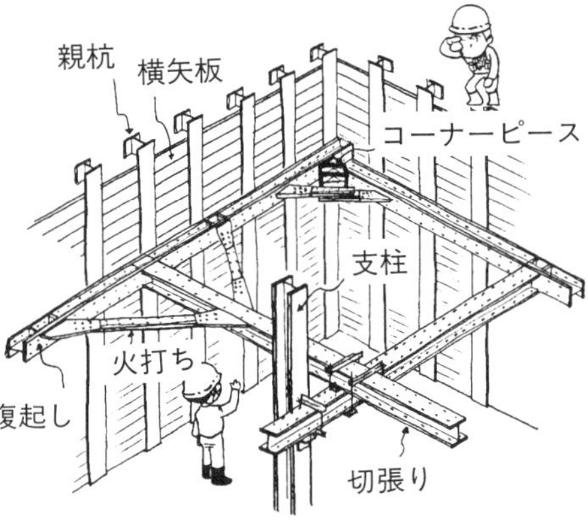

一例だよ

表土
砂層
シルト
砂層   沖積層（軟弱土）
れき層 粘土層
粘土層   洪積層（良質土）

親杭　横矢板
コーナーピース
支柱
山止め壁　杭
火打ち
腹起し
切張り

掘削

切張り工法

軟弱層
建物が細長い場合に不同沈下

基盤
圧密層の厚さが異なる場合

がけ

圧密とお漬物は似てるね

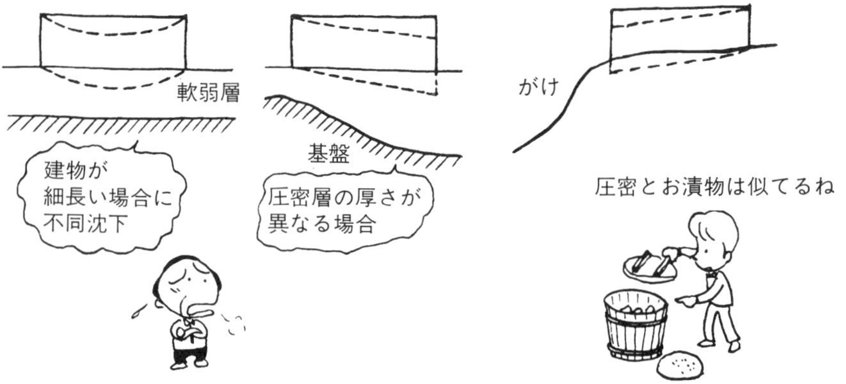

3.2 土工事・地業　　　　　　　　　　　3.2.1 土工事

53 | 山留め工法に関する用語 Ⅱ

親杭横矢板工法とは，**親杭**（山留めのためあらかじめ掘削線に沿って等間隔に打ち込むH形鋼，I形鋼など）を等間隔に打込み，掘削の進行に合わせて，親杭間に厚板(横矢板)を横にそう入して山留め壁とする工法で，地下水位が深く止水の必要のない場所に多く用いられます．この工法は，横矢板そう入時に余掘りを生じやすく，背面地盤の移動や沈下が起こりやすく，ヒービング現象の可能性がある地盤では，根入れ部分での受働抵抗が不足がちなため，移動が起こりやすいのです．したがって，横矢板は親杭からはずれることのないようじゅうぶんなかかり長さをとり，はめ込まなければなりません．

余掘りとは，基礎や地下の鉄筋組立てなどの作業に必要な空間を確保するために，建築物の位置よりも大きく掘削することです．

受働土圧とは，土中の壁が土に向かって移動した場合に作用する側土圧をいいます．

ヒービング現象とは，掘削時に山留め壁背面の土砂の重量などによって，上部地盤が陥没し，根切り底面が押し上げられてふくれる現象をいい，軟弱な粘土層に生じやすいのです．

ボイリング現象とは，砂質土の根切り底などにおいて，上向きの水圧により水と共に砂が吹き上がる現象で，山留めの大事故につながります．なお，ボイリングのため地盤に水が通りやすくなった状態を**パイピング現象**といいます．

クイックサンド現象とは，浸透水が上昇することにより，砂質地盤が支持力を失う状態をいいます．

法付けオープンカット工法とは，掘削部の周辺地盤に**法面**（切り土や盛り土などにおける傾斜の表面）を残して，掘削し，斜面をつけた上部は躯体が完成すれば埋め戻されます．すなわち，山留め壁や支保工なしで掘削するもので，掘削深さが深くなく，敷地周辺に余裕があるときに採用されます．

〈軀体・建築共通〉

3. 建築施工

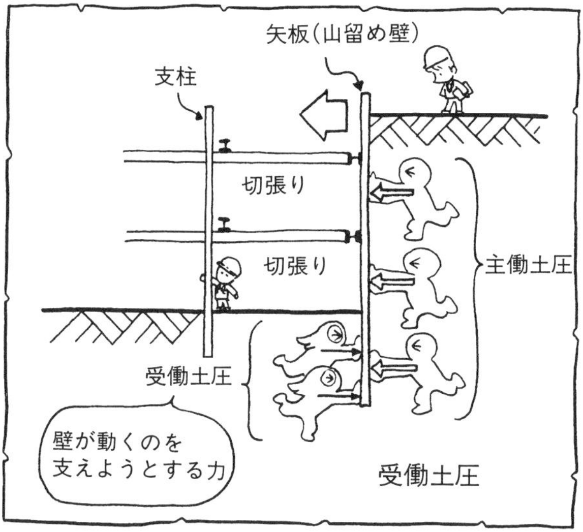

矢板(山留め壁)

支柱

切張り

切張り

主働土圧

受働土圧

壁が動くのを
支えようとする力

受働土圧

ボイリング現象

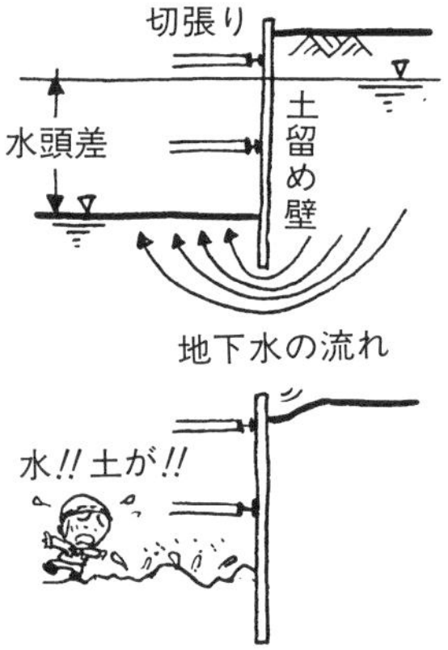

切張り

水頭差

土留め壁

地下水の流れ

水!!土が!!

山留めを設けない場合(掘削面の勾配)

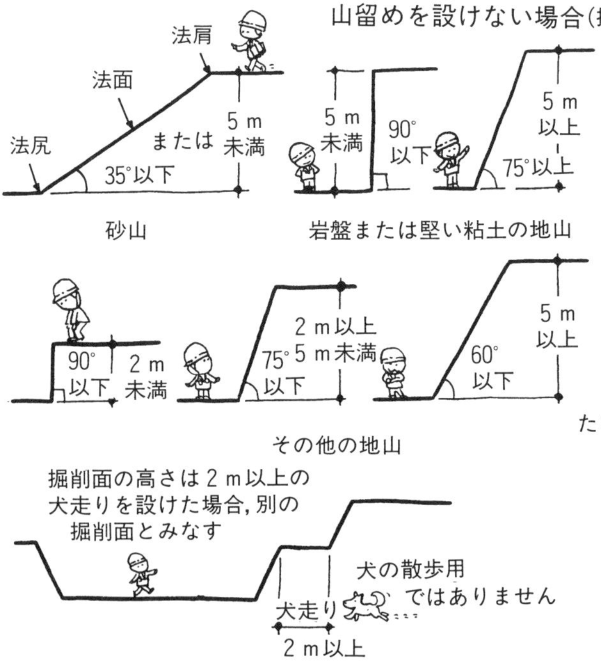

法肩

法面

法尻

5m
未満

35°以下

砂山

5m
未満

90°
以下

岩盤または堅い粘土の地山

5m
以上

75°以上

ヒービング現象

切張り

土留め壁

すべり面

90°
以下

2m
未満

2m以上
75°5m未満
以下

60°
以下

5m
以上

その他の地山

たいへんだ

掘削面の高さは2m以上の
犬走りを設けた場合,別の
掘削面とみなす

犬の散歩用
ではありません

犬走り

2m以上

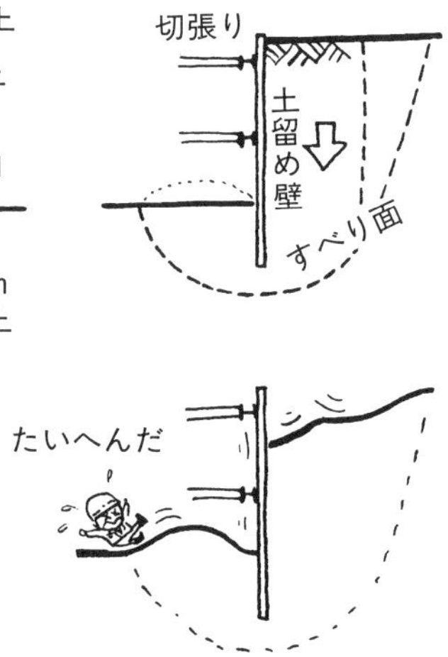

3.2 土工事・地業　　　　　　　　　　　　　　　　　3.2.1 土工事

54　地下水処理に関する用語

排水処理とは，地下水面下の掘削に当たって，地下水を排除したり，止水策を施すことをいい，排水工法と止水工法に分けられます．従来は排水工法が主体でしたが，工事現場周辺に悪影響を及ぼすので，止水性の高い山留め工法や注入方法が普及し，排水工法と止水工法の両者について検討し，適切な工法を採用します．

排水工法とは，地下水面下の掘削にあたって，排水によって地下水位を掘削底面以下に低下させて施工する方式をいい，次のようなものがあります．**釜場工法**とは，地下の湧水や透水を集めるために，根切り底などに設けるくぼみ（排水ピット）を**釜場**といい，この釜場に排水を集め水中ポンプで排水する工法です．**ウェルポイント工法**は，集水部分を地中に打ち込み，真空を利用して揚水する排水工法で，湧水の多い現場で広く用いられるが，工法の特性から，砂質地盤などある程度透水性のある地盤に適し，粘土地盤は不透水性地盤のため不適です．なお，ウェルポイント工法は，揚水管を打込み，真

空を利用して揚水し排水するので，隣接地の地盤沈下のおそれがあり注意を必要とします．**ディープウェル工法**は，深井戸用の水中ポンプを設置して行う排水工法です．

止水工法とは，浸透水や湧水の流出口を物理的に閉塞し，その流出を防止するもので，**地盤固結工法**（薬液注入工法），止水壁工法，圧気工法に大別されますが，主に薬液注入工法が用いられます．**薬液注入工法**は，珪酸ソーダと重炭酸ソーダなどの混合液や合成樹脂系の薬品を土層に注入し，軟弱地盤を硬化させ止水する工法です．しかし薬液注入工法は，注入剤として不活性ガラス以外は使用に厳しい規制があります．

ベントナイト注入工法は，水を吸収して著しく膨潤する微細な粘土であるベントナイトを液状にした**ベントナイト安定液**を，薬液注入工法と同様の要領で土層に注入し軟弱地盤を硬化させながら掘削していく工法です．

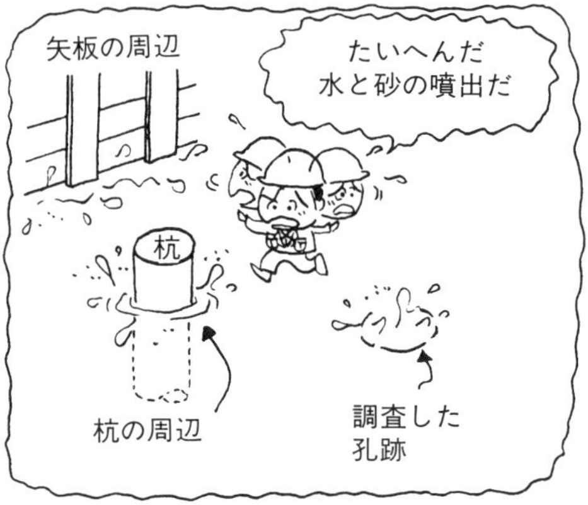

〈軀体・建築共通〉

3. 建築施工

矢板の周辺

たいへんだ
水と砂の噴出だ

杭

杭の周辺

調査した
孔跡

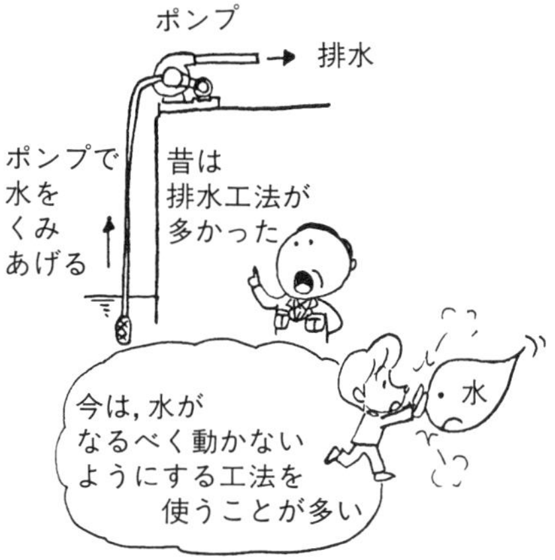

ポンプ

→ 排水

ポンプで
水を
くみ
あげる

昔は
排水工法が
多かった

水

今は，水が
なるべく動かない
ようにする工法を
使うことが多い

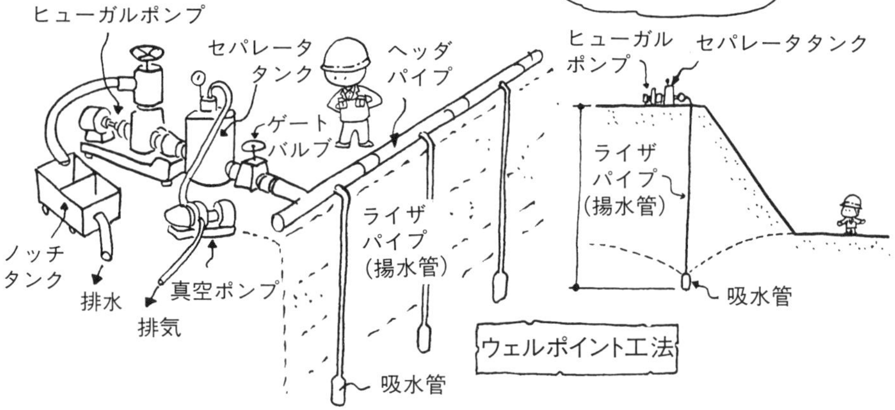

ヒューガルポンプ

セパレータ
タンク

ヘッダ
パイプ

ゲート
バルブ

ライザ
パイプ
（揚水管）

ノッチ
タンク

排水

真空ポンプ

排気

吸水管

ヒューガル
ポンプ

セパレータタンク

ライザ
パイプ
（揚水管）

吸水管

ウェルポイント工法

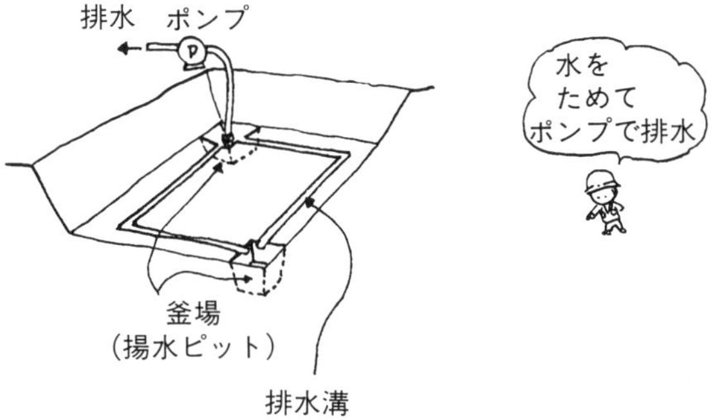

排水　ポンプ

P

水を
ためて
ポンプで排水

釜場工法

釜場
（揚水ピット）

排水溝

115

3.2 土工事・地業　　　　　　　　　3.2.1 土工事

55 | 埋戻しに関する用語

埋戻しとは，基礎工事や地下工事が完了した後，基礎および地下構造部の周辺の掘削部に土を戻し，現場の地盤と同様にすることをいいます．埋戻しの基本は締固めをじゅうぶんに行うことと，適切な余盛りを行うことです．

締固め（土の締固め）とは，外から圧力などを加えて土中の空気を追い出し，体積を小さくして密度を高めること，つまり，地盤の安定度を増すことをいい，突固め・振動・水締めなど多種ありますが，埋戻しにおける締固めは水締めが基本となります．

水締めとは，砂などの粗粒土を用いて埋戻す際に水をかけながら締固めること，すなわち，砂などの上から水をまき，その水の浸透圧を利用して土を締固めるのです．そして，土を所定の方法で締め固めたとき，その土の間隙が最小となるときの乾燥密度を最大乾燥密度といい，このときの含水比つまり，その土が最大密度を得るために最適の含水比を最適含水比といいます．

余盛りとは，埋戻しや盛り土の際，沈下もしくは収縮を考慮してあらかじめ余分に土を盛ることをいいます．余盛りが必要な理由は，土量の変化率のためです．

土量変化率とは，土の体積は地山の状態，掘削時，締固め時などそのときの状態により異なるわけで，その変化の割合を示す値をいい，掘削した土は地山よりも体積が多くなることはだれもが土を掘ったときに経験しているはずです．地山を掘削し，再びこれを締固めた場合には当然，土量に変化を生じ，土量の変化率を地山土量を基準にして，ほぐし率 L，締固め率 C で表します．

$$ほぐし率\ L = \frac{ほぐした土量}{地山の土量}$$

$$締固め率\ C = \frac{締固め後の土量}{地山の土量}$$

いずれにしても，ほぐして（掘削して）から締固めた場合は，岩石，礫などを除き，地山よりも体積が小さくなります．

〈軀体・建築共通〉   # 3. 建築施工

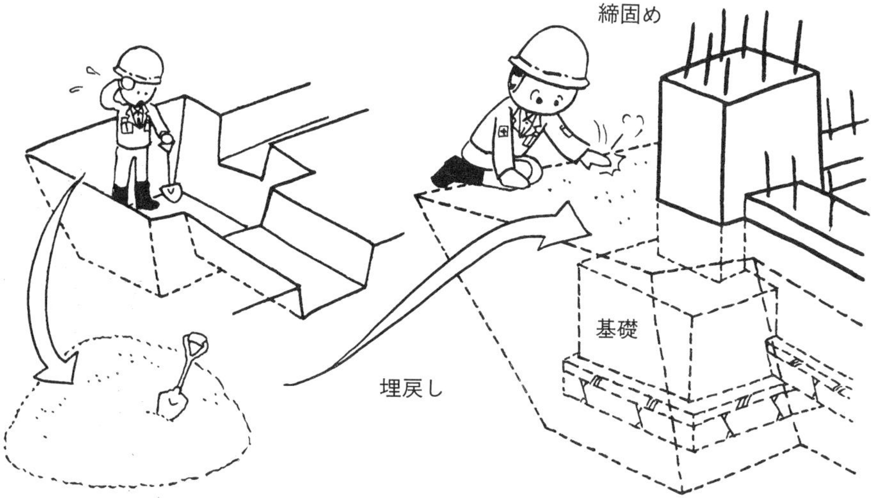

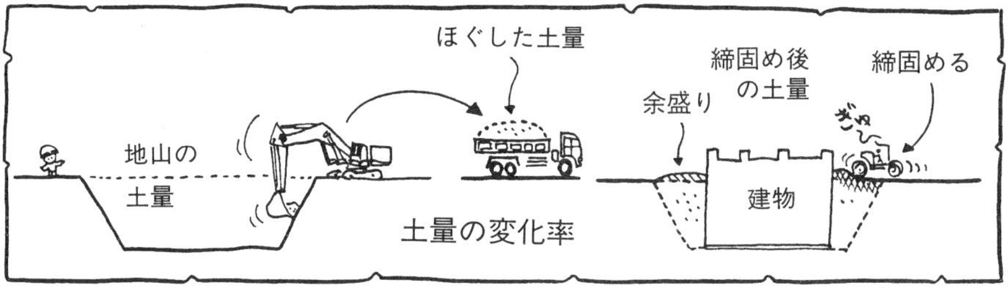

土の変化率

名　　　称		L	C
岩または石	硬　　　　　　岩	1.65〜2.00	1.30〜1.50
	中　　硬　　岩	1.50〜1.70	1.20〜1.40
	岩塊・玉石	1.10〜1.20	0.95〜1.05
礫まじり土	礫	1.10〜1.20	0.85〜1.05
	礫　　質　　土	1.10〜1.30	0.85〜1.00
	固結した礫質土	1.25〜1.45	1.10〜1.30

名　　　称		L	C
砂	砂	1.10〜1.20	0.85〜0.95
	岩塊・玉石まじり砂	1.15〜1.20	0.90〜1.00
普通土	砂　性　土	1.20〜1.30	0.85〜0.95
	岩塊・玉石まじり砂質土	1.40〜1.45	0.90〜1.00
粘性土など	粘　性　土	1.20〜1.45	0.85〜0.95
	岩塊・玉石まじり粘性土	1.40〜1.45	0.90〜1.00

土量換算係数 f の値

求める土量(Q)／基準の土量(q)	地山の土量	ほぐした土量	締固め後の土量
地山の土量(A)	1	L	C
ほぐした土量(A/L)	1/L	1	C/L
締固め後の土量(A/C)	1/C	L/C	1

117

3.2 土工事・地業   3.2.2 地業

56 | 地業に関する用語

　地業については15の項で一部説明しましたが復習を兼ねて詳しく勉強しましょう.

　地業とは，構造物の基礎を支える土もしくは地盤を丈夫に固めるための作業をいい，次のものがあります.
　割栗地業とは，根切り底を突固め，割栗石を小端立てに並べ，石のすき間につぶし砂利を入れて突固める地業をいいます.

　地肌地業（地はだ地業）とは，根切り底の地盤がよい場合に直接コンクリート打ちを行って，支持面とする地業です.**砂地業**とは，軟弱な地盤において，根切り底から砂を所定厚さに敷き込んで水締めする地業で，小規模な建築物の場合に採用されます.**砂利地業**は，根切り底に砂利または砕石を所定厚さに敷き込み突固める地業をいいます.

　捨てコンクリートとは，地業の表面を固めるとともに，建築物の位置を決める墨出しなどをするため，平らに打つ 50〜100 mm の均しコンクリートをいい，構造上はあまり意味がありません.

　建築施工の科目の試験における地業に関しての出題は，原則として次に示す杭打ち地業のみです.

　杭打ち地業（**くい地業**）とは，地表面の直下または比較的浅い地盤がじゅうぶんな地耐力をもっていない場合，杭によって構造物の荷重を支持する地業をいい，支持杭によるものと摩擦杭によるものとがあります.なお，くい地業に用いる杭は材料・製法により，木杭，コンクリート杭，鋼杭に大別されます.**支持杭**（**先端支持杭**）とはじゅうぶんな地耐力をもつ固い地盤にまで杭を打ち込む形式のものをいい，**摩擦杭**とは，杭の先端部が固い地盤に達せず，軟弱地盤中において，杭周囲の摩擦力によって支持する形式をいいます.なお，支持杭と摩擦杭両者の併用は不可とされます.

　杭打ち地業に用いられる**杭**（構造物の荷重を基礎などを介して，地盤に伝達させるための柱状の構造部材）は右表に示すものがあり，杭の種類により，例えば，既製コンクリート杭打ち地業とよばれるのです.

118

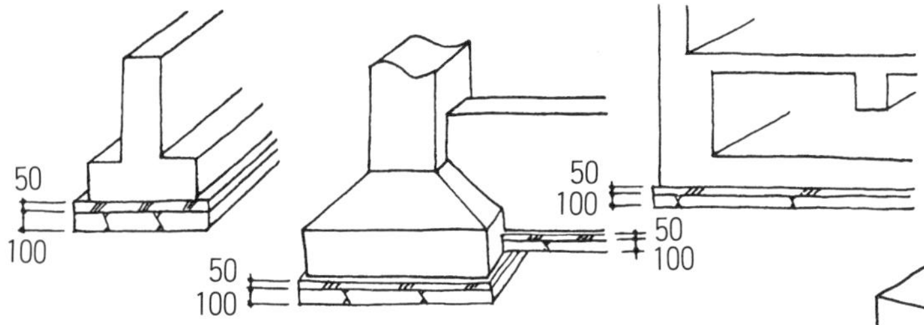

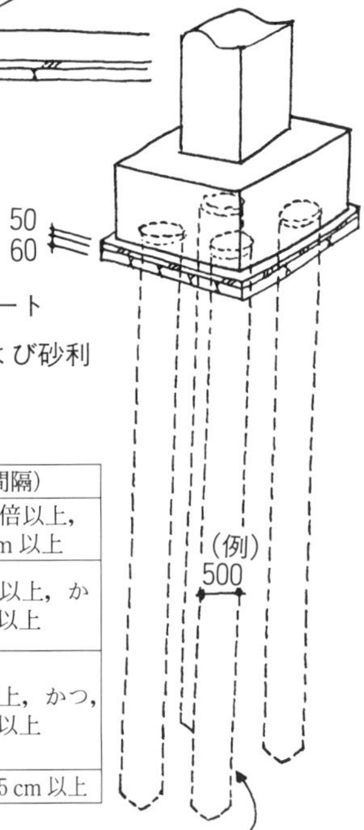

〈躯体・建築共通〉

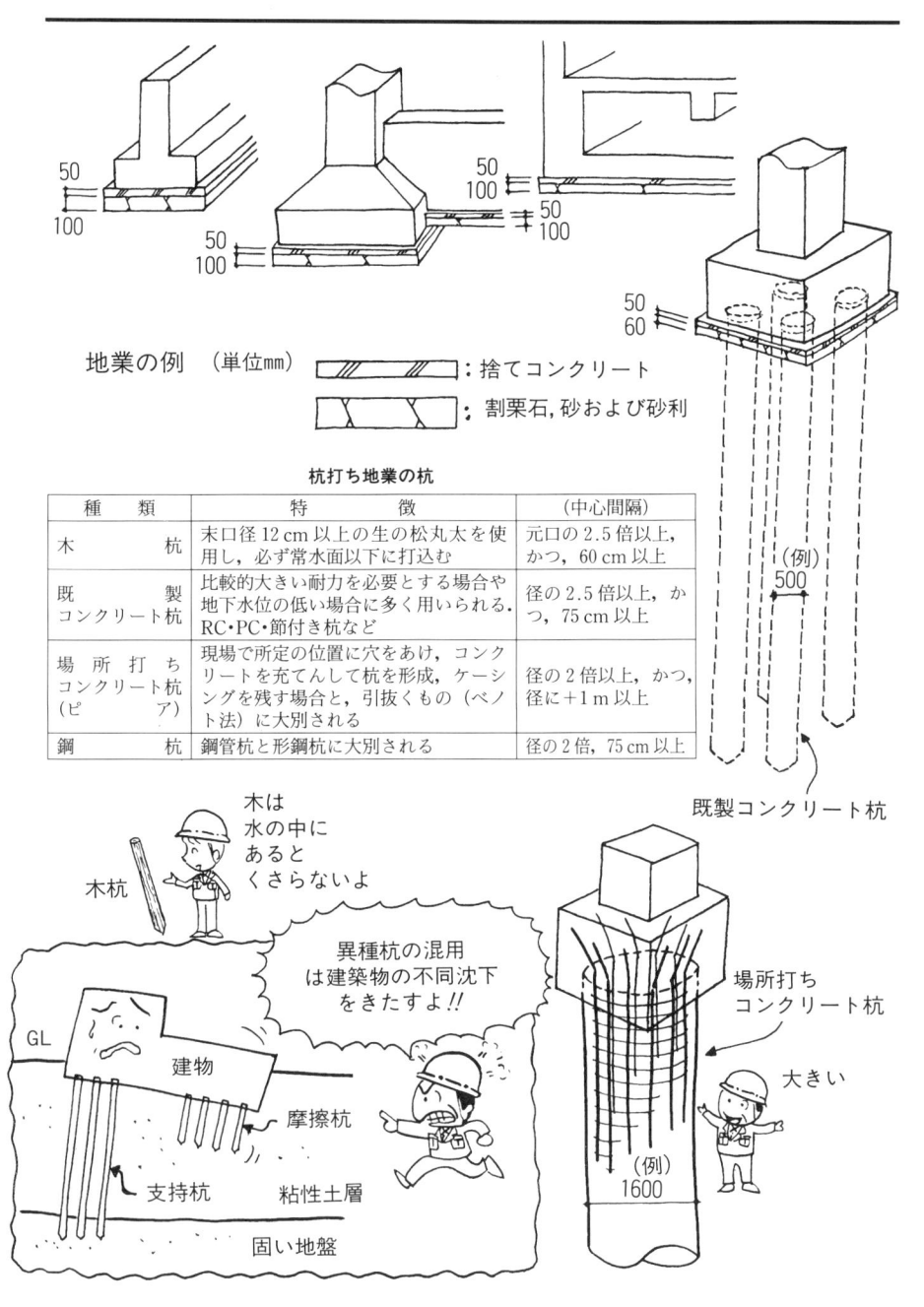

3. 建築施工

地業の例 （単位mm）

▨▨▨：捨てコンクリート

▨▨▨：割栗石，砂および砂利

（例）
500

既製コンクリート杭

杭打ち地業の杭

種　類	特　徴	（中心間隔）
木　　　杭	末口径 12 cm 以上の生の松丸太を使用し，必ず常水面以下に打込む	元口の 2.5 倍以上，かつ，60 cm 以上
既　　製コンクリート杭	比較的大きい耐力を必要とする場合や地下水位の低い場合に多く用いられる．RC・PC・節付き杭など	径の 2.5 倍以上，かつ，75 cm 以上
場 所 打 ちコンクリート杭（ ピ 　 ア）	現場で所定の位置に穴をあけ，コンクリートを充てんして杭を形成，ケーシングを残す場合と，引抜くもの（ベノト法）に大別される	径の 2 倍以上，かつ，径に＋1 m 以上
鋼　　　杭	鋼管杭と形鋼杭に大別される	径の 2 倍，75 cm 以上

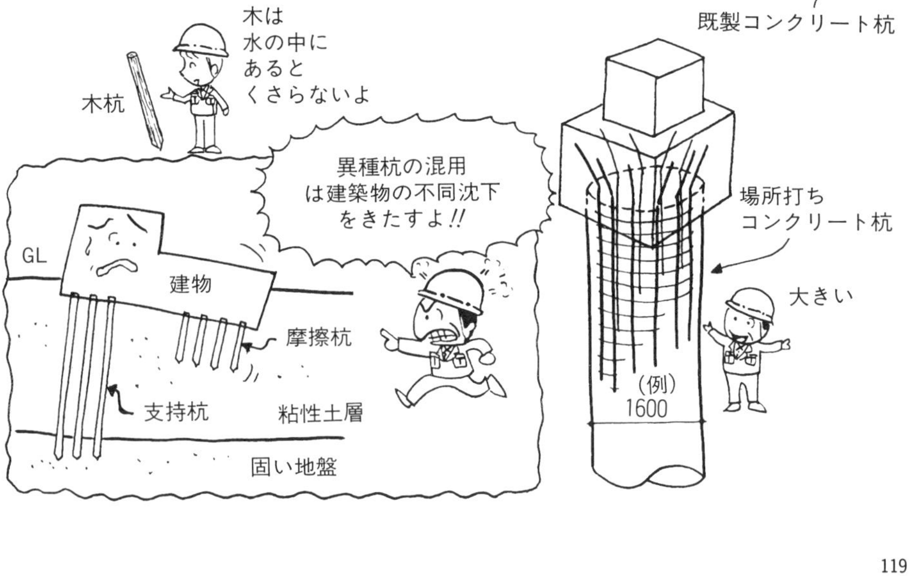

木杭

木は
水の中に
あると
くさらないよ

異種杭の混用
は建築物の不同沈下
をきたすよ!!

GL

建物

摩擦杭

支持杭　　粘性土層

固い地盤

場所打ち
コンクリート杭

大きい

（例）
1600

3.2 土工事・地業

3.2.2 地業

57 | 杭打ち地業の打込み工法に関する用語

既製コンクリート杭とは，工場においてあらかじめつくられたコンクリート製の杭で，遠心力鉄筋コンクリート杭，遠心力プレストレストコンクリート杭，高強度 PC 杭，外殻鋼管付きコンクリート杭などがあり，既製コンクリート杭による地業を既製コンクリート杭打ち地業といい，その施工法としては打込み工法と埋込み工法に大別されます．

打込み工法は，杭の種類（木杭・既製コンクリート杭・鋼杭）の形状や寸法に応じて，ドロップハンマーやディーゼルハンマーなど，杭打ち機の打撃により地盤に打ち込む方式で，狭義的には打撃工法といいます．地盤に応じた支持力の推定，支持層への到達，打止めの判定など施工の管理が容易で，施工速度も速くコストも安いのですが，騒音・振動が大きく騒音上大きな公害問題となり，また，杭頭（杭の上端，つまり打込む側の端部）を損傷させるので，杭頭キャップを設けるなどの対策が必要です．もし杭頭が開放のまま（そのまま）だと，中空部に土が入り，空気が圧縮されたり，水が入りウォーターハンマー現象などが生じ，杭が破裂するため，じゅうぶんな空気孔を設けた杭頭キャップを使用します．

ドロップハンマー（もんけん）とは，鋼製の重錘（ラム）を落下させる杭打ち機で，落下高さを調節して施工します．ディーゼルパイルハンマーは，ディーゼルエンジンにおけるピストンの落下とシリンダー内の燃焼爆発力を打込みに利用する杭打ち機で，騒音・振動は著しいが作業能率は良いのです．油圧パイルハンマーは油圧によってラムを持ち上げ，ラムの自由落下による杭打ち機で，衝撃部分を密閉できるので，低騒音・無油煙で，ラム（ピストン）の高さも調節でき，軟弱層でも連続打撃できます．バイブロパイルハンマー（振動杭打ち機）は，上下方向に振動を発生させ，周囲の地盤をゆるめて機械と杭の自重で地中に貫入させるもので，騒音は少ないが振動は比較的大きいのです．

〈軀体・建築共通〉

3. 建築施工

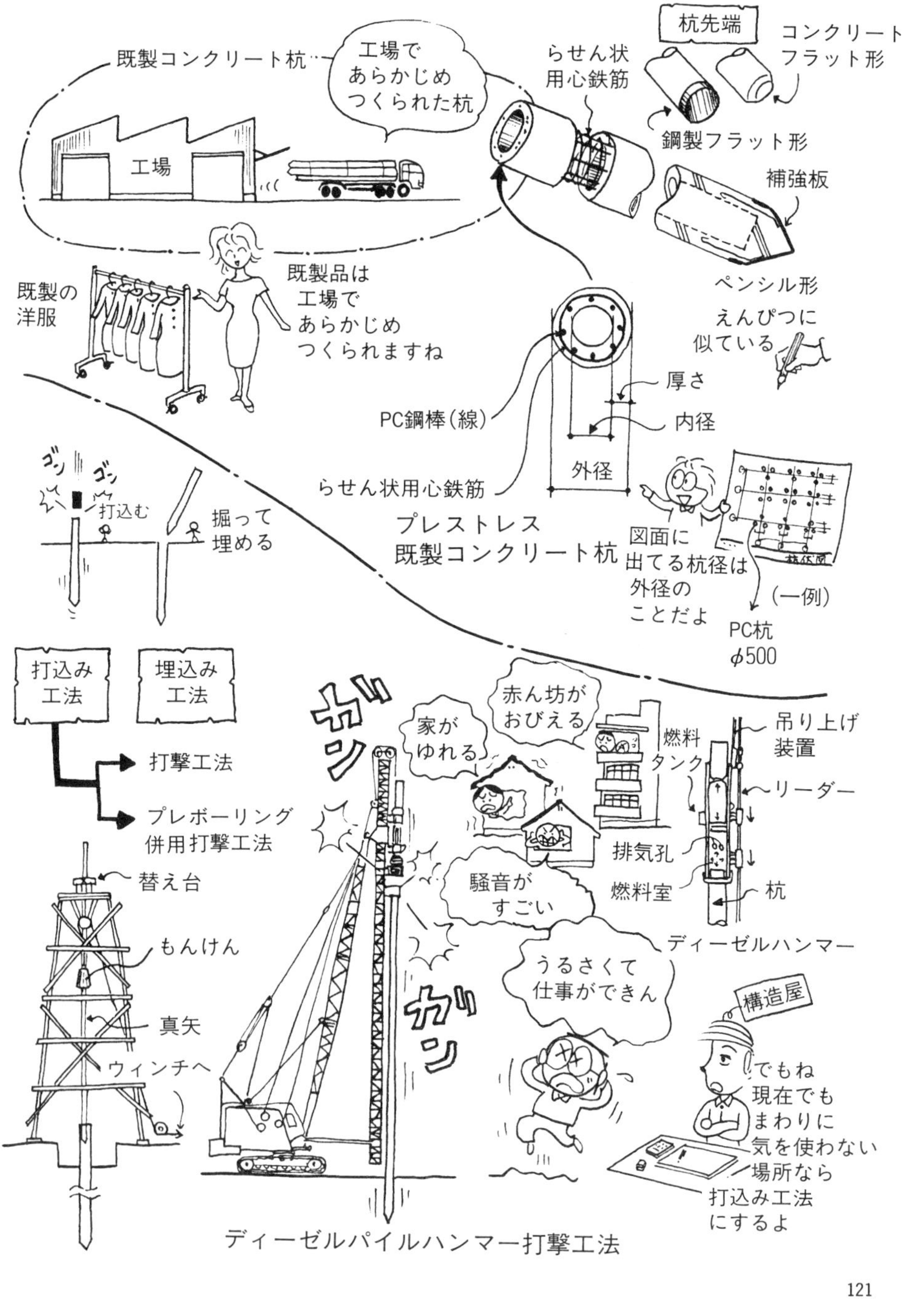

既製コンクリート杭

工場であらかじめつくられた杭

工場

らせん状用心鉄筋

杭先端

コンクリートフラット形

鋼製フラット形

補強板

ペンシル形
えんぴつに似ている

既製の洋服

既製品は工場であらかじめつくられますね

PC鋼棒（線）

らせん状用心鉄筋

厚さ

内径

外径

プレストレス
既製コンクリート杭

図面に出てる杭径は外径のことだよ

（一例）

PC杭
φ500

ガン ガン
打込む

掘って埋める

打込み工法　埋込み工法

→ 打撃工法

→ プレボーリング
併用打撃工法

替え台

もんけん

真矢

ウィンチへ

ガン

家がゆれる

赤ん坊がおびえる

燃料タンク

排気孔

燃料室

吊り上げ装置

リーダー

杭

ディーゼルハンマー

騒音がすごい

ガン

うるさくて仕事ができん

構造屋

でもね現在でもまわりに気を使わない場所なら打込み工法にするよ

ディーゼルパイルハンマー打撃工法

121

3.2 土工事・地業

3.2.2 地業

58 | 杭打ち地業の打込み工法・埋込み工法に関する用語

リーダとは，杭打ちやぐらに装備し，ハンマーの作動方向と杭の打設角度を規制する装置です．杭の打撃時に必要な垂直の精度は $1/70～1/80$ 程度で，水平方向のずれは $10\,\mathrm{cm}$ 以内としなければ，杭頭の破損などのトラブルを生じることになります．

貫入量とは打撃工法で，1回の打撃で杭が打ち込まれる正味の寸法をいい，リバウンド量とは，杭を打撃したときのはね返り量．すなわち最大沈下量と貫入量の差をいいます．リバウンド量はハンマーの落下高さ，貫入量など，打込み工法の効率などに大きく関与するので，打込み記録の重要事項となります．

このため杭打ち試験（杭の打込みエネルギーと貫入量を計測して，許容支持力・所要長さなどを求める試験で，設計耐力の確認にも用います）に際しては，貫入量・リバウンド量の測定を行います．その要領は右図に示すように，セクションペーパーを杭に張り付けておき，水平に置いたガイド材に沿って鉛筆を横に移動させていくと，杭の動きが図のよう

に記録を描くわけです．

プレボーリング併用打撃工法とは，打撃工法による騒音・振動発生を緩和するために，打撃工法と埋込み工法の一種であるプレボーリング工法とを併用する打込み工法をいうのです．

埋込み工法とは支持地盤まで掘削し，既製杭（コンクリート杭・鋼杭）を置く方法．すなわち，ベントナイト安定液や泥水で掘削孔の崩壊を防ぎながらアースオーガーで杭の所定の深さまで掘削し，オーガーを引抜いて杭をそう入する工法で，騒音・振動はほとんどないが，打込み工法に比べて支持力の推定や確認が難しく，施工速度も遅いのです．埋込み工法は詳しくは右表のように分類されます．

アースオーガーとは，シャフトで吊り下げたスクリューの刃先が回転して穴を掘る機械です．ベントナイト安定液については54の項を参照して下さい．

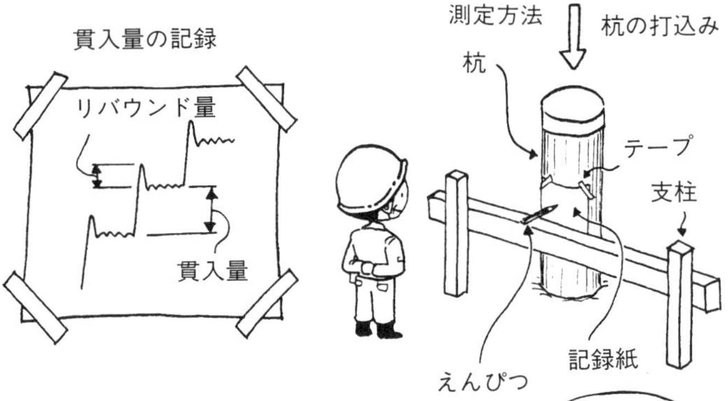

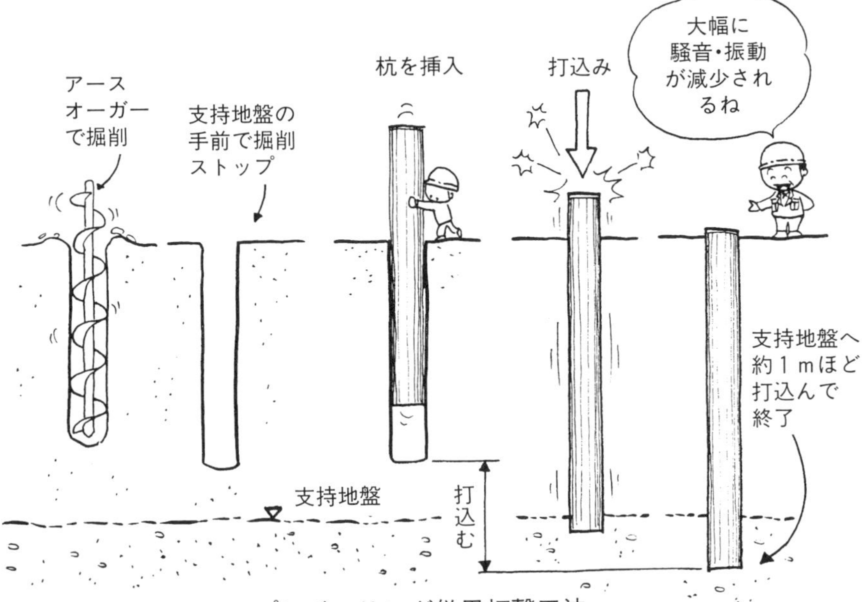

〈軀体・建築共通〉   3. 建築施工

貫入量の記録

リバウンド量

貫入量

測定方法   杭の打込み

杭

テープ

支柱

記録紙

えんぴつ

アースオーガーで掘削

支持地盤の手前で掘削ストップ

杭を挿入

打込み

大幅に騒音・振動が減少されるね

支持地盤

打込む

支持地盤へ約1mほど打込んで終了

プレボーリング併用打撃工法

埋込み工法	プレボーリング	プレボーリング最終打撃工法	建設大臣認定工法
		プレボーリング根固め工法	セメントミルク工法
		プレボーリング拡大根固め工法	建設大臣認定工法
	中掘り	中掘り打撃工法	
		中掘り根固め工法	
		中掘り拡大根固め工法	建設大臣認定工法
	回転	回転根固め工法	建設大臣認定工法

123

3.2 土工事・地業

3.2.2 地業

59 | 杭打ち地業の埋込み工法に関する用語

プレボーリング工法とは，アースオーガーであらかじめせん孔しておき，その中に杭を建て込む（そう入する）工法をいい，その代表的なものとしては次のものです．

セメントミルク工法（プレボーリング根固め工法）とは，アースオーガーで掘削した孔に根固め液としてセメントミルクを注入し，杭をそう入するもので，セメントミルクの硬化により，杭の荷重を支持地盤に伝えることができる（根固めができる）ものです．もちろん，埋込み工法ですから掘削時の崩壊を防止するためベントナイト安定液を用いるのが一般的です．アースオーガーヘッドの径は，杭の径プラス 100 mm 程の杭径よりやや大きいものを使用します．

中掘り工法とは，既製コンクリート杭の中空部にアースオーガーを差し込んで，杭先端地盤を掘削しながら，杭中空部から排土し，いわば杭自身で掘削しながら杭を所定の位置まで貫入させる工法で，比較的杭径の大きなものの施工に適しています．なお，支持力がなかなか得られない

場合には地盤に対してセメントミルクなどで処理を施します．なお，中掘り工法は近接構造物に対する影響が最も少ないメリットがあります．

回転圧入工法（回転根固め工法）とは，杭先端金物をオーガーとして，杭中空部に設けたロットを回転，つまり杭全体を回転させながら圧入し，杭を所定の位置に設置する工法で，回転圧入時には水などを先端部から噴出させ掘削を補助します．

場所打ちコンクリート杭地業（現場打ちコンクリート杭地業）とは，既製杭を打ち込む（埋込む）のではなく，地中をせん孔し，掘削した孔に鉄筋かごを設置し，コンクリートを打設して現場において地中に鉄筋コンクリート杭を構築するもので，大径の杭地業に適用され 800 mm 以上の大径とすることができ，継手がなく，単位支持力当たりの工費が安いメリットがあります．

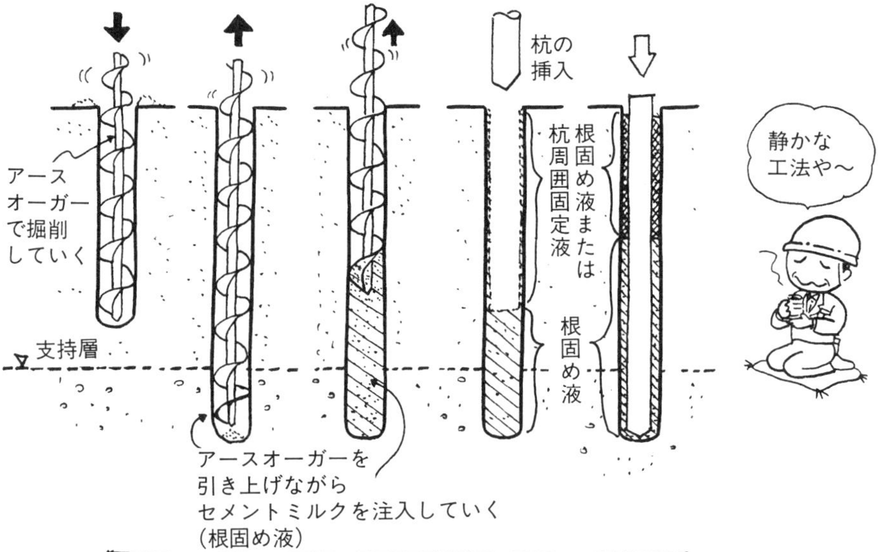

〈躯体・建築共通〉

3. 建築施工

アース
オーガー
で掘削
していく

▽ 支持層

アースオーガーを
引き上げながら
セメントミルクを注入していく
（根固め液）

杭の
挿入

根固め液または

杭周囲固定液

根固め液

静かな
工法や〜

プレボーリング工法（セメントミルク工法）の一例

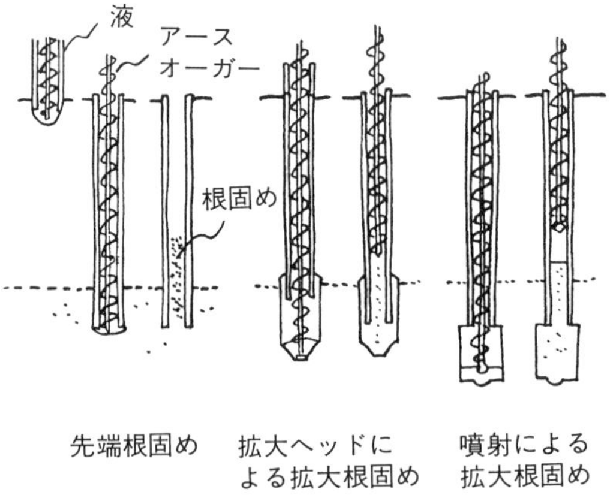

液

アース
オーガー

根固め

先端根固め

拡大ヘッドに
よる拡大根固め

噴射による
拡大根固め

中掘り工法

オーダー
メイドの
杭だけど
けっこう
安いよ

場所打ちコンクリートは
オーダー
メイドの
洋服の
ようなもの

125

3.2 土工事・地業   3.2.2 地業

60 場所打ちコンクリート杭地業に関する用語

場所打ちコンクリート杭地業の施工法は右表のように分類されますが，主として**機械掘削工法**が採用されます．

機械掘削工法（場所打ちコンクリート杭）の施工手順は概略，次のとおりです．①杭の心出し，②掘削，③1次スライム処理，④杭底の確認，⑤鉄筋かごの建込み，⑥トレミー管のセット，⑦コンクリート打設．

スライム処理とは，大口径の杭用の孔を水中で掘削する場合，掘削壁面を保護するために用いたベントナイト泥水と掘削土の粒子とが混じって孔底に沈殿したものを**スライム**といい，杭の支持力に悪影響を及ぼすのでコンクリート打設前に取り除くことをいいます．**鉄筋かご**は，あらかじめ組み立て，網状またはかご状となっている鉄筋群をいい，地上から孔内にそう入（建込み）します．**トレミー管**はコンクリート打設用の直径 15～30 cm の輸送管です．なお，場所打ちコンクリート杭の支持力を増すため底部を掘り拡げることを**拡底**といい，掘削孔壁の崩壊を防

止する鋼製チューブを**ケーシング**といいます．

共上りとは，オールケーシング工法ではコンクリートを打設しながらケーシングを引き抜くのですが，そのとき鉄筋かごが浮き上がることをいい，共上りを起こさないようにしなければなりません．

オールケーシング工法（ベノト工法）は，ベノト機を用いてケーシングを地中に圧入させながら掘削・排土し，コンクリート打設後ケーシングを引き抜く工法です．

アースドリル工法は，**アースドリル**（先端に刃の付いた回転式ドリルをもつ掘削機）で孔を掘削するもので，硬い粘性土の地盤ではベントナイト液なしで素掘りができるメリットがあります．

リバースサーキュレーション工法（リバース工法）は，掘削孔に清水を注入し，掘削土を泥水にして排出し，排出された泥水は沈殿槽で土砂を分離し，水は再使用（循環使用）するものです．

〈軀体・建築共通〉　　　　　　　　　　　　　　　　　　**3. 建築施工**

場所打ちコンクリート杭工法 ─┬─ 機械掘削工法 ─┬─ 掘削全長にケーシングを使用するもの ─── オールケーシング工法（ベノト工法）
　　　　　　　　　　　　　　　　　　　　　　└─ 地表層のみケーシングを使用するもの ─┬─ アースドリル工法
　　　└─ リバースサーキュレーション工法
　　　　　　　　　　　　└─ 人力掘削工法 ─── 山留めを使用するもの ─── 深礎工法

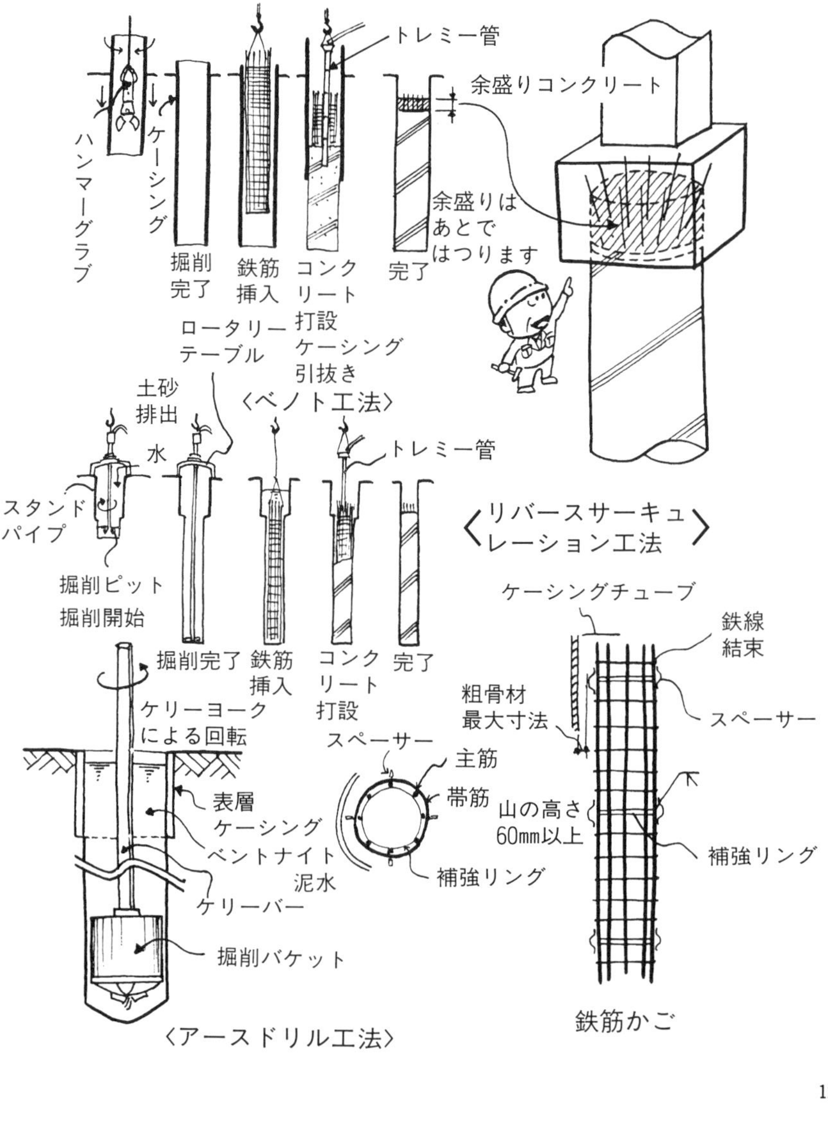

トレミー管

余盛りコンクリート

ハンマーグラブ　ケーシング

掘削完了

鉄筋挿入

コンクリート打設
ケーシング引抜き

完了

余盛りはあとではつります

ロータリーテーブル

〈ベノト工法〉

土砂排出

水

スタンドパイプ

掘削ピット
掘削開始

掘削完了

鉄筋挿入

コンクリート打設

完了

トレミー管

〈リバースサーキュレーション工法〉

ケーシングチューブ

鉄線結束

スペーサー

粗骨材最大寸法

主筋

帯筋

山の高さ60mm以上

補強リング

補強リング

ケリーヨークによる回転

表層ケーシング

ベントナイト泥水

ケリーバー

掘削バケット

スペーサー

〈アースドリル工法〉

鉄筋かご

3.3 鉄筋コンクリート工事　　　　　　　　3.3.1 鉄筋工事

61 鉄筋の加工・組立てに関する用語 I

鉄筋の加工については次の点をよく理解して下さい。①曲げ加工などは原則として**冷間加工（常温加工**ともいい，常温で加工すること）で行います。鉄筋は割れなど発生しない特性を有し，熱間加工すると鉄筋としての性能が変わるからです。ただし，径 28 mm 以上の鉄筋では，フック加工などの場合は加熱加工によって行います。②切断は，ガス溶断は行わず**シアカッタ**（鉄筋を切断する道具）か，丸・帯のこで行う。③鉄筋の末端部にはフックをつけ，コンクリートに定着させるが，異形鉄筋では柱，はり（基礎ばりを除く）の出隅部分および煙突以外は設けなくてよい。④鉄筋の末端部にフックをつけるのは次の場合です。イ）丸鋼鉄筋。ロ）あばら筋および帯筋。ハ）柱・はり（基礎ばりを除く）の出隅部分の鉄筋。ニ）煙突に使用する鉄筋。ホ）単純ばり・片持ちスラブ等の上端筋の先端。

フックとは，鉄筋の端部をかぎ状に曲げたもので，鉄筋の定着部などにつけます。帯筋のフックの折曲げ角度は 180°, 135°, 90° がありますが，90° の場合はスラブ筋・壁筋末端部またはスラブと同時に打ち込む T 形および L 形はりに用いる U 字形あばら筋とともに用いる**キャップタイ**（開放形〔U 字形〕のあばら筋の上部にかぶせるようにして取り付ける両端を折り曲げた鉄筋）のときだけ用います。

鉄筋の組立てに関するポイントを示すと次のようです。①組立ては，柱配筋→壁配筋→はり配筋→床配筋の順序で行う。②鉄筋の交差部は径 0.8 mm 以上のなまし鉄線で結束する。③**鉄筋のあき**は，最大砂利径の 1.25 倍以上かつ 25 mm 以上，また鉄筋直径の 1.5 倍以上とする。④**被り厚さ**は右頁の表に示すとおりとする。

スペーサとは，鉄筋コンクリート工事において，鉄筋に対する被り厚さを正しく保つために用いる用具で，**うま**ともいいます。

〈躯体・建築共通〉

3. 建築施工

鉄筋の折曲げ形状・寸法（JASS5）

図	折曲げ角度	鉄筋の種類	鉄筋の径による区分	鉄筋の折曲げ内法直径（D）
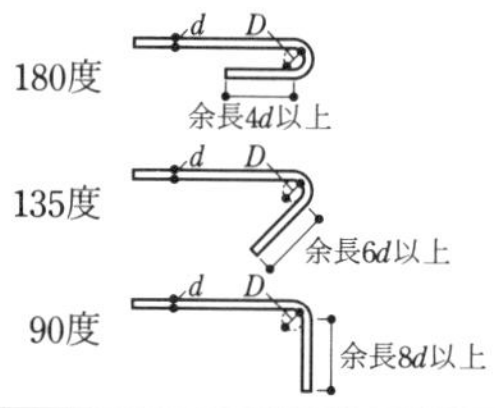 180度 余長4d以上 / 135度 余長6d以上 / 90度 余長8d以上	180度 135度 90度	SR235 SR295 SD295A SD295B SD345	16 ϕ 以下 $D16$ 以下	3d 以上
			19 ϕ $D19 \sim D41$	4d 以上
		SD390	$D41$ 以下	5d 以上
	90度	SD490	$D25$ 以下	
			$D29 \sim D41$	6d 以上

注1 d は，丸鋼では径，異形鉄筋では呼び名に用いた数値
注2 片持ちスラブ先端，壁圧力の自由端側の先端で90度または180度フックを用いる場合，4d 余長以上

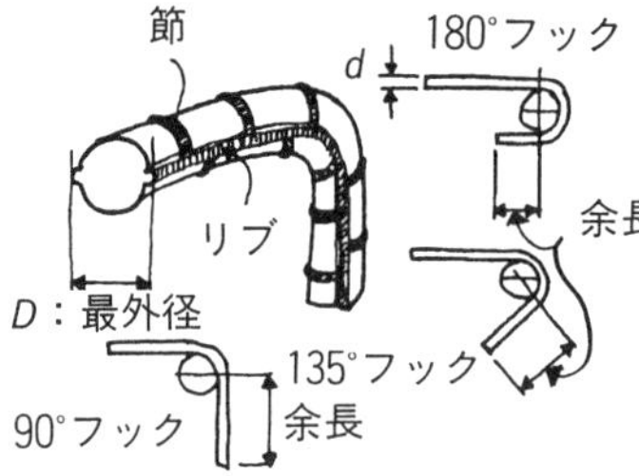

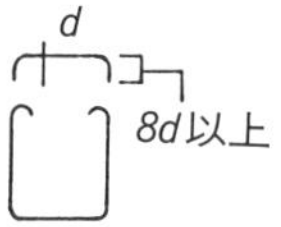

節
180°フック
d
余長
リブ
D：最外径
135°フック
余長
90°フック

d
8d以上
キャップタイの配筋方法

長尺ものの鉄筋を運ぶときの台を
うま
といいます

最小かぶり厚さ（JASS5）（単位：mm）

部材の種類		短期	標準・長期		超長期	
		屋内・屋外	屋内	屋外	屋内	屋外
構造部材	柱・梁・耐力壁	30	30	40	30	40
	床スラブ・屋根スラブ	20	20	30	30	40
非構造部材	構造部材と同等の耐久性を要求する部材	20	20	30	30	40
	計画供用期間中に維持保全を行う部材	20	20	30	(20)	(30)
直接土に接する柱・梁・床および布基礎の立上り部		40				
基礎		60				

注 耐久性上有効な仕上げを施す場合は，屋外側では，最小かぶり厚さを 10mm 減じることができる

令79条（鉄筋かぶり厚さ）

部位	かぶり厚さ
耐力壁以外の壁，床	20mm 以上
耐力壁，柱，梁	30mm 以上
直接土に接する壁，柱，床，梁，布基礎の立上り部分	40mm 以上
基礎（布基礎の立上り部分を除く）の捨てコンクリートの部分を除く	60mm 以上

打継ぎ目地部分のかぶり厚さ（平成 22 年版建築工事監理指針）目地底から鉄筋の外側表面までをさす

129

3.3 鉄筋コンクリート工事

3.3.1 鉄筋工事

62 | 鉄筋の加工・組立てに関する用語Ⅱ

鉄筋のあきとは，鉄筋コンクリート構造において，平行に配置された鉄筋相互の間隔（**あき**）をいい，あきが少ないとコンクリート中の粗骨材が通らずにコンクリートが完全に充てんされなくなり，いわゆる鉄筋コンクリート構造の大きな欠点となるわけです．

結束とは，配筋に際して，組み立てられた相互の鉄筋が移動したりずれたりしないように，鉄筋の継手部や交差部分をなまし鉄線で結び付け緊結することをいいます．

なまし鉄線（結束線）とは，結束に用いるための，普通鉄線を焼なまし処理し，引張強度が295〜490 N/mm²の軟らかさにした鉄線で，結束の他に丸太足場等の緊結にも用いられます．結束用としては径0.8 mm（#21）が広く用いられます．

ダブル配筋とは，壁における配筋で耐力壁など，壁厚の大きいところに鉄筋を二重に組むことをいい，一重のみ配筋する簡易な配筋を**シングル配筋**といいます．

かんざし筋とは，鉄筋コンクリート構造のはり等において，はりの主筋を所定位置に固定するため，上端主筋の下に通し，そう入する組立用補助鉄筋をいいます．

鉄筋の継手・定着に関するポイントは表のとおりです．

定着（アンカー）とは，コンクリート中の鉄筋や鋼材の端部が移動したり引き抜けたりすることを防止するため，必要な長さをコンクリートに埋め込んで固定する鉄筋・鋼材の終端部処理をいいます．そして，部材の所定の位置から計った定着に必要とされる鉄筋の長さ，すなわち，柱とはりなどの部材の交差する部分の一体化のために必要な鉄筋の延長すべき長さを**定着長さ**といいます．

130

〈躯体・建築共通〉　　　　　　　　　　　　　　　　　　　　　　　# 3. 建築施工

鉄筋の間隔・あきの最小寸法

		あ　き	間　隔
異形鉄筋	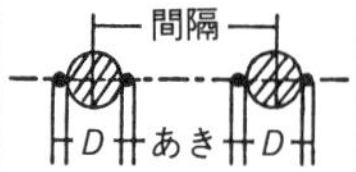	・呼び名の数値の 1.5 倍 ・粗骨材最大寸法の 1.25 倍 ・25 mm のうち大きいほうの数値	・呼び名の数値の 1.5 倍＋最外径 ・粗骨材最大寸法の 1.25 倍＋最外径 ・25 mm＋最外径 のうち大きいほうの数値
丸　　鋼	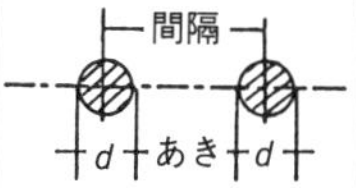	・鉄筋径の 1.5 倍 ・粗骨材最大寸法の 1.25 倍 ・25 mm のうち大きいほうの数値	・鉄筋径の 2.5 倍 ・粗骨材最大寸法の 1.25 倍＋鉄筋径 ・25 mm＋鉄筋径 のうち大きいほうの数値

(注)　D：鉄筋の最外径，d：鉄筋径

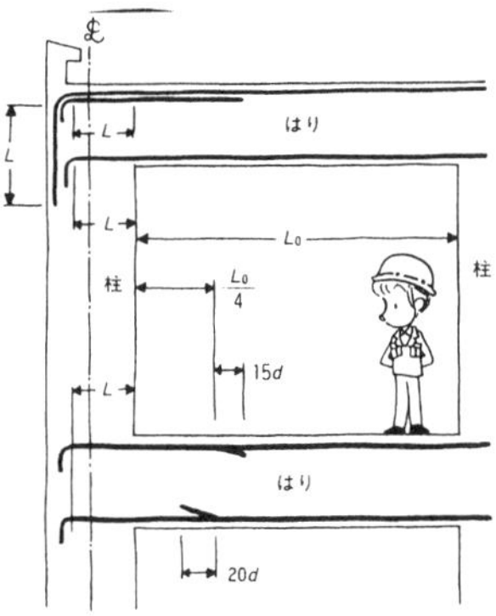

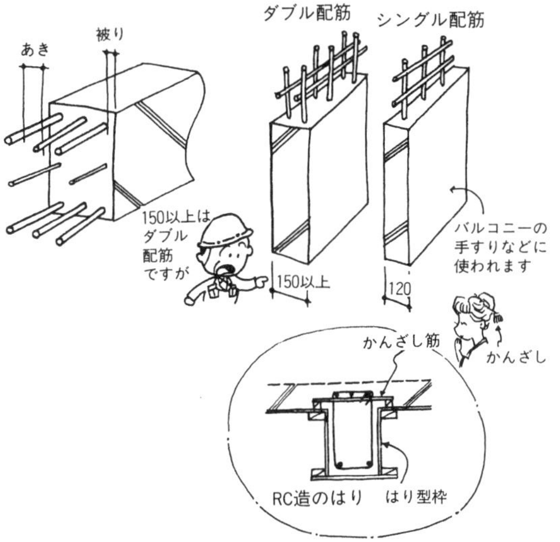

異形鉄筋の重ね継手の長さ（JASS5）

コンクリートの設計基準強度（N/mm²）	小梁・スラブの下端筋を除く直線定着の長さ		小梁・スラブの下端筋の直線定着の長さ	
	SD295A SD295B	SD345	小梁	スラブ
18	$40d$（$30d$）	$40d$（$30d$）	$20d$（$10d$）	$10d$ かつ 150mm 以上（ー）
21	$35d$（$25d$）	$35d$（$25d$）		
24 〜 27	$30d$（$20d$）	$35d$（$25d$）		
30 〜 36	$30d$（$20d$）	$30d$（$20d$）		
39 〜 45	$25d$（$15d$）	$30d$（$20d$）		
48 〜 60	$25d$（$15d$）	$25d$（$15d$）		

注　（　）内はフック付きの定着長さ

異形鉄筋の重ね継手の長さ（JASS5）

コンクリートの設計基準強度（N/mm²）	SD295A SD295B	SD345
18	$45d$（$35d$）	$50d$（$35d$）
21	$40d$（$30d$）	$45d$（$30d$）
24 〜 27	$35d$（$25d$）	$40d$（$30d$）
30 〜 36	$35d$（$25d$）	$35d$（$25d$）
39 〜 45	$30d$（$20d$）	$35d$（$25d$）
48 〜 60	$30d$（$20d$）	$30d$（$20d$）

注　（　）内はフック付きの継手の長さ

3.3 鉄筋コンクリート工事　　　　　　　　3.3.1 鉄筋工事

63	鉄筋の継手に関する用語

鉄筋継手とは，鉄筋の長手方向につなぐ接合部をいい，重ね継手と溶接継手に大別されます．

重ね継手（鉄筋の重ね継手）とは，2つの鉄筋相互の端部を重ね合わせた継手をいいます．しかし，D 29以上の太い径の異形鉄筋を重ね継手とすると，被りコンクリートの割裂が起きやすいので重ね継手を用いてはなりません．

重ね長さとは，鉄筋の重ね継手において，応力を伝達するために必要とする重ね部分の長さをいい，鉄筋の直径の長さの何倍という形で表示されます．重ね長さは，フックの有無，応力の状態，コンクリート強度，鉄筋強度ごとに常用の長さが定められています．

なお，鉄筋径の異なる場合の重ね長さは，細い径の鉄筋径により算出することになっています．

鉄筋の溶接継手に関するポイントは次のとおりです．①径19 mm〜25 mm以上の鉄筋では一般にガス圧接が用いられる．②圧接部分のふくらみは鉄筋径の1.4倍以上とし，鉄筋

中心軸の偏心量は鉄筋径の1/5以下とする．③圧縮継手の位置は同一箇所に集中させないようにする．

ガス溶接とは，ガスが燃焼する際に発生する熱を利用して，金属を溶融接合する方法を総称していいます．

ガス圧接とは，接合する母材面に軸方向の圧縮応力を加えながらガス溶接を行う方法で，鉄筋の接合に広く用いられます．鉄筋のガス圧接部におけるふくらみの径は鉄筋径の1.4倍以上とし，ふくらみの長さは鉄筋径の1.1d以上とすることが望ましいのです．

ガス圧接の作業は建築現場で行うわけですが，雨や雪が降る状態では鉄筋断面に水滴などが付着しやすく，また雨水で急冷される，また，強風の場合はガス炎が吹流れるなど，いずれにしても降雨・雪時や風速が3〜4 m/sを超える場合は溶接（圧接）作業を行ってはなりません．**ガス圧接技量資格者**（1種，2種，3種，4種）でなければガス圧接は行えず，鉄筋径に応じて技量資格種別が定められています．

132

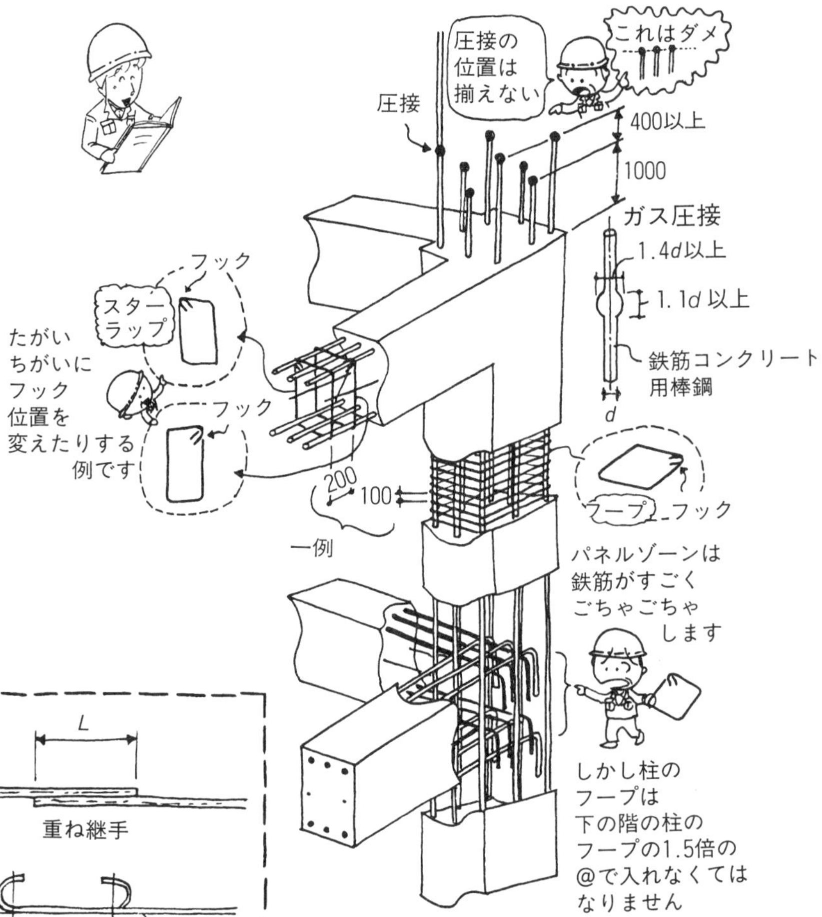

〈軀体・建築共通〉   # 3. 建築施工

圧接の位置は揃えない

これはダメ

圧接

400以上

1000

ガス圧接

1.4d以上

1.1d以上

鉄筋コンクリート用棒鋼

d

フック

スターラップ

たがいちがいにフック位置を変えたりする例です

フック

200

100

一例

フープ

フック

パネルゾーンは鉄筋がすごくごちゃごちゃします

しかし柱のフープは下の階の柱のフープの1.5倍の@で入れなくてはなりません

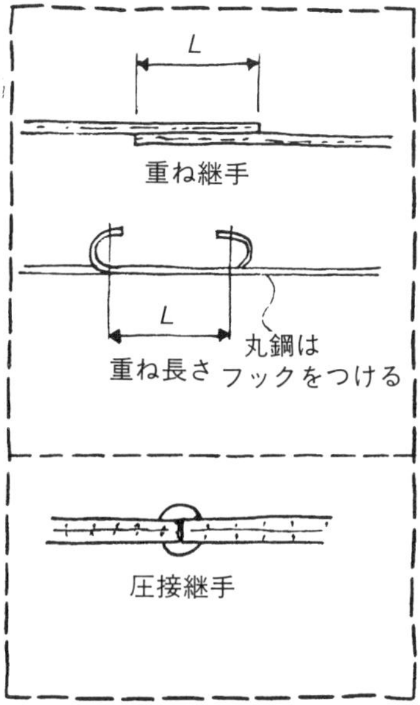

L

重ね継手

L

丸鋼はフックをつける

重ね長さ

圧接継手

1種：鉄筋径25mm以下（呼び名D25以下）
2種：鉄筋径32mm以下（呼び名D32以下）
3種：鉄筋径38mm以下（呼び名D38以下）
4種：鉄筋径50mm以下（呼び名D50以下）

3.3 鉄筋コンクリート工事

3.3.1 鉄筋工事

64 ガス圧接に関する用語

ガス圧接部の鉄筋の切断については，圧接面を軸線に直角になるように切断することが肝要で，かつ，切断面は平滑で酸化膜やさびなどがあってはなりません．したがって切断は，専用の**鉄筋端面切断器**により切断するのが原則で，**ガス切断**（アセチレンと酸素の酸化炎を吹き付けて，この高熱により溶かすようにして切断）を行ってはなりません．なお，圧接前には切断面を完全な金属肌となるまでグラインダーで研磨し，かつ，周辺を軽く**面取り**（角を落とし，丸味をつけること）しなければなりません．

そして切断に関してのもう1つの大きなポイントは，鉄筋は圧接後の寸法が設計図に一致するように，あらかじめ**縮み代**として，1つの圧接箇所ごとに鉄筋径程度の余分を見込んで切断することです．この縮み代を見込まないと定着寸法の不足や曲げ定着がある場合には，直交部材の鉄筋の配筋の乱れを招きます．なお，圧接箇所は直線とし，圧接箇所では絶対に曲げ加工は行ってはなりません．

圧接後，外観検査で**不良圧接**と判定される場合は，程度によって切り取らずに修正する場合と，切り取って再圧接する場合があり，次のような不良圧接は**再圧接**を行わなければなりません．①鉄筋中心軸の偏心量が規定値を超えた場合．②形状が著しく不良な場合．③圧接部に有害と認められる欠陥を生じた場合．④圧接面のずれが規定値を超えた場合．

なお，以上の他，**ガス圧接に関する留意事項**を示すと次のとおりです．①鉄筋の圧接位置は，鉄筋応力の大きいところを避け，かつ，同一箇所に集中させない．この留意点は重ね継手の場合もまったく同様．②鉄筋の種類が異なる場合（強度差の大きいもの，形状の著しく異なるもの）は圧接条件が異なるので圧接してはならない．③同種の鉄筋でも径の差が5mm（JASSでは7mm）を超える場合には，圧接継手は設けてはならない．

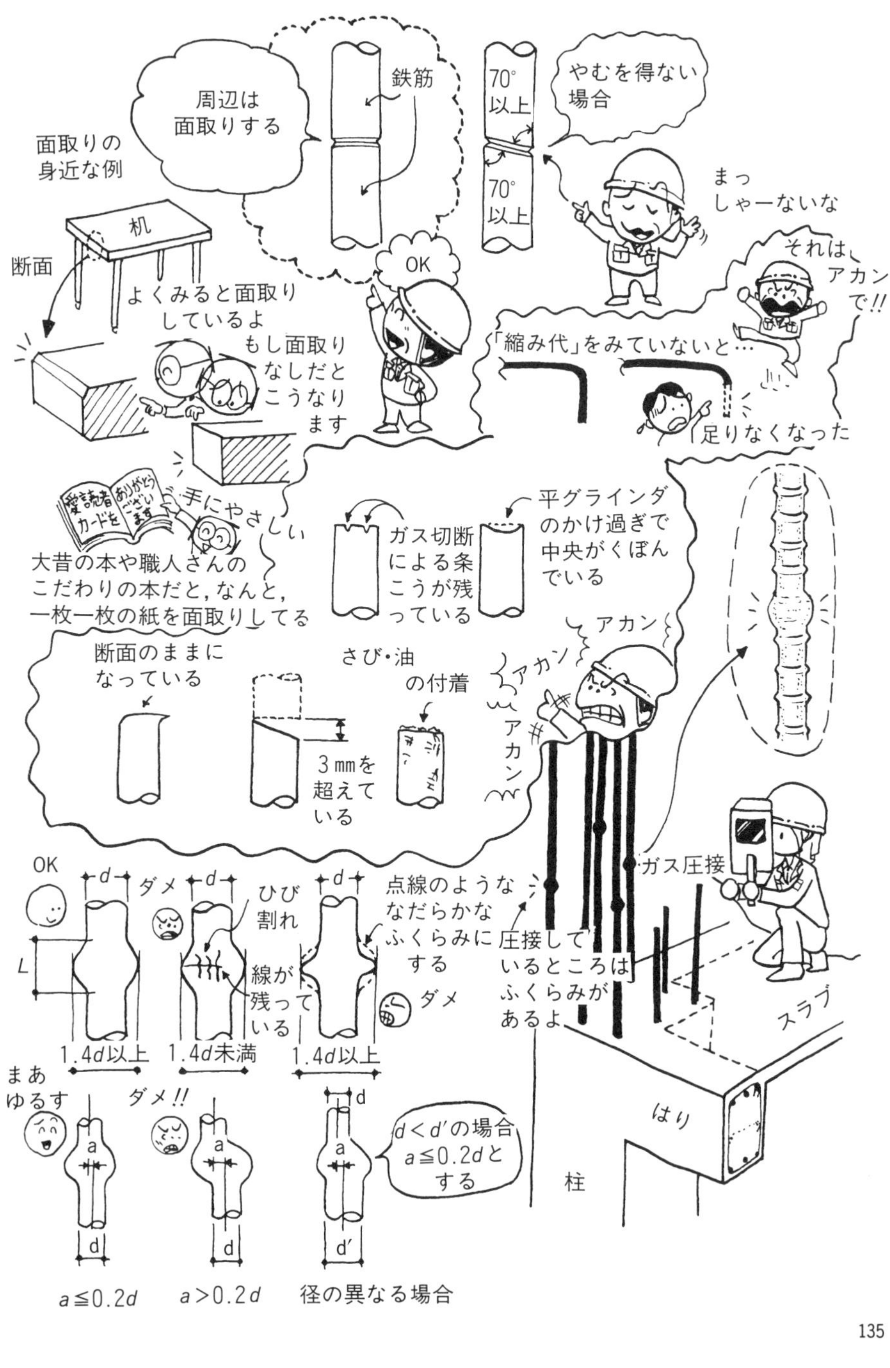

〈軀体・建築共通〉   # 3. 建築施工

周辺は
面取りする

鉄筋

70°
以上

70°
以上

やむを得ない
場合

まっ
しゃーないな

面取りの
身近な例

机

断面

よくみると面取り
しているよ

もし面取り
なしだと
こうなり
ます

OK

それは、
アカン
で!!

「縮み代」をみていないと…

足りなくなった

初読者
カードを

ありがと
ーござい
ーます

手にやさしい

大昔の本や職人さんの
こだわりの本だと，なんと，
一枚一枚の紙を面取りしてる

ガス切断
による条
こうが残
っている

平グラインダ
のかけ過ぎで
中央がくぼん
でいる

断面のままに
なっている

さび・油
の付着

3 mmを
超えて
いる

アカン

アカン

アカン

ガス圧接

OK

ダメ

ひび
割れ

点線のような
なだらかな
ふくらみに
する

圧接して
いるところは
ふくらみが
あるよ

L

線が
残って
いる

ダメ

スラブ

1.4d以上   1.4d未満   1.4d以上

まあ
ゆるす

ダメ!!

$d < d'$の場合
$a \leq 0.2d$と
する

はり

柱

$a \leq 0.2d$ $a > 0.2d$ 径の異なる場合

135

3.3 鉄筋コンクリート工事　　　3.3.2 コンクリート工事

65 | レディーミクストコンクリートなどに関する用語

レディーミクストコンクリートは JISにより普通コンクリート，軽量コンクリート，舗装コンクリートに大別され，粗骨材の寸法，スランプ，呼び強度などにより多種あります．

レディーミクストコンクリートの呼び方は右図に示す例のように，種類による記号，呼び強度，スランプ，粗骨材の最大寸法による記号およびセメントの種類の記号により規格が示され，これらはいずれも荷卸し地点での状態（規格）です．

呼び強度とは，購入者が指定するコンクリートの強度で（単位は N/mm²），呼び強度の値を保証する材齢は指定することができます．

混練とは，セメント・細骨材・粗骨材・水を調合し，練り合わせることをいい，手練りと機械練りに分けられます．

水セメント比とは，コンクリートの調合におけるセメント量に対する使用水量の重量比，詳しくはコンクリート打設直後のセメントペースト中のセメントに対する水の重量百分率で，コンクリートの強度を左右す

る指標の１つです．水セメント比が小さいと強度・耐久性・水密性がよくなり，大きいと強度は低下し，通常 60〜70 ％とします．

細骨材率は，適正なワーカビリティーのコンクリートを得るのに極めて重要な事項です．一般に細骨材率が小さすぎる場合は，がさがさのコンクリートとなり，スランプの大きいコンクリートでは，粗骨材とモルタル分とが分離しやすくなります．一方，細骨材率が大き過ぎる場合は，単位セメント量および**単位水量**（打込み直後のコンクリート 1 m³中に含まれる水量で，骨材中の水量は含まない）を多く必要とし，流動性の悪いコンクリートとなります．

調合強度とは，コンクリート調合を定める際に目標とする強度で，コンクリートの設計基準強度に対して，混練,施工管理,気温などによる偏差を補正して得られる強度をいいます．

〈軀体・建築共通〉   # 3. 建築施工

レディーミクストコンクリートの種類

コンクリートの 種　　　　類	粗骨材の 最大寸法 mm	スランプ cm	呼び強度								
			18	21	24	27	30	33	36	40	曲げ4.5
普通コンクリート	20, 25	8, 12	○	○	○	○	○	○	○	○	—
		15, 18	○	○	○	○	○	○	○	○	—
		21	—	○	○	○	○	○	○	—	—
	40	5, 8, 12, 15	○	○	○	○	○	○	—	—	—
軽量コンクリート	15, 20	8, 12, 15	○	○	○	○	○	○	—	—	—
		18, 21	○	○	○	○	○	○	—	—	—
舗装コンクリート	20, 25, 40	2.5, 6.5	—	—	—	—	—	—	—	—	○

レディーミクストコンクリートの規格の示し方

例　　普　通　　21　　8　　20　　N
　　　軽量2種　　27　　21　　15　　H

- セメントの種類に
  よる記号
- 粗骨材の最大寸法に
  よる記号
- スランプ
- 呼び強度
- コンクリートの種類
  による記号

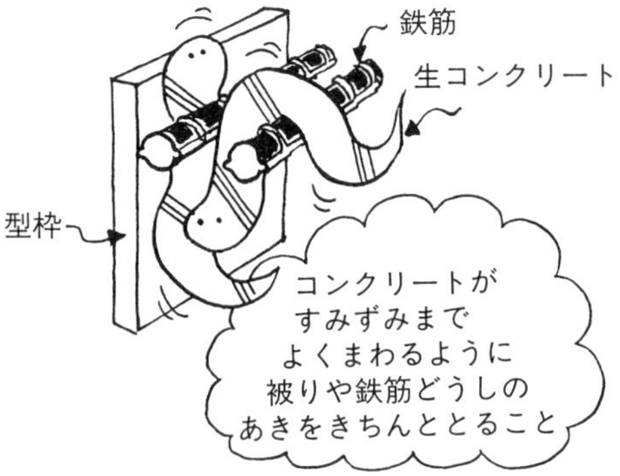

3.3 鉄筋コンクリート工事　　　　　3.3.2 コンクリート工事

66 コンクリート調合・フロー試験に関する用語

コンクリート調合とは，単位容積当たりのコンクリートを構成する各材料の量を混練の前に決定することをいいます．

富調合とは，コンクリートやモルタルで，単位容積当たりのセメント使用量が 350 kg/m³ 以上と比較的多い調合で，富調合によるコンクリートを**富調合コンクリート**（モルタルを**富調合モルタル**）といい，富調合コンクリートは強度は得られるが，ワーカビリティーが低下して，作業性が落ちます．モルタルの場合，下塗りは富調合にして強度を確保するのです．

貧調合とは，単位セメント量が140〜230 kg/m³ と比較的少ない調合で，**貧調合コンクリート**はワーカビリティーが向上し，作業性はよくなるが強度は低下し，**貧調合モルタル**は上塗りに用い，ひび割れを防止するのです．

コンクリートの空気量（**コンクリートの所要空気量**）とは，いわゆる生コンクリート中に含まれる空気の容積のコンクリート容積に対する百分率をいい，普通コンクリート 4 ％，軽量コンクリート 5 ％，AE コンクリート 3〜6 ％が標準とされます．

寒中コンクリートとは，コンクリートが養生期間中に凍結する恐れがある季節に用いる，水セメント比 60 ％とし，AE 剤や AE 減水剤などを使用したものをいいます．**暑中コンクリート**は，夏季，スランプ低下や水分の急激な蒸発の恐れがある場合に用いる，所要のスランプ 18 cm 以下のもので，平均気温が 25℃ を超える期間に用いるのがよいのです．

水密コンクリートとは，防水の目的でつくられる密実なコンクリートで地下室，屋根スラブ等に用いられます．水セメント比は 50 ％以下，スランプは 18 cm で，材料・施工ともに入念に検討しなければなりません．

コンシステンシーとは，まだ固まらない（固体と液体の中間にある状態の）モルタルやコンクリートの流動性の程度をいい，スランプ試験やフロー試験などの値により，その程度を表します．

〈軀体・建築共通〉 **3. 建築施工**

スランプ（単位 cm）

スランプ	スランプの許容差
2.5	±1
5 および 6.5	±1.5
8 以上 18 以下	±2.5
21	±1.5

この範囲に
ならないと
ダメなんだ！

空気量（単位 %）

コンクリートの種類	空気量	空気量の許容差
普通コンクリート	4.5	
軽量コンクリート	5.0	±1.5
舗装コンクリート	4.5	

屋根
スラブ

地下の壁

水密
コンクリート

水分

凍結して
しまうよ

蒸発が
はげしい〜

コンクリートは
デリケート

3.3 鉄筋コンクリート工事　　　　3.3.2 コンクリート工事

67 スランプ試験・打込みに関する用語

スランプ試験とは，コンクリートの軟らかさの程度，つまりワーカビリティーを知るための試験で，スランプコーンとよばれる容器にコンクリートを三層に詰め，鉄板に置き，スランプコーンを抜き取った後のコンクリートの頂部が下がった長さ（cm）を測ることを**スランプ値**といいます．スランプ値は大きい程，ワーカビリティーが良く，通常，基礎・床・はりでは 15〜18 cm，柱・壁では 18〜21 cm とします．

フロー試験とは，モルタルやコンクリートの軟らかさを測定するための試験で，フローコーンの中にモルタルやコンクリートを詰めた後，フロートテーブルに載せ，フロートコーンを取り，フロートテーブルに上下振動を与え，底面の広がり（mm）を測定するわけで，この測定値を**フロー値**といいます．

コンクリートの設計基準強度とは，調合強度を定めるための基準となるもので，コンクリートの材齢 28 日の圧縮強度，いわゆる **4 週強度**をいい，コンクリートの長期許容応力度の 3 倍，短期許容応力度の 1.5 倍とします．なお，調合強度の計算には，コンクリートの設計基準強度の他に，温度補正や標準偏差などの数値を用いて調整を行います．

材齢とは，①コンクリートの打設後における経過日数．②木材の年輪から判断する樹齢年数．

打設（打込み）とは，建設現場で配筋の終了した型枠の中へコンクリートを流し込むことをいいます．**打設前の準備**にはとくに，型枠・配筋検査→埋込金物→配管の確認，打継ぎ・打止めの準備→作業員の手配→型枠へのコンクリートの水分吸収防止のための散水を行うことが肝要です．**打設のポイント**は次のとおりです．①1 区画における打設は表面の高さが水平になるよう遠方から手前に打ち進める**水平打ち**とする．②コンクリートの分離防止のため，落下高を 1 m 以下と低くし，垂直に打込み，横流しを少なくする．③AE 剤を混入するとワーカビリティーがよくなるが，強度が多少低下し，仕上げモルタルの付着を困難にする．

〈躯体・建築共通〉

3. 建築施工

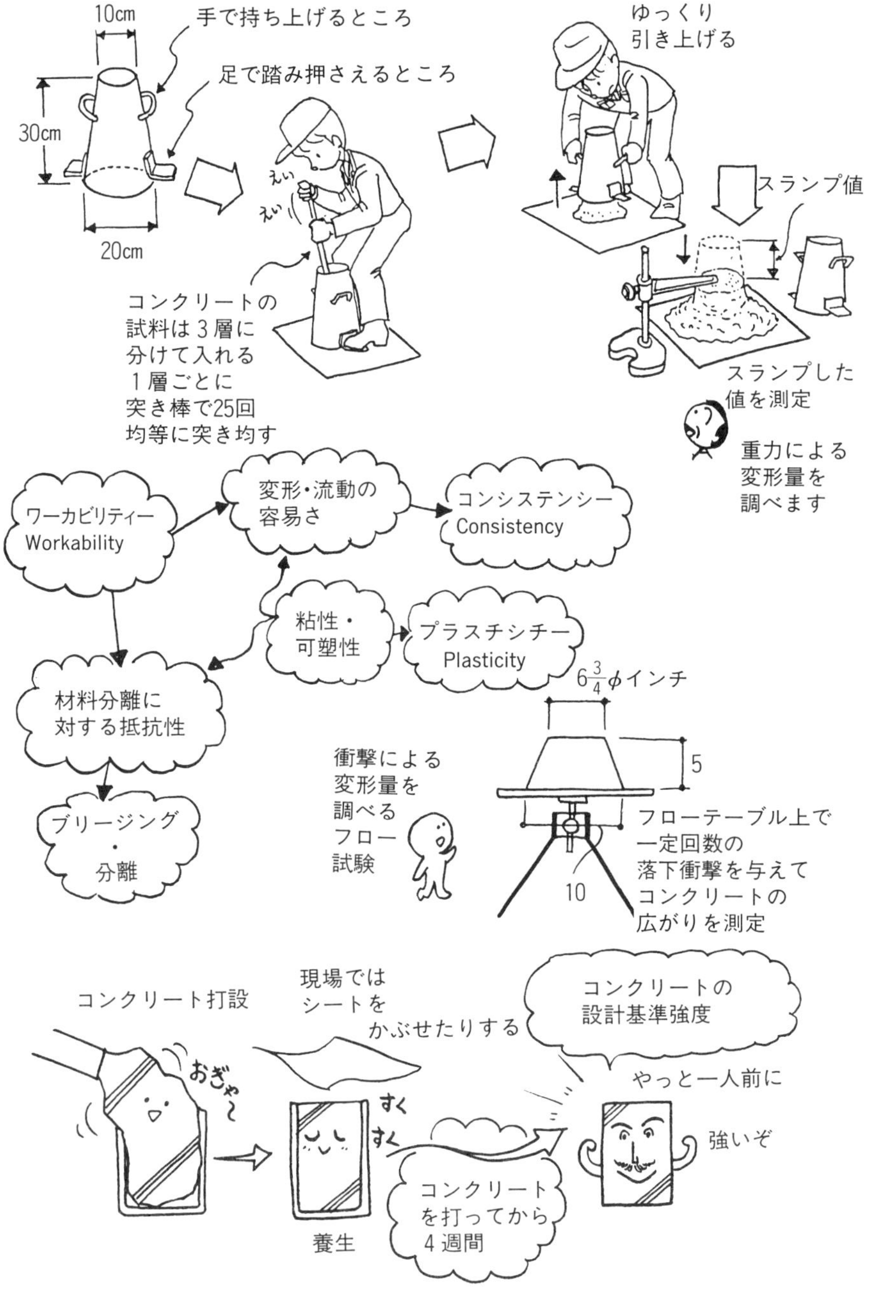

10cm
手で持ち上げるところ

ゆっくり
引き上げる

30cm

足で踏み押さえるところ

えい
えい

20cm

コンクリートの
試料は3層に
分けて入れる
1層ごとに
突き棒で25回
均等に突き均す

スランプ値

スランプした
値を測定

重力による
変形量を
調べます

ワーカビリティー
Workability

変形・流動の
容易さ

コンシステンシー
Consistency

粘性・
可塑性

プラスチシチー
Plasticity

材料分離に
対する抵抗性

$6\frac{3}{4}\phi$インチ

ブリージング
・分離

衝撃による
変形量を
調べる
フロー
試験

5

10

フローテーブル上で
一定回数の
落下衝撃を与えて
コンクリートの
広がりを測定

コンクリート打設

現場では
シートを
かぶせたりする

コンクリートの
設計基準強度

おぎゃ～

すく
すく

やっと一人前に

強いぞ

養生

コンクリート
を打ってから
4週間

141

3.3 鉄筋コンクリート工事　　　　3.3.2 コンクリート工事

68 コンクリートの打込みに関する用語

締固めとは，打設中にバイブレータ等で振動を与えることによって，型枠内の空気を抜き，コンクリートの充てん状態を均一に，いわゆる密実に打設する操作をいい，この場合，バイブレータは鉄筋や型枠に接触させず，そう入間隔を 60 cm 以下とし，上面にセメントペーストが浮くまで（5〜10 秒以内）加振します．

タンピングとは，床版・屋根版の打設後，コンクリートの収縮によるひび割れ等を防止するため，打設直後のコンクリートの表面をタンパーで繰り返してたたいて締め固める操作をいい，鉄筋へのコンクリートの付着力の強化や仕上げの準備にもなります．**レイタンス**とは，打設後のコンクリートの表面に生ずる微細な粉末を含んだ泥状の物をいい，骨材中に含む粘土等が浮き水と共に浮上するもので，打継ぎにおいて強度低下，はく離のトラブルを生じるので，打継ぎの前には完全に除去することが肝要です．

分離（材料分離）とは，打設中や打設後に，コンクリートの材料（セメントペースト，砂，砂利など）の分布が不均一，つまり，セメントペースト，気泡，水など，軽い材料は上部に集積し，骨材などの重い材料が下部に集まり，コンクリートの品質が低下する現象をいいます．

打継ぎとは，打設し終わった面に時間を経て続けて打設したり，既設コンクリートに接続させて打設すること．あるいはそれによって生じる接続部分をいいます．**打継ぎの要点**を示すと次のとおりです．①打継ぎ面は水平・垂直とし，レイタンスの除去，水湿しの後，ノロ掛け等の処理をし，打継ぎ作業にかかる．②柱の打継ぎは基礎・スラブ上端では水平に，はり・スラブはせん断応力の小さいスパンの中央部で垂直に打継ぐ．

ノロ掛けとは，セメントペースト・富調合モルタルを打継ぎ面に塗ることをいいます．

回し打ちとは，コンクリートを全体に配分して行う打設方法で，**片押し打ち**は打設時に，片側から打ち上げ，順次打込み箇所を移動させていく方式です．

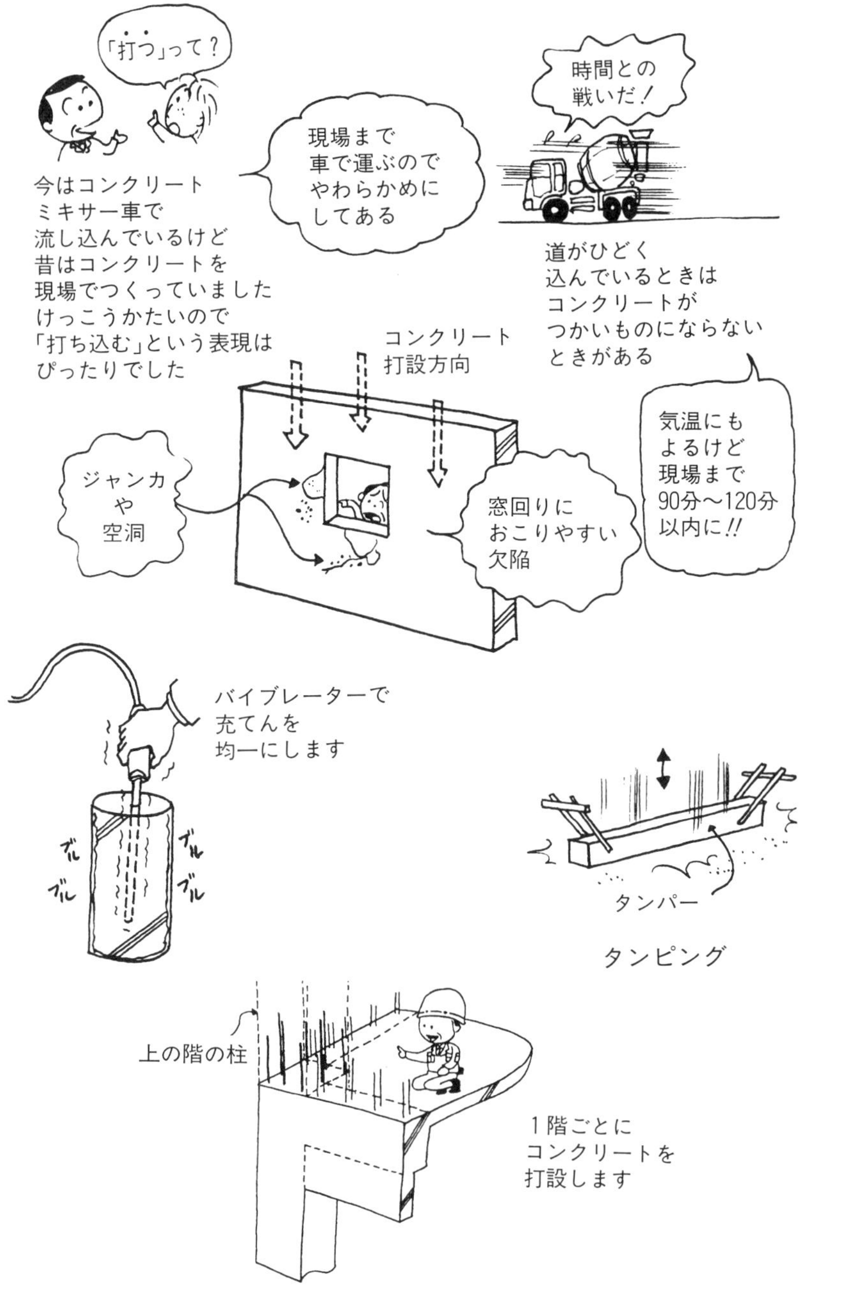

〈躯体・建築共通〉

3. 建築施工

「打つ」って？

今はコンクリート
ミキサー車で
流し込んでいるけど
昔はコンクリートを
現場でつくっていました
けっこうかたいので
「打ち込む」という表現は
ぴったりでした

現場まで
車で運ぶので
やわらかめに
してある

時間との
戦いだ！

道がひどく
込んでいるときは
コンクリートが
つかいものにならない
ときがある

コンクリート
打設方向

ジャンカ
や
空洞

窓回りに
おこりやすい
欠陥

気温にも
よるけど
現場まで
90分〜120分
以内に！！

バイブレーターで
充てんを
均一にします

ブル　ブル
ブル　ブル

タンパー

タンピング

上の階の柱

1階ごとに
コンクリートを
打設します

143

3.3 鉄筋コンクリート工事　　3.3.2 コンクリート工事

69 コールドジョイントに関する用語

コールドジョイントとは，前に打設した層のコンクリートが硬化しはじめて後，次の層が打継ぎされることによって生じる不連続的な接合面をいい，付着性が不良で構造上の欠陥につながります．

近年，JRの新幹線のトンネルや高架橋などで，コンクリート片の落下事故が多発していますが，その主因の1つにコールドジョイントが挙げられます．

コールドジョイントは大量のコンクリートを打設する際，とくに夏季に交通渋滞などで，レディーミクストコンクリートの運搬に時間がかかりすぎることなどにより，打設作業の一時中断や打設順序の不適切などがコールドジョイントの発生につながるのです．

夏季にとくにコールドジョイントが発生しやすい理由は，気温が高いときに製造・施工を行うとコンクリートの温度も上昇し，単位水量の増加，運搬中のスランプ低下，打込み時の凝結促進，コンクリート表面から急激な水分蒸発などによるためで

す．そして暑中の昼休みによる長時間の打込み休止時に生じやすいわけで，コンクリートが常に連続的に打込まれていけばコールドジョイントは起こりません．

フレキシブルシュートとは，コンクリート打設用のシュートで，打込みの部位に応じて自由に動かせるようになっています．**傾斜形シュート**は便利なんですが，コンクリートを分離しやすいという大きな欠点があります．このため，コンクリートの水平方向の運搬はシュート以外のもので行い，傾斜形シュートは使用しないのがよく，使う場合はできるだけ短くてすむようにしなければなりません．

なお，コンクリートポンプの機種および台数はコンクリートの種類，1日の打込み量などを考慮して定めます．

打止めとは，コンクリート打設が完了したこと，または打設作業をある部分で切り上げることをいいます．

144

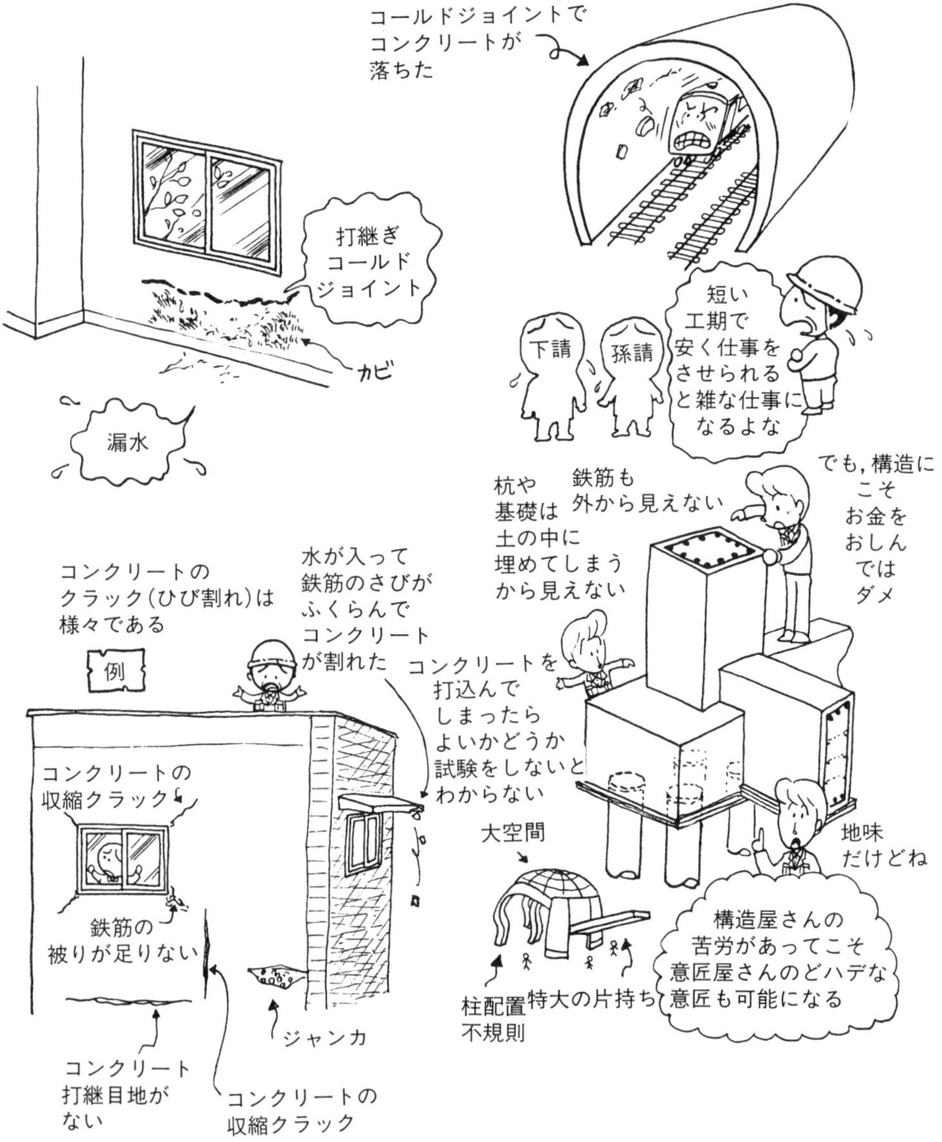

〈軀体・建築共通〉 **3. 建築施工**

コールドジョイントで
コンクリートが
落ちた

打継ぎ
コールド
ジョイント

カビ

漏水

短い
工期で
安く仕事を
させられる
と雑な仕事に
なるよな

下請　孫請

杭や　鉄筋も
基礎は　外から見えない
土の中に
埋めてしまう
から見えない

でも,構造に
こそ
お金を
おしんでは
ダメ

コンクリートの
クラック（ひび割れ）は
様々である

例

水が入って
鉄筋のさびが
ふくらんで
コンクリート
が割れた

コンクリートを
打込んで
しまったら
よいかどうか
試験をしないと
わからない

地味
だけどね

コンクリートの
収縮クラック

鉄筋の
被りが足りない

大空間

コンクリート
打継目地が
ない

ジャンカ

コンクリートの
収縮クラック

柱配置　特大の片持ち
不規則

構造屋さんの
苦労があってこそ
意匠屋さんのどハデな
意匠も可能になる

3.3 鉄筋コンクリート工事　　3.3.2 コンクリート工事

70 養生・コンクリート強度に関する用語

養生とは，①工事中に既に出来上がった部分を損傷，汚染等から保護すること．②打設後，コンクリート等が一定の強度に達するまで，水分を失わないように，凍結を防ぐために保護すること．すなわち，日光の直射による急激な乾燥や寒気に対する処置をいう．

打設後の養生のポイントを示すと次のとおりです．①**初期養生**では，打設後5日間はコンクリート付近の温度は2℃以下にせず，じゅうぶんな湿潤状態に保つ．②養生中に衝撃，振動，過分の荷重をかけると，コンクリートの強度，耐久性，ひび割れの発生などの悪影響を生じる．

湿潤養生とは，コンクリート打設後5日以内のいわゆる**初期養生**で，乾燥防止と水和に必要な水分を補給し湿潤状態を維持するもので，代表的なのが**散水養生**です．特に暑中，表面からの水分の蒸発の恐れがある場合，散水・水噴霧し，シートで覆う方法です．

存置期間（**コンクリート存置期間**）とは，コンクリートは型枠内に打設し，硬化するまで型枠で固定し，コンクリートが所定の強度に達した時点で型枠を取りはずすわけですが，その期間をいい，その期間は部位，セメントの種類，施工時の気温等によって異なります．いずれにしても存置期間は型枠存置期間と同一視すればよいでしょう．

コンクリートの圧縮強度は，コンクリートの設計強度基準にいう，いわゆる4週強度で表し，**コンクリートの強度**の割合は圧縮強度を100とすると，引張8〜13，曲げ15〜25，せん断15〜25，付着15〜25となります．なお，コンクリートの材齢が1週間（7日）の圧縮強度（kg/cm^2）を**1週強度**といいます．例えば，普通コンクリートの1週強度は，4週強度の約1/2です．

中性化（**炭酸化**）とは，硬化したモルタルやコンクリートが大気中の炭酸ガスに作用されて，徐々にアルカリ性を失って中性となることをいい，中性化が鉄筋位置にまで達すると鉄筋が錆びる（酸化される）危険が生じます．

146

〈躯体・建築共通〉　　　　　　　　　　　　　　**3. 建築施工**

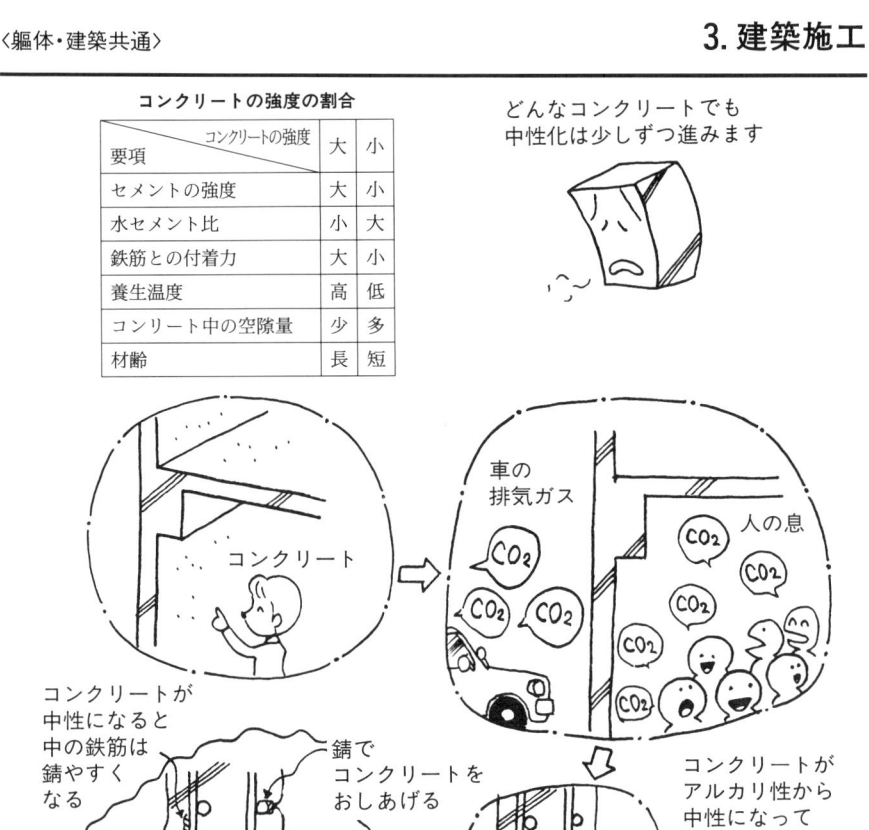

コンクリートの強度の割合

要項 　　コンクリートの強度	大	小
セメントの強度	大	小
水セメント比	小	大
鉄筋との付着力	大	小
養生温度	高	低
コンリート中の空隙量	少	多
材齢	長	短

どんなコンクリートでも
中性化は少しずつ進みます

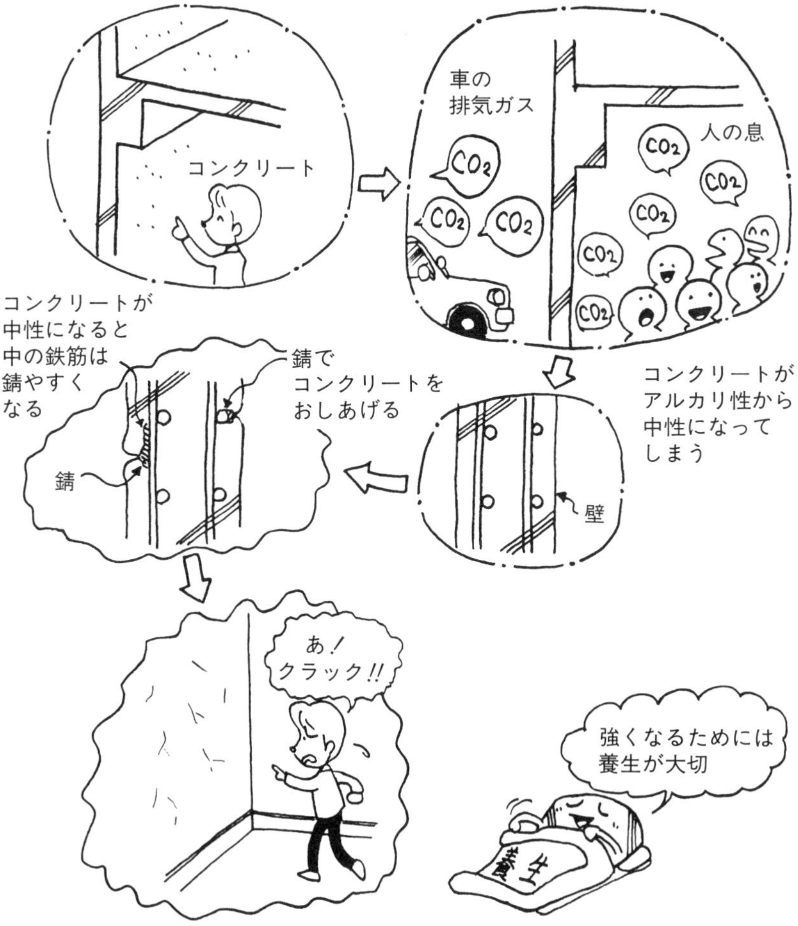

コンクリート

車の
排気ガス

CO_2

人の息

CO_2

コンクリートが
アルカリ性から
中性になって
しまう

壁

コンクリートが
中性になると
中の鉄筋は
錆びやすく
なる

錆で
コンクリートを
おしあげる

錆

あ！
クラック!!

強くなるためには
養生が大切

3.3 鉄筋コンクリート工事

3.3.3 型枠工事

71 型枠工事に関する用語 I

型枠（仮枠）とは，コンクリートを打込み，所定の形に成形するため，木材または金属で組み立てる仮設の枠で，コンクリートの打込み後，硬化するまでコンクリートを保護する役目をします．せき板とサポート（支保工）から成り立っています．

型枠は，コンクリート施工時の荷重，コンクリートの側圧，打込み時の振動・衝撃に耐え，かつ，コンクリートが，所定の寸法許容差を超えるたわみ，または誤差などを生じないように設計し，必要に応じ強度および鋼性について構造計算を行います．すなわち，**型枠の構造計算**は，コンクリート施工時の鉛直荷重，水平荷重およびコンクリートの側圧について行います．なお，**鉛直荷重**はコンクリート，鉄筋および型枠の重量による荷重の他，建設機械，各種資材および作業員など重量により，型枠の鉛直方向の外力として加わるものを対象とし，その値は実情に応じて定められます．**水平荷重**は風圧，コンクリート打込み時の偏心荷重その他，機械類の始動・停止・走行な

どにより，型枠の水平方向の外力として加わるものを対象とし，その値は実情に応じて定められます．**コンクリートの側圧**はコンクリートが型枠に作用する圧力で，打込み速さ，コンクリートのヘッド，打込まれる部位およびコンクリートの単位容積重量によって定まり，一般に側圧はコンクリートの単位容積重量に比例します．

型枠の組立てにおけるポイントを示すと次のとおりです．①組立て順序は右頁のようにする．②型枠は足場，やり方などの仮設物には連結させない．③柱，壁などの底部にはコンクリート打設前の掃除口を設けておく．④垂直面を先に，水平面を後から取りはずせるように型枠を組立てる．⑤大スパンのはり，スラブの型枠は支柱取りはずし後の変形を考慮して 1/300 程度のむくりをつける．⑥型枠の存置期間は，右頁の表に示すとおり．

148

〈躯体・建築共通〉   # 3. 建築施工

型枠の組立て順序

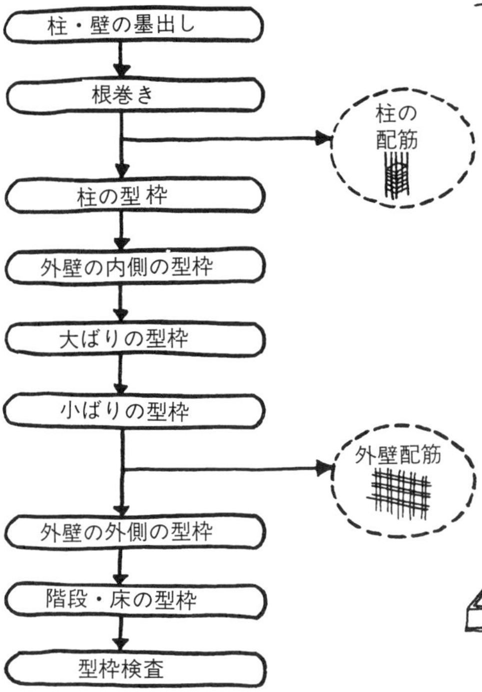

```
柱・壁の墨出し
    ↓
  根巻き  ──────→ 柱の配筋
    ↓
  柱の型枠
    ↓
外壁の内側の型枠
    ↓
 大ばりの型枠
    ↓
 小ばりの型枠  ──────→ 外壁配筋
    ↓
外壁の外側の型枠
    ↓
 階段・床の型枠
    ↓
  型枠検査
```

型枠の一例

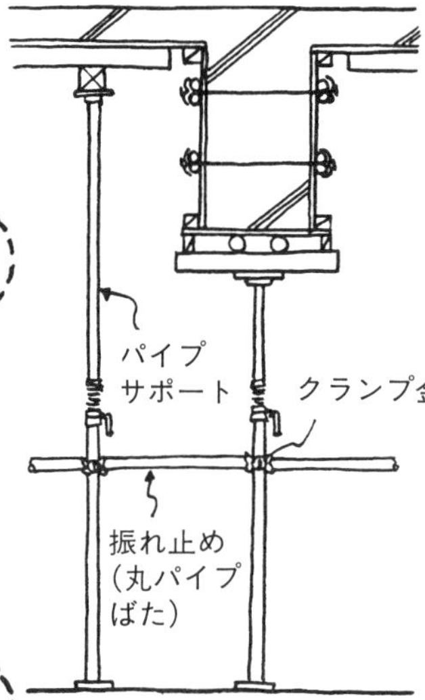

パイプサポート　クランプ金具

振れ止め（丸パイプばた）

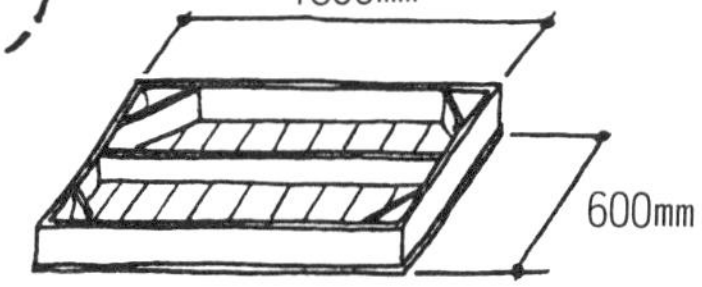

1800mm　600mm

せき板（木製型枠）

せき板の存置期間を定めるためのコンクリートの材齢（JASS5）

セメントの種類　　平均気温	コンクリートの材齢（単位：日）		
	早強ポルトランドセメント	普通ポルトランドセメント 高炉セメントA種 シリカセメントA種 フライアッシュセメントA種	高炉セメントB種 シリカセメントB種 フライアッシュセメントB種
20℃以上	2	4	5
20℃未満 10℃以上	3	6	8

3.3 鉄筋コンクリート工事

3.3.3 型枠工事

72 型枠工事に関する用語 Ⅱ

せき板（幕板）とは，①型枠の一部分で直接，コンクリートに接する板材をいい，**鋼製せき板**と**木製せき板**に分けられるが，一般に後者の厚さ 12 mm 以上の耐水合板が用いられる．②土工事における掘削面の土がくずれないようにあてがう土止め用の板をいう．モルタル仕上げを行う場合は木製せき板を用いますが，それは鋼製せき板では打上げ面が平滑すぎてモルタルが付着しにくく，後日はく落の原因となるからです．なお，木製せき板は，長期間太陽光線（紫外線）にさらすと化学反応により，接するコンクリート表面の硬化不良を起こす原因となります．

スペーサ（うま）とは，鉄筋コンクリート工事において，型枠のせき板と鉄筋の間隔を一定に保ち，かつ，かぶり厚さを確保するため鉄筋に装着する器具をいいます．**セパレータ（隔て子）**は，鉄筋間，鉄筋と型枠，型枠間の間隔を所定の間隔に保持するための用具で，一般に**ボルトセパレータ**が用いられます．**バーサポート**はスペーサの一種で，水平鉄筋の位置を保持するためのものです．**フォームタイ**は，セパレータの延長線上に接続するボルト，つまり，型枠締め付け用のボルトで，相対する型枠間を所定の間隔に保つためのものです．**むくり（キャンバー）**とは上方に対して凸に反っていることをいいます．**型枠支保工（支保工）**とは，型枠の一部分で，せき板を所定の位置に固定するために用いる桟木，支柱，筋かい材，仮設ばり等の仮設構造物をいいます．**パイプサポート（サポート，鋼管支柱）**とは，スラブ・はりなどの型枠を支える径 5〜6 cm の鋼管で，上下 2 本の鋼管を組み合わせ，長さの調節が自由にできるようにしたもので，パイプサポートについては労働安全衛生規則で次のように規定されています．①3 以上継いで用いないこと．②パイプサポートを継いで用いるときは，4 以上のボルトまたは専用の金具を用いて継ぐこと．③高さが 3 m を超えるときには，高さ 2 m 以内ごとに水平につなぎを 2 方向に設け，かつ，水平つなぎの変位を防止すること．

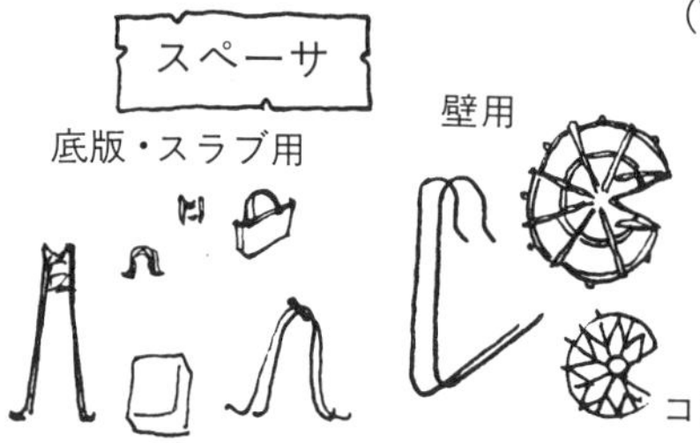

〈軀体・建築共通〉

3. 建築施工

スペーサ

底版・スラブ用　　　壁用

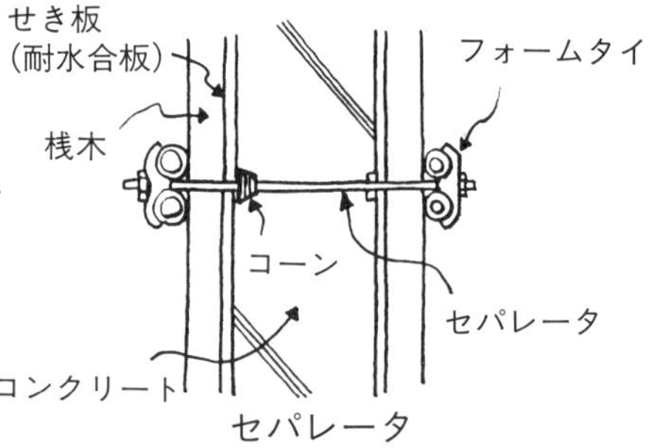

せき板
（耐水合板）　　フォームタイ

桟木

コーン

コンクリート　　セパレータ

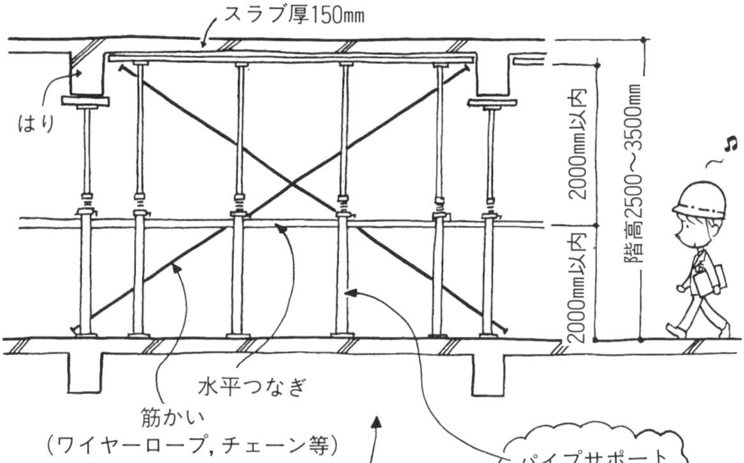

セパレータ

スラブ厚150mm

はり

2000mm以内

2000mm以内

階高2500〜3500mm

水平つなぎ

筋かい
（ワイヤーロープ, チェーン等）

パイプサポート

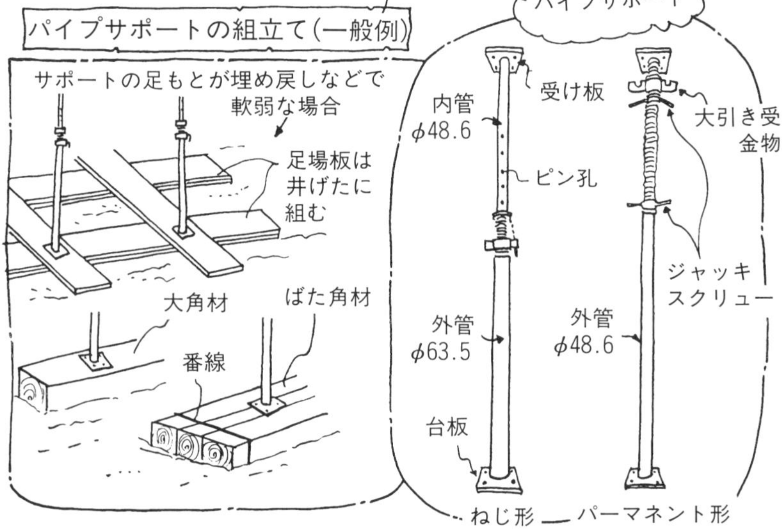

パイプサポートの組立て（一般例）

サポートの足もとが埋め戻しなどで
軟弱な場合

足場板は
井げたに
組む

大角材　　ばた角材

番線

受け板

内管
φ48.6

ピン孔

大引き受け
金物

外管
φ63.5

外管
φ48.6

ジャッキ
スクリュー

台板

ねじ形　　パーマネント形

151

3.3 鉄筋コンクリート工事　　　　　　　　3.3.3 型枠工事

73 | 型枠工事に関する用語 Ⅲ

上下階の支柱は平面上の同一位置とします．この理由は上下階の支柱が同一位置にないと，強度がじゅうぶん発現していないコンクリートスラブに悪影響を与えるからです．

コラムクランプとは，独立柱や壁付き柱などの型枠補助材の一種で，フラット型やアングル型の鋼材を組み合わせてせき板を締め付けるもので，組立て・解体作業が容易で，セパレータやフォームタイなどが不要です．

はく離剤（型枠はく離剤）とは，コンクリートと型枠がはく離しやすいように，せき板表面に塗布する溶剤（鉱油・パラフィン・合成樹脂など）です．

型枠存置期間（せき板存置期間）とは，コンクリート打設から型枠を取りはずすまでの必要期間をいい，その最小期間は存置期間（コンクリートの）とされ，壁・スラブ・はり下などで期間は異なります．せき板およびパイプサポートの最小存置期間については，法令上，スラブ下（版下）の支柱は，コンクリートの圧縮強度が設計基準強度の85％にならなければ取りはずしてはならない．と定められていますが，その具体的な概略を示すと次のとおりです．**せき板・支柱の最小存置期間**（普通ポルトランドセメント，高炉セメントA種，フライアッシュセメントA種，シリカセメントA種の場合）は次のとおりです．

せき板（基礎，はり側，柱，壁）：15℃以上では3日，15℃未満5℃以上では5日，5℃未満では8日．

せき板（版下，はり下）：15℃以上では6日，15℃未満5℃以上では10日，5℃未満では16日．

支柱（版下）：15℃以上では17日，15℃未満5℃以上では25日，5℃未満では28日．

支柱（はり下）：気温に関係なく28日．

支柱の盛替えとは，コンクリート打設後，パイプサポートを取り除き，他のパイプサポートに荷重を掛け替えることをいいますが，若年齢コンクリートに荷重が作用することになり好ましくないので，原則として行ってはなりません．

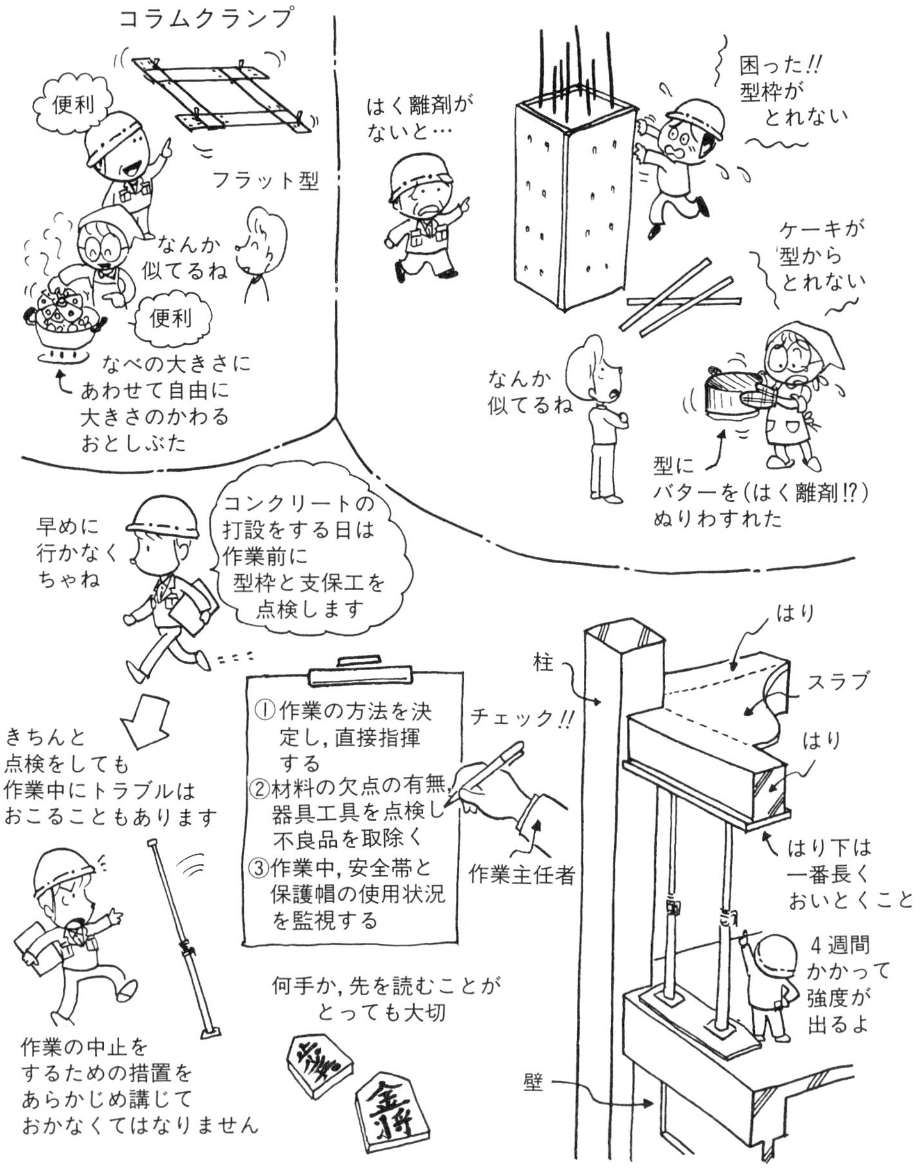

〈躯体・建築共通〉

3. 建築施工

コラムクランプ

便利

フラット型

なんか似てるね

便利

なべの大きさに
あわせて自由に
大きさのかわる
おとしぶた

はく離剤が
ないと…

困った!!
型枠が
とれない

ケーキが
型から
とれない

なんか
似てるね

型に
バターを(はく離剤!?)
ぬりわすれた

早めに
行かなく
ちゃね

コンクリートの
打設をする日は
作業前に
型枠と支保工を
点検します

きちんと
点検をしても
作業中にトラブルは
おこることもあります

①作業の方法を決
定し,直接指揮
する
②材料の欠点の有無
器具工具を点検し
不良品を取除く
③作業中,安全帯と
保護帽の使用状況
を監視する

チェック!!

作業主任者

柱

はり

スラブ

はり

はり下は
一番長く
おいとくこと

何手か,先を読むことが
とっても大切

4週間
かかって
強度が
出るよ

作業の中止を
するための措置を
あらかじめ講じて
おかなくてはなりません

金将

壁

3.3 鉄筋コンクリート工事　　3.3.4 補強コンクリートブロック工事

74 補強コンクリートブロック工事に関する用語

補強コンクリートブロック工事の**ポイント**を示すと次のとおりです．①立てやり方を基準に水糸を張り，隅角部からブロックを積み上げる．②目地はいも目地とし，目地幅は縦・横とも 10 mm を標準とする．③ブロックは**シェル幅**（コンクリートブロックの肉厚）の広い（厚い）方を上にして積み上げる．④ブロック空洞部のモルタル充てんは 2 段ごとに行い，ブロック上端より約 5 cm 下がりとする．この理由は目地位置と打継ぎ位置が一致すると弱くなるため．⑤ 1 日の積み上げ高さは 1.2 m（6 段）を標準とし，1.6 m（8 段）を限度とする．

補強コンクリートブロック造の**配筋方法**の要点は次に示すとおりです．①壁配筋は通常，径 9 mm 以上の鉄筋を使用し，被り厚さは 20 mm 以上とする．②壁縦筋（耐力壁：末端をかぎ状に折曲げ，径の 40 倍以上を横架材に定着する）．イ）ブロックの間で継手を設けず，径の 40 倍以上を横架材（臥梁および基礎）に定着する．ロ）壁の隅角部および開口部周囲，耐力壁の縦筋は径 13 mm 以上を使用する．鉄筋の継手・定着長さは径の 40 倍以上とする．ハ）**台直し**（正規の位置に修正すること）の必要がある場合は，ブロックを欠いて正しい位置に直す．③壁横筋(耐力壁：端部で定着長さが取れない時は，縦筋にかぎ掛けとする)．イ）壁横筋の配筋には**横筋用ブロック**を用い，鉄筋の末端はかぎ状に折る．ロ）L 字形壁における横筋の端部は，壁縦筋の外側を通す．ハ）鉄筋の継手長さは径の 25 倍以上とし，フックを設ける．継手は 1 箇所に集中しないようにする．④耐力壁の長さは 55 cm 以上，かつ，両端の開口部の高さの 30 ％以上とする．⑤臥梁のせいは耐力壁の厚さの 1.5 倍以上，かつ 30 cm 以上とする．

エフロレッセンス（はなたれ，白華）とは，**組積造**などの壁面の表面に，目地や接着用のモルタルから石灰が分離し結晶化する現象，モルタルに防水剤を混入し，じゅうぶんに目地拵えを行うことで防止できます．

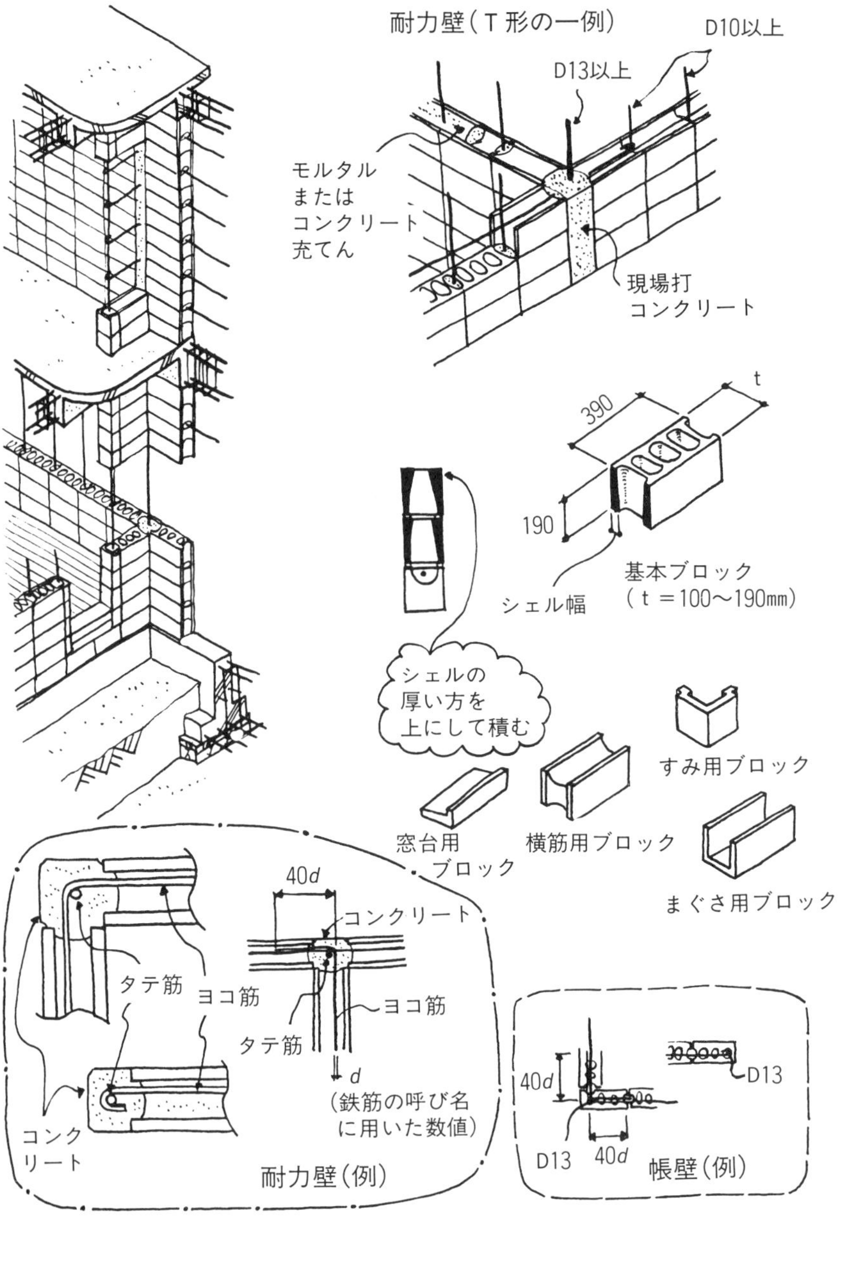

3. 補強施工

3.4 鉄骨工事　　　　　　　　　　　3.4.1 鉄骨の工作・建方

75　鉄骨の工作・建方に関する用語

　鉄骨の工場加工とは，鉄骨は原則として工場でつくり現場で運び組み立てるのですが，この加工の要点を示すと次のとおりです．①工場加工の工程は右頁に示すとおり．②穴あけは，板厚 13 mm 以下はポンチ，13 mm を超えるとドリルで行い，穴の直径はボルトなどの直径よりわずか大きく（ボルト＋1 mm，鉄筋＋5 mm）とする．③接合方法には，リベット接合，ボルト接合，高力ボルト接合，溶接等がある．④コンクリートに埋込む部分や接合部などは塗装しない．現場溶接部分に隣接する 10 cm 以内も塗装不可．

　型板（**テンプレート**）とは，鉄骨など，同じ部材を複数加工する場合，作業の効率化，正確化を図るために加工の基準となる点や線，穴を描いた薄鋼板をいいます．**型板取り**は，原寸図から薄鋼板（型板）に中心線・ゲージ穴・ボルト穴の位置などを記入する作業をいいます．

　ひずみ直しとは，①鉄骨建方等で垂直でない部分を修正することで，**ゆがみ直し**ともいう．②溶接・切断加工などによって，鋼材などに生じた反り，変形を修正することで，**ひずみ取り**ともいう．

　けがき（**罫書，マーキング**）とは，型板を当てて，切断箇所や穴あけ箇所などに印をつける作業をいいます．

　鉄骨組立て作業の工程（**現場作業の工程**）は右頁に示すとおりで，これらの要点は次のようになります．①アンカーボルトの埋込みにはアンカーフレームを使用し，正確な位置に埋込む．②建方はトラッククレーン，タワークレーン等を使用し，遠方から手前に柱→はり→筋かいの順で仮締めを行う．③建方用仮締めボルトの数は，全体の 1/3 以上，かつ 2 本以上とする．④ひずみ直しが終了した部分からボルトの本締めを行う．⑤ひずみ直し・建入れが終了した後，リベット打ち，溶接を行う．

　底板ならし仕上げ（**柱底ならし仕上げ**）とは，ベースプレートと接触する基礎の上面を均し，モルタルで水平および平坦にする作業をいいます．

156

〈躯体・建築共通〉 **3. 建築施工**

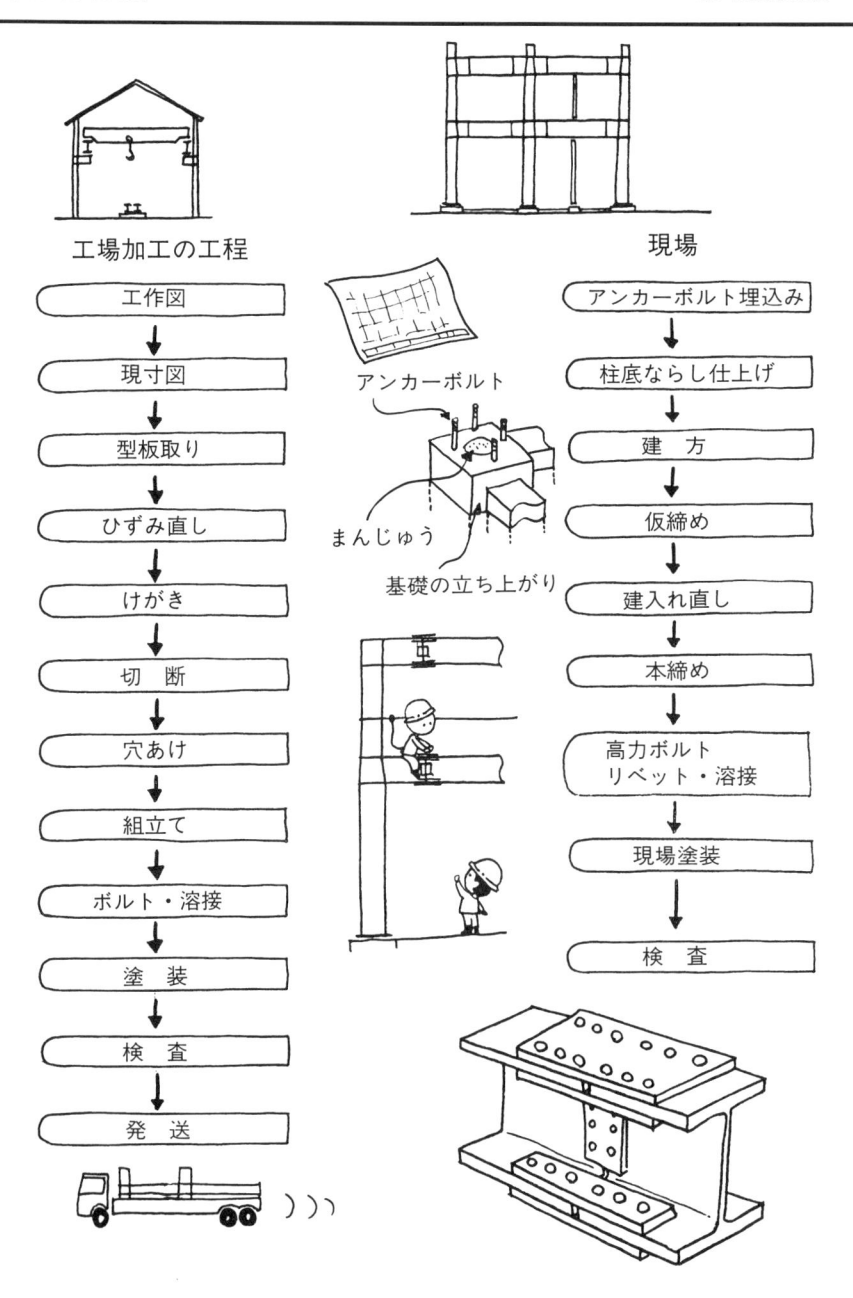

工場加工の工程

- 工作図
- 現寸図
- 型板取り
- ひずみ直し
- けがき
- 切　断
- 穴あけ
- 組立て
- ボルト・溶接
- 塗　装
- 検　査
- 発　送

アンカーボルト

まんじゅう

基礎の立ち上がり

現場

- アンカーボルト埋込み
- 柱底ならし仕上げ
- 建　方
- 仮締め
- 建入れ直し
- 本締め
- 高力ボルト
  リベット・溶接
- 現場塗装
- 検　査

3.4 鉄骨工事　　　　　　　　　3.4.1 鉄骨の工作・建方

76　建方に関する用語

グリップアングルとは，鉄骨造の接合部を補強するために用いる断面がＬ形の添え山形鋼をいい，鉄骨柱・はりの仕口・柱脚部などにボルト接合を行うときに用います．

テープ合せとは，鉄骨部材をつくる工場で原寸作業に用いるスチールテープ（鋼製巻尺）と，鉄骨組立て現場で用いる鋼製巻尺を比較してその誤差を確認しておくことをいい，テープ合せを行っておかないと，工場で加工した部材と，工事現場での建方とに寸法誤差を生じ，建方がスムーズに行えません．

建方とは，現場において部材を組み立て，骨組を構成する作業をいい，鉄骨構造では柱・はりの組み立て（仮ボルト締め，ひずみ直しを含む）をいいます．なお，**建入れ**とは，軸組，型枠等を所定位置に正確に設置することをいい，**建入れ直し**とは，建方後の柱・はり等の倒れ，出入，水平度，曲り等を修正する作業をいいます．

後詰め工法とは，鉄骨建方において仮に固定された柱を建入れ直し（修正）後，ベースプレート下部に無

収縮モルタルを充てんし，完全に固定する工法をいいます．

無収縮モルタル（膨張モルタル）とは，硬化の際に膨張し，乾燥後に収縮しないモルタルです．膨張材と良質な砂をミックスしたセメントを使用しますが，石こうスラブセメント80とポルトランドセメントを混合するなど，他の製法もあります．

エレクションピースとは，鉄骨柱などに工場製作段階で取り付けた仮設用のプレートのことで，鉄骨建方の際に利用し，現場での部材相互の溶接時に切断してしまいます．

ターンバックル（引締めねじ）とは，支持棒や支持用ロープ等を引張ったり，ゆるめたりする場合に用いる一端に右ねじ，他端に左ねじが切ってある特殊なナットをいい，鉄骨構造においてはターンバックル付きの筋かいが用いられます．しかし，建入れ直しなどに多用することは不測のトラブルを招くので避けなければなりません．

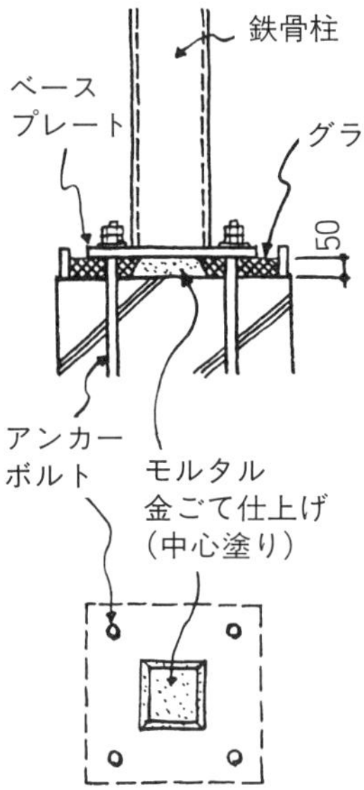

〈躯体・建築共通〉

3. 建築施工

鉄骨柱
ベースプレート
グラウト
グラウト

高さ調整ジャッキ
高さ調整用型枠

型枠

アンカーボルト
モルタル金ごて仕上げ（中心塗り）
アンカーボルト
レベルナット

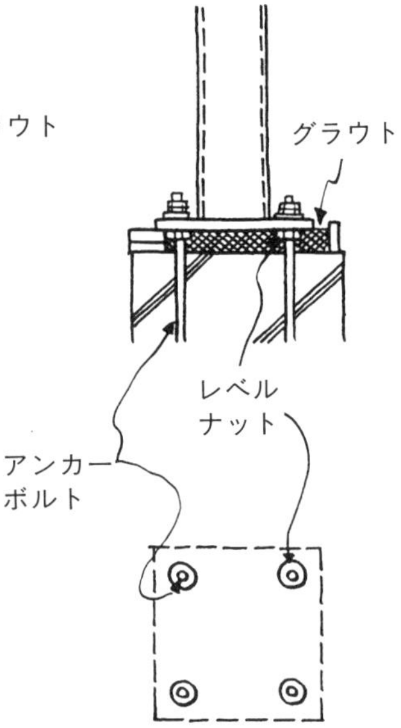

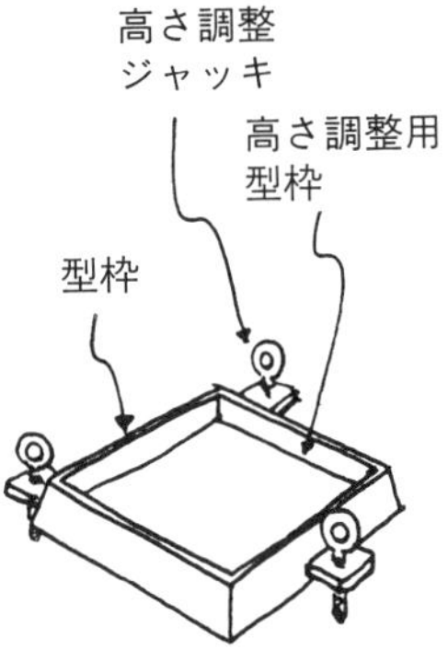

ベースプレート下モルタル塗り用型枠の例

後詰め中心塗り工法
全面後詰め工法

ちがう
ちがう

ふだん使っているものさしでさえもめもりがびみょうに違うことがある

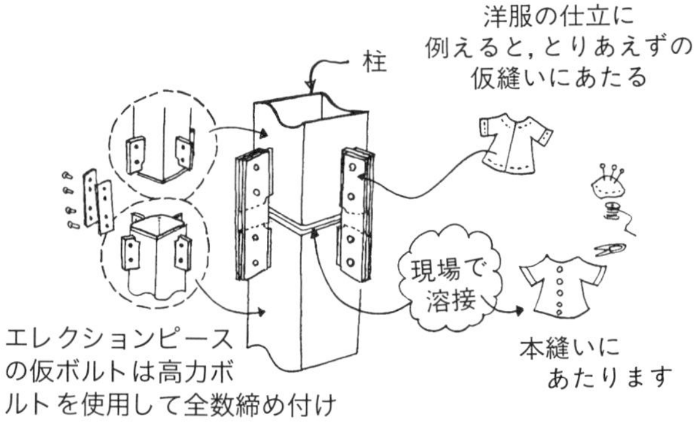

工場と現場のテープ合せは必要

洋服の仕立に例えると,とりあえずの仮縫いにあたる

柱

筋かい

現場で溶接

本縫いにあたります

ターンバックル

エレクションピースの仮ボルトは高力ボルトを使用して全数締め付け

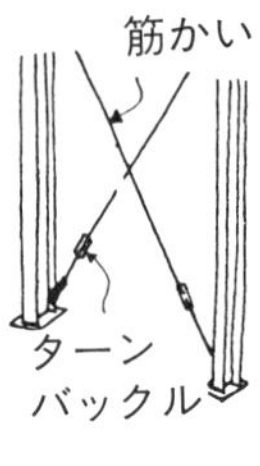

159

3.4 鉄骨工事　　　　　　　　　　　　　　　　3.4.2 鉄骨の接合

77 ボルトに関する用語

ボルトとは，継手，仕口の緊結などに用いる金属製品です．すなわち，ナットと組んで用いるおねじをもった2つの部分を締め付ける接続用金具をいい，多種あります．

アンカーボルトとは，鉄骨柱の脚部や木造土台の基礎への緊結に用いるために，一端をコンクリートなどに埋め込んで用いるボルトをいいます．アンカーボルトとしては先端が曲がった，つまりフックとした**フックボルト**が広く用いられます．

アンカープレート（**アンカーフレーム**）とは，鉄骨工事において，アンカーボルトがコンクリートから抜け出るのを防ぐために，アンカーボルトの下端に取り付けそれらを連結する鋼板です．なお，アンカーボルト用の穴を空けた鉄骨の柱脚部に取り付ける鋼製の底板を**ベースプレート**（**底板**）といい，力を平均的に分散させるため用いられます．そして柱からの応力をベースプレートに伝えるために，鉄骨柱の脚部に取り付ける鋼材を**ウイングプレート**といいます．

羽子板ボルトとは，短冊型鋼板にボルトを取り付けたもので，柱とはりの仕口部などに用いられます．

開きボルトとは，コンクリートに埋め込んで用いるボルトの1つで，コンクリート内で確実に固定させるため先端が割れて開くようになったものです．

鬼ボルトとは，コンクリートに埋め込むボルトの1つで，コンクリート内で確実に固定させるため，先端に行くほど太く，逆目を付けて引抜き抵抗を増すようにしたボルトです．

ボルトピッチとは，隣接するボルト孔の中心間距離をいい，**ボルト列中心**とはボルト穴の中心を結ぶ直線をいいます．

ナットとは，ボルトと対をなして，部材を締め付けるために用いるめねじを切った部品で，形により四角ナット，六角ナットなどがあります．

ナット回転法とは，高力ボルトの締め付けをナットの回転量で判定する試験方法をいいます．

〈躯体・建築共通〉 　　　　　　　　　　　　　　　　**3. 建築施工**

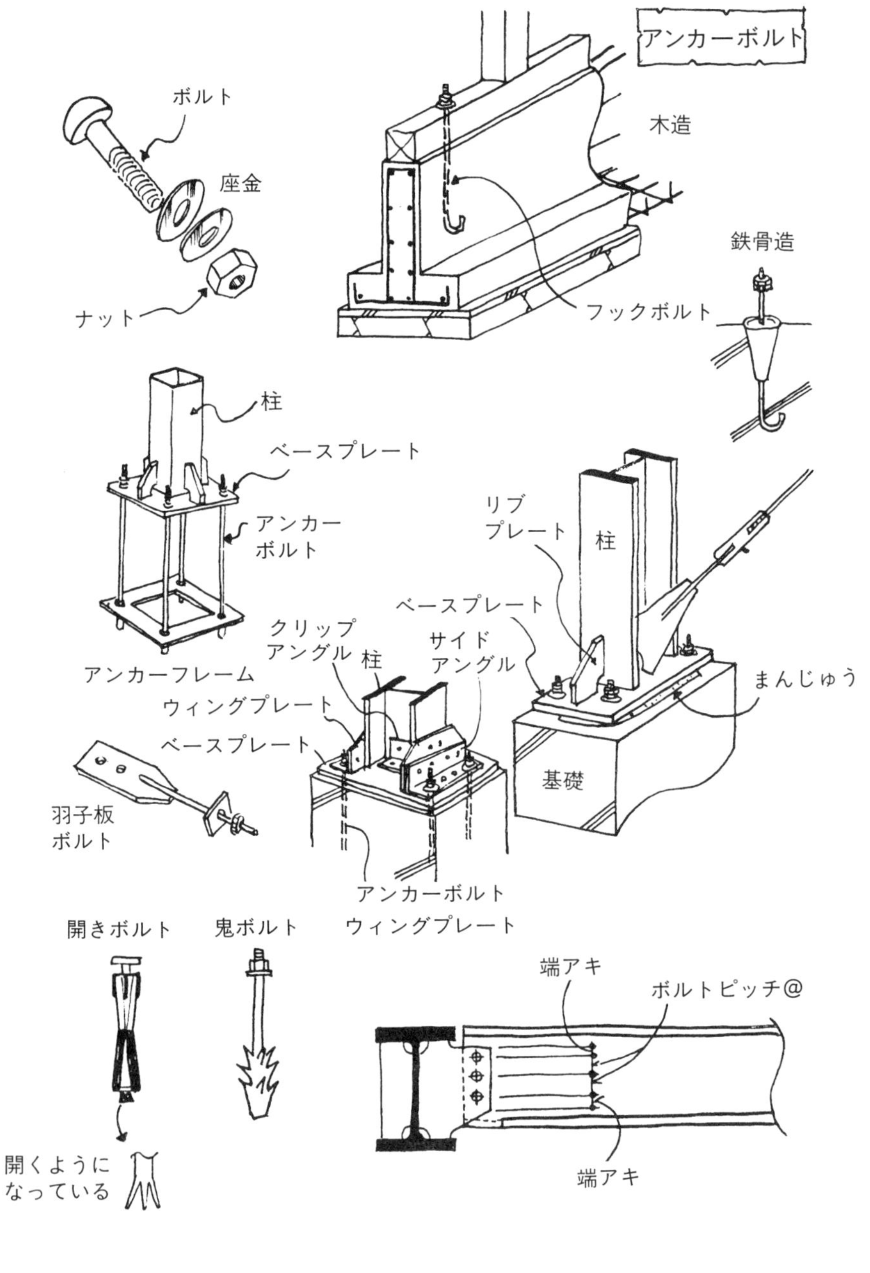

アンカーボルト

ボルト

座金

ナット

木造

鉄骨造

フックボルト

柱

ベースプレート

アンカー
ボルト

アンカーフレーム

リブ
プレート

柱

ベースプレート

まんじゅう

基礎

クリップ
アングル　柱

サイド
アングル

ウィングプレート

ベースプレート

羽子板
ボルト

アンカーボルト

ウィングプレート

開きボルト　　鬼ボルト

端アキ

ボルトピッチ@

開くように
なっている

端アキ

161

3.4 鉄骨工事　　　　　　　　　　　　　　3.4.2 鉄骨の接合

78 高力ボルト接合に関する用語 Ⅰ

　鉄骨工事における鉄骨の接合には，リベット接合，ボルト接合，高力ボルト接合および溶接が用いられますが，2種類以上の接合方法を併用した継手を**併用継手**といい，併用継手の場合は右表のように応力を負担させます．**リベット接合**とは，リベット径より1mm大きい径のリベット穴をあけ，延性の高いSV材のリベット約800℃に加熱して，そう入して頭部を当て金で抑え，他頭を打撃して締め付ける接合法．**リベット接合の要点**は，グリップ（締付けの総板厚）を径の5倍以下，穴ピッチは径の2.5倍以上とします．**ボルト接合**とは，鉄骨構造または木構造において接合部（継手，仕口）にボルトとナットを用いて部材を接合する方法ですが，鉄骨構造においては主としてリベット接合，溶接接合のための仮締めに用いることが多いようです．**高力ボルト接合（高力ボルト摩擦接合）**とは，高力ボルトを用いて，鋼材を強力に締め付け，材間に生ずる摩擦力で接合する方法をいい，リベット接合と異なりせん断力や側圧

力に期待しないので剛接合とみなせます．**高力ボルト（ハイテンションボルト，高張力ボルト，HTB）**は，引張耐力が非常に大きい（強度8～13t/cm²）高張力鋼でつくられたボルトで，ボルト材質の引張強さにより分類されF8T，F10T，F11T等があります．
　ボルト接合・高力ボルト接合の設計のポイントを示すと，次のとおりです．①ボルト接合は，振動，衝撃または繰返し荷重を受ける部分には使用不能．②ボルトおよび高力ボルト接合を接合部に使用するときは2本以上配置する．③ボルトの中心間距離いわゆる**ピッチ**は，ボルト径の2.5倍以上とする．④高力ボルト接合は，摩擦面での応力伝達面積が広いので，大きな応力の集中が生じにくい．⑤高力ボルトの穴径は，高力ボルトの軸径に1mmを加えたものより大きくしてはならない．ただし，ϕ20以上は1.5mm以内．⑥高力ボルトの許容せん断力は，軸断面積に締付け設計ボルト張力とすべり係数を乗じて求められる．

162

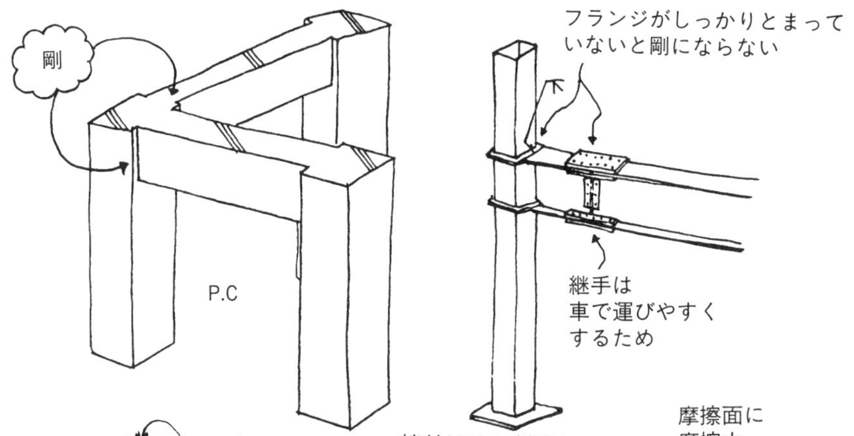

〈軀体・建築共通〉　　　　　　　　　　　　　　　　　　　# 3. 建築施工

剛

P.C

フランジがしっかりとまって
いないと剛にならない

継手は
車で運びやすく
するため

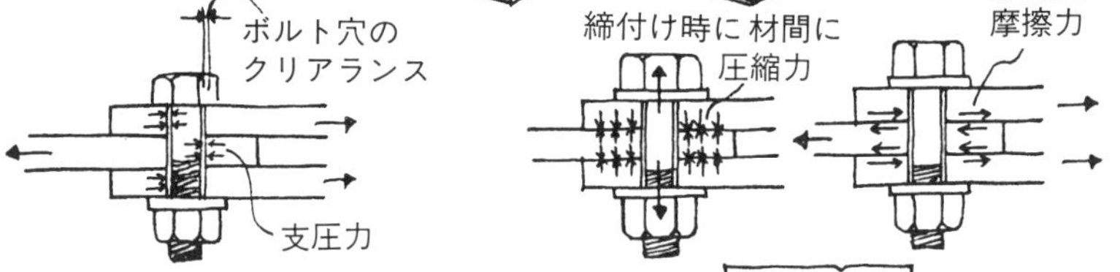

ボルト穴の
クリアランス

支圧力

ボルト

締付け時に材間に
圧縮力

摩擦面に
摩擦力

高力ボルト

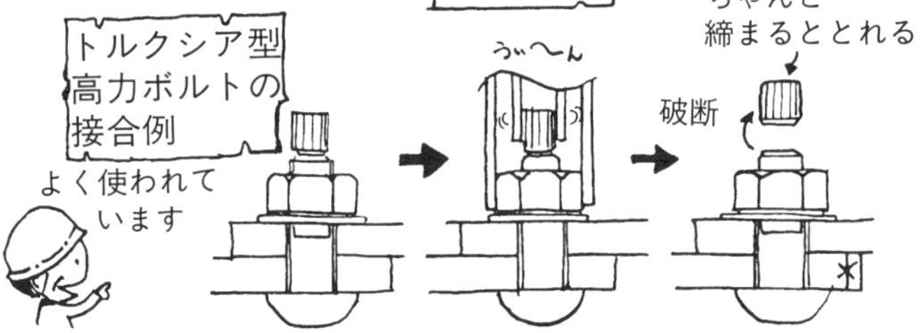

トルクシア型
高力ボルトの
接合例

よく使われて
います

うぃ〜ん

ちゃんと
締まるととれる

破断

リベットは今では
ほとんどみかけませんが…

高力ボルト，リベット，ボルトの公称軸径に対する穴径（単位 mm）

種　　類	穴径 D	公称軸径 d
高 力 ボ ル ト	$d+1.0$ $d+1.5$	$d<20$ $20\leqq d$
リ　ベ　ッ　ト	$d+1.0$ $d+1.5$	$d<20$ $20\leqq d$
ボ　　ル　　ト	$d+0.5$	—
アンカーボルト	$d+5.0$	—

併用継手

	溶接	高力ボルト	ボルト
リベット	溶接が全負担	双方で分担	リベットが全負担
ボルト	同上	高力ボルトが全負担	
高 力 ボルト	●		

● 高力ボルト先行の場合は双方で分担．溶接先行の場合は溶接が全負担

163

3.4 鉄骨工事　　　　　　　　　　　　　　3.4.2 鉄骨の接合

79 │ 高力ボルト接合に関する用語 Ⅱ

すべり係数とは，面に平行に物体を引き，物体が滑り出そうとするときの力を物体の鉛直重量で割った値をいいます．

高力ボルト接合のポイントは次のとおりです．①接合部の接触面におけるミルスケール（黒皮），浮き錆，油，塗料等は，摩擦力を低下させるので前もって完全に取り除く．②径 20 mm 以下のボルトの穴径はボルト径より 1.0 mm 大きくし，20 mm を超える場合は 1.5 mm 大きくする．③**高力ボルトの締付け**は，トルクレンチ，インパクトレンチで行い，締付け順序は中心より順次端部に向かって行い，部材の密着に注意し，中締め〔1次締め〕（80 %）→マーキング→本締め（100 %）の3段階で行う．

黒皮（ミルスケール）とは，鋼材を熱間圧延するときに生ずる黒い酸化被膜をいいます．

トルクコントロール法とは，高力ボルトの締め付けをトルク量で判定する方法をいい，**トルクコントロールレンチ**で締め付けを行えば，自動的にトルク量が判別される．トルクコントロールレンチには次の2つがあります．①**インパクトレンチ**：圧縮空気を用いて高力ボルトを締め付ける工具（レンチ）で，一定のトルク量に達すると（一定のトルク値まで締まれば）空気が抜けてそれ以上締まらないようになっている．②**トルクレンチ**：高力ボルトを締め付けるときのトルク力がコントロールできるようになっているレンチ．一般的には手動式で，締め付ける場合のトルク力が調整可能となっており，締付けの完了は音と手応えで知ることができる QL 型と，ダイヤル直読みの DB 型がある．

トルシア形高力ボルト（トルクシア形高力ボルト，特殊高力ボルト）とは，特殊な高力ボルトで，一定のトルクで，ボルトまたはナットが破断して，それに対応する軸力が導入されるように工夫されたボルトです．なお，**軸力**とはボルト，ナットなどで物品を締め付けて使用するとき，ボルトの軸方向に作用する引張り力をいいます．

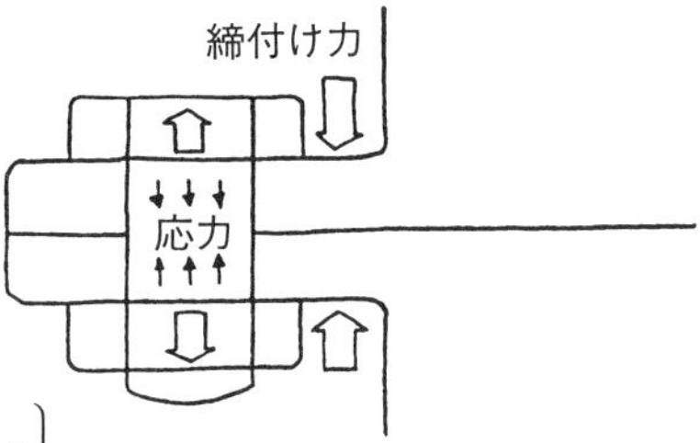

〈軀体・建築共通〉

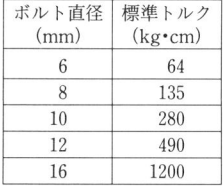

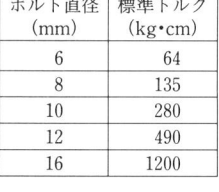

3. 建築施工

右回し（時計まわり）は, 締まり
左回しはゆるめることになりますね

[ただし, 例外もあります
機械の分野では右回しで締まるものもあれば
左回しで締まるものもある]

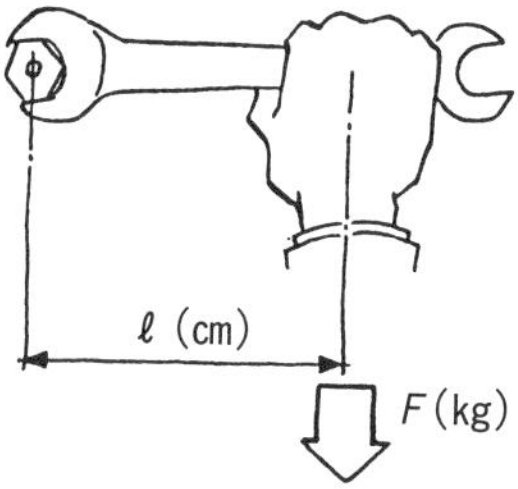

ボルト直径 （mm）	標準トルク （kg・cm）
6	64
8	135
10	280
12	490
16	1200

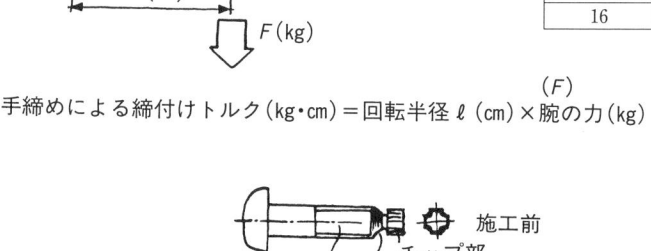

手締めによる締付けトルク（kg・cm）＝回転半径 ℓ（cm）× 腕の力（kg）(F)

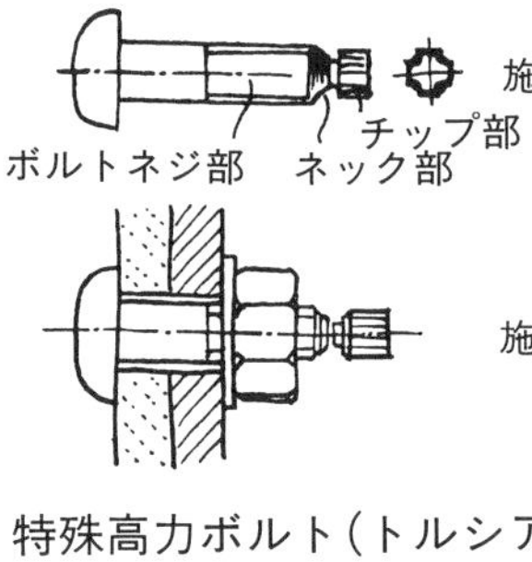

特殊高力ボルト（トルシア形）

165

3.4 鉄骨工事

3.4.2 鉄骨の接合

80 高力ボルト接合に関する用語Ⅲ

マーキングとは，部材の加工・組立てのために，製品工事番号・型別番号・部材記号などを記入する作業をいい，解体・分解の際，再組立て用に記号をつける作業ですが，**高力ボルトの1次締め後のマーキングの目的**は次のとおりです．①マークのずれによる本締め完了の確認．②1次締め完了の確認．③マークのずれの位置によるとも回りのないことの確認．

とも回りとは，ナットの回転とともにボルトも回転することで，空回りのことです．不確実な作業でとも回りすることが多いので，右図のように1次締め後のマーキングを厳しくし，その発見を容易にしています．マークには白色インクなどを用い，油性ペンキの使用は避けねばなりません．なお，トルク値はマークのずれと関係がありません．

トルク値とは，ナットを回転させて高力ボルトを締め付けるときの値．すなわち，回転している部品が回転軸に沿って回転させる偶力のことで，円運動の半径×力（m·kg）で表されます．

締付け検査とは，高力ボルトの締付け完了後に締付けが確実に行われたか否かをチェックするもので，その要領は次のとおりです．①マーキングのずれにより，全数本締めの完了したことおよび，とも回りのなかったことを確認する．②検査はトルクレンチを用いてナットを締め，ナットが回転を始めたときのトルクを測定する方法による．③検査数は，ボルト一群ごとに，ボルト数の10％以上かつ1個以上とする．④トルクは検査時の値が，次式を満足する場合に合格とする．〔$0.9 T_0 \leqq T \leqq 1.1 T_0$〕T：検査時のトルク（kN·m）．$T_0$：標準トルク（kN·m）⑤トルクが不合格のボルトがある場合は，群を単位として締め直す．過度に締め付けたボルトは取り替える．⑥とも回りを起こしたボルトは取り替える．

リーマとは，鋼材の穴の精度を高め，または穴位置が一致していないときの穴ざらいのために用いる工具です．

〈軀体・建築共通〉   # 3. 建築施工

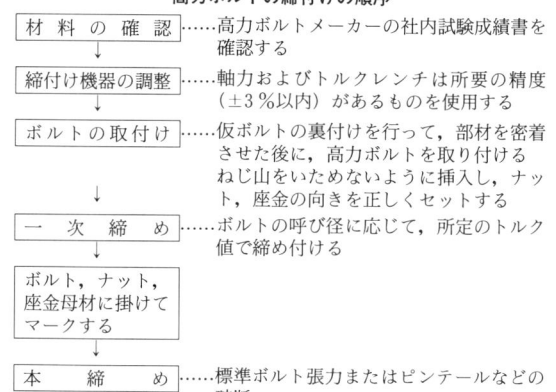

高力ボルトの締付けの順序

| 材 料 の 確 認 | ……高力ボルトメーカーの社内試験成績書を確認する |

↓

| 締付け機器の調整 | ……軸力およびトルクレンチは所要の精度（±3％以内）があるものを使用する |

↓

| ボルトの取付け | ……仮ボルトの裏付けを行って，部材を密着させた後に，高力ボルトを取り付けるねじ山をいためないように挿入し，ナット，座金の向きを正しくセットする |

↓

| 一 次 締 め | ……ボルトの呼び径に応じて，所定のトルク値で締め付ける |

↓

| ボルト，ナット，座金母材に掛けてマークする |

↓

| 本 締 め | ……標準ボルト張力またはピンテールなどの破断 |

マーキング

ナットとボルトの間にずれがなく他の位置でずれていればとも回り

ナットだけずれるのが正規のずれ

母材まで

ボルトの長さは？
首下部分の公称長さで表示し，その長さは図のように，2〜3山の余長を加えた数値とします

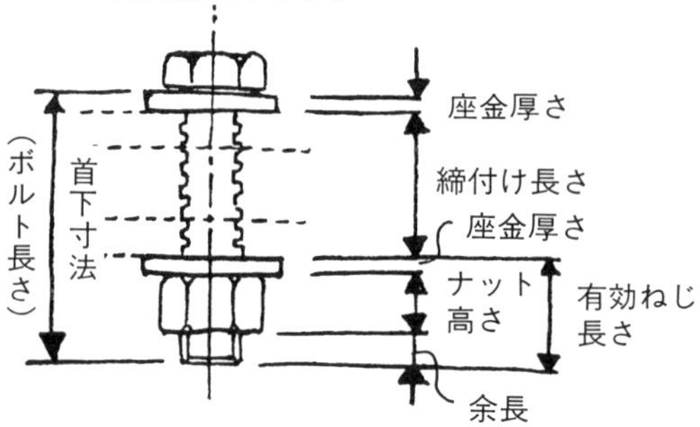

座金厚さ
締付け長さ
座金厚さ
ナット高さ
有効ねじ長さ
余長

（ボルト長さ）首下寸法

ボルト長さ

167

3.4 鉄骨工事　　　　　　　　　　　　3.4.2 鉄骨の接合

81 | 溶接に関する用語 I

溶接とは，2個以上の部材（鋼材）を，接合される部材間に連続性があるように熱，圧力またはその両方によって一体に接合する方法をいい，溶接は開先の形状等により分類され，溶接は多くのメリットがあるため近年では鉄骨構造の接合方法としては最も広く用いられるものです．

鉄骨構造等の**溶接の設計**の特徴・ポイントを示すと次のとおりです．①接合部の連続性，鋼性が得られる．②自由な接合形式ができる．③接合方法が簡単で，かつ，騒音が生じない．④材断面の欠損がない．⑤最小3t以上の耐力を有する継目を設ける．⑥溶接ひずみは，残留応力を少なくするように設計する．

鋼接合とは，部材と部材の接合部分が堅固に一体となるように，部材中心線のなす角度が，力を受けても変化しないようにした接合方法です．鉄筋コンクリート構造および鉄骨鉄筋コンクリート構造の鋼接合による骨組を**ラーメン**というのです．

組立てばりとは，鉄骨造や木造のトラスばり，ラチスばりなどのように，2個以上の部材を組立て構成されたはりのことをいいます．

アーク溶接とは，母材と溶接棒端との間に発生する電圧による火花（アーク）のアーク熱を利用して溶接する方法です．鉄骨の溶接には，アーク溶接が採用されます．

開先（グルーブ）とは，溶接する2部材の小口と小口を突き合わせる部分の形をいい，U形開先，レ形開先，I形開先，V形開先，H形開先，X形開先，K形開先，J形開先，T形開先など多種に分けられます．

溶接継手の形状は，開先などにより右図のように大別されます．

突合せ溶接とは，開先をとった端部を突き合わせて溶接する方式で，**重ね溶接**とは，2枚の鋼材を重ねて，両方の板面と板端を溶接する方式をいいます．重ね溶接は突合せ溶接に比べて強度が劣ります．**隅肉溶接**とは，重ね継手，T継手，角継手等の母材同士が直角をなす部分に行う溶接をいい，隅肉溶接も突合せ溶接に比べて強度が劣ります．

168

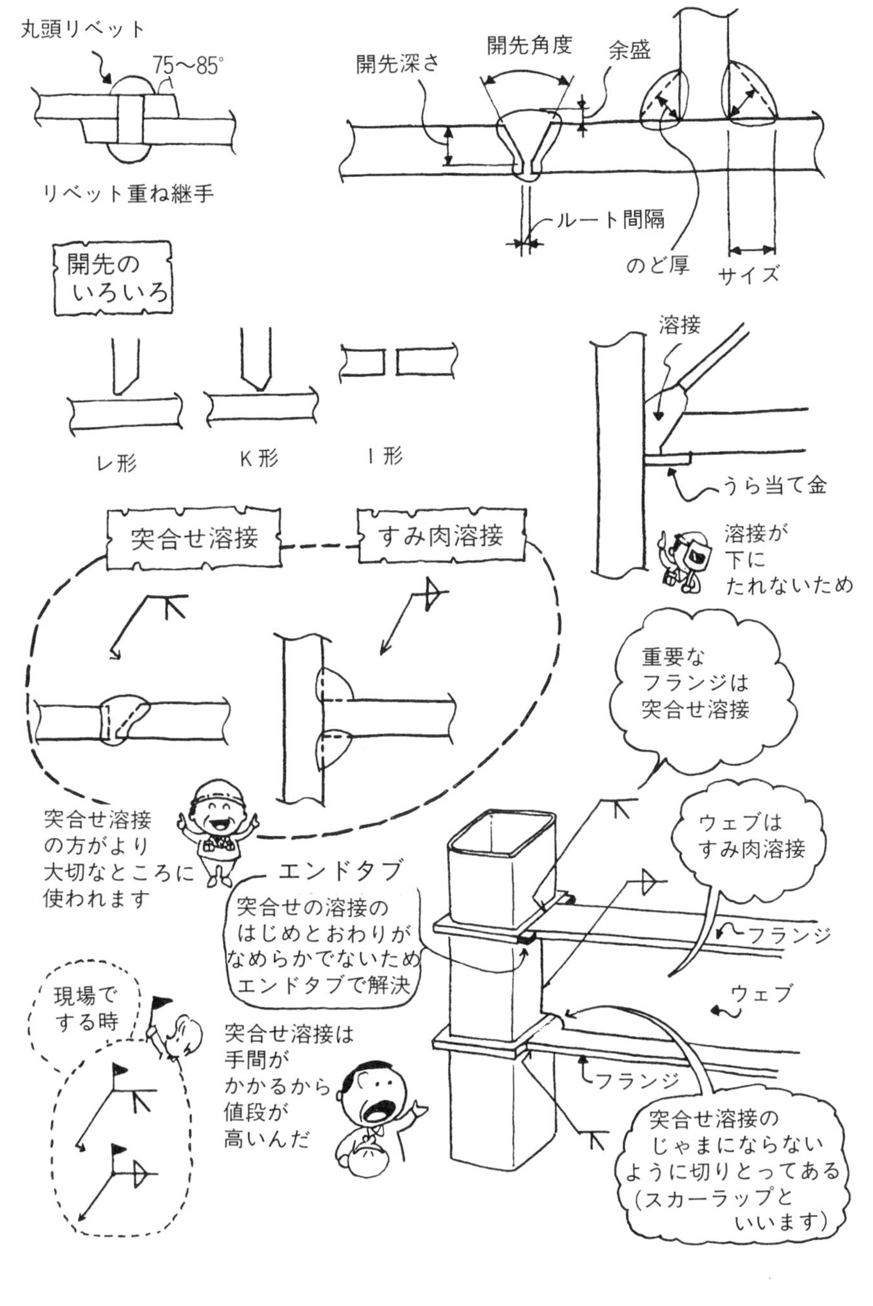

〈躯体・建築共通〉

3. 建築施工

3.4 鉄骨工事　　　　　　　　　　　　　　3.4.2 鉄骨の接合

82 | 溶接に関する用語 Ⅱ

余盛とは，開先または隅肉溶接の必要寸法上に表面から盛り上がった溶接金属をいい，**のど厚**とは，余盛を除いた部分の断面の厚さで，いわば応力を有効に伝達させる溶接金属をいい，詳しくは理論のど厚と実際のど厚に区別されますが，単にのど厚という場合は，理論のど厚を指します．

脚長（サイズ）とは，継手のルートから隅肉溶接の上端までの距離をいいます．

溶接欠陥とは，いわゆる溶接不良により溶接部に生じる欠陥をいい，溶接強度は著しく低下します．これには極めて多種あるのですが，鉄骨組立てという現場における溶接作業において発生しやすい溶接欠陥は次のようなものです．①**アークストライク**：母材の上に瞬間的にアークを飛ばし直ちに切ることによって起こる欠陥．②**アンダーカット**：溶接の止端に沿って母材が掘られて，溶着金属が満たされず溝となって残っている部分．③**オーバラップ**：溶着金属が止端で母材に融合しないで重な

った部分．④**銀点（フィッシュアイ）**：溶着金属の破面に現れる銀白色をした魚の眼状の欠陥．⑤**スパッタ**：溶接中に飛散する**スラグ**（溶着部に生ずる金属以外の介在物）および金属粒．⑥**スラグ巻込み**：溶着金属中または母材との融合部にスラグが残ること．⑦**ポロシティ**：溶接金属中に発生したガスによって，凝固後の溶接金属部に生じたブローホールおよび芋虫状に表面まで穴の開いたピットなど．⑧**パイプ**：溶着部の底部からビード表面に向かって伸びるか，あるいは貫通する空孔．⑨**ピット**：ビードの表面に生じた小さなくぼみ穴．⑩**ブローホール（気孔）**：溶着金属中に生じる球状またはほぼ球状の空洞．⑪**融合不良**：溶接境界面が互いにじゅうぶんに溶け合っていない欠陥．⑫**溶込み不良**：完全溶込み溶接継手の場合に溶け込まない部分があること．⑬**溶接割れ（クラック）**：溶接部に生じる割れ状の欠陥で多種ある．

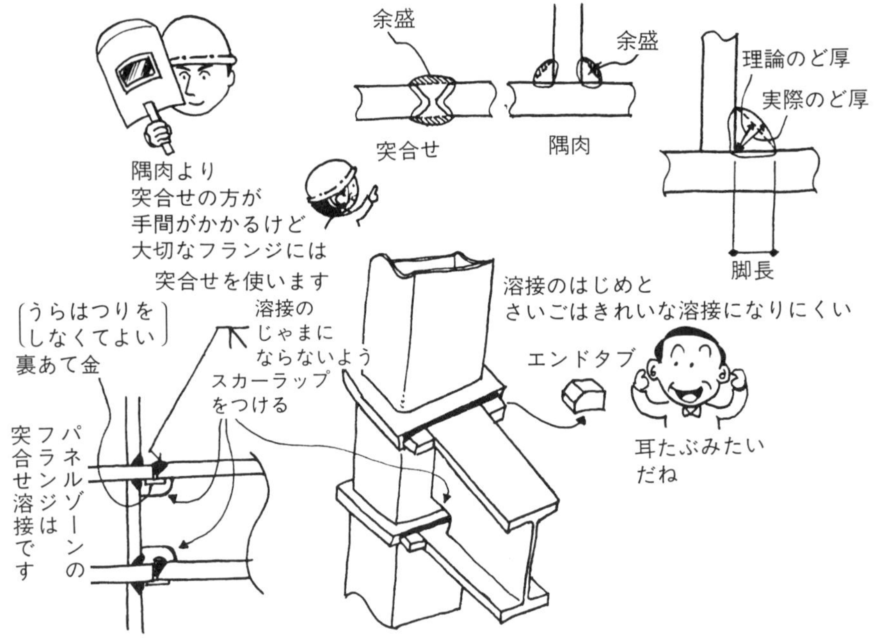

〈軀体・建築共通〉

3. 建築施工

余盛

突合せ

余盛

隅肉

理論のど厚

実際のど厚

脚長

隅肉より
突合せの方が
手間がかかるけど
大切なフランジには
突合せを使います

溶接の
じゃまに
ならないよう
スカーラップ
をつける

溶接のはじめと
さいごはきれいな溶接になりにくい

エンドタブ

耳たぶみたい
だね

[うらはつりを
しなくてよい]
裏あて金

パ
ネ
ル
ゾ
ー
ン
の
フ
ラ
ン
ジ
は
突
合
せ
溶
接
で
す

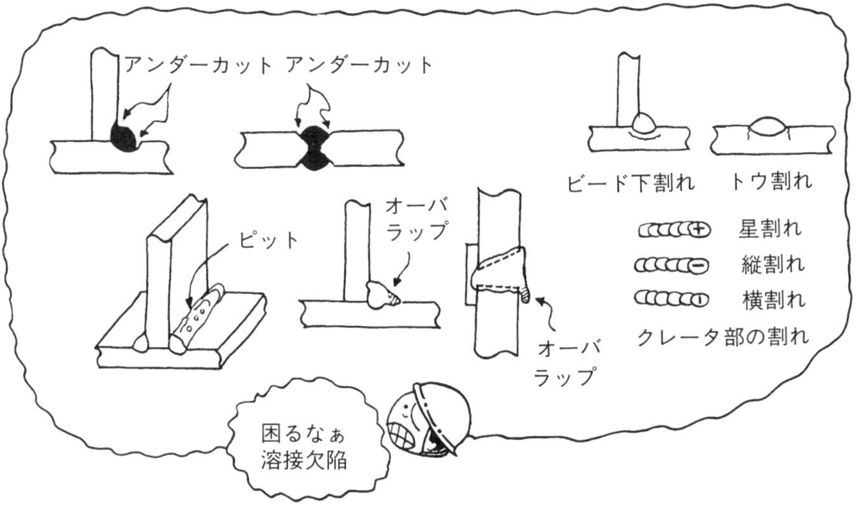

アンダーカット アンダーカット

ビード下割れ   トウ割れ

星割れ

縦割れ

横割れ

クレータ部の割れ

ピット

オーバ
ラップ

オーバ
ラップ

困るなぁ
溶接欠陥

171

3.4 鉄骨工事　　　　　　　　　　　　　　　　3.4.2 鉄骨の接合

83 | 溶接に関する用語Ⅲ

鉄骨工事の溶接のポイントを示すと次のとおりです．①主としてアーク溶接を用い，溶接方法としては突合せ溶接と隅肉溶接を用いる．②突合せ溶接では，開先の加工を行う．そして最小の余盛り（3mm以下）を行う．③隅肉溶接の強度は，のど厚と脚長で決まる．④ひずみを少なくするために，突合せ部分を先に，隅肉部分を後から施工する．⑤現場溶接の作業は，気温が0℃以下，風速2m/s以上では中止する．

溶接記号とは，溶接方法・種類・形状・寸法・溶接位置・溶接姿整・仕上げ寸法・施工の場所などを溶接構造図面に表示する記号をいいます．

組み立て溶接とは，仮に接合するための溶接をいい，この場合，①開先内には行わない，②ショートビートを避ける，③継手の端部，隅角部など，強度上および工作上の支障のある箇所は避けることが必要です．

鉄骨構造の溶接作業（仮付け溶接も含む）は，その重要性から㈳日本溶接協会の溶接技術検定に合格した有資格者であり，かつ，技量証明書

その他必要な資料を工事現場の監督員に提出して，承諾を受けた者でなければ行えません．

スタッド溶接とは，ボルトなどを鉄骨（母材）に取り付けるアーク溶接をいいます．なお，**デッキプレート**（コンクリートスラブの床版などとして用いる波形の薄鋼板）などを貫通して行うスタッド溶接（**デッキ貫通溶接**）は，デッキプレートの2枚重ね部分に行ってはならず，その理由は確実な溶接が行いにくいためです．**回し溶接**とは，隅肉溶接で取り付けた母材の端部を回して溶接する方法で，回し長さは隅肉脚長の2倍かつ15mm以内とします．**エンドタブ**とは，溶接線の端部（スタート部と終端部）に取り付けられる補助板で，溶接のスタート部や終端部では溶接欠陥を生じやすいので，本継手にその影響がないように捨板の目的で用います．**スカラップ**とは，溶接の欠陥を避けるため溶接線の交差部に設ける小穴です．

172

〈軀体・建築共通〉 # 3. 建築施工

溶接基本記号

溶接部の形状	基本記号	備　　　考
両フランジ形	八	——
片フランジ形	𝄔	——
Ｉ形	‖	アプセット溶接，フラッシュ溶接，摩擦圧接などを含む
Ｖ形，Ｘ形 （両面Ｖ形）	∨	Ｘ形は説明線の基線（以下，基線という）に対称にこの記号を記載する．アプセット溶接，フラッシュ溶接，摩擦圧接などを含む

溶接補助記号

区　　　分		補助記号	備　　　考
溶接部の表面形状	平　　ら	——	
	凸	⌒	基線の外に向かって凸とする
	へ こ み	⌣	基線の外に向かってへこみとする
溶接部の仕上げ方法	チッピング	C	
	研　　削	G	グラインダ仕上げの場合
	切　　削	M	機械仕上げの場合
	指定せず	F	仕上げ方法を指定しない場合
現　　場　　溶　　接		▶	
全　　周　　溶　　接		○	全周溶接が明らかなときは溶接してもよい
全　周　現　場　溶　接		⟳	

3.4 鉄骨工事   3.4.2 鉄骨の接合

84 | 溶接検査・耐火被覆に関する用語

溶接検査とは，溶接作業が良好な条件の下で行われ，その結果が良好であり，使用しても保安上支障ないか否かを確認するための検査をいい，主に次の2つの方法が用いられます．①**外観検査：溶接部の表面欠陥**（オーバラップ，アンダーカット，ピットなど）の有無・状態を目視によって行う点検をいいます．②**非破壊検査：溶接部の内部欠陥**（表面から目視では見えない欠陥，割れ，ブローホール，溶込み不良など）を，溶接部などを破壊せずにその有無や状態を調べる検査です．非破壊検査には浸透探傷試験，磁粉探傷試験，放射線試験などありますが，鉄骨溶接部の非破壊検査としては主に超音波探傷試験が行われます．

超音波探傷試験（UT）は，超音波を試験体内に伝えたときに，試験体が示す音響的性質を利用して内部欠陥や材質を調べるものです．しかしUT は，母材の厚さが 9 mm 未満の場合の複雑な局面，隅肉部分，溶込み溶接には適用できません．

浸透探傷試験とは，溶接部の表面欠陥が外観検査ではわかりにくい場合に用いるものです．すなわち，溶接部に浸透性の良い赤色の液を吹き付けて，微細な欠陥部に浸透させた後，一度ふき取り，さらに白色になる現像液を吹き付け，これににじみ出た赤色により欠陥を発見する非破壊検査です．

なお，溶接欠陥を見付けた場合の是正方法は右表のとおりです．

耐火被覆とは，既に理解されたように鉄骨構造は火災（熱）に弱いため，その欠点の是正対策として鉄骨表面に耐火材を被覆し耐火構造とすることをいいます．**耐火材**は，火災を受けても表面のわずかな変質に留まり，性能が低下することが少ない材料で，一般に珪酸カルシウム，岩綿（ロックウール）などがあり，耐火材の特性・形状などに応じて，板張り工法，巻付け工法，吹付け工法，メンブレン工法，左官工法などにより行われます．

174

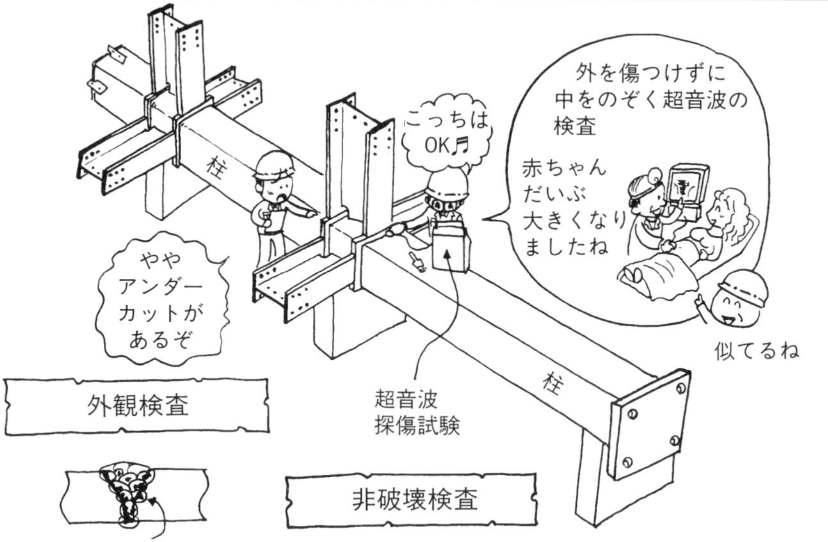

〈躯体・建築共通〉

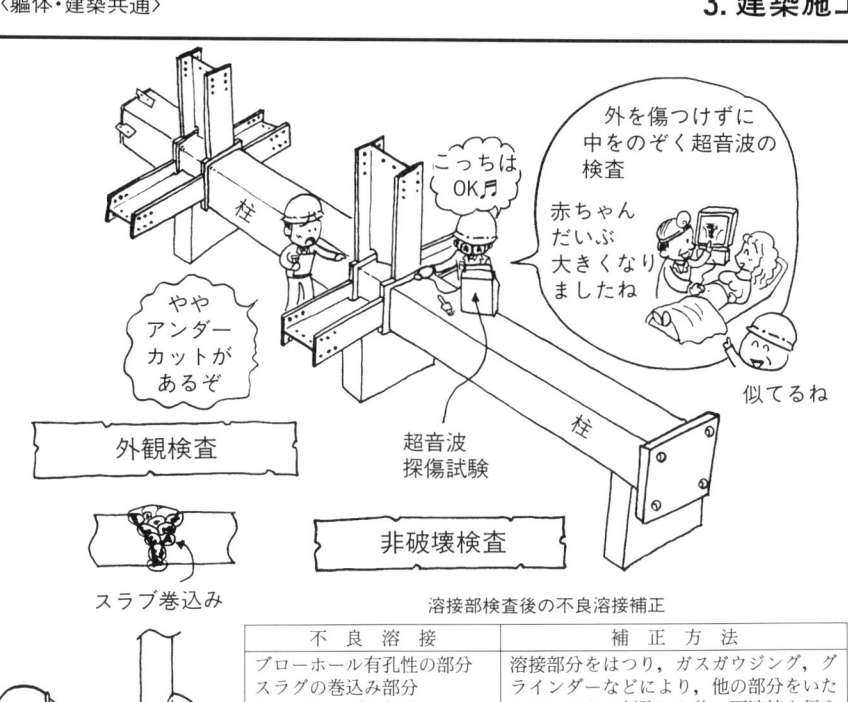

3. 建築施工

外を傷つけずに中をのぞく超音波の検査

赤ちゃんだいぶ大きくなりましたね

こっちはOK♪

やや アンダーカットがあるぞ

似てるね

外観検査

超音波探傷試験

スラブ巻込み

非破壊検査

溶込み不良

溶接欠陥部分は原則として欠陥箇所をガスガウジングなどではつり(除去し)再溶接するんだ!

溶接部検査後の不良溶接補正

不 良 溶 接	補 正 方 法
ブローホール有孔性の部分 スラグの巻込み部分 オーバラップの部分 溶込み不良の部分	溶接部分をはつり,ガスガウジング,グラインダーなどにより,他の部分をいためないように削除した後,再溶接を行う
溶接部にクラックにある場合	溶接部分全長を削除し,再溶接する.ただし,クラックの限界が明らかにされた場合には,その前後50mmまではつり取り,その部分の溶接をする
アンダーカットの部分 溶接寸法の不足部分 部分クレーターのくぼみ	追加溶接を行う.この場合の溶接棒はなるべく小径のものを使用.アンダーカット補正には4mm以上の太いものは使用してはならない

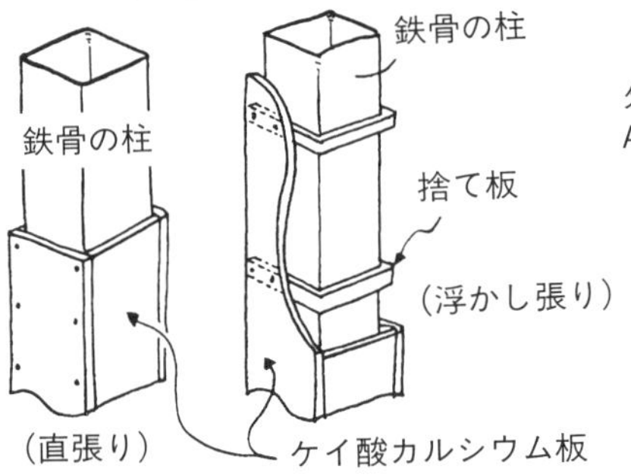

鉄骨の柱

鉄骨の柱

捨て板

(浮かし張り)

(直張り)

ケイ酸カルシウム板

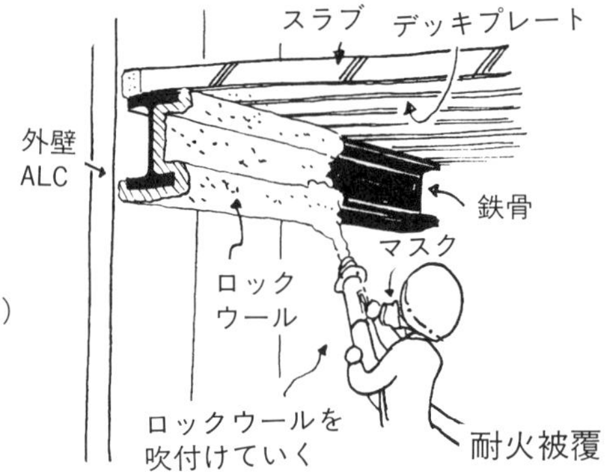

スラブ　デッキプレート

外壁 ALC

鉄骨

マスク

ロックウール

ロックウールを吹付けていく

耐火被覆

175

4.1 防水・シーリング工事　　　　　　　　4.1.1 防水工事

85 　アスファルト防水工事に関する用語 I

防水とは，建物内に水の浸入または透過を防ぐことをいい，防水方法にはアスファルト防水，塗膜防水等ありますが，最も広く用いられるのはアスファルト防水です．

アスファルト防水工法は，従来最も多用され，経験的にも信頼性のある防水工法です．すなわち，アスファルトの層とルーフィング類（29の項を参照）を交互に数層重ねて密着し，構成する防水層で，このような構成層からなる防水層を積層形メンブレン防水層といいます．なお，メンブレンとは薄い膜の意味です．普通，防水層の厚さは 10 mm 程度になりますが，均一な層をつくることが肝要で，耐用年数を長くするにはルーフィング類を多く重ねることがポイントです．防水層施工の良否は，施工時の気象条件に大きく左右されるので，①気温が著しく低い場合，②降雨雪が予想される場合，③降雨雪後で，下地がじゅうぶん乾燥していない場合，④強風の場合には，施工してはなりません．

アスファルト防水工事の要領を示すと次のとおりです．①均しモルタルを下地として施工するため平滑な面に仕上げる．特に出隅・入隅部分は 45°の面をつける．②均しモルタル乾燥後，溶融アスファルト（防水材製造業者が指定する温度を上限とする）を流す．③アスファルトルーフィング流し張り（水上に向かって，縦横とも 10 cm 以上重ね張り，立ち上がり部分は 30 cm 以上）を行う．④②③を 2～4 回繰り返し，最後にアスファルトを塗り，防水層をつくる．⑤防水層乾燥後，保護モルタルを塗り，次に軽量コンクリートを打ち，養生する．⑥伸縮目地は，立上がり部より 50 cm 以内に幅 25 mm 以上のボーダ状の目地とし，保護モルタル面に達するまで埋込む．

ならしモルタル（均しモルタル）とは，表面の凹凸を水平にするために行うモルタル塗です．

伸縮目地（収縮目地）とは，コンクリートの温度変化による膨張・収縮などによるひび割れを緩和するため，下地面まで達するようにつける目地をいいます．

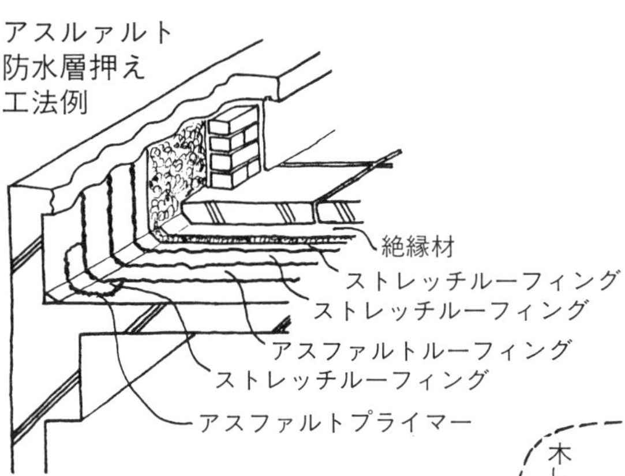

〈仕上げ・建築共通〉 **4.仕上げ施工**

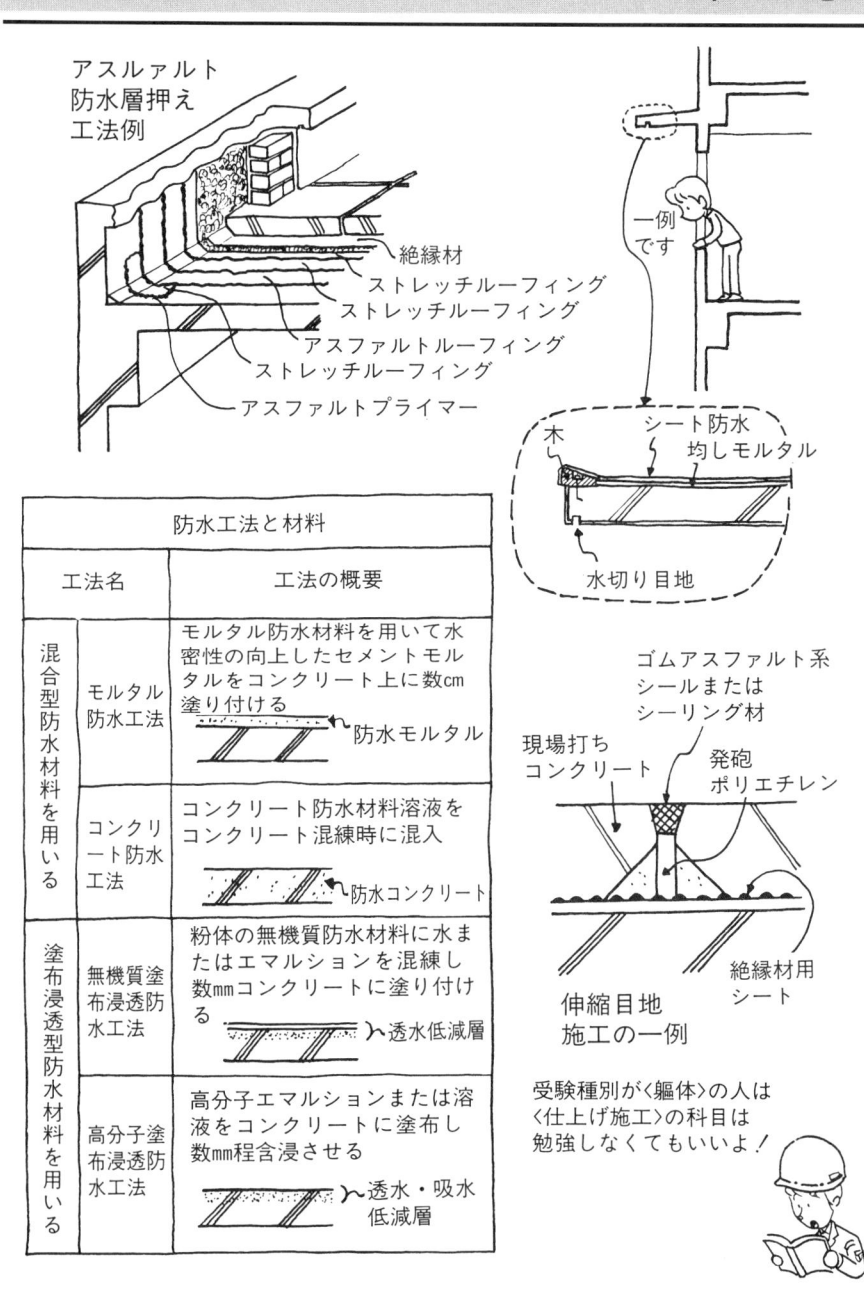

アスルァルト
防水層押え
工法例

一例
です

絶縁材
ストレッチルーフィング
ストレッチルーフィング
アスファルトルーフィング
ストレッチルーフィング
アスファルトプライマー

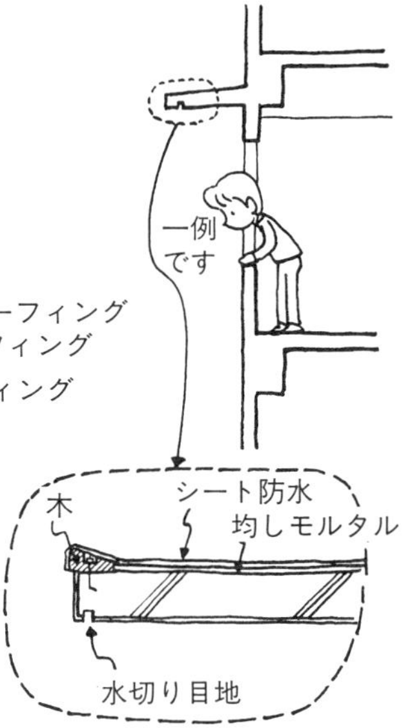

木　　シート防水
　　　均しモルタル

水切り目地

防水工法と材料		
工法名		工法の概要
混合型防水材料を用いる	モルタル防水工法	モルタル防水材料を用いて水密性の向上したセメントモルタルをコンクリート上に数cm塗り付ける　防水モルタル
	コンクリート防水工法	コンクリート防水材料溶液をコンクリート混練時に混入　防水コンクリート
塗布浸透型防水材料を用いる	無機質塗布浸透防水工法	粉体の無機質防水材料に水またはエマルションを混練し数mmコンクリートに塗り付ける　透水低減層
	高分子塗布浸透防水工法	高分子エマルションまたは溶液をコンクリートに塗布し数mm程含浸させる　透水・吸水低減層

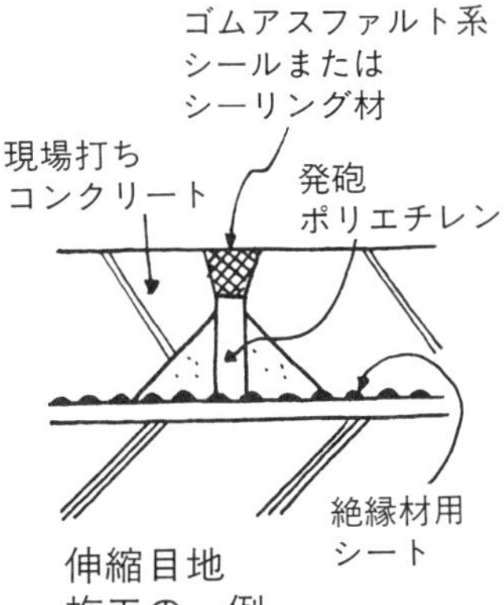

ゴムアスファルト系
シールまたは
シーリング材

現場打ち
コンクリート
発砲
ポリエチレン

絶縁材用
シート

伸縮目地
施工の一例

受験種別が〈躯体〉の人は
〈仕上げ施工〉の科目は
勉強しなくてもいいよ！

4.1 防水・シーリング工事　　　　　　　　　　4.1.1 防水工事

86 アスファルト防水工事に関する用語 II

　アスファルト防水工法の種類は次のようなものです．①**密着工法**：下地面に防水層を全面密着させる工法で，屋上防水や室内防水に多用され，とくに下地がひび割れの少ない現場打ち鉄筋コンクリートの場合に採用されます．なお，**流し張り**とは，溶融したアスファルトをひしゃくで流しながらルーフィングを張る方法で，アスファルトが平均に行きわたるよう，また圧着不じゅうぶんなところがないよう，ルーフィングの重ねからアスファルトがはみ出るように行います．②**絶縁工法（点張り，部分密着張り）** とは，一般部分は防水層と下地面を部分接着とし，立上がり部および周辺部を密着張りするもので，穴あきルーフィングの使用などによって可能となります．絶縁工法は下地のひび割れや膨張・収縮などによる防水層の破断を防げるので通常，屋上防水に採用されます．③**保護防水**：防水層の上にコンクリートなどの保護層を設ける防水工法で，保護層により日光直射の遮断，外力による損傷を防止し，アスファルト

防水層の耐久性向上と，防水上（屋上など）を歩行可能とする目的で用います．④**保護断熱防水**：屋根スラブの外側に防水層と組み合わせて遮断材を設ける外断熱防水です．⑤**露出防水**：防水層上部の保護層を設けることなく，防水層がむき出しのまま（最上層に比較的耐久性のある砂付きストレッチルーフィングを用いる）の防水工法．人の歩行しない屋上などに用いられます．

　ルーフィングとは，アスファルト防水に使用するシート状の製品をいい，アスファルトルーフィング，ストレッチルーフィングなど各種があります．**プライマー（アスファルトプライマー）** とは，防水用の溶融アスファルトを，下地と密着させるため下地面に塗る下塗り用の液状物（アスファルトを揮発性溶剤でといたもの）をいい，プライマーを毛ばけ，ローラーばけ塗りまたはゴムばけ塗りとし，均一に塗り付けることを**プライマー塗り**といいます．

〈仕上げ・建築共通〉　　　　　　　　　　　　　　　　**4.仕上げ施工**

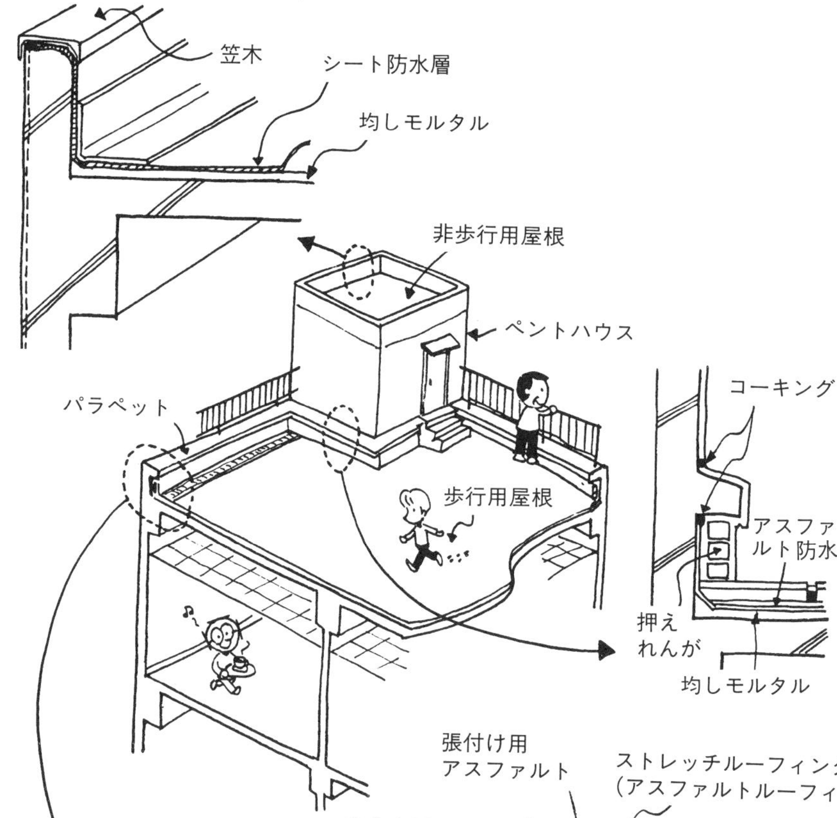

笠木
シート防水層
均しモルタル

非歩行用屋根

ペントハウス

コーキング

パラペット

歩行用屋根

アスファルト防水

押えれんが

均しモルタル

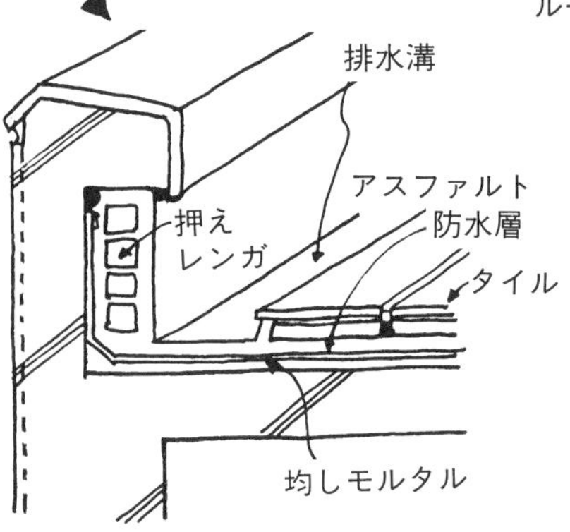

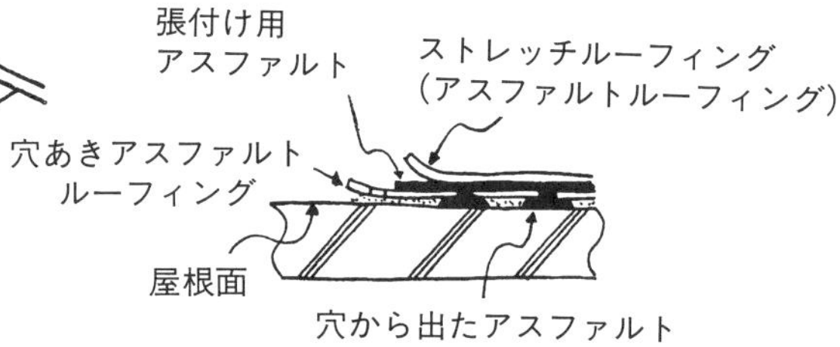

張付け用アスファルト
ストレッチルーフィング
（アスファルトルーフィング）
穴あきアスファルトルーフィング
屋根面
穴から出たアスファルト

絶縁工法

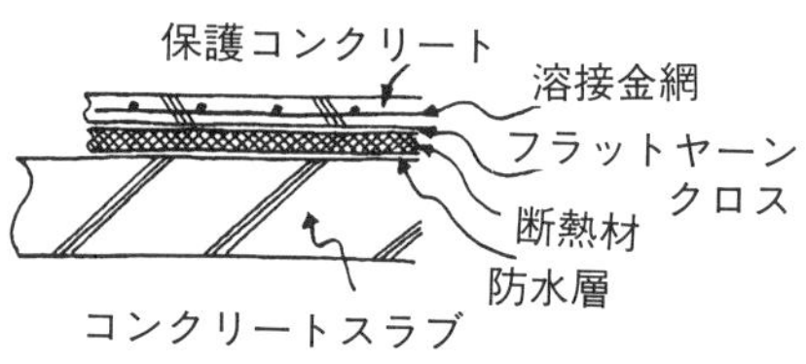

排水溝
アスファルト防水層
押えレンガ
タイル

均しモルタル

保護コンクリート
溶接金網
フラットヤーンクロス
断熱材
防水層
コンクリートスラブ

屋根保護断熱防水

179

4.1 防水・シーリング工事　　　　　4.1.1 防水工事

87 アスファルト防水工事に関する用語 Ⅲ

　屋根防水に用いる**アスファルト**は，一般的に JIS における 3 種と 4 種の規格品が用いられますが，防水工事施工時には，軟化点以上に加熱して溶融した**溶融アスファルト**としなければなりません．

　軟化点とは，アスファルトが加熱により軟化し流動し始めるときの温度をいい，3 種で 100℃以上・4 種で 95℃以上です．そして，**アスファルトの溶融温度の上限**は防水材製造業者が指定する温度を上限とします．同一アスファルトの溶融を 3 時間以上続けてはならず，また，溶融中に変色したものは使用してはなりません．

　アスファルト溶融作業の注意事項を示すと次のとおりです．①溶融温度の上限値を超えないようにする．②過熱によって引火およびアスファルトの物性低下をきたすが，とくにアスファルトの引火に備え，泡・粉末消火器などを準備しておく．③アスファルトの溶融量は当日の作業で使い切る量とし，翌日まで溶融がまに残してはならない．④降雪雨などにより作業を中止する場合は，溶融がまのアスファルトは適当な容器に移し換えて保管し，作業再開時にはそれらを適当にふり分け混合して用いる．

　針入度とは，アスファルトの硬さを示す尺度です．一定の温度で，ある荷重で針を貫入させ，一定時間内に貫入した長さで表します．

　千鳥張り工法とは，ルーフィング類を張り付ける場合，右図のように千鳥形とするもので，重ね合わせ部分では原則として水下側のルーフィング類が，水上側のルーフィング類の下になるように張り付け，継手の幅は 100 mm とし，やむを得ず水上から張る場合は，重ねを 150 mm 以上とります．**アスファルトルーフィング類の張付け**は，プライマー塗りの上に千鳥張りとするのを原則とします．

　増し張りとは，アスファルト防水において，部分的にルーフィングを張り増し，防水層を補強することをいい，防水層の補修の際に主に用いられるものです．

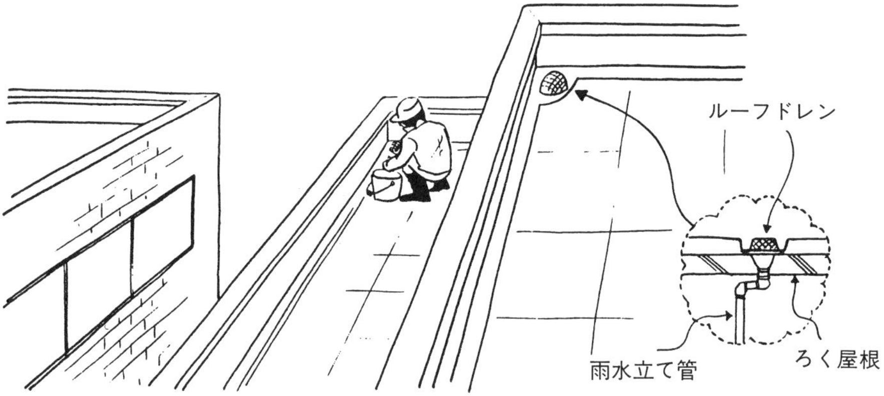

〈仕上げ・建築共通〉　　　　　　　　　　　　　**4.仕上げ施工**

ルーフドレン

雨水立て管　　　　　　ろく屋根

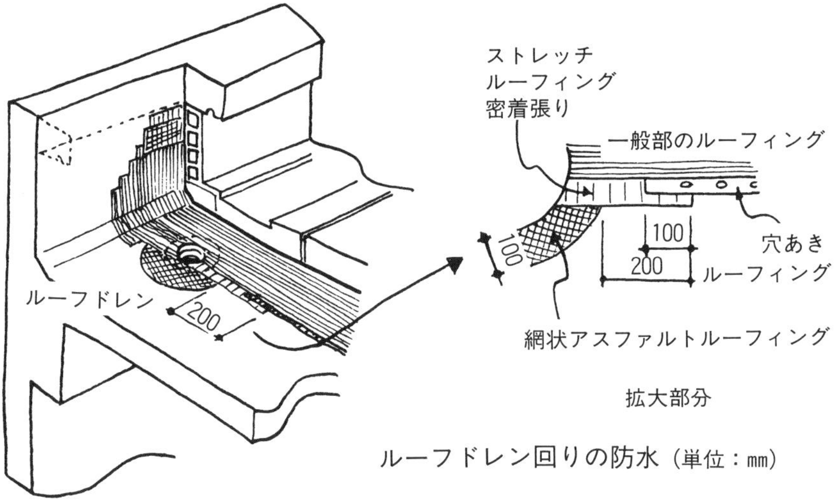

ストレッチ
ルーフィング
密着張り

一般部のルーフィング

穴あき
ルーフィング

網状アスファルトルーフィング

ルーフドレン　200

拡大部分

ルーフドレン回りの防水 (単位：mm)

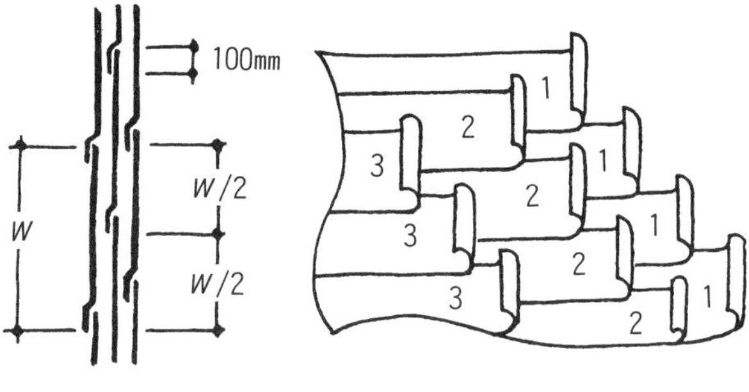

100mm

W

$W/2$

$W/2$

ルーフィング類の千鳥張り工法

4.1 防水・シーリング工事　　　　　　　　　4.1.1 防水工事

88　シート防水工事に関する用語

シート防水（合成高分子ルーフィング防水）とは，合成ゴム系，塩化ビニル系の厚さ 1～1.5 mm の高分子シート（防水布いわゆる**ルーフィングシート**）を，接着剤でシートの接合部の重ね代を 10 cm 以上に重ね合せ接合して防水層とするもので，耐水性，耐候性，耐薬品性，伸縮性に優れた特長があります．

全面接着工法とは，ルーフィングシートを接着剤(プライマーを含む)を用いて下地へ全面接着する工法で，シート防水は全面接着工法によります．なお，全面接着後，ルーフィングシートの材質により塗装仕上げするものとしないものがあります．

全面接着のポイントは，下地に塗布した接着剤が適切な乾燥状態になれば，水勾配に逆らわないように水下から行い，ルーフィングシートに引張りを与えないよう，かつ，気泡が入らないように，また，しわが生じないようていねいに張り付けます．なお，シートの接合部の重ね代は所定の値とし，3 枚の重ね部は内部に必ずシーリング材を充てんしシール

します．なお，塩化ビニル系シートの 3 枚重ね部は熱融着し，端部を液状またはひも状シール材を用いてシールしなければなりません．そして，シート防水の下地の立上がりの入隅は，通りよく直角とし，出隅は通りよく丸面とし，ルーフドレンの取合い部は，増し張り用シートで補強しなければなりません．**取合い**とは，部材どうしが接触する部分，またはその状態をいいます．

ルーフィングシート接合部の重ね代（接合幅）は，JASS により詳しく規定されていますが，その概略を示すと次のとおりです．

合成ゴム系シート（加硫ゴム系シート）：一般平場では縦・横100 mm，平場と立上がりとの接合では150 mm．**合成ゴム系シート（非加硫ゴム系シート）**：一般平場では縦・横70 mm，平場と立上がりとの接合では 150 mm．**合成樹脂系シート（塩化ビニル樹脂系シート）**：一般平場では縦・横 40 mm，平場と立上がりとの接合では 40 mm．

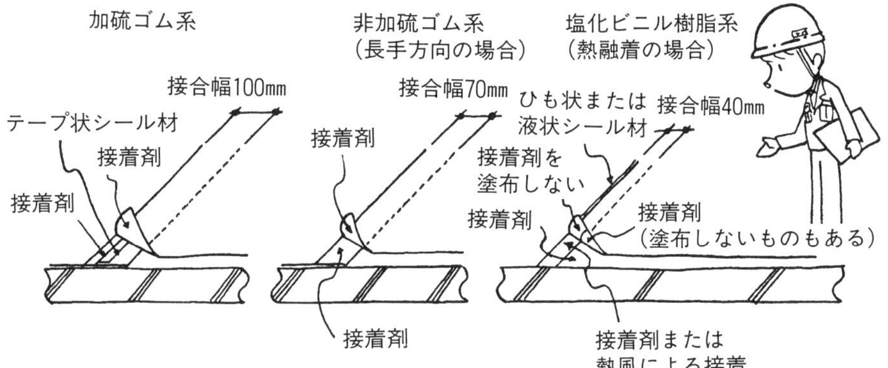

〈仕上げ・建築共通〉   **4.仕上げ施工**

加硫ゴム系

接合幅100mm
テープ状シール材
接着剤
接着剤

非加硫ゴム系
（長手方向の場合）

接合幅70mm
接着剤

接着剤

塩化ビニル樹脂系
（熱融着の場合）

ひも状または   接合幅40mm
液状シール材
接着剤を
塗布しない
接着剤   接着剤
（塗布しないものもある）

接着剤または
熱風による接着

ルーフィングシート接合部

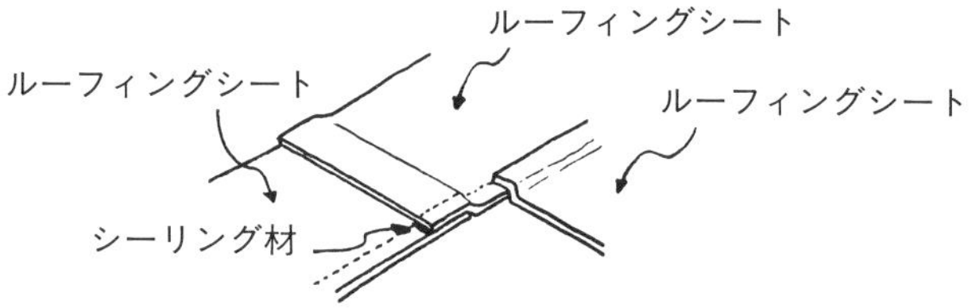

ルーフィングシート
ルーフィングシート
ルーフィングシート

シーリング材

３枚重ね部の処理

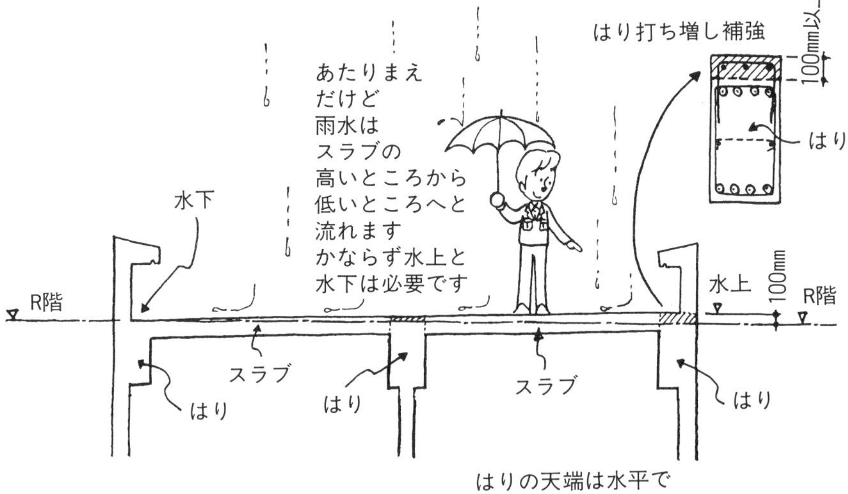

あたりまえ
だけど
雨水は
スラブの
高いところから
低いところへと
流れます
かならず水上と
水下は必要です

はり打ち増し補強

100mm以上

はり

水下

R階

スラブ
はり   はり

スラブ

水上

100mm

R階

はり

はりの天端は水平で
スラブに勾配をつけた例
〔「水上」のはり天端は打ち増しして，〕
〔打ち増し（100mm以上）の配筋もします〕

183

4.1 防水・シーリング工事

4.1.1 防水工事
4.1.2 シーリング工事

89 塗膜防水工事・シーリング工事に関する用語

塗膜防水とは，メンブレン防水の1種で，合成ゴム系や合成樹脂系の塗布剤を塗り，凝固後の皮膜を防水層とする防水方法をいい，皮膜を厚くするため重ね塗りしたり，ゴムシート等を挟んで補強し防水性能を高めます．

メンブレン防水とは，広い面積を薄い防水層で全面を覆う防水方法をいい，アスファルト防水，シート防水，塗膜防水があり，一般的に"防水"といえばメンブレン防水のことを意味していると解してよいのです．

塗膜防水の施工方法は塗布工法，吹付け工法，ローラー塗り工法があり，下地への接着状況によって次の2つに分けられます．**①密着工法**：下地へプライマーによって接着させる塗膜で，塗膜厚確保のために補強布を入れます．**②緩衝工法**：下地に，通気緩衝シートを張り付けた上に塗膜を構成するものです．

モルタル防水とは，モルタルに防水剤を混和して**防水モルタル**とし，この防水モルタルを塗ることにより行う防水です．安価で手軽ですが，

高い防水性は期待できません．

モルタル防水工事のポイントは，亀裂が入りやすいので，縦横1m間隔で伸縮目地を入れることです．

シーリングとは，部材の接合部のサッシの取付け回りなどのすき間から，外部からの水などの侵入を防ぐ措置をいい，シーリングに使用する材料を**シーリング材（シーラント）**といい，主なシーリング材の種類と使用部位の概略は次のとおりです．**シリコン系**：ガラス回り目地．**変成シリコン系**：ALCパネル，窓枠回り．**ポリサルファイド系**：窓枠回り，石張り．**アクリルウレタン系・ポリウレタン系・アクリル系**：ALCパネル．

マスキングテープとは，後ではがしやすいように接着剤を張ったテープで，施工中の被着体の汚染防止用です．**ボンドブレーカー**はコの字型目地に充てんするシーリング材を目地底面に接着させないために張るテープです．

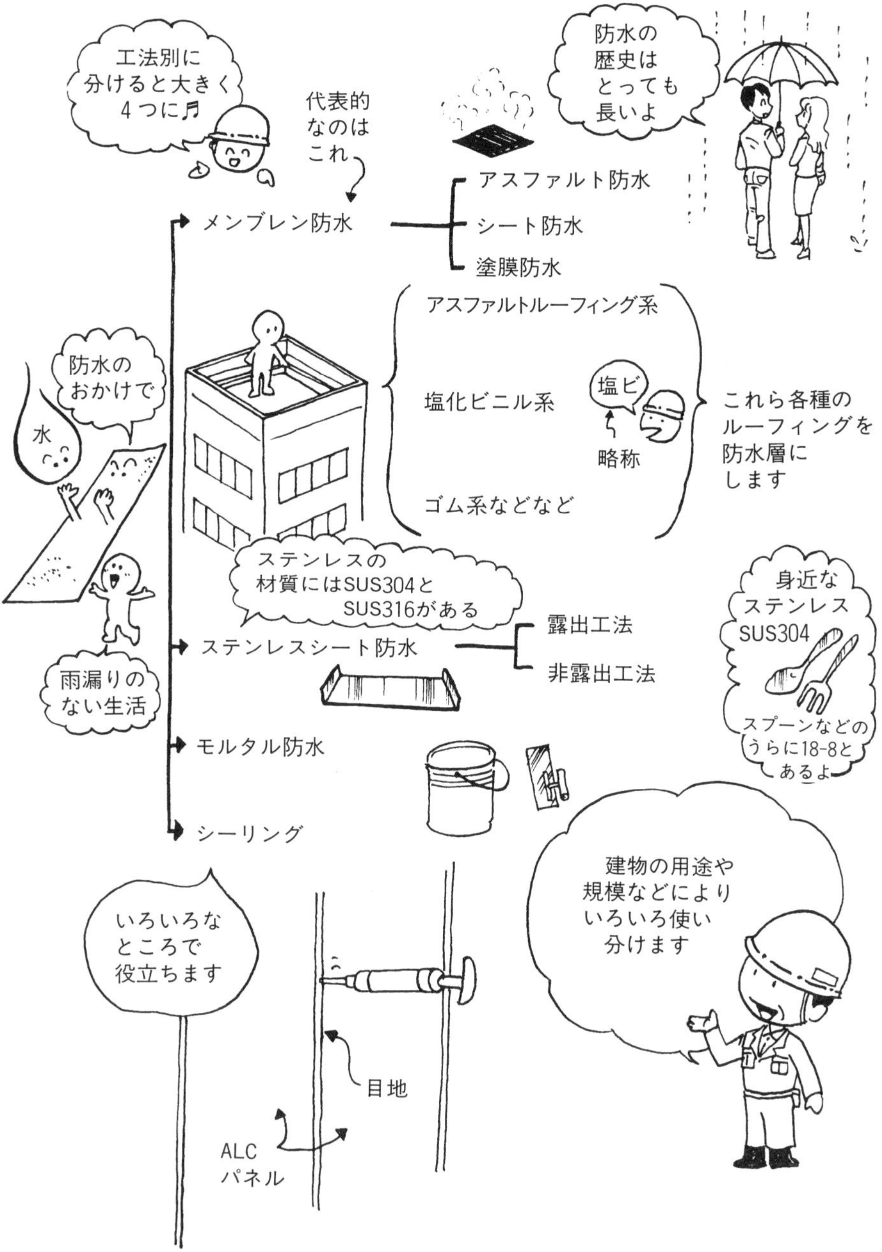

〈仕上げ・一部建築共通〉 **4.仕上げ施工**

工法別に
分けると大きく
4つに♫

防水の
歴史は
とっても
長いよ

代表的
なのは
これ

アスファルト防水

シート防水

塗膜防水

メンブレン防水

アスファルトルーフィング系

塩化ビニル系

塩ビ

略称

これら各種の
ルーフィングを
防水層に
します

防水の
おかげで

水

ゴム系などなど

ステンレスの
材質にはSUS304と
SUS316がある

身近な
ステンレス
SUS304

雨漏りの
ない生活

ステンレスシート防水

露出工法

非露出工法

スプーンなどの
うらに18-8と
あるよ

モルタル防水

シーリング

建物の用途や
規模などにより
いろいろ使い
分けます

いろいろな
ところで
役立ちます

目地

ALC
パネル

4.1 防水・シーリング工事　　　4.1.2 シーリング工事

90 シーリング工事に関する用語

バックアップ材とは，シーリングの目地底に詰める材料で，深い目地を浅くしたり，シーリング材の3面接着を防ぐための合成樹脂の発泡材をいいます．

3面接着とは，ジョイント目地に充てんされた弾性シーリング材（硬化後にゴム状の弾性が確保される不定形シーリング材）が，コの字形に3面に接着することをいい，3面接着は破断しやすいので避けねばなりません．2面接着は，コの字形における対面（2面に）で接着することで，3面接着を避け2面接着とするために用いるのがボンドブレーカーです．

不定形シーリング材とは，コーキング材や弾性シーリング材など充てん形式のシーリング材で，ガスケットなどの定形シーリング材に対応してよばれています．

コーキングとは，サッシ回り，コンクリート打継ぎ部などにおいて，水密性・気密性を確保するために，部材間の接合部分の継目，すき間などにコーキング材を充てんすることをいいます．コーキング材とは，コーキングにおいてすき間に充てんするシーリング材をいいます．

ムーブメントとは，風圧・温度変化などにより，部材の接合部などに生ずる動きをいい，目地はムーブメントの大きさにより次の2つに大別されます．①ワーキングジョイント：ムーブメント比が比較的大きい目地の呼称で，代表的なのが金属カーテンウォールの各種目地で，外装パネル目地，プレキャストコンクリートパネル間目地，ガラス回り目地などがそうです．②ノンワーキングジョイント：ムーブメントが小さいか，またはほとんどムーブメントを生じない目地をいい，主に鉄筋コンクリート壁の各種目地がそうです．

シーリング材の打継ぎ（打継ぎ）とは，シーリング材の打ち終わった面に，時間を経てから追加的にシーリング材を打つこと（充てんすること）をいいます．なお，異種のシーリング材の接触は接着不良，硬化不良などのトラブルが生じるので避けなければなりません．

〈仕上げ・一部建築共通〉   **4.仕上げ施工**

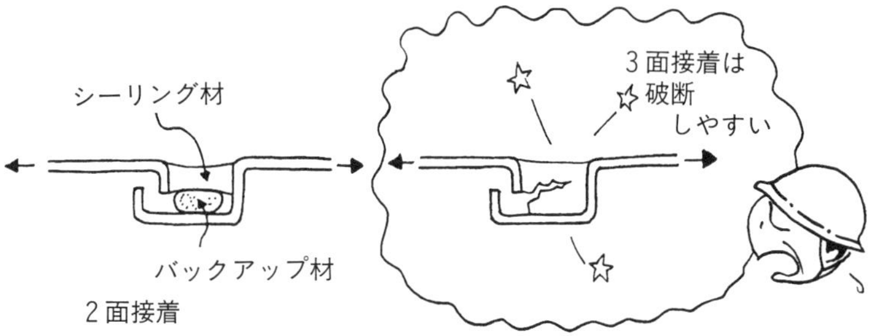

シーリング材

バックアップ材

2面接着

3面接着は
破断
しやすい

2面接着と3面接着によるシーリング材の伸び状況の違い

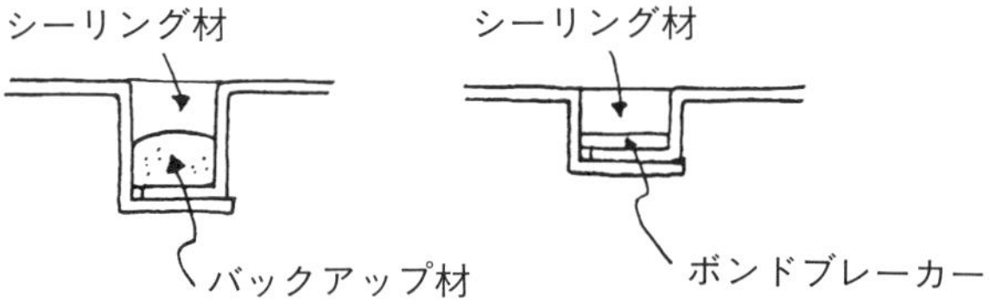

シーリング材

シーリング材

バックアップ材

ボンドブレーカー

バックアップ材・ボンドブレーカーによる3面接着の防止

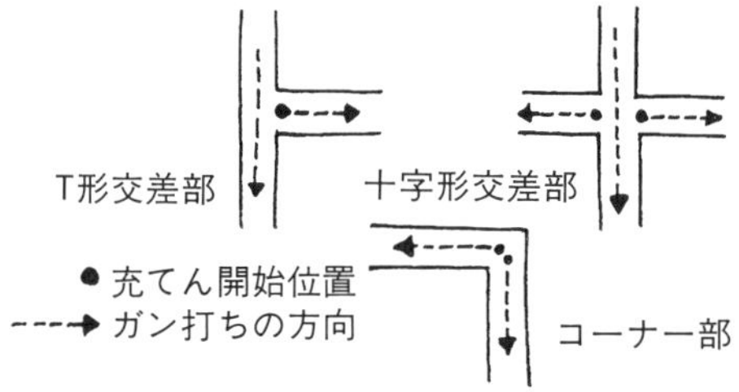

のびたり

シーリング

ちぢんだり

シーリング

T形交差部   十字形交差部

● 充てん開始位置
---→ ガン打ちの方向

コーナー部

シーリング材充てんの順序

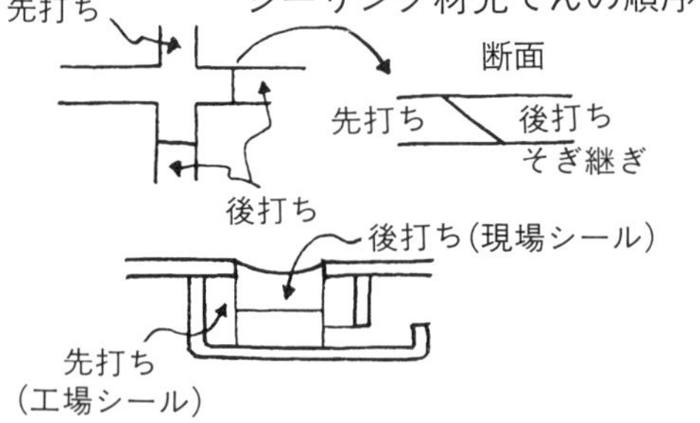

先打ち

断面

先打ち   後打ち
そぎ継ぎ

後打ち

後打ち（現場シール）

先打ち
（工場シール）

シーリング材の打継ぎ（一般の打継ぎ）

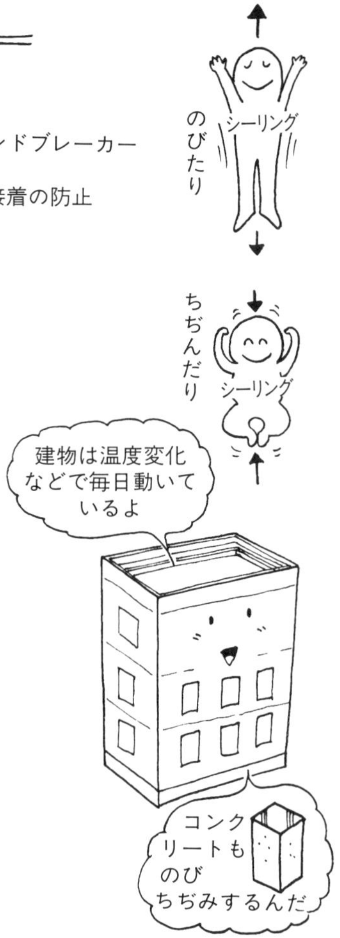

建物は温度変化
などで毎日動いて
いるよ

コンク
リートも
のび
ちぢみするんだ

187

4.2 石工事・タイル工事　　　　　　　　　　4.2.1 石工事

91　石工事に関する用語 I

　張り石工事とは大理石，テラゾーなどの板状に加工した石材を，構造体（壁・床など）に張り付け仕上げを行う工事をいい，乾式工法と湿式工法に分けられます．

　乾式工法とは木材，石材，金属材料，石こうボードなどの乾式材料を用いる工法の総称です．張り石工事における乾式工法のことを**乾式石張り**といい，石材を**ファスナー**（ステンレス鋼製の特殊な取付け金具）などのみによって構造体に取り付け，取付け部の石材と構造体の間を空間としておくものです．

　乾式石張りの特徴を示すと次のとおりです．①施工時間が短い．②石材と構造体が空間となっているので，イ．構造体（壁面など）に変形を生じても張り石に影響がでない．ロ．汚れなどが表面にでない．ハ．石材に物体などの衝撃を受けた場合，破損しやすい．ニ．石材は天然の素材であるため物性が均一でなく，石の弱点と支持点が重なる場合はだぼの欠けの問題がある．

　湿式工法とは，モルタルやプラスターのように水を使う**塗り材料**を用いた工法の総称で，塗り材料が乾燥するまでに時間を要し，かつ，じゅうぶんに乾燥しなければ次の工程に入れないといった欠点があり，張り石工事における湿式工法のことを**湿式石張り**といいます．

　湿式石張りの特徴を示すと次のとおりです．まず**欠点**は，①２日に１段しか施工できないので工期が長い．②石裏に水が侵入した場合，石材の濡れ色・白華が生じ美観を損なう．③躯体と石材が裏込めモルタルで密着しているので，躯体・裏込めモルタルの乾燥収縮・変形，石材の膨張・収縮などにより，石材の破損・はく離を生じやすい．④石厚が乾式工法に比べて薄くできるが，裏込みモルタルを含めた全重量が重く，構造的に負担が大きい．しかし，乾式に比べて工費が安く，衝撃に対し強いといった利点があり，１階の腰壁など，衝撃を受けやすい部位などには湿式工法を採用するのは有効です．

188

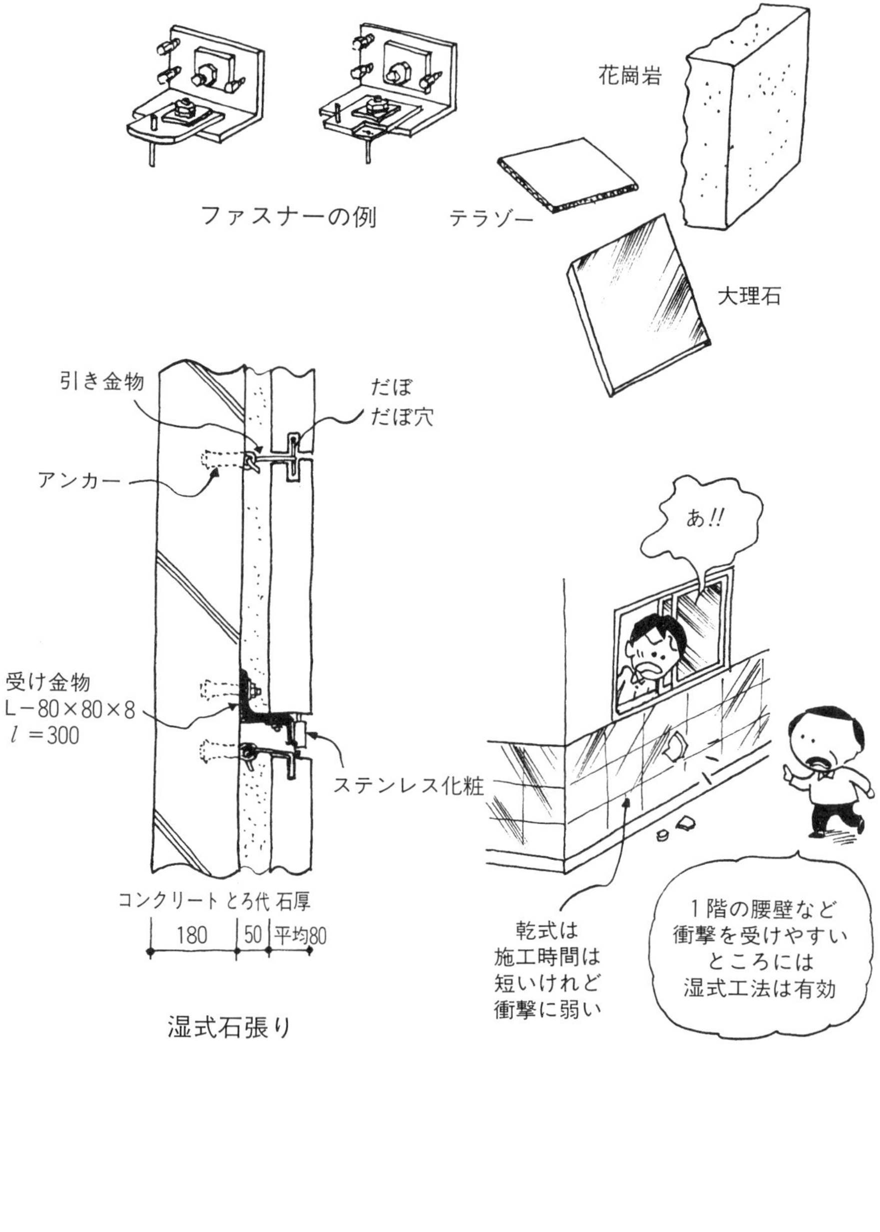

〈仕上げ・建築共通〉 　　　　　　　　　　　　　　**4.仕上げ施工**

ファスナーの例　　　　テラゾー

花崗岩

大理石

引き金物

だぼ
だぼ穴

アンカー

受け金物
L－80×80×8
l ＝300

ステンレス化粧

あ!!

コンクリート	とろ代	石厚
180	50	平均80

湿式石張り

乾式は
施工時間は
短いけれど
衝撃に弱い

1階の腰壁など
衝撃を受けやすい
ところには
湿式工法は有効

189

4.2 石工事・タイル工事 / 4.2.1 石工事

92 石工事に関する用語 Ⅱ

本項では石工事に関する用語を単発的に列挙しておきます.

だぼとは，二材の接合部において，相互のずれを防ぐ目的で両材にまたがって差し込む鉄物の小片をいいます.

目地とは，タイル，コンクリートブロック，石材などの張り付けや組積において，部材の接合部に生じる継ぎ目をいいます. **伸縮目地**は温度変化や不同沈下などによる石材などの亀裂や破損を最小限にとどめるために設ける弾力性をもたせた目地をいい，石工事における伸縮目地材としては発泡プラスチック材が用いられます.

笠木とは塀・パラペット（屋上などの外周に，外壁に沿って立ち上げた腰壁）などの頂部の横架材・仕上げ材の総称で，張り石工事においては，笠木は合場だぼ入れとし，引金物などを使用して取り付けます.

合場（合口）とは，隣り合う石と石とのとば口部分が接触する面，あるいは張り石工事の張り石において隣り合う2つの石の相対する小口面をいい，**小口**とは，石材などの断面が矩形の部材や材料の短辺方向の面をいいます.

裏込めモルタルとはタイル，張り石などの裏側にあるすき間に注入するモルタルをいい，裏込めモルタルは収縮を防止し，じゅうぶん充てんできるよう流動性をもたせるために**貧調合（貧調合モルタル）**としなければなりません. なお，**裏込めモルタルの打継ぎ（打継ぎ）**は強度維持上，石の上端より40 mm程度下がりの位置に止めます.

砂岩とは，砂粒が水中に堆積してできた岩石で，耐火性があり加工が容易ですが，耐久性はなく吸水量が大なものなので，張り石として砂岩を用いる場合は，裏込みモルタルの充てん前にはじゅうぶん水湿しを行わなければなりません.

硬練りコンクリートとは，スランプ15 cm程度未満の俗称で，敷石の据付けの下地に用います. なお，スランプ15 cm以上のものを**軟練りコンクリート**といいます.

190

〈仕上げ・建築共通〉　　　　　　　　　　　　　　　　　　**4.仕上げ施工**

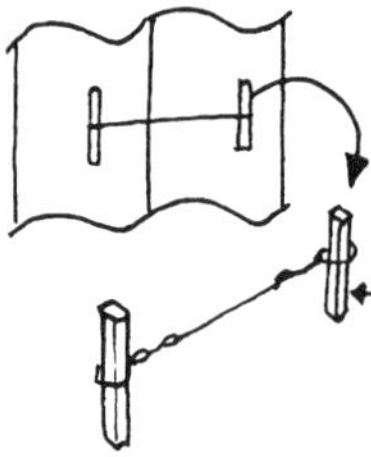

だぽ

小口

長手

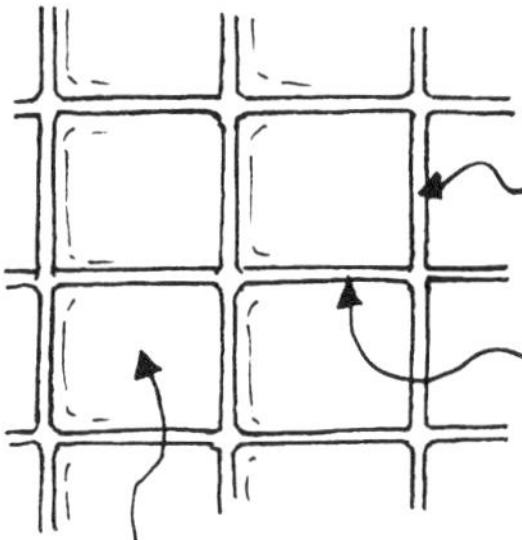

縦目地

横目地

タイルなど

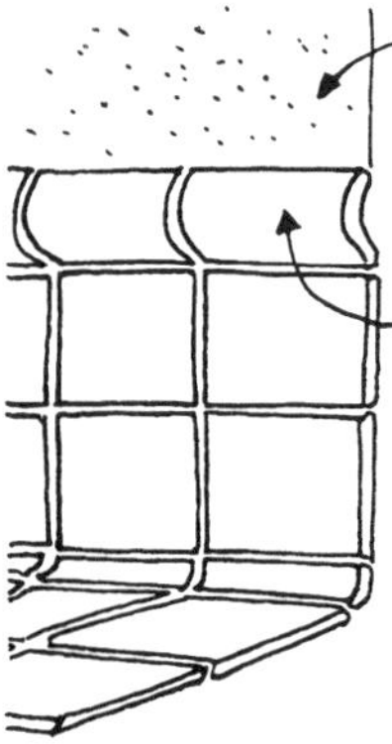

貧調合
モルタル

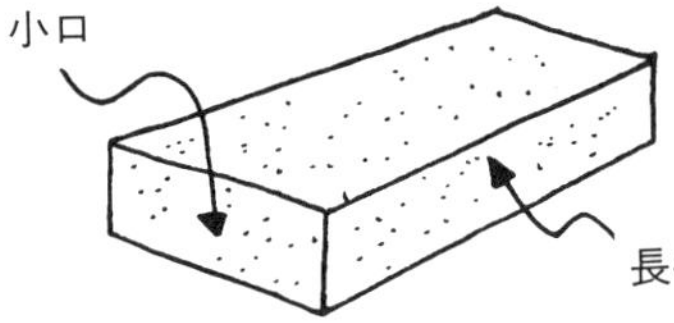

空気 + 水 + セメント + 砂

砂の量を
多くすると貧調合に
なります

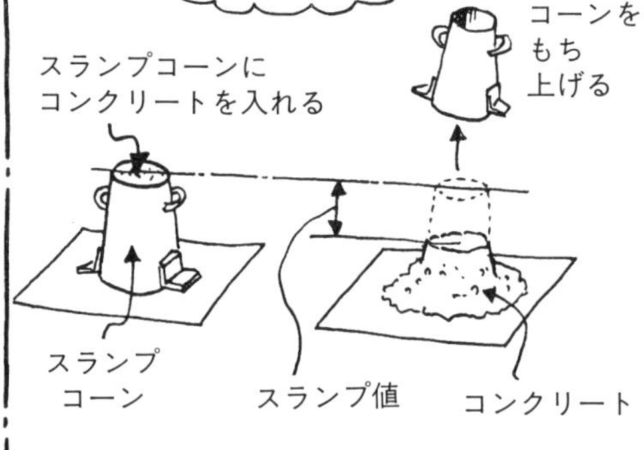

壁

笠木

スランプコーンに
コンクリートを入れる

スランプ
コーンを
もち
上げる

スランプ
コーン

スランプ値

コンクリート

笠木

パラペット

屋上

かたい

やわら
かいな〜

191

4.2 石工事・タイル工事　　　　　　　　4.2.1 石工事

93 大理石張りなどに関する用語

道切りとは，かすがいや引き金物を納めるために合場に掘る溝をいい，**すりはだ**とは小端すき機で小端面をすり落としたままの状態をいいます．**切りはだ**とは，テラゾーブロックまたは擬石において，脱型したままの小端の状態です．

シャーコネクターとは，PC板（プレキャスコンクリートパネル）に先付けする石を裏打ちコンクリートに固定するための定着金物をいいます．

大理石はその特性から風化しやすいので，外壁や水掛かり部には原則として用いられず，室内の装飾用の壁などとして用いられます．大理石は湿式石張りとされ，横目地合場にだぼおよび引き金物を用いて取り付けます．裏込めモルタルは全面に行わず，必要な所定箇所にいわば部分的に団子状のモルタル（**当てモルタル**〔**つなぎモルタル**〕）とするのが原則です．そして，裏込めモルタルには大理石の表面の色に影響しないように白色セメントが使用されます．なお，**引き金物**（建物の中の石材などを，その位置に保留するために取り付けた金物）の留付けなどの仮固定には，硬化が早い石こうセメントいわゆる**超高速セメントペースト**を用いますが，石こうが水を含むと膨張し周辺部を破壊するので，裏込めモルタルとして用いてはなりません．

ねむり目地とは，目地幅をなくして部材（大理石）を密着させる場合の目地で，ねむり目地とするために糸面をつけます．なお，**糸面**とは，石材や木材を用いた部位，部材などの出隅部分に付けた細幅の小さな面をいい，大きい面は**大面**といいます．

本磨き仕上げとは，石材の表面仕上げの1つで，つや出しとつや消しの2種類があり，最終の本磨きは最も微粒な**カーボランダム**（石の研磨材）を用います．なお，大理石の取付け終了後の表面仕上げは，やわらかい布による**からぶき**とし，現場でのワックス掛けによる**ワックス仕上げ**はむらがでるので行ってはなりません．

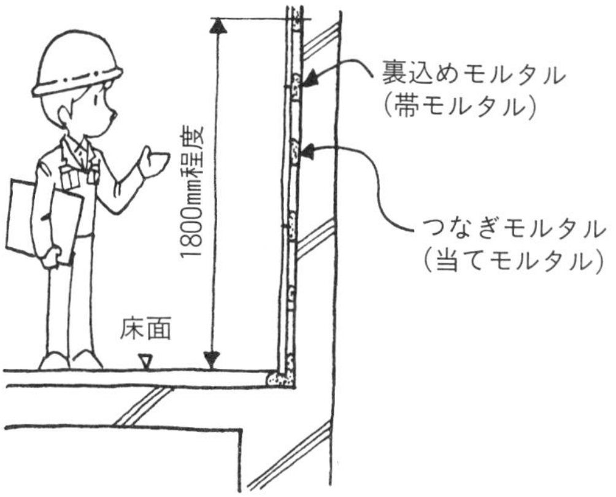

〈仕上げ・建築共通〉   # 4.仕上げ施工

豪華やな〜
大理石や

大理石の取付け
終了後の表面仕上げは
やわらかい
布で
からぶき

裏込めモルタル
（帯モルタル）

1800mm程度

つなぎモルタル
（当てモルタル）

床面

大理石の場合のモルタル詰め   道切り

縦筋
（φ9）

横筋
（φ9）   かすがい   小端

合場

引き金物

だぼ   小口

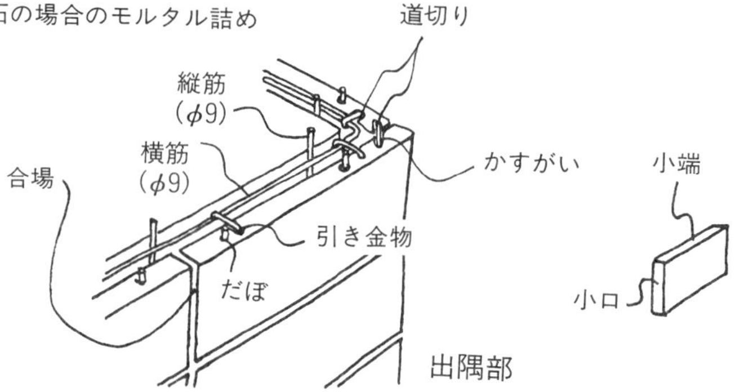

出隅部

193

4.2 石工事・タイル工事

4.2.2 タイル工事

| 94 | タイル工事に関する用語 I |

　タイル工事とは，タイル張り（タイルをセメントモルタルによって内外装，床などに張る作業・その仕上げ）を行うことをいい，次の先付け工法，後付け工法（積上げ張り，圧着張り，ユニット張りなどを総称）に分けられます．

　タイル割とは，タイルの大きさと取付け位置を詳細に図示または墨出しすること，つまり，タイルの寸法に合わせ，壁や床面に張り方の割り付けをすることをいいます．

　伸縮調整目地とは，伸縮目地を小面積に分割して設けることをいうのです．下地モルタルおよび張付け用モルタルは，乾燥に伴って収縮し，また温度変化によって躯体とともに伸縮します．これらの影響によってタイルの付着を弱めたり，タイル層にわん曲を生じ，タイルのはく離を生じることになるので，このようなトラブルを軽減するためのものです．また，躯体表面や下地にひび割れが発生すると，当然，タイル面にもひび割れが生じ，タイルの接着力の低下につながるわけで，この弊害を防

止するために，躯体のコンクリート壁表面に乾燥収縮などによって起こるひび割れをあらかじめ想定した位置に発生させるために入れる目地をひび割れ誘発目地といいます．

　タイル面の伸縮目地は，縦横とも3〜4 m ごとに設け，伸縮調整目地により囲まれた面積は 10 m²以内を標準とし，設ける位置は，躯体ひび割れ誘発目地に一致させる位置に設け，柱型がある場合の伸縮調整目地は柱型の両側に設けます．なお，伸縮調整目地は建設省建築工事共通仕様では，一般に幅 10 mm 以上，深さ 7 mm 以上とされています．

　化粧目地とは，タイル張りなどにおいて表面を意匠的に仕上げた目地をいい，目地寸法は 2〜2.5 mm が多いが，1.5 mm も用いられます．目地は意匠的には引込み目地・V 形目地など多種ありますが，形状的には主として，いも目地と破れ目地（うま目地）が用いられます．

〈仕上げ・建築共通〉   **4.仕上げ施工**

タイルの分類

	吸水率	焼成温度	例
磁 器 質	0〜1 %	1200〜1300℃	外装タイル，床タイル，モザイクタイル
せっ器質	1〜10 %	1200〜1350℃	外装タイル，床タイル
陶 器 質	10 %以上	1000〜1200℃	内装タイル

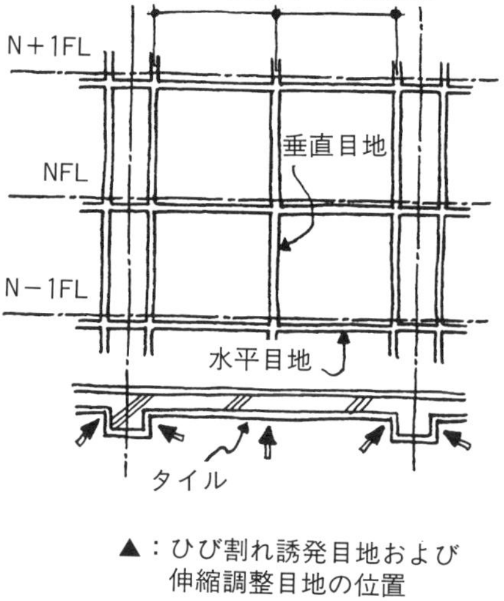

▲：ひび割れ誘発目地および
伸縮調整目地の位置

柱型がある場合

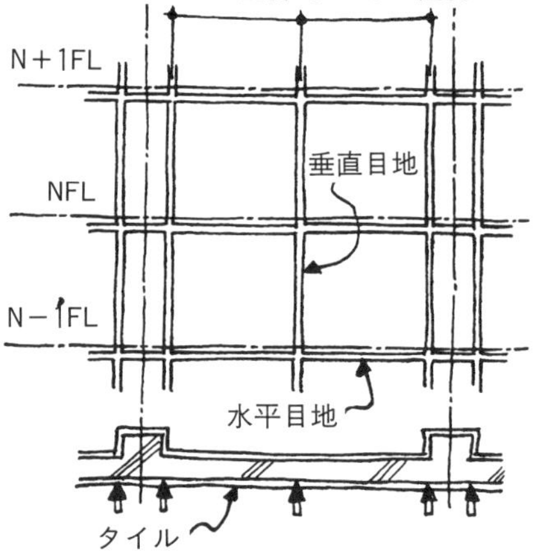

▲：ひび割れ誘発目地および
伸縮調整目地の位置
柱の両側および中間に設ける場合

柱型がない場合

伸縮調整目地位置

いも目地

破れ目地

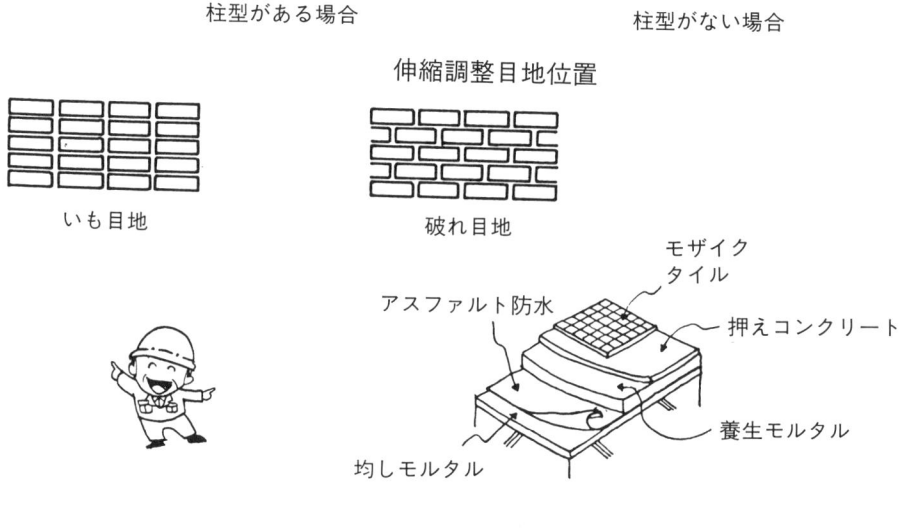

195

4.2 石工事・タイル工事

4.2.2 タイル工事

95 タイル工事に関する用語 Ⅱ

タイル工事に使用する**現場調合モルタルおよびモルタルの塗厚**については，タイル張り工法の種類に応じて，細骨材の粒径，調合比および塗り厚さなどが定められ，例えば，**床面のタイル張り工法における敷モルタル**については，1：3～4の貧調合とし，モルタルを手で握って固まる程度がよく，この理由は床面の**水勾配**（雨水などを流すために付ける傾斜）などの関係で水平に仕上げなければならないからです．

水溶性樹脂混和材（メチルセルロース）とは，モルタルの保水性・作業性を向上させる目的で添加する水に溶解する合成樹脂で，季節によって混入量を調整し，過度に混入するとモルタルの粘りが大きくなり過ぎ，塗りにくいモルタルとなり，このため張り付け可能時間が極めて短くなります．

壁タイル張り工法の種類としては，次のものがあります．

積上げ張り（だんご張り）とは，あらかじめ**くし目**（くし引き〔下塗りした面にしま状の浅い溝をつくること〕した浅い溝）を引いたモルタルの下地をつくり，裏面に張付け用モルタルをのせたタイルを1枚ずつ押し付けながら張る工法．**密着張り**とは，張付け用モルタルを下地面に塗り，モルタルが軟かいうちにタイル張り用振動工具を用いて，タイルに振動を与え，埋め込むように張り付ける工法．**改良積上げ張り**とは，積上げ張りと同様の工程ですが，下地モルタルを厚くして木ごて押さえとし，張付け用モルタルを薄くするものです．**マスク張り**（ユニット張り）とは，50 mm角以上のユニットタイル裏面にモルタル塗布用の**マスク**（タイルの形状に穴明けした形板）を乗せて張り付ける工法．**圧着張り**とは，あらかじめモルタル木ごて押さえで下地をつくり，その上に張付け用モルタルまたはセメントペーストを塗り，軟らかいうちにタイルを押し付けて張る工法．**改良圧着張り**は，圧着張りと同様の工程に加え，張付け用モルタルまたはセメントペーストをタイル裏面にも塗って張る工法．

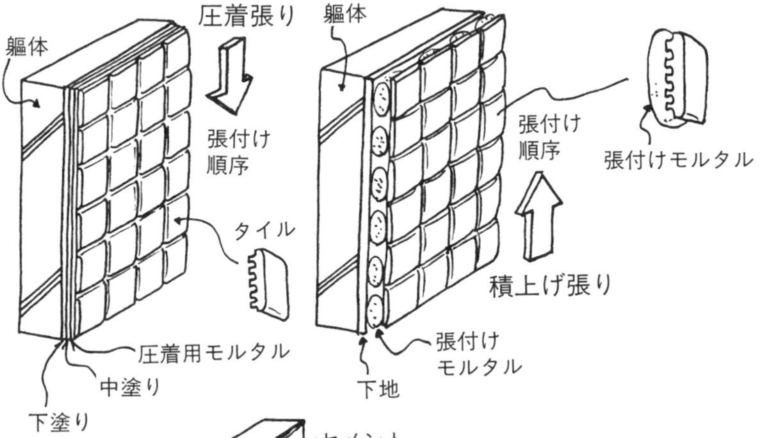

〈仕上げ・建築共通〉　　　　　　　　　　　　　　　　　**4.仕上げ施工**

圧着張り

躯体

躯体

張付け
順序

張付け
順序

張付けモルタル

タイル

積上げ張り

圧着用モルタル

張付け
モルタル

中塗り

下地

下塗り

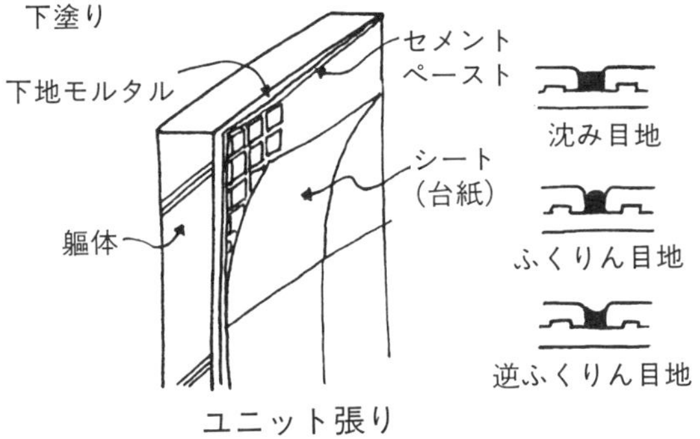

下地モルタル

セメント
ペースト

沈み目地

シート
（台紙）

ふくりん目地

躯体

逆ふくりん目地

ユニット張り

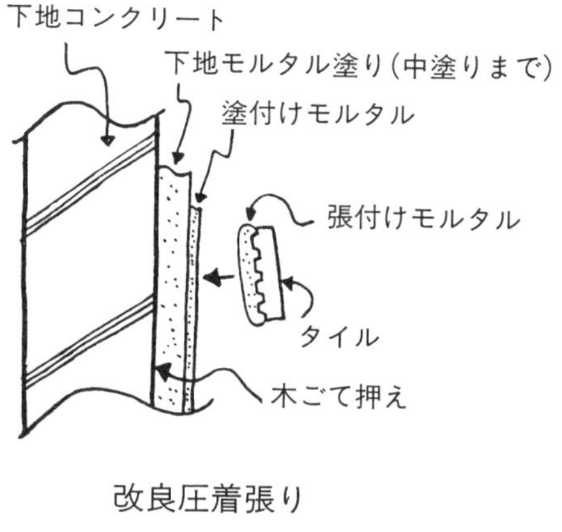

下地コンクリート

下地モルタル塗り（中塗りまで）

塗付けモルタル

張付けモルタル

タイル

木ごて押え

改良圧着張り

4.2 石工事・タイル工事

4.2.2 タイル工事

96 | タイル工事に関する用語 Ⅲ

接着張りとは，乾燥したモルタル下地に接着剤を 3 mm 厚程度に金ごてなどで塗布し，くし目ごてでくし目を立てタイルを張り付ける工法で，接着張りは常時水が掛かるような箇所では避けなければなりません．

オープンタイムとは，接着剤（張付け用モルタルも含む）を塗布した後，被着材料（タイル）を張るまでの時間で，最適な粘りが出るまでの時間は，タイル，接着剤の種類などにより，また気温や作業状況などにより異なります．接着張りにおける接着剤の 1 回の塗付け面積は，30 分以内に張り終える面積とします．

ドライアウトとは，モルタルなどの塗り材料が，直射日光・風・下地の吸水などによる水分の急減により，正常な凝結硬化しない現象をいい，改良積上げ張り工法の場合は，ドライアウトが生じやすく，したがってタイルがはく離しやすくなります．

浮き（肌分かれ）とは，モルタルやタイルなどが下地からはく離することをいいます．

タイル張り工事において，浮きや割れなどは目地部分で切断して張り直さなければならず，**目地詰め**（化粧目地を施すこと）はタイル張り後1 日以上経過した時期に行い，床タイル張りの場合，作業終了後，原則として 3 日間は歩行してはなりません．いずれにしてもタイル張り工事は気温が 2℃以下の場合は，原則として作業を行ってはなりません．

なお，**タイル型枠先付け工法（先付け工法）**とは，コンクリート造の壁などに，工事現場で組立てる外型枠の内面にタイルをあらかじめ配列固定しておき，コンクリート打設によって，躯体部分と一体化してタイル張り仕上げを行う工法で，付着強度が強く，はく離防止上有効です．タイルシートを型枠内面に仮付けしてコンクリートを打込む**タイルシート法**と，目地ますを型枠に取付け，タイルをはめ込みコンクリートを打込む**目地ます法**があります．

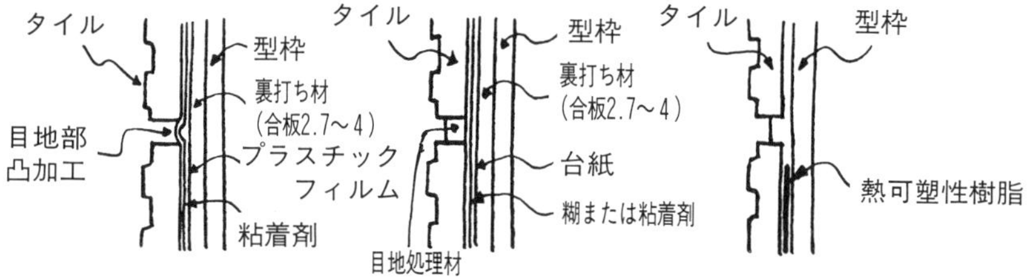

〈仕上げ・建築共通〉 **4.仕上げ施工**

タイル　型枠　裏打ち材（合板2.7～4）　プラスチックフィルム　粘着剤　目地部凸加工

タイル　型枠　裏打ち材（合板2.7～4）　台紙　糊または粘着剤　目地処理材

タイル　型枠　熱可塑性樹脂

タイルシート

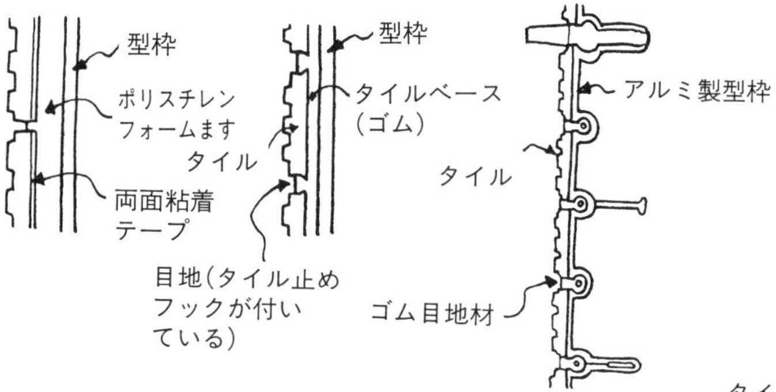

型枠　ポリスチレンフォームます　タイル　両面粘着テープ　目地（タイル止めフックが付いている）

型枠　タイルベース（ゴム）　ゴム目地材

アルミ製型枠　タイル

目地ます法

タイル

躯体　下地モルタル　有機質接着剤　クシ目デコ引き　内装用タイル

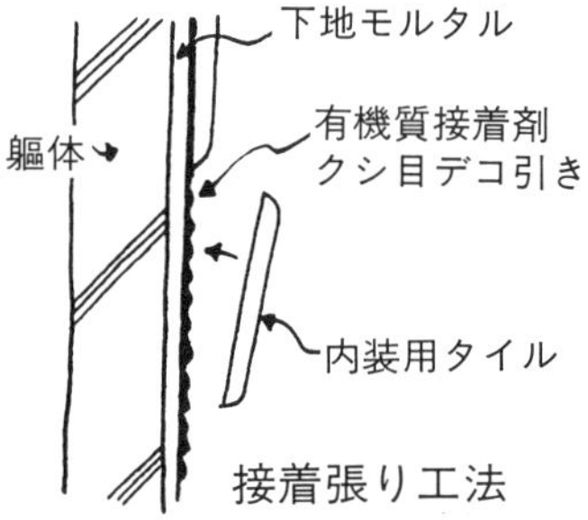

接着張り工法

199

4.2 石工事・タイル工事　　　　　　　4.2.2 タイル工事

97 | タイル工事に関する用語Ⅳ

　ユニットタイルとは，タイルの表面に台紙を張り 30 cm 角ほどのユニットにして張り付けを行うタイルで，台紙は張り付け完了後，水湿しをしてはがします．**モザイクタイル**は一辺の長さが 10〜50 mm くらいまでの小型のタイルで，ユニットタイル化してありユニット張りとします．
　小口タイル（小口径タイル）とは，寸法 108×60 mm のタイルをいい，**二丁掛けタイル**とは，寸法 227×60 mm のタイルで，小口タイル 2 枚に目地幅を加えた寸法になります．**四丁掛けタイル**は寸法 227×127 mm のタイルで，二丁掛けタイルを 2 枚並べた寸法となります．**ボーダタイル**とは，細長いタイル一般の呼称で，227×30 mm，227×36 mm，227×45 mm などがあり，縁取りなどに用いられます．
　裏足とは，タイル裏側にモルタルやセメントがはがれにくいように設ける凹凸をいい，裏足凹部から下地モルタルまでの寸法（mm）を**張付け代**といいます．
　タイル張り検査とは，タイル張り工事が完了してから 2 週間目に，タイル張りの良否について点検する検査で，施工後 2 週間程度経過するとタイルの接着強度がじゅうぶん出てくるからです．検査は次の 3 つに分けて順に行われます．
　目視検査（外観検査）は**不陸**（平面が凹凸していること），**目違い**（二材の表面がくい違うこと），ひび割れの有無を目で見て点検することをいいます．**打診検査**は，施工面全面を打診用テストハンマーでたたいて打音により異常を見付けるものです．
　接着力試験は，試験体としてタイルの周辺をカッターでコンクリート面まで切断し，試験体箇所は全体の代表となるよう無作為に 3 個以上，かつ 100 m² またその端数につき 1 個以上とり，引張り試験機により接着強度（引張り強度）を測定するもので，1 個でも 0.4N/mm² 未満のものがある場合は不合格とし，不合格が出た場合は施工面全面に詳細に再ロットを取って試験を行うなどの調査を行い，不良部分は目地部を切断して張り直します．

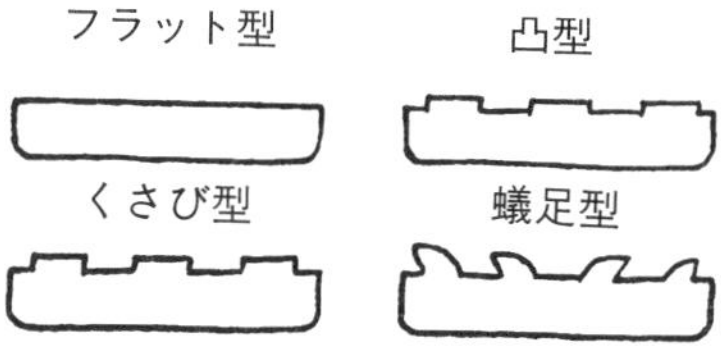

〈仕上げ・建築共通〉 　　　　　　　　　　　　　　　　**4.仕上げ施工**

フラット型　　　凸型

くさび型　　　蟻足型

タイル裏足

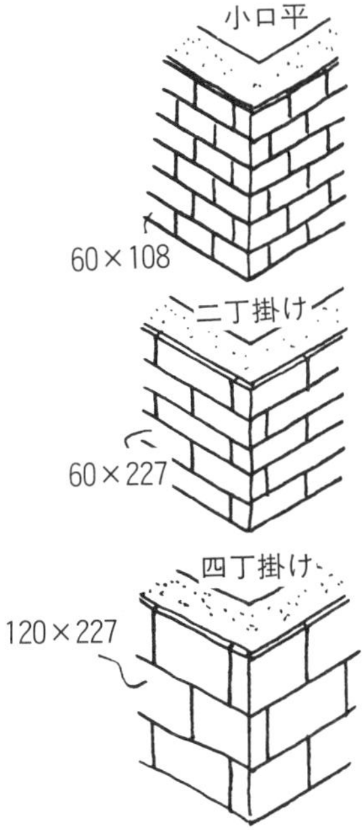

小口平

60×108

二丁掛け

60×227

四丁掛け

120×227

タイルの大きさは
小さい方が接
着強さは大きく,
これを「面積効果」
というんだ

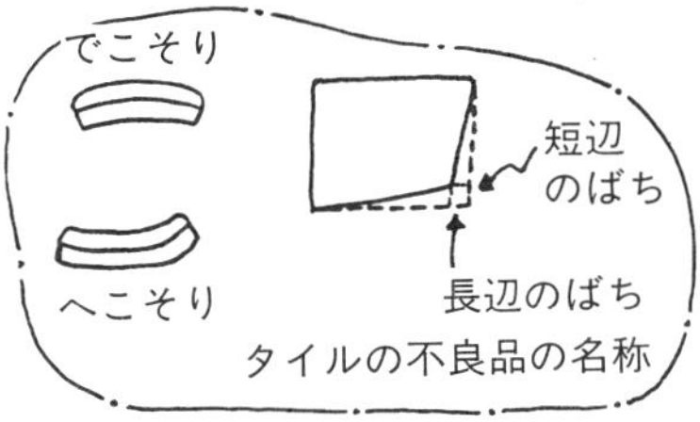

でこそり

短辺
のばち

へこそり

長辺のばち

タイルの不良品の名称

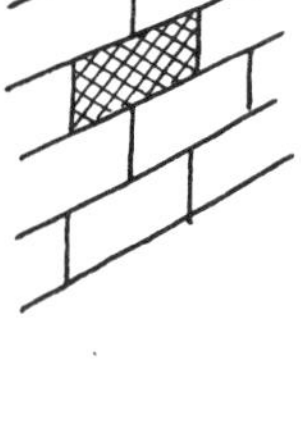

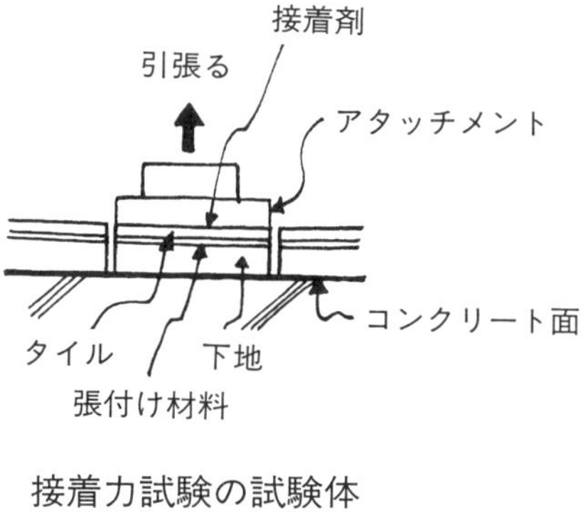

接着剤

引張る

アタッチメント

タイル　　下地

張付け材料

コンクリート面

接着力試験の試験体

201

4.3 屋根・とい工事および金属工事　　4.3.1 屋根工事

98 屋根に関する一般用語

屋根の種類は，その形状や特徴から，次のように大別されます．**切妻屋根**とは，本を開いて伏せたように，むねの左右に２つに長方形斜面を取り付けたような形の屋根をいい，切妻屋根をもつ建物の形式を**切妻造り**といいます．

寄せ棟屋根（四柱屋根）とは，大棟の両端に四つの棟が会する形式の屋根をいい，寄せ棟屋根をもつ建物を**寄せ棟造り**といいます．なお，**棟**とは，屋根勾配が交わった最も高い所をいい，そして**大棟**とは屋根頂部の水平の棟をいうのです．

入母屋屋根とは，寄せ棟屋根を切妻屋根の両屋根形式を結合した形式の屋根をいい，入母屋屋根をもつ建物を**入母屋造り**といいます．

屋根葺きとは屋根を葺くことをいい，用いる屋根の仕上げ材等により次のように大別されます．瓦を用いる**瓦葺き**，金属板を用いる**金属板葺き（鋼板葺き）**などがあります．

葺き方によっては次のように大別されます．**本瓦葺き**とは，瓦葺きにおいて，**平瓦**（断面がわん曲した矩形の瓦）と**丸瓦**（断面が半円状の瓦）を交互に並べて葺く方式です．**平板葺き**とは，金属板葺き等，平板を用いた屋根葺きで次の２つがあります．**一文字葺き**は屋根面の水平方向に一直線になるように葺くもので，**菱葺き**は菱形に葺き上げるものです．**瓦棒葺き**とは，屋根の流れに沿った瓦棒に心木を入れ，金属板で巻いて葺く方式で，平板葺きより雨仕舞がよいです．

野地板（野地）とは，屋根葺きの下地として垂木の上に張る板をいいます．

屋根勾配（水勾配）とは，水平面に対する屋根面の傾斜の度合（勾配）をいい，水はけの関係から，屋根葺材料によってその最低勾配は次のとおりとされています．瓦葺き：4/10，金属板瓦棒葺き：1/10，アスファルト防水：0.2/10，金属板平板葺き：2.5/10．屋根勾配が水平または軽微（1/100～1/200の勾配）な屋根を**陸屋根**または**平屋根**といい，鉄筋コンクリート構造の屋根に多く用いられます．

202

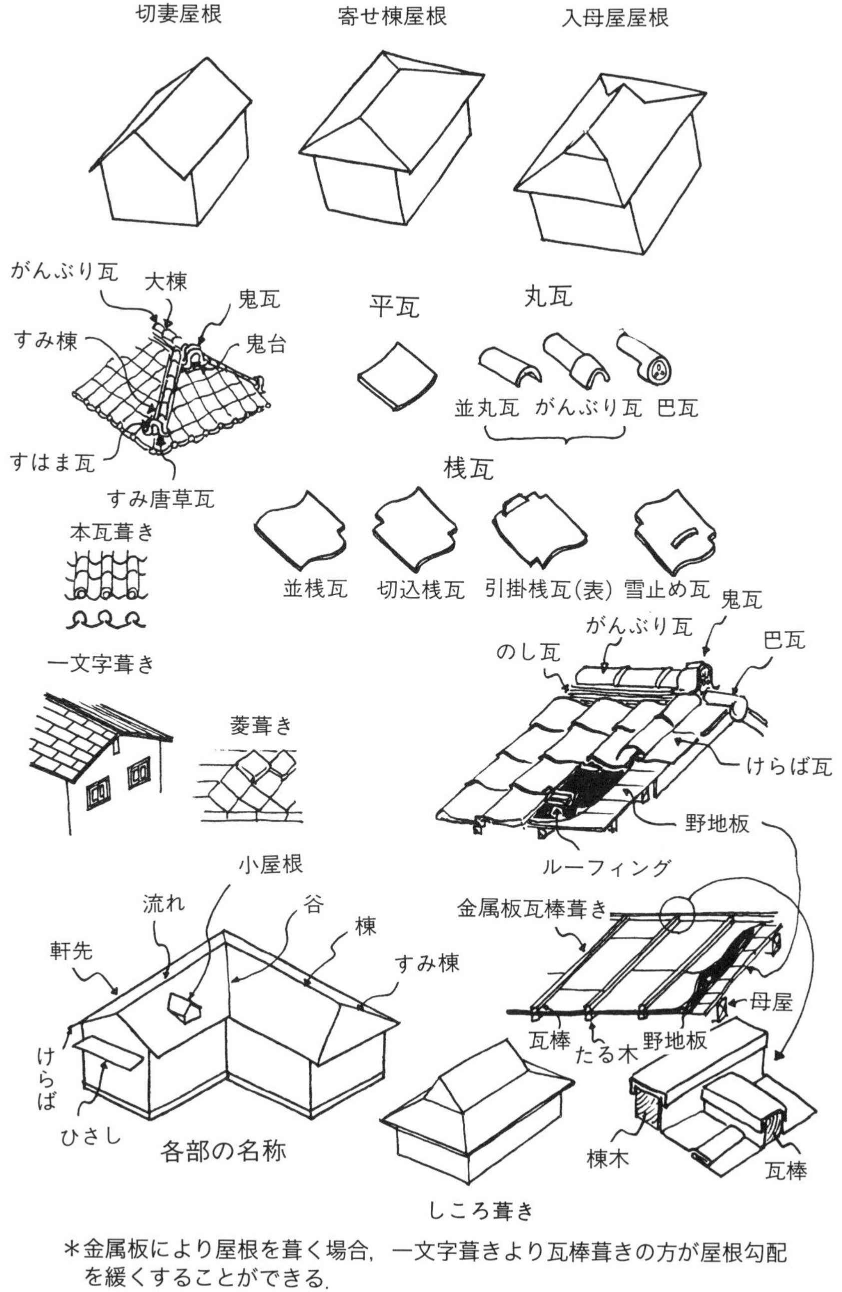

〈仕上げ主体・一部は建築共通〉 　　　　　　　　　　　# 4.仕上げ施工

切妻屋根　　　　　寄せ棟屋根　　　　　入母屋屋根

がんぶり瓦　大棟　　　　　鬼瓦　　　平瓦　　　丸瓦
すみ棟　　　　　　　　鬼台
すはま瓦　　　　　　　　　　並丸瓦　がんぶり瓦　巴瓦
　　すみ唐草瓦　　　　　　桟瓦

本瓦葺き
　　　　　　　並桟瓦　切込桟瓦　引掛桟瓦(表)　雪止め瓦　鬼瓦
一文字葺き　　　　　　　　　　　　　　がんぶり瓦　　巴瓦
　　　　　　　　　　　　　　　のし瓦
　　　菱葺き
　　　　　　　　　　　　　　　　　　　　　　　　けらば瓦
　　　　　　　　　　　　　　　　　　　　　野地板
　　　　　　　　　　　　　　　ルーフィング

　　　　小屋根　　　　　　　金属板瓦棒葺き
流れ　　　　谷　棟
軒先　　　　　　　　すみ棟
　　　　　　　　　　　　　　瓦棒　　野地板　　母屋
け　　　　　　　　　　　　　たる木
ら
ば
ひさし　　各部の名称　　　　　　　　　　棟木　　　　瓦棒

　　　　　　　しころ葺き

＊金属板により屋根を葺く場合，一文字葺きより瓦棒葺きの方が屋根勾配
　を緩くすることができる．

4.3 屋根・とい工事および金属工事　　　4.3.1 屋根工事

99　屋根一般および鋼板葺きに関する用語

下葺き（屋根下地）とは，屋根葺きと野地板の間に下地として葺くことをいい，次のものがあります．こけら板葺きとは，野地板の上に杉，松の薄皮など（厚さ 0.2〜0.5 cm，幅 10 cm，長さ 30 cm 程度の板）を葺き足 7.5〜10 cm 程度の水下から葺いていくもので，日本瓦葺きの場合に採用されます．ルーフィング葺きとは，野地板の上にアスファルトルーフィング・フェルトを縦横とも 9 cm 以上重ね，水下から葺くもので，主に洋瓦葺き，瓦棒葺き，スレート葺きの屋根下地とされます．

葺き足（ふき足）とは，屋根葺きにおいて，水が流れる方向に重ならないで露出する部分の長さのことをいい，これに対して，流れと直角方向に現れている幅を小間（こま）といいます．

下地とは，屋根葺き，壁仕上げなどの内側の工作部分，仕上材の裏面にあって，その取り付けを容易にし，仕上面の効果を助けるものをいい，目的により防水下地，塗り壁下地などとよびます．

鋼板葺き（亜鉛鉄板葺き）は，屋根葺き材として亜鉛鉄板（鋼板）を用いるもので，折板葺きと平葺き（平板葺き）に大別されます．

折板葺きは亜鉛鉄板を折り曲げて W 形に連続させた断面形状とし，つまり多面体状の架構をつくり強度を増した鋼板葺きで，折板 1 枚では幅がごく狭いので，これを重ねる重ね折板形として屋根を構成するわけで，折板は各山ごとにタイトフレームに固定ボルトで固定します．

タイトフレームとは，折板屋根を構成する部品の 1 つで，鋼帯を折板の形に曲げ加工したもので，折板をはりに固定するために用います．

折板の長さ方向に継手を設けると，雨仕舞（雨水の侵入を防ぐために施す方法）が悪くなるので継手は設けてはなりません．そして，けらば（切妻屋根の妻側に見える屋根の端）には，折板の山間隔の 3 倍以上の長さの変形防止材を取り付けます．屋根勾配が少ない場合には，軒先に尾垂れを付けます．

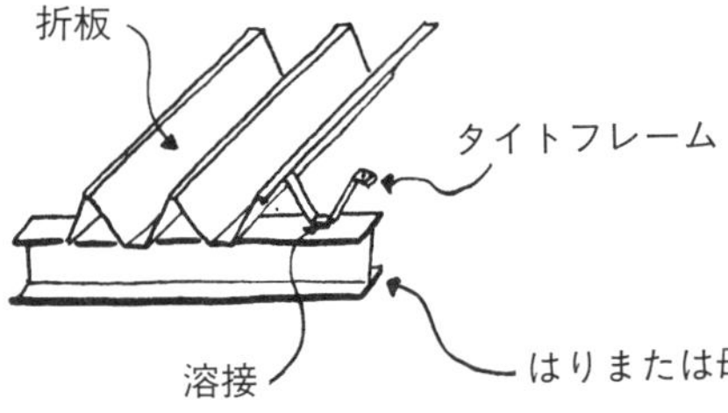

〈仕上げ主体・一部は建築共通〉　　　　　　　　　　　　　# 4.仕上げ施工

折板

タイトフレーム

溶接

はりまたは母屋

折板葺き

よく
こんな
うすいもので
できるものだね

折り紙
で作って
みましょう

消しゴムを
のせても
平気

丈夫！

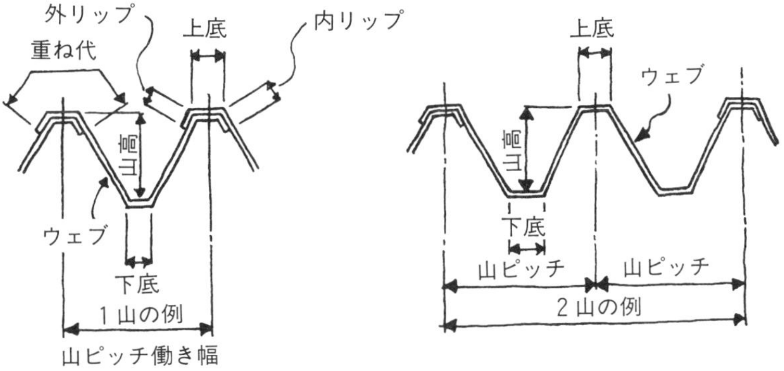

外リップ
重ね代
上底
内リップ
幅
ウェブ
下底
1山の例

山ピッチ働き幅

上底
ウェブ
幅
下底
山ピッチ　　山ピッチ
2山の例

重ね形の例

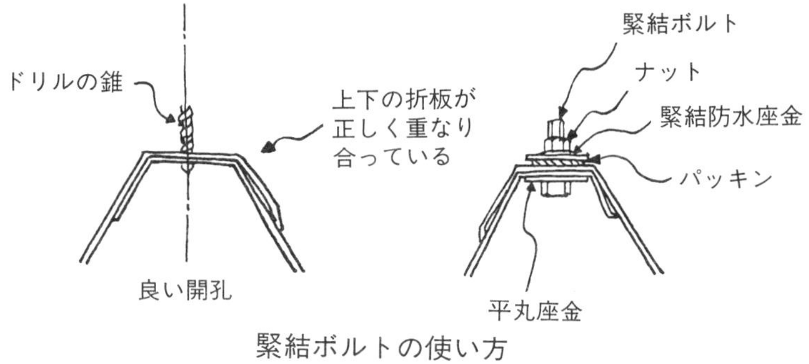

ドリルの錐

上下の折板が
正しく重なり
合っている

良い開孔

緊結ボルト
ナット
緊結防水座金
パッキン

平丸座金

緊結ボルトの使い方

4.3 屋根・とい工事および金属工事　　　　4.3.1 屋根工事

100 鋼板葺きに関する用語

尾垂れとは，①屋根やひさしの端部において垂木の小口と垂木間のすき間を隠すために取り付けられる横板．②バルコニーやひさしの先端に水切りのために付ける立下がりです．

止面戸とは，折板の上の断面が逆台形の空間をふさぐためのもので，棟や壁との取合い部に設け，雨水が止面戸のためにそれ以上，水上に登らないように用います．

エプロンとは，棟覆いや**雨押え**(雨水が建物内部に入らないようにするために取り付けた板）と組み合わせて用いるものです．

軒先フレームとは，雨水の水切りをよくしたり，軒先のたわみによる不ぞろいを矯正するために用いるものです．

一文字葺きとは亜鉛鉄板（平板）を葺き上がったとき屋根材（平板鉄板）が横一直線になる葺き方をいい，平板と平板のはぎ合せは，はぜ継ぎとし，けらばと軒先は同じ納め方とします．

はぎ合せとは，板の幅を増すために板と板を付着させる方法をいい，

はぜ継ぎとは，金属板工事において，金属板の端辺を小さく折り曲げて継ぎ合せることをいい，一文字葺きにおけるはぜ継ぎとしては右図のような，**こはぜ，立ちはぜ，補強立ちはぜ**が用いられます．

瓦棒葺きとは，鋼板葺きの一種で，屋根の勾配に沿って一定間隔に**瓦棒**（流れに沿った継手が高く棒状をなしているもの）を配置し，その位置で金属板の横方向の接続と吊り子による下地への固定を行うもので，瓦棒の位置に心木を入れる**心木あり瓦棒葺き**と，心木を入れないで通し吊り子とする**心木なし瓦棒葺き**があります．**吊り子**（**釣小かぎ**）とは，金属板葺きにおいて金属板を下地板に固定するための短冊状の金物で，一端は金属板のこはぜに巻き込み，他端を釘（亜鉛めっき製）で下地に留めます．**ステープル**とは，双またになったU字型の釘で，木製の下地にアスファルトルーフィングなどを張るとき，つまり下葺きに用います．

〈仕上げ主体・一部は建築共通〉　　　　　　　　　　　　　　　　# 4.仕上げ施工

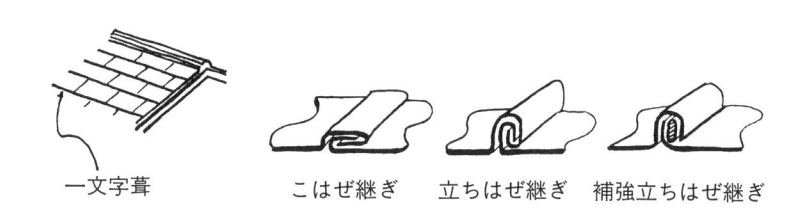

一文字葺　　こはぜ継ぎ　立ちはぜ継ぎ　補強立ちはぜ継ぎ

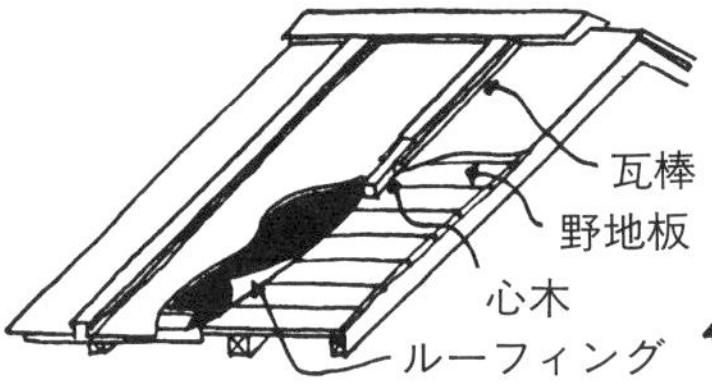

部分吊り子

瓦棒
野地板
心木
ルーフィング

長尺金属板　瓦棒葺き
（心木あり）

長尺金属板　瓦棒葺き
（心木なし）

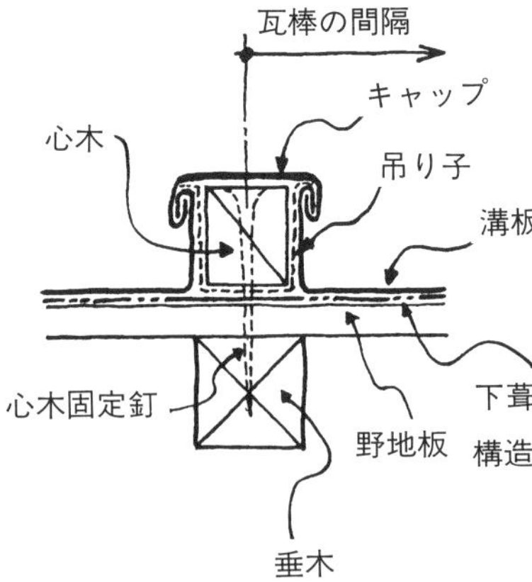

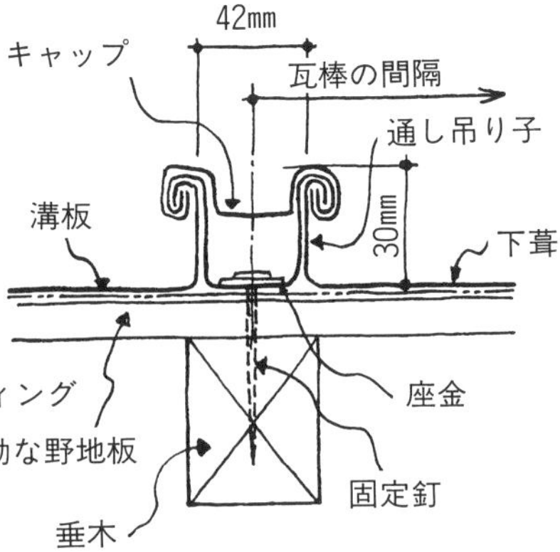

瓦棒の間隔
キャップ
心木
吊り子
溝板
心木固定釘
野地板
下葺ルーフィング
垂木

キャップ
溝板
42mm
瓦棒の間隔
通し吊り子
30mm
下葺
座金
構造的に有効な野地板
垂木
固定釘

心木あり瓦棒葺きの標準工法　心木なし瓦棒葺き（通し吊り子）の一般方法

207

4.3 屋根・とい工事および金属工事　　　　　4.3.1 屋根工事

101　鋼板葺き・波形スレート葺きに関する用語

心木あり瓦棒葺き工事の要領を示すと次のとおりです．①野地板上に下葺材を敷き込む．②墨出しを行って心木を垂木にしっかり留め付ける．③吊り子を心木の側面に正しく釘付けする．④溝板を各心木の間にはめ込む．⑤キャップは両端を仇折り（鉄板類の端を180°折り返すこと）し，心木へ釘留めする．

波形スレート葺きとは，屋根葺材として波形スレートを用いたもので，屋根勾配は 3.5/10（19°）以上が原則ですが，勾配をゆるくする場合（3/10 未満）は，波板の重ね目にシーリング材を充てんする必要があります．そして，波板の登りの重ね（横方向の重ね合せ）は 15 cm 以上，大波の場合で 1.5 山，小波では 2.5 山とします．なお，波板を外壁として使用する場合は，重ね寸法はこれよりも小さくしてもよいのです．そして，横方向の重ね合せは，最多風向きを考慮して，風下が下になるように葺きます．屋根に向かって左から右に葺くことを左葺，その逆の葺き方を右葺といいます．縦方向の重ね合せ

（流れ方向の重ね合せ）は，当然，水下側を下にし，その重ね合せ寸法は 15 cm 程度（外壁として使用する場合は 9 cm 程度）とします．

軒先の出が大きい（受材端より 360 mm 以上）場合は，あおり（波板が風でバタつくこと）を防止するため，先端から 100 mm 程度の位置に鼻がらみを取り付けます．鼻がらみとは，板屋根があおられないように，軒先裏面に張り付ける横木をいいます．もちろん，軒樋金物は波板には付けられず，一般には軒先母屋に取り付けます．なお，母屋とは，小屋組において棟または軒げたに平行に置き，垂木または屋根板を支える受材です．

波板の受材への留め付けは，波板の穴あけはドリルで行い，留付け金物で，波山部に座金およびかい物を当て，受材に留め付けます．ただし，リブ板の場合を除き，留付け位置は，重ね部分を避けます．

なお，波形石綿スレートは現在では使用禁止となっています．

〈仕上げ主体・一部は建築共通〉　　　　　　　　　　　　　# 4.仕上げ施工

屋根ぶき材と勾配表

ふき材料	勾配	ふき材料	勾配
草　ぶ　き	$\frac{10}{10}$(45°)以上	金属板平板ぶき	$\frac{2.5}{10}$以上
日　本　瓦	$\frac{4}{10}$(22°)以上	金属板かわら棒ぶき	$\frac{1}{10}$(6°)以上
天然スレート	$\frac{5}{10} \sim \frac{10}{10}$	モルタル防水	$\frac{1}{100} \sim \frac{1}{50}$
波形スレート	$\frac{3.5}{10}$(19°)以上	アスファルト防水	$\frac{0.2}{10}$(1°)以上

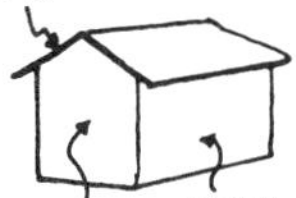

けらば

妻壁　　　平壁

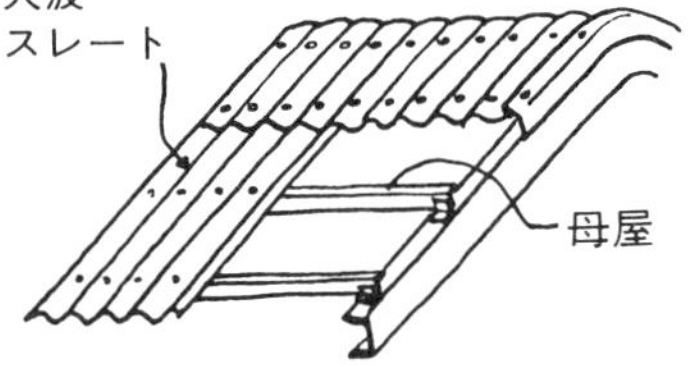

大波
スレート

母屋

波形スレート葺き

19°の勾配の
見た目は
こんな
感じ

19°以上

3.5

10

板幅1枚につき2本

受材ごとに留付ける

重ね15cm程度(屋根の場合)
重ね9cm程度(外壁の場合)

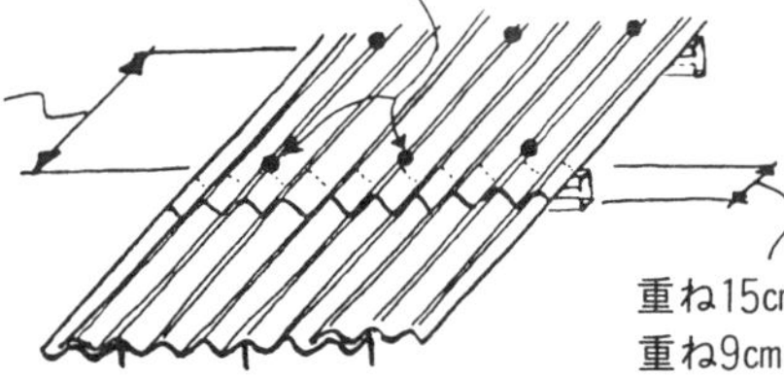

留付け金物の位置と間隔(一般地域)

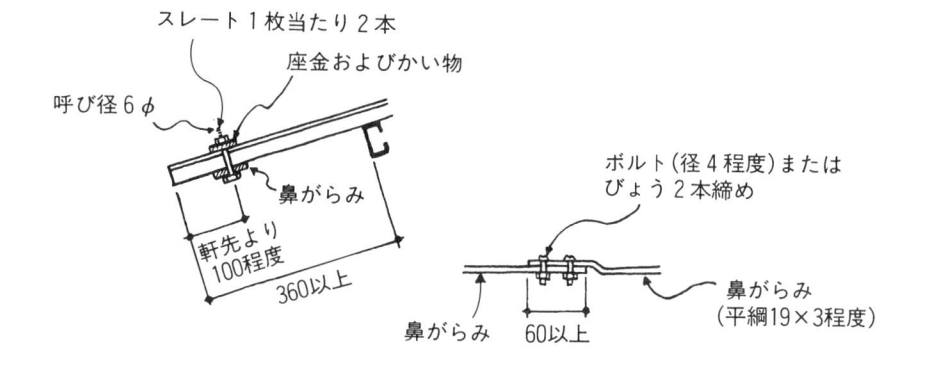

スレート1枚当たり2本

座金およびかい物

呼び径6φ

鼻がらみ

軒先より
100程度

360以上

ボルト(径4程度)または
びょう2本締め

鼻がらみ

60以上

鼻がらみ
(平綱19×3程度)

鼻がらみの取付け (単位:mm)

209

4.3 屋根・とい工事および金属工事

4.3.1 屋根工事
4.3.2 とい工事

102 とい工事に関する用語

留付け金物とは，留付け工法に用いる金物で，波形石綿スレート葺きなどに用いる留付け金物としては右図のものを用います．なお，**留付け工法（止め付け工法）**とは，ボルト，ファスナーなどを用いて，部品や部材を接合する工法で，接着や溶接に対する用語です．

樋（とい，樋設備）とは，屋根・屋上の雨水排水を受けて，屋外の排水管や地上に流すための設備で，**竪樋（〔縦樋〕**壁や柱にそって鉛直に取り付けられる樋）と**軒樋（横樋**ともいい，屋根の雨水を受けるため軒先に竪樋に向かって下り勾配で付け，竪樋に接続する樋で，断面は半円形または溝形とし，樋を露出する**外樋**が原則）および**縦樋受け金物**や**軒樋受け金物**などにより構成されます．

樋設備は，硬質塩化ビニル製の樋を用い主に小規模建物に採用される**硬質塩化ビニル製樋**と，大規模建物で主に採用されて鋼管などを用いる**鋼管製樋**に大別されます．なお，防火区域などを貫通する樋（排水管）は，もちろん鋼管とし，貫通する部分のすき間はモルタルなどの不燃材料で埋めなければなりません．

縦樋としては，大規模建物の場合も含めて**硬質塩化ビニル管**（肉厚の厚い**VP 管**と，肉厚の薄い**VU 管**がある）が広く用いられ，いずれにしても硬質塩化ビニル製樋の接合（**継手**）は，接着剤を用いる冷間接合とします．

ルーフドレンとは，陸屋根などの雨水を雨水排水管（縦樋）に導くため屋根面などに設ける金属製（鋳鉄製）の器具（集水器）をいい，多種があります．

210

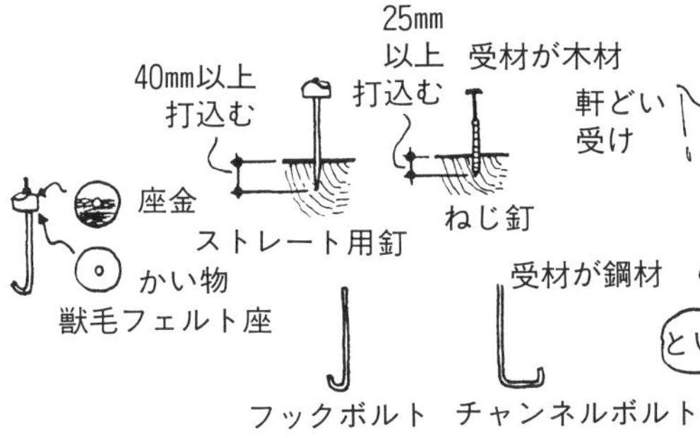

〈仕上げ主体・一部は建築共通〉　　　　　　　　　# 4.仕上げ施工

40mm以上
打込む

25mm
以上
打込む　　受材が木材

座金　　　軒どい
受け

かい物　　ストレート用釘

獣毛フェルト座　　　　ねじ釘

受材が鋼材

とい

縦どい
受け

フックボルト　チャンネルボルト

留付け金物

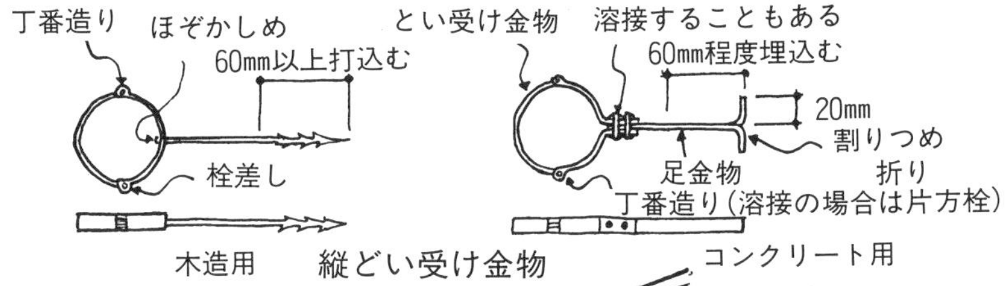

丁番造り　ほぞかしめ　　とい受け金物　　溶接することもある

60mm以上打込む　　　　　　60mm程度埋込む

20mm

栓差し　　　　　　　　　　割りつめ

足金物　　　　　　折り

丁番造り（溶接の場合は片方栓）

木造用　　縦どい受け金物　　コンクリート用

瓦

木造, 鉄骨併用　　　　　　　　　　垂木

木造用

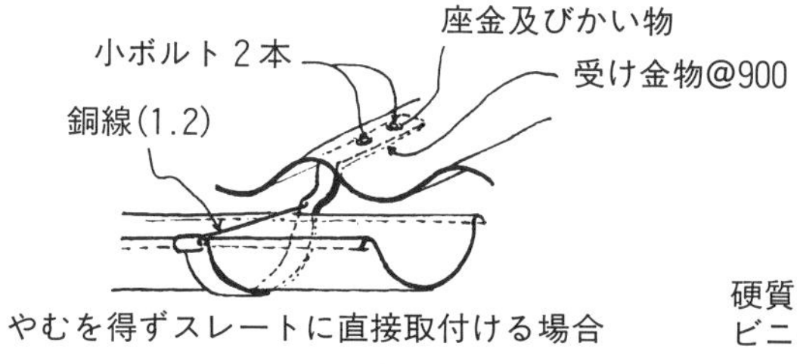

小ボルト2本　　　座金及びかい物

受け金物@900

銅線(1.2)

安い
耐食性あり
軽い

硬質塩化
ビニル管

やむを得ずスレートに直接取付ける場合

高温度, 低温度に弱い

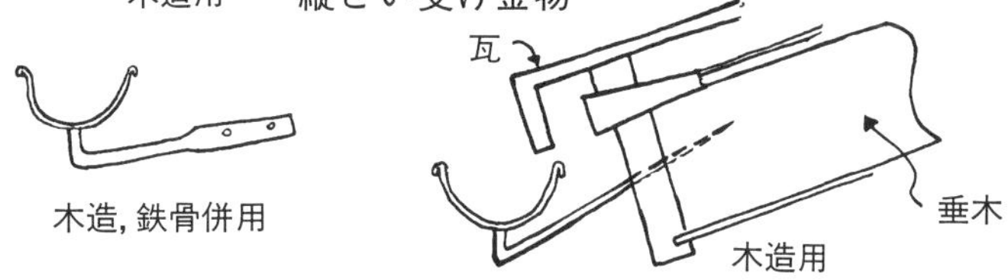

軒どい, 受け金物

屋上アスファ
ルト防水用

屋上 { アスファルト
シート }
露出防水用

屋上モルタル
防水用

バルコニー中継ぎ（縦管
用）モルタル防水用

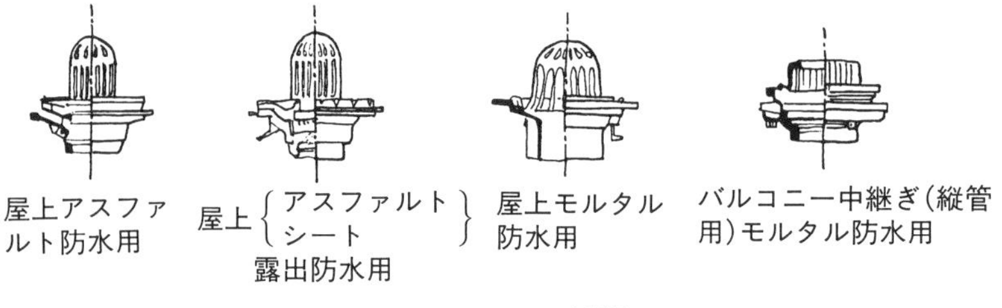

ルーフドレンの種類

211

4.3 屋根・とい工事および金属工事　　　　　　　　4.3.3 金属工事

103 軽量鉄骨壁・天井下地に関する用語

　建築物の不燃化，省資源，省力化などの理由で，壁・天井下地は，木構造の場合を除きほとんど**軽量鉄骨**（軽量形鋼のこと，または軽量形鋼でつくられた鉄骨構造のこと）が使用されています．そして鋼製下地材については，JIS A 6517（建築用鋼製下地材〔壁，天井〕）で材料などについて定められています．

　軽量鉄骨壁下地とは，軽量鉄骨による壁を構成する骨組をいい，右図に示すごとく基本的にはランナー，スペーサー，スタッド，振止めにより構成されます．**ランナー**はスタッドのガイドレールとして床と天井に取り付けるコの字形の金属材（軽量形鋼）です．**スペーサー**はスタッドの間隔を正しく保つための金属材です．**振止め**は，支柱材（スタッド）などの中間に取り付けて，振れを防止するための横架材です．

　軽量鉄骨壁下地の組立ての基本的事項は，間仕切りの心および**逃げ墨**（基準墨〔心墨〕から一定の寸法を離して出した墨）を出してスタッドの割付けを行います．ランナーは端部

を押さえ，間隔900 mm 程度に打込みピン，彫込みアンカーの類で固定します．ただし，受材が鋼材の場合は**タッピングビス**（薄鉄板を締め付けて固定するビス）または溶接とします．ただし溶接部分は錆止め塗料を塗布しなければなりません．

　スタッドの間隔は，下地張りがある場合は450 mm 程度，下地張りのない場合は300 mm 程度とします．なお，振止めは1.2 m の間隔で設けます．

　軽量鉄骨天井下地とは，軽量鉄骨による天井を構成する骨組をいいます（右図参照）．

　野縁とは，天井材を取り付けるための下地材として300〜450 mm 程度の間隔で配置される細長い材（軽量形鋼）です．**クリップ**は物を挟むための金物です．**天井ふところ（ふところ）**とは，天井と上階との間にできる空間をいいます．

212

〈仕上げ主体・一部は建築共通〉 　　　　　　　　**4.仕上げ施工**

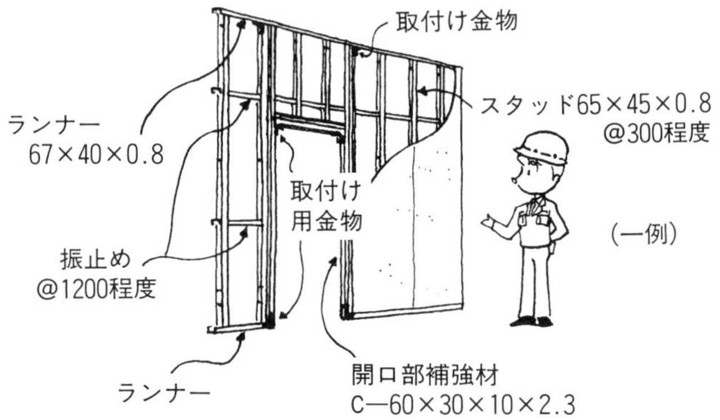

取付け金物

ランナー
67×40×0.8

スタッド65×45×0.8
@300程度

取付け
用金物

（一例）

振止め
@1200程度

ランナー

開口部補強材
C－60×30×10×2.3

軽量鉄骨壁下地

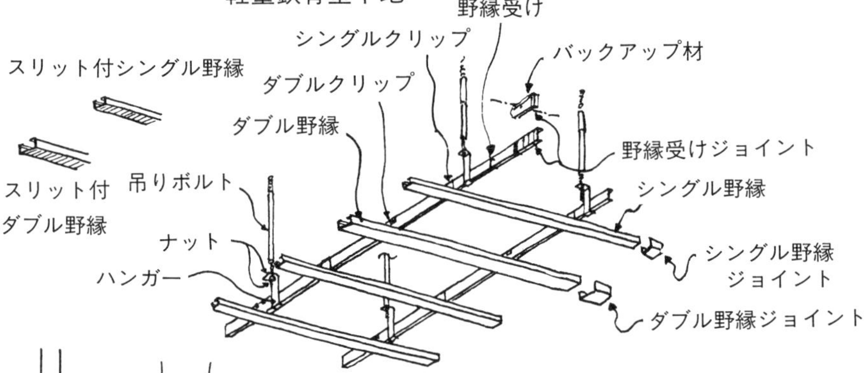

野縁受け

スリット付シングル野縁

シングルクリップ

バックアップ材

ダブルクリップ

ダブル野縁

野縁受けジョイント

スリット付
ダブル野縁

吊りボルト

シングル野縁

ナット

シングル野縁
ジョイント

ハンガー

ダブル野縁ジョイント

上の階の
床

軽量鉄骨天井下地

天井
ふところ

「ダブル」と「シングル」の
違いは,この場合は
幅だね

身近な
例だとダブルベット

天井

不衛生な状態に
すると,ねずみ
の遊び場と
なる！

シングル

ダブル配筋

鉄筋

壁　壁

コンクリート

この場合は
一列か二列ね

213

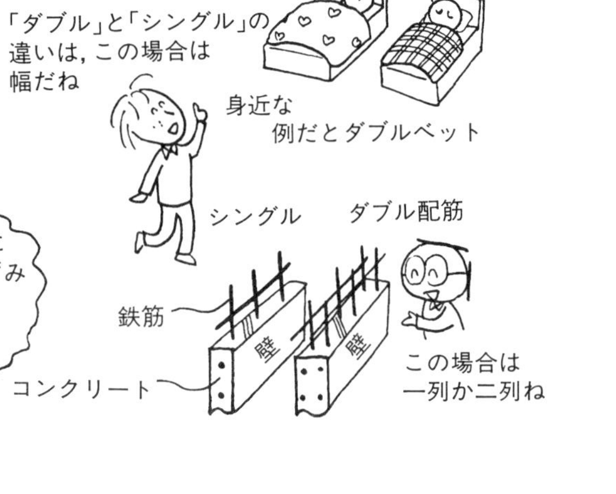

4.3 屋根・とい工事および金属工事　　　4.3.3 金属工事

104 軽量鉄骨天井下地の工事に関する用語

　軽量鉄骨天井下地の組み方の概略を示すと次のとおりです．

　①**野縁の配置**：格子組みとせず，一方向に配置し，配置の方向は照明器具などの関係を考慮し，なるべく野縁を切断しないようにします．②野縁と野縁の留付けクリップは，交互に向きを変えて留付け，クリップが野縁受けの溝にくる場合は，溝内にじゅうぶん折り曲げます（右図参照）．③野縁受けおよび野縁同士のジョイントは，所定の継手金具を用い，それぞれ吊りボルトを野縁受けの近くに設け，継手位置が右図に示す千鳥状になるように施工するのが望ましい．④野縁が壁付けになる場合の野縁端部のコの字形またはL形の金物は，天井目地の目地底にするとともに，野縁の通りをよくするためのものです．野縁が壁に平行する場合の端部には，ダブル野縁を用います．⑤**照明器具，ダクトのための補強**：天井には点検口，照明器具，ダクトなどが取り付けられるので，器具類の大きさにより野縁を切断する場合があり，これらの箇所には，強

度の不足をカバーするとともに，野縁の乱れを防止するために補強しなければなりません．⑥**振止めの補強**：下がり壁，間仕切り壁を境に天井に段違いがある場合は補強振止めを行い，また，天井ふところが屋内で1.5m以上，屋外では1.0m以上の場合は，縦横間隔1.8m程度に丸鋼などを用いて振止め補強を行わなければなりません．⑦**空調用ダクトとの絶縁**：廊下など天井裏を通るダクト幅が広くて野縁を吊れない場合には，ダクトフランジにアングルなどを溶接して吊っている例もありますが，これではダクトの振動による悪影響があるので，次のような対策を施します．すなわち，野縁受けの部材断面を大きくするなどの措置をとり，必ずダクトと切り離して施工を行います．また，現場での溶接などを行った箇所に必ず，錆止め塗装を行わなければなりません．

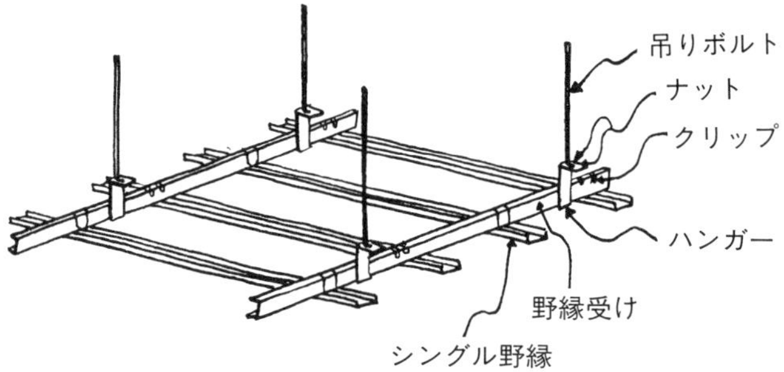

〈仕上げ主体・一部は建築共通〉　　　　　　　　　　**4.仕上げ施工**

吊りボルト
ナット
クリップ
ハンガー
野縁受け
シングル野縁

クリップの留付け

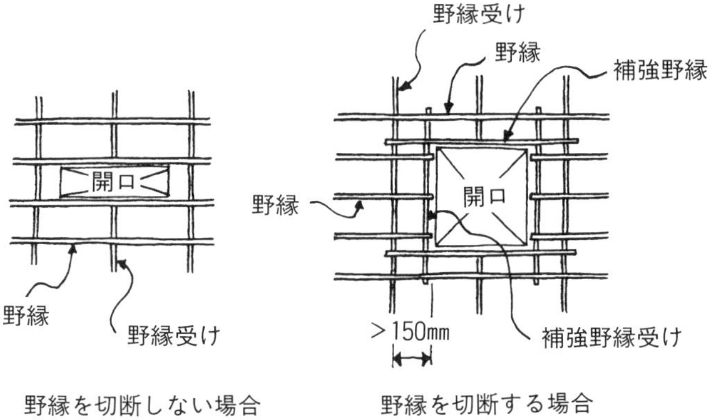

野縁受け
野縁
補強野縁
野縁
開口
野縁
野縁受け
開口
>150mm
補強野縁受け

野縁を切断しない場合　　　　野縁を切断する場合

開口部補強

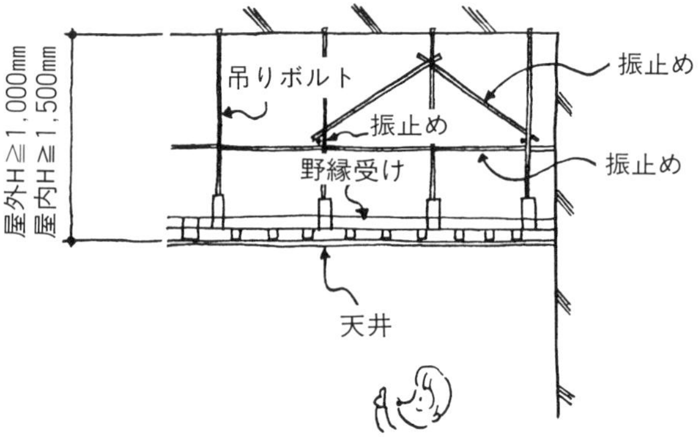

屋外H≧1,000mm
屋内H≧1,500mm

吊りボルト
振止め
振止め
振止め
野縁受け
天井

天井のふところが大きい場合の振止め補強

215

4.3 屋根・とい工事および金属工事　　　　　　4.3.3 金属工事

105 | 金属製品の取付け工事に関する用語

　金属製品を取付けるためには受材が必要ですが，**受材の取付け方法**は次の2つに大別されます．

　先付け方式とは，構造体（躯体）の施工時に受材を取付ける方法で，受材の取付けは先付け方式が原則です．この理由は躯体の施工時に**アンカー（定着**ともいい，ボルト類などを必要な長さ分コンクリート中に埋め込んで固定すること）類を設ける方が信頼性が高いからです．しかし，コンクリート打込みに際しては，あらかじめアンカーの位置，方向について精度を確保するよう注意しなければなりません．

　後付け方式とは，躯体などが完成した後に躯体部に穴を掘り受材を取付ける方式でいわゆる後施工アンカーです．位置決めや施工が簡単なため，中・軽量部品，内外装材の取付けに使用されますが，穴を掘るいわゆるはつり作業を行う際，防水層の貫通，埋込み管などへの損傷を与えぬよう留意し，かつ，重要なものなどの取付けに当たっては工法，耐力についてじゅうぶん検討する必要が

あり，通常，必要耐力の3倍以上の値が必要とされます．

　後施工アンカーとは，躯体のコンクリートに穴をあけた（掘った）後にアンカーを施工するもので次の2つに大別されます．

　金属拡張アンカーとは，あらかじめドリルなどで掘られ（あけられ）た穴に，アンカーを装てんし，打撃または回転締付けにより，その拡張部が開き，コンクリート穴に食い込むことにより機械的に固着されるわけで，施工方式により打込み方式と締付け方式に分けられます．

　接着系アンカーとは，掘られたコンクリート穴に接着剤を注入し，ボルトなどを埋込む，または接着剤入りカプセルを装着の上，ボルトを回転，打撃させながら埋込むなどして，接着剤の硬化により穴内のボルトなどを固着させるもので，金属拡張アンカーに比べて一般に高い引張耐力を示します．

〈仕上げ主体・一部は建築共通〉　　　　　　　　　　　　　**4.仕上げ施工**

金属拡張アンカーの種類

種類	アンカー概要図	種類	アンカー概要図
芯棒打込み式	芯棒　本体　拡張部	コーンナット式	ナット　スリーブ　コーンナット　拡張部
内部コーン打込み式	本体　コーン　拡張部	テーパーボルト式	ナット　スリーブ　テーパー部　テーパー付ボルト
本体打込み式	本体　コーン　拡張部	ダブルコーン式	ナット　スリーブ　コーンナット　拡張部
スリーブ打込み式	スリーブ　テーパー部　テーパー付ボルト　拡張部	ウェッジ式	ナット　ウェッジ　テーパー部　テーパー付ボルト

穿孔　切粉等の除去　アンカー挿入　打込み　取付け

アンカー

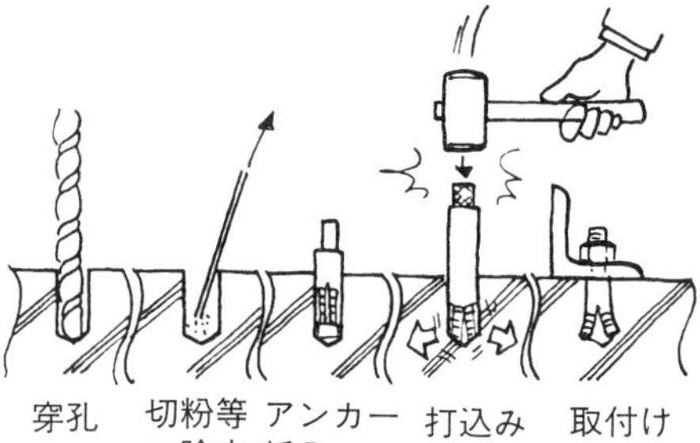

金属拡張アンカーの取付け例

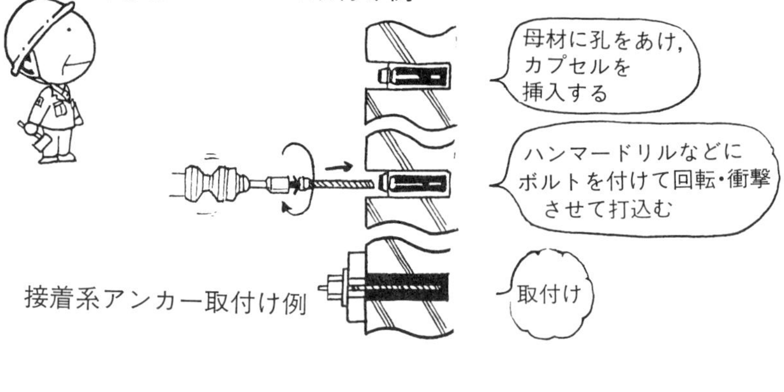

母材に孔をあけ，カプセルを挿入する

ハンマードリルなどにボルトを付けて回転・衝撃させて打込む

接着系アンカー取付け例

取付け

217

4.3 屋根・とい工事および金属工事　　　4.3.3 金属工事

106　金属表面処理に関する用語

　金属材料の表面処理の目的は，主として防食と美観にあります．

　鋼材（鉄板）のように腐食する（錆びる）金属の表面処理としては，多種ありますが何といってもその主なのはめっき（防食・美観の目的で金属の表面に他の金属の薄い層を付着させること）であり，かつ，めっき法としてはめっきされる金属を陰極とし，その表面に電解によって他の金属をかぶせる操作を行う電気めっきがあり，亜鉛めっき，ニッケルめっき，クロムめっきなどです．

　溶融亜鉛めっき（どぶづけめっき，天ぷらめっき，熱せきめっき）とは，溶融した亜鉛の中に鉄材を浸せきして，亜鉛を付着させる方法で，亜鉛めっきとしては溶融亜鉛めっきが多用され，また，溶融亜鉛めっきの方が防錆効果も大きく，薄い鉄板は一般に厚い鉄板より亜鉛の付着量の限度が小さくなります．なお，めっきの膜厚測定には電磁厚み計が用いられます．

　めっき以外の金属表面処理としては次のようなものがあります．

　陽極酸化皮膜法とは，アルミニウム・アルミニウム合金を陽極とし，硫酸などの電解液で，表面に酸化アルミニウム皮膜を形成させ，耐食性・耐摩耗性をアップさせるものです．

　金属溶射皮膜法（メタリコン法）とは，金属（鋼材）を溶融し，高圧ガスで金属の表面に吹き付けて被膜をつくるいわゆる金属溶射によるもので，アルミニウムには一般に採用されません．

　りん酸塩被膜法は，アルミニウム表面にりん酸塩被膜を形成させ，塗料の付着性を向上させるための化学被膜処理方法です．

　クロム塩酸皮膜法（クロメート処理）とは，クロム塩酸などを主成分とする水溶液中に金属を浸せきし，化学的に皮膜を生成させる方法で，耐食性および塗料の密着性が向上し，処理方法により色調は透明から均一な黄金色を呈することが可能となり，アルミニウム・アルミニウム合金の表面処理として広く用いられます．

218

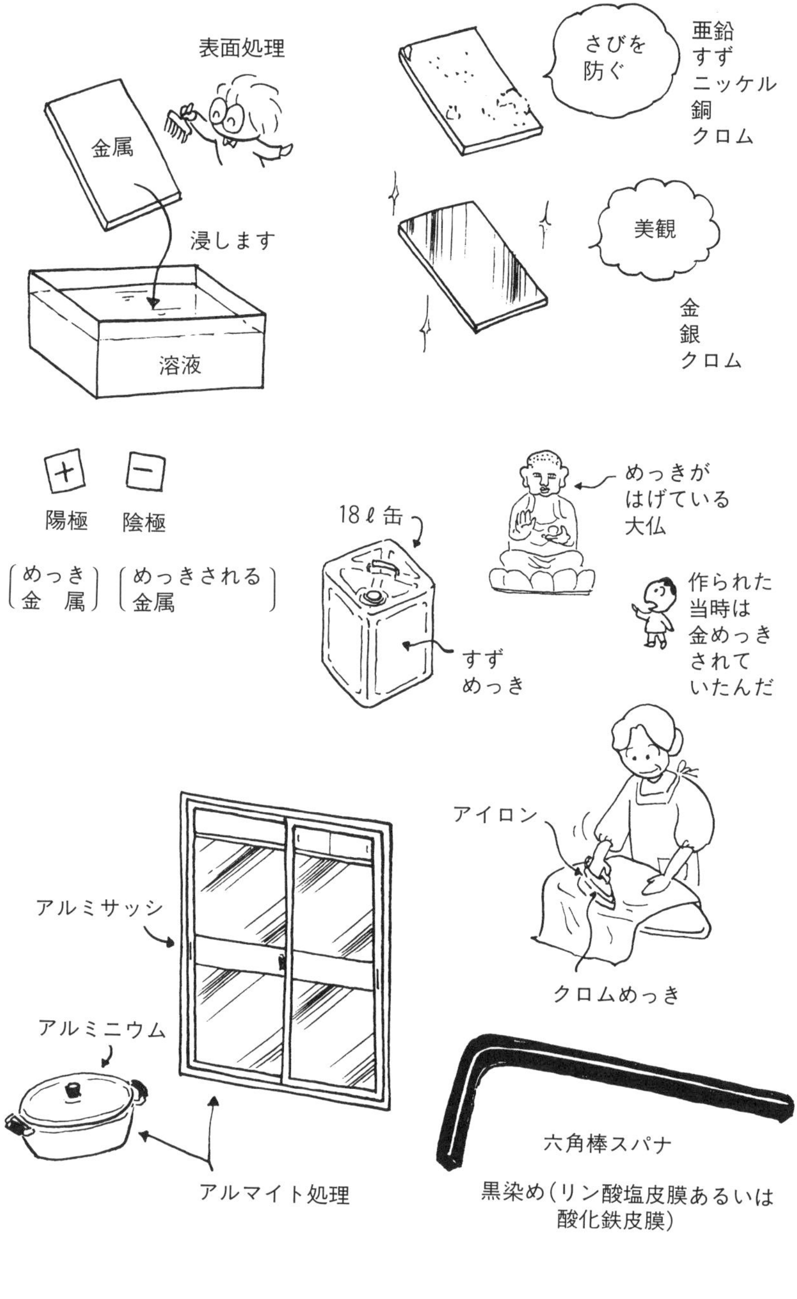

〈仕上げ主体・一部は建築共通〉 # 4.仕上げ施工

表面処理

金属

浸します

溶液

さびを防ぐ

亜鉛
すず
ニッケル
銅
クロム

美観

金
銀
クロム

＋ 陽極 ［めっき金属］

－ 陰極 ［めっきされる金属］

18ℓ缶

すずめっき

めっきがはげている大仏

作られた当時は金めっきされていたんだ

アルミサッシ

アルミニウム

アルマイト処理

アイロン

クロムめっき

六角棒スパナ

黒染め(リン酸塩皮膜あるいは酸化鉄皮膜)

4.3 屋根・とい工事および金属工事　　　4.3.3 金属工事

107 金属の表面仕上げに関する用語

金属の表面仕上げとは，金属（主にステンレス鋼と銅合金）の表面の美観を目的とするものです．

銅・銅合金の表面仕上げとしては，硫化いぶし仕上げが行われます．これは，硫黄を含む薬品を用いて，かっ色に着色するものです．

ステンレス鋼の表面仕上げについては JIS で，その表面仕上げ状態を次の7つに分け，規定されています．①NO.1仕上げ：熱間圧延後，熱処理，酸洗いまたはこれに準じる処理を施したもの．②NO.2D仕上げ：銀色の鋭い光沢をもつ．③NO.2B仕上げ：NO.2D仕上げに似ているが，さらに光沢がある．一般建材用です．④NO.3仕上げ：研磨して仕上げたもので，やや粗い銀白色の研磨線がある．⑤NO.4仕上げ：短い柔らかな銀白色の研磨線がある．⑥BA仕上げ：冷間圧延後，光揮熱処理により仕上げたもので，光沢は冷延のままのもの．厨房用品，家電製品などに用いられます．⑦HL仕上げ：（ヘアライン仕上げ）：連続した磨き目を付

けるように研磨して仕上げたもので，一方向連続した銀白色の研磨線がある．加工後生じた傷などに対する補修が容易ですが，表面を荒らしているので，ほこりがたまりやすく耐食性は劣る．

以上のうち最も広く用いられるのは HL 仕上げです．この他，次のものが用いられます．

鏡面仕上げ（バフ仕上げ）とは，バフ（車輪に皮または布を巻いた道具）を回転させながら，研磨材を滴下しつつ研磨するもので，BA 仕上げよりも高級な仕上げで，HL 仕上げよりも耐食性が優れます．エッチング仕上げは，腐食液で腐食溶解し，模様を浮き出させたもので，エッチング仕上げはステンレス鋼板の他，銅板，アルミニウム板，ガラス板などにも広く応用され，ふっ化水素でガラス面に絵模様などを彫刻したものをエッチングガラスといいます．

カラーステンレスとは，化学処理により表面に酸化皮膜を形成させ，光の干渉現象により発色させるものです．

〈仕上げ主体・一部は建築共通〉　　　　　　　　　　　　　　　**4.仕上げ施工**

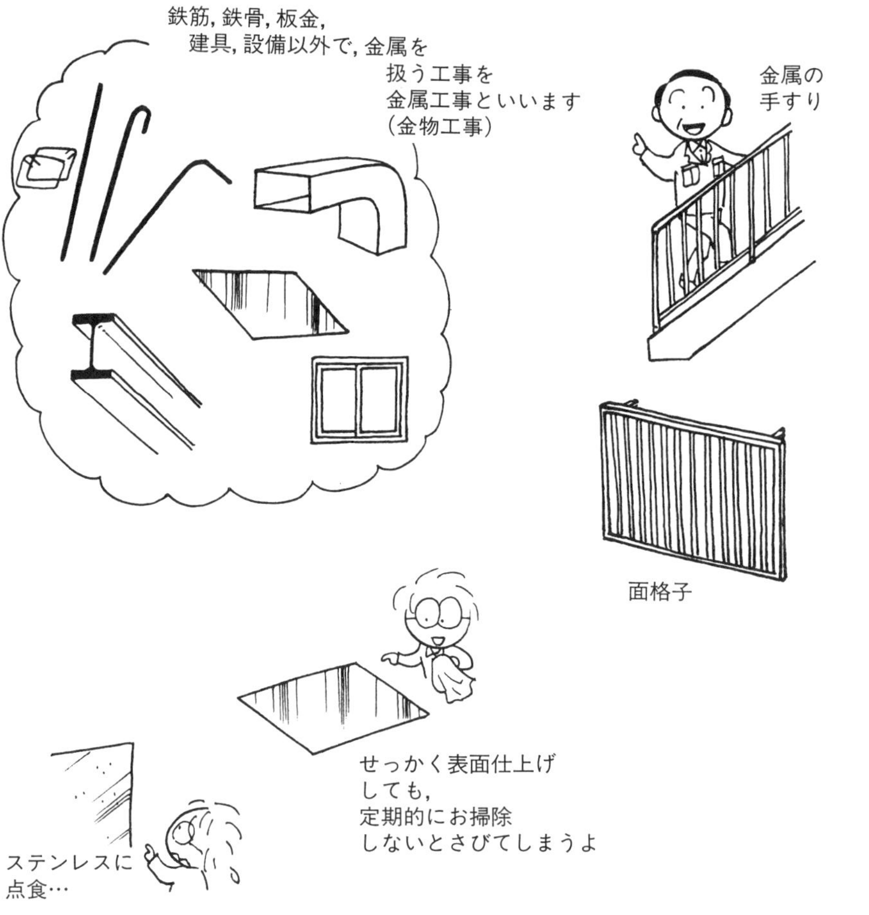

鉄筋, 鉄骨, 板金,
建具, 設備以外で, 金属を
扱う工事を
金属工事といいます
（金物工事）

金属の
手すり

面格子

せっかく表面仕上げ
しても,
定期的にお掃除
しないとさびてしまうよ

ステンレスに
点食…

金属板の種類

価格	種		類	備　　　　考
安い	鋼　　　板	メッキ鋼板	亜鉛メッキ鋼板	標準品
			亜鉛5％アルミ合金メッキ鋼板	高耐食性
			亜鉛55％アルミ合金メッキ鋼板	高耐食性
			溶融アルミメッキ鋼板	高耐食性
		耐候性鋼板		高耐食性, 安定した錆を発生
高い		ステンレス鋼板		超耐食性
安い	非鉄金属板	アルミニウム合金板		高耐食性
		銅板		耐食性, 緑青を発生する
高い		チタン板		もっとも耐食性が高い

221

4.4 左官工事・建具工事　　　　　　　　　4.4.1 左官工事

108 左官材料・左官工事に関する用語

　モルタル，しっくい，プラスターなどで仕上げた壁を**塗壁**といい，塗壁に用いる材料を**左官材料（塗壁材料）**といい，主なものとしてはモルタルの他，次のようなものがあります．

　漆喰（しっくい）は，消石灰に砂，すさ，布糊を混ぜ水で練ったもので，木ずりやラスボード等の下地の上に塗って仕上げるものです．しっくいはその特性上，防火材としても用いられます．

　ドロマイトプラスター（ドロマイト石灰，マグネシア石灰）とは，白雲石を焼成し，水を注ぎ，粉末としたもので，アルカリ性の強い左官用の気硬性材料です．壁・天井に使用され，ひび割れを生じやすいので，これを防止するための砂やすさを混入します．

　石こうプラスターは，焼石灰に消石灰やドロマイトプラスター，粘土等を混入した左官用の気硬性材料で，硬化が早く，ひび割れは少なく，ドロマイトプラスターよりも大きな強度が得られ，防水性も高いものです．

　すさとは，塗壁の補強やひび割れ防止のために塗壁材料中に混入する繊維質材料で，わら，麻，紙，**グラスウール**（ガラスの極めて細い繊維の綿状の集合体）等が用いられます．

　左官工事とは，荒壁塗り，モルタル塗り，しっくい塗りなどの塗り工事を総称していいます．

　左官工事の施工順序は，下地づくり→練合せ→下塗り→斑直し→中塗り→上塗りとなります．

　下地づくり（下地拵え，素地拵え）とは，塗装面や壁下地の汚れ，**不陸**（平面が凹凸していること），**豆板**（表面が菓子の豆板のようになっていること）等を調整し，また富調合モルタルで補修を行い，必要に応じて水湿しをすることをいいます．

　つけ送りとは，下地に凹凸があるとき，凹部をモルタルで埋め，下地面を均一にすることをいいます．**散りじゃくり**とは，壁の乾燥・収縮によって生じるすき間を防ぐため，柱と塗壁とが突き合わせとなる場合に，柱面に掘り込む溝のことをいいます．

〈仕上げ主体・一部は建築共通〉 # 4.仕上げ施工

塗壁材料（左官材料）

塗 壁 材 料 名	一　般　的　性　質
土壁塗	断熱・防音性大，高価である
しっくい塗	乾燥収縮による亀裂大，外観・耐腐食性良，防火性大，安価である
ドロマイトプラスター塗	ねばりがあり塗りやすい．乾燥収縮大のためひび割れ，はく落が生じる．防火性大，耐水性なし
モルタル塗	強度大，ねばり小，安価で建築物の内外壁用に多用される
石こうプラスター塗	乾燥収縮が少なく，速く硬化する．防火性大，耐水性なし，高価である

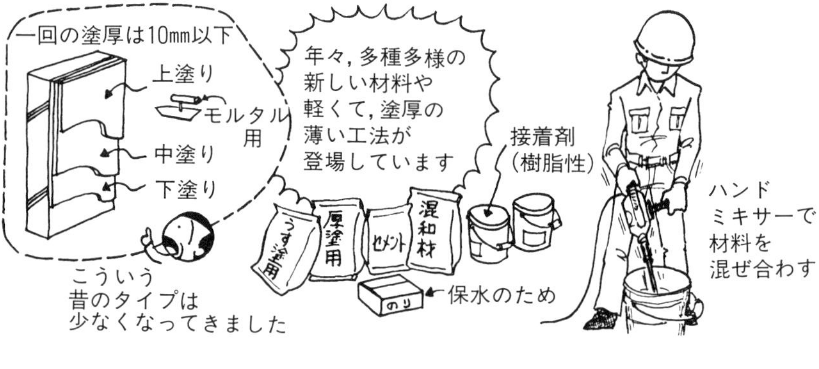

町屋の
左官屋

野丁場の
左官屋

ヘルメット

安全帯

安全ぐつ

塗厚が
薄くて
OK

コンクリート
の壁には
15年ぐらい前から
登場している
「樹脂モル」と呼ばれる
材料がよく
使用されている

接着剤と
セメントペーストを
混ぜたもので
砂は使わないため
薄くできる

一回の塗厚は10mm以下

上塗り

モルタル
用

中塗り

下塗り

こういう
昔のタイプは
少なくなってきました

年々，多種多様の
新しい材料や
軽くて，塗厚の
薄い工法が
登場しています

うす塗用

厚塗用

混和材

セメント

のり

接着剤
（樹脂性）

保水のため

ハンド
ミキサーで
材料を
混ぜ合わす

4.4 左官工事・建具工事　　　　　　　　　　　4.4.1 左官工事

109 左官工事およびモルタル塗りに関する用語

定規ずりとは，塗り面を平らに仕上げるため，まっすぐな定規で塗り面をすって，下地面を均一にすることをいいます．**下塗り**とは，左官・塗装工事等において下地として直接に塗った層またはそれを塗ることをいい，左官工事の場合は金こてで1回の塗り厚10 mm以下で塗りつけ，金ぐし等で，全面にかき荒らし，その後，じゅうぶん乾燥させ，ひび割れを発生させます．**斑直し（むらなおし）**とは，塗り壁材料で下塗りの凹凸，つまり不陸の直しをすることをいいます．**鹿のこずり**とは，斑直しの後の凹凸を直すために，しっくいを薄く塗る工程をいいます．しかし，現在ではほとんど用いられません．**塗り代（つき代，つけ代）**とは，左官工事において下地の上に塗り付けるモルタルやプラスターの厚さをいいます．**中塗り**とは，下塗りと上塗りの中間に塗る層，その作業のことで左官工事では**中込み**といいます．**上塗り（仕上げ塗り）**は，中塗りの上（最後）に塗る層，その作業をいいます．**モルタル塗り**とは，モルタルを壁面などに塗り仕上げる左官工事をいい，強度が大きく安価なので，建築物の内外壁に多用されます．

モルタル塗りの要点は次のとおりです．①モルタルの調合は，下塗りで1：2（富調合），中塗り・上塗りで1：3〜4（貧調合）が標準で，富調合は亀裂を生じやすいので注意する．②斑直し後，中塗り→上塗りへと進む．③上塗りは，中塗りの水引き加減を見計い，こてむらなく仕上げる．モルタルの調合は下塗りから上塗りへと工程が進むごとに貧調合とする．

モルタル調合の混和剤としては，モルタル塗りの対象物の状態・条件などに応じて，AE剤の他，主に次のものが用いられます．

セメント混和用ポリマーディスパージョン：型枠などを使用したコンクリートの平滑な面を下地とする．モルタル塗り仕上げの接着性の向上を目的とするものです．

メチルセルローズ（MC）は，水に溶けると高粘度の液体となり，モルタルに可塑性，保水性を与えるものです．

〈仕上げ主体・一部は建築共通〉　　　　　**4.仕上げ施工**

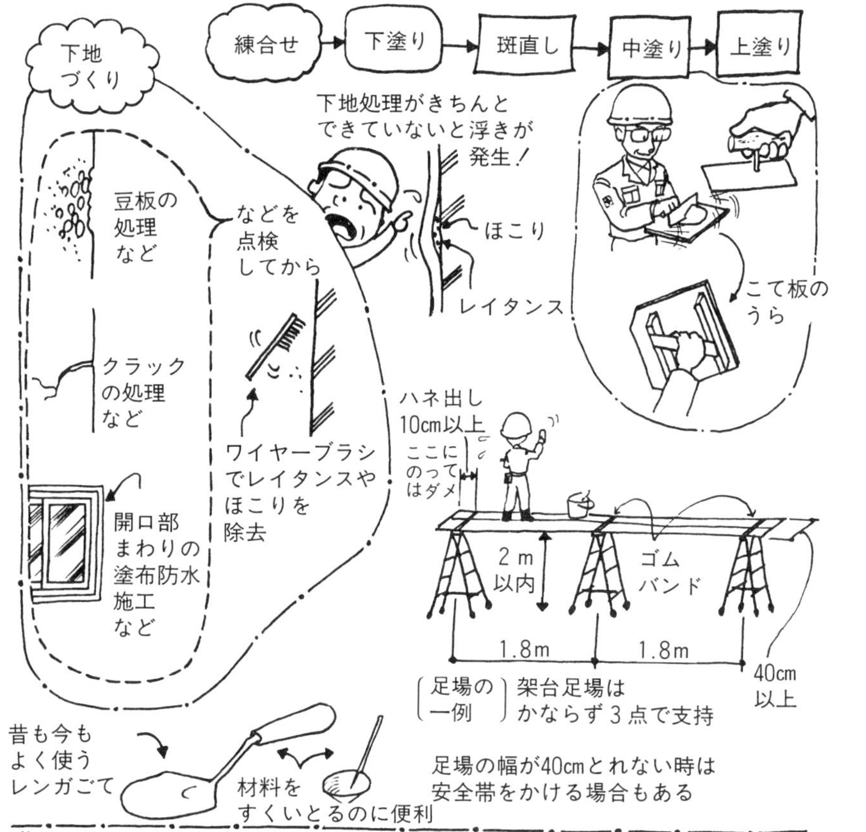

練合せ → 下塗り → 斑直し → 中塗り → 上塗り

下地
づくり

下地処理がきちんと
できていないと浮きが
発生！

豆板の
処理
など

などを
点検
してから

ほこり

レイタンス

こて板の
うら

クラック
の処理
など

ワイヤーブラシ
でレイタンスや
ほこりを
除去

開口部
まわりの
塗布防水
施工
など

ハネ出し
10cm以上
ここに
のって
はダメ

2m
以内

ゴム
バンド

1.8m　　1.8m

40cm
以上

［足場の
一例］

架台足場は
かならず3点で支持

昔も今も
よく使う
レンガごて

材料を
すくいとるのに便利

足場の幅が40cmとれない時は
安全帯をかける場合もある

昔にくらべ
工事期間が短くなってきています
浮きをでにくくするため下地に接着剤を塗ることがある
塗り厚が昔に比べてうすくできるように

モルタルの
ときの鏝

セメントペーストに樹脂を混ぜた
「樹脂モル」と呼ばれるものを
使うことが増えました

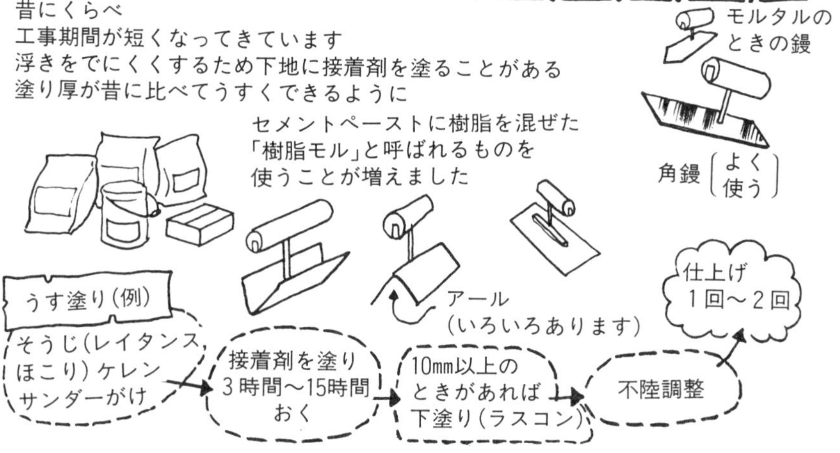

角鏝［よく
使う］

うす塗り（例）

アール
（いろいろあります）

仕上げ
1回〜2回

そうじ（レイタンス
ほこり）ケレン
サンダーがけ

接着剤を塗り
3時間〜15時間
おく

10mm以上の
ときがあれば
下塗り（ラスコン）

不陸調整

4.4 左官工事・建具工事　　　　　　　　　　4.4.1 左官工事

110 モルタル塗りに関する用語

ポゾランはワーカビリティーや長期強度の増加，ブリーディングや水和熱の減少を目的とした，アルミナ主成分の混和剤です．

保水剤とは，接着力の強化，作業性の向上，モルタルの乾燥・収縮によるひび割れを防止するために用いる混和剤です．

モルタル調合（容積比）は一般に次のようにします．

プレキャストコンクリート部材下地（天井・ひさし）の場合→下塗り 1：2.5，斑直し・中塗り 1：3，上塗り 1：3．**プレキャストコンクリート部材下地**（外壁・その他）→下塗り 1：2.5，斑直し・中塗り 1：3，上塗り 1：3.5．**コンクリートブロック下地**（内壁）→下塗り 1：3，斑直し・中塗り 1：3，上塗り 1：3．**コンクリートブロック下地**（外壁・その他）→下塗り 1：3，斑直し・中塗り 1：3.5，上塗り 1：3．

荒らし目とは，下塗りモルタルの水引き具合を見計らって，その表面に金ぐしで適度のきずをつけ，次の工程である中塗りの付着性を高める

ために行います．

こて押えとは，モルタルあるいはコンクリート面をこてで仕上げることをいい，一度に厚塗りすると，こて押えが効かなくなり，はく離することが多いので，この点よく注意しなければなりません．

こて（鏝）とは，モルタルやプラスターなどを塗り付けたり，仕上げたりするために用いる基本的左官道具の1つで，木製の**木ごて**と鋼製の**金ごて**があり，形状は用途により多種あります．

セルフレベリング工法とは，床工事において，モルタルのもつ流動性を利用してコンクリートスラブ上に自然流動させ，床下地面をつくる方法で，左官技術を必要とせず，カーペットなどの仕上げ材を直張りする場合に用いられます．**シーラー塗り**とは，下地とセルフレベリング材(モルタル）との接着性をよくし，モルタルを流したときに発生する気泡跡の防止を目的に塗るもので，**シーラー**はモルタル面などの塗装に用いる下地処理用の**下塗り塗料**です．

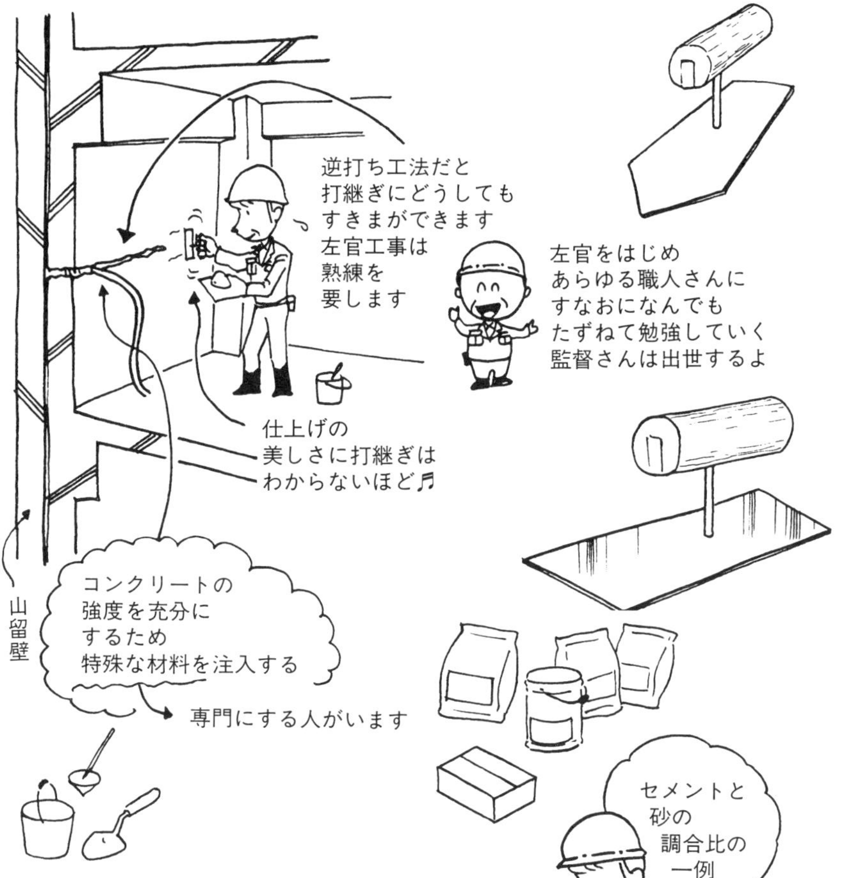

〈仕上げ主体・一部は建築共通〉

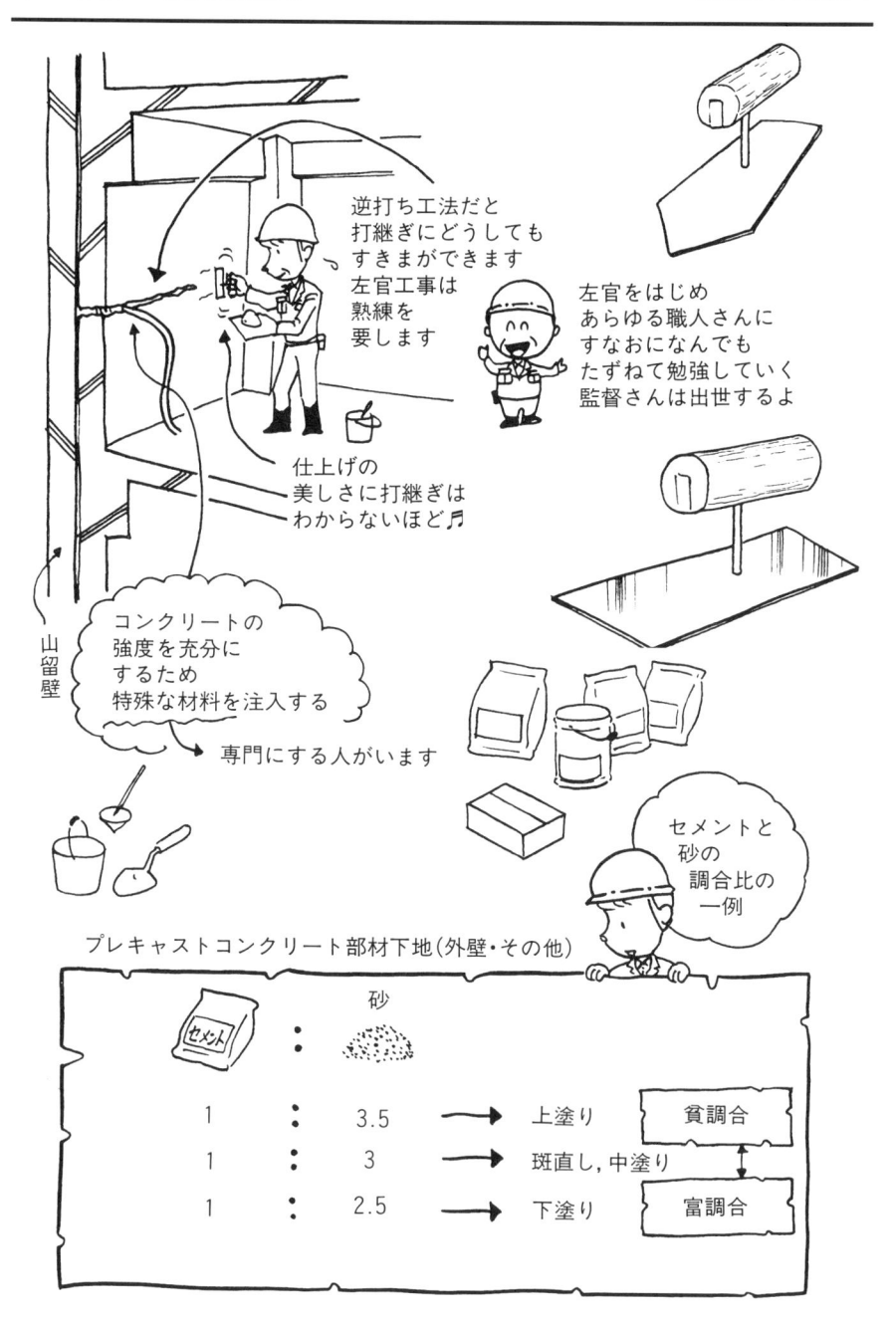

4.仕上げ施工

逆打ち工法だと
打継ぎにどうしても
すきまができます
左官工事は
熟練を
要します

左官をはじめ
あらゆる職人さんに
すなおになんでも
たずねて勉強していく
監督さんは出世するよ

仕上げの
美しさに打継ぎは
わからないほど♬

山留壁

コンクリートの
強度を充分に
するため
特殊な材料を注入する

→ 専門にする人がいます

セメントと
砂の
調合比の
一例

プレキャストコンクリート部材下地(外壁・その他)

砂

セメント	:	砂			
1	:	3.5	→ 上塗り	貧調合	
1	:	3	→ 斑直し, 中塗り		↕
1	:	2.5	→ 下塗り	富調合	

227

4.4 左官工事・建具工事　　　　　　　　　　　　4.4.1 左官工事

111 プラスター塗りに関する用語

プラスター塗りとは，プラスターを壁面などに塗り仕上げる左官工事をいい，次の2つに大別されます．ドロマイトプラスターを塗るドロマイトプラスター塗りは，ねばりがあり塗りやすく防火性が大ですが，ひび割れ・はく離しやすく，耐水性はありません．石こうプラスター塗りは文字通り，石こうプラスターを塗るもので，乾燥収縮が少なく速く硬化し，防火性大ですが，耐水性はなく高価です．

プラスター塗りは，プラスター(石こうプラスター，ドロマイトプラスター)による壁，天井の塗り仕上げをいい，次の点をよく理解して下さい．①石こうプラスターは水硬性のため，乾燥・硬化が早いので下塗り・中塗りには加水後3時間以上，上塗りには2時間以上経過したものは使用しない．②石こうプラスターはドロマイトプラスターに比べ耐水性・強度が大きい．③ドロマイトプラスターは気硬性で，乾燥・硬化が遅く，亀裂が生じやすいのですさを混入する．

プラスター塗りに限らず仕上げ塗り(上塗りともいい，左官・塗装・防水工事において，最後に塗る層．またはその作業)において，下地づくり不良(不陸・豆板・レイタンス・つけ送りなどの除去や是正を行わない，または不じゅうぶん)や工程・作業が不良の場合には，浮き(肌分かれともいい，モルタルなどが下地からはく離すること)などのトラブルを生じます．

そして，石こうプラスター塗り作業のポイントは，石こうプラスターの特性上，次の点によく留意しなければなりません．①塗り作業中は極力，通風をなくし，作業後も石こうが硬化するまでは通風を避け，硬化後は適当な通風を与えて塗面の乾燥をはかる．こうしないと黄変や白華現象を起こしやすい．②施工時の気温が2℃以下になると凍害を起こすので作業を行ってはならない．③施工後，気温が低下するおそれがある場合は養生し，5℃以上に保つようにする．

〈仕上げ主体・一部は建築共通〉 　　　　　　　　　　　**4.仕上げ施工**

ドロマイトプラスター

ドロマイトプラスター ： セメント ： 砂

ドロマイトプラスター
はセメントも
入ります

(一例)
コンクリートなどの
下地の壁や
天井など
下塗り調合

1 ： 0.2 ： 2

(白毛すさはプラスター25kgにつき
600g入れます)

石こうプラスター

石こうプラスターに
セメントをまぜたら
あかんで

プラスター ： 砂

上塗り	1	：	0.1〜0.5
中塗り	1	：	1.5〜2
下塗り	1	：	1〜1.5(容積比)

浴室・厨房など常時水や水
蒸気に触れるおそれのある
箇所
地下室・倉庫など多湿で通
気不良の箇所では,石こう
プラスター塗りはダメ!

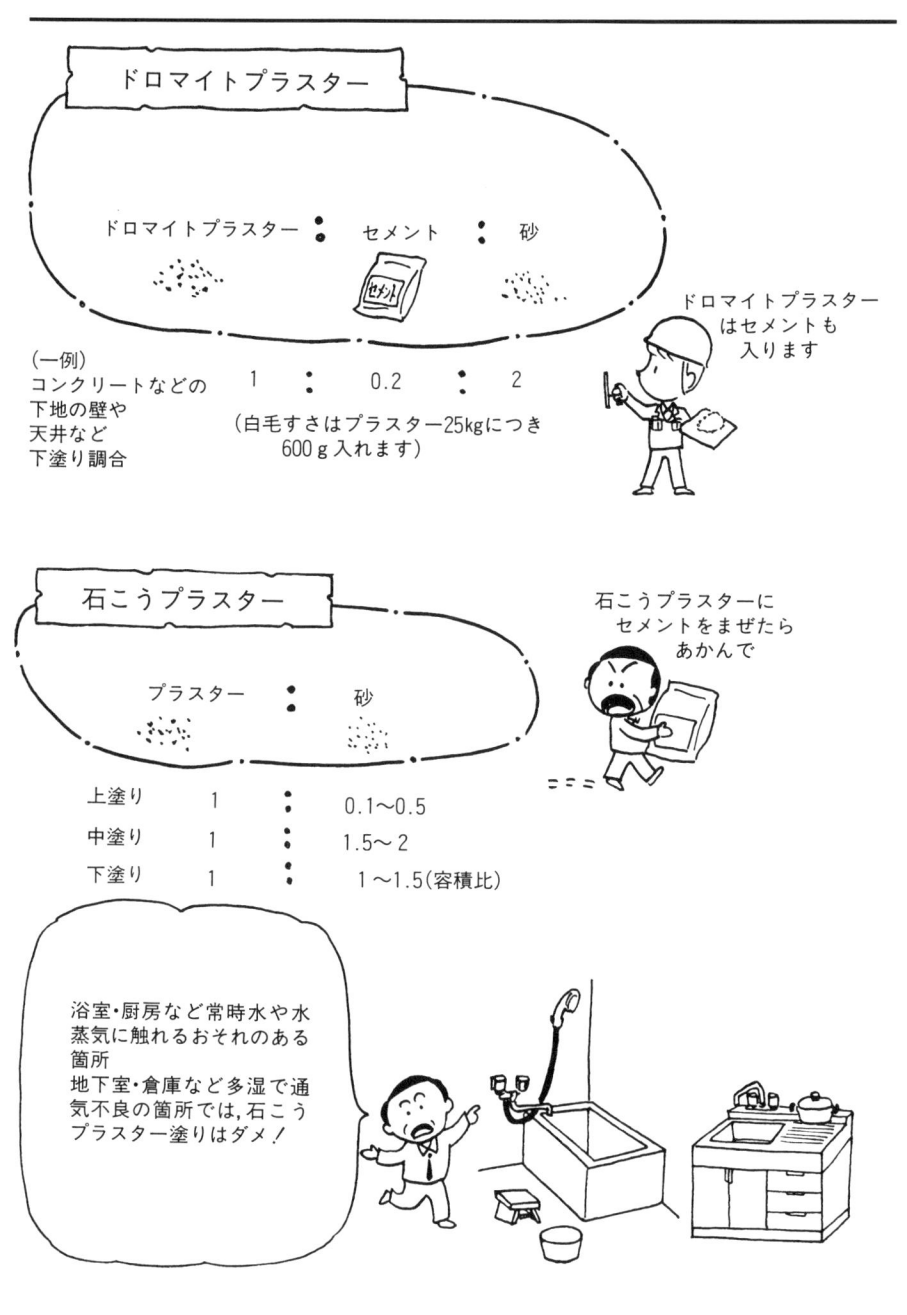

4.4 左官工事・建具工事　　　　　　　4.4.1 左官工事

112 仕上塗材仕上げに関する用語

仕上塗材仕上げとは，仕上塗材を用いて仕上げ塗りを行うことで，**仕上塗材**は仕上げ面が色彩・模様などで，**化粧**（仕上げとして表面に現れる部分）し，きわだって美しく仕上げるための左官用仕上塗材をいい，多種あります．

薄付け仕上塗材：セメント，合成樹脂などの結合材，骨材，無機質系粉体および繊維材料を主原料とし，主として内外壁を吹付け，ローラ塗りなどによって，単層で，厚さ3mm以下の砂壁状に仕上げるもの．**厚付け仕上塗材**：セメント，合成樹脂エマルションなどの結合材，骨材を主原料とし，内外壁を吹付け，こて塗りなどによって単層で，厚さ4〜10mm程度の**スタッコ状**（表面に大柄の凹凸模様を付ける）に仕上げるもの．**複層仕上塗材**：セメント，合成樹脂などの結合材，骨材を主原料とし，主に外壁を吹付け，ローラ塗りなどによって，3層で厚さ1〜5mm程度の凹凸状などに仕上げるもので，下塗材，主材，上塗材に分けられ，上塗材は2回塗りを原則とします．

なお，複層仕上塗材（薄付け・厚付け仕上塗材も含めて）は仕上げ塗りの各対象下地の種類に応じたものでつくられています．①**ポリマーセメント系複層仕上塗材（複層塗材CE）**：対象下地はコンクリート，セメントモルタル，石綿スレート，ALCパネル．②**合成樹脂エマルション系複層仕上塗材（複層塗材E）**：対象下地はコンクリート，セメントモルタル，石綿スレート，ALCパネル．③**反応硬化形合成樹脂エマルション系複層仕上塗材（複層仕上塗材RE）**：外壁コンクリート，セメントモルタル，石綿スレート，プレキャストコンクリート．

仕上塗材仕上げのポイントは次のとおりです．①仕上塗材は指定された銘柄，色，つやなどに基づいて製造所により調合・出荷されるので，現場で調合してはならない．②気温5℃以下では作業は行わない．③夏季，日光直射の場合，シートなどを用い日影とする．④風速5m/s以上，降雨のおそれがある場合などでは作業を行わない．

230

〈仕上げ主体・一部は建築共通〉 # 4.仕上げ施工

複層仕上塗材の工程とその目的

材　料	工　　程　　の　　目　　的
下塗材	主に下地の水分，アルカリ，エフロレッセンス等をおさえ下地の吸収性を均一にし，下地と主材の付着性を高める
主　材	塗膜を形成し，下地の保護をすると同時に，模様を表現する
上塗材	紫外線，風，雨，雪等の外力から主材層を保護すると同時に色・光沢によりデザイン性を高める

雨ニモ
マケズ

スタッコ

風ニモマケズ…

ローラー

左官工事は塗り厚が大きいけれど，
塗装工事は塗り厚がとてもうすいです

工事はお休み

寒む〜

5℃
以下

雨

5m/s以上の
風

これも左官工事の
一種かな!?

ぬり
ぬり

4.4 左官工事・建具工事　　　　　　　　　4.4.1 左官工事

113 吹付け仕上げに関する用語

吹付け工法（ショットクリート）とは，モルタルや仕上塗材などを圧縮空気によって送り，つまり圧送吹付け機で吹付け，仕上げる方法をいいます．

吹付け仕上げのポイントは次のとおりです．①スプレーガンのノズルをつねに下地面に対して直角に保ち，縦横2方向に吹くことが模様むらを生じないコツ．②吹付けに適する一定距離を上階から下階へと順に吹き進める．③可能な限り建物の一面は一日で吹付けを終るようにする．④吹付け面積が大きい場合は吹付け機の台数を増やす．⑤それでも**吹継ぎ**（いったん吹付けを中断し，また後から吹付けを行うこと）ができるときは，**目地**や**見切り**（仕上材の端面あるいは材質の変わり目，またはその処理の仕方，納め方）をきめて，その箇所で吹継ぎとする．⑥1回吹付け量を2kg/m²以下の適正値に保つ．3kg/m²以上の厚吹きになると，いわゆる**だれ吹き**で，**だれ**（塗材が垂れ下がり，形が崩れる現象）を生じる．

ロックウール吹付けとは，吸音，耐火，断熱の材料となるロックウールを対象下地の用途に応じて吹付けるもので，工法には乾式と湿式とがあります．

乾式吹付け工法は材料混和方法により次の2つがあります．①**工場配合法**は，ロックウールとセメントをあらかじめ工場で混和配合したものを，吹付け時にノズル先で水と合わせて吹付けるものです．なお，工場配合法は現場で粉じんが発生しやすく，衛生環境が悪くなる欠点があります．②**現場配合法**は，現場での吹付け時にノズル先でロックウールとセメントスラリーを混ぜ合わせて吹付ける工法です．

湿式吹付け法は，材料をあらかじめ水で練り混ぜ，吹付け機で圧送して吹き付ける工法で，現場での粉じんの発生はないが，高価となります．

なお，ロックウール吹付け後の養生は7日間程度の自然乾燥とします．

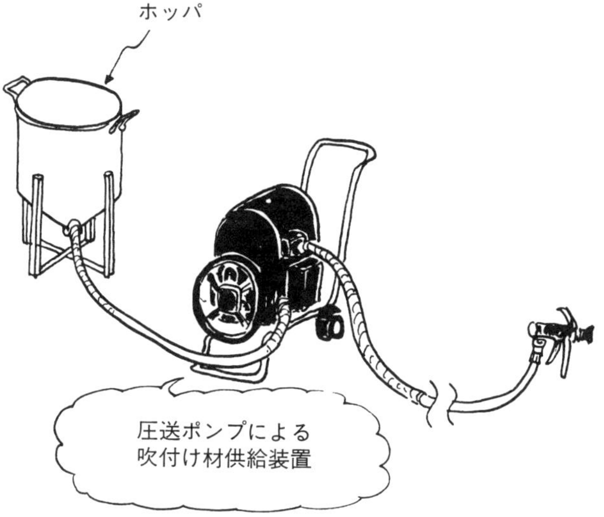

〈仕上げ主体・一部は建築共通〉 　　　　　　　　　　　**4.仕上げ施工**

ホッパ

圧送ポンプによる
吹付け材供給装置

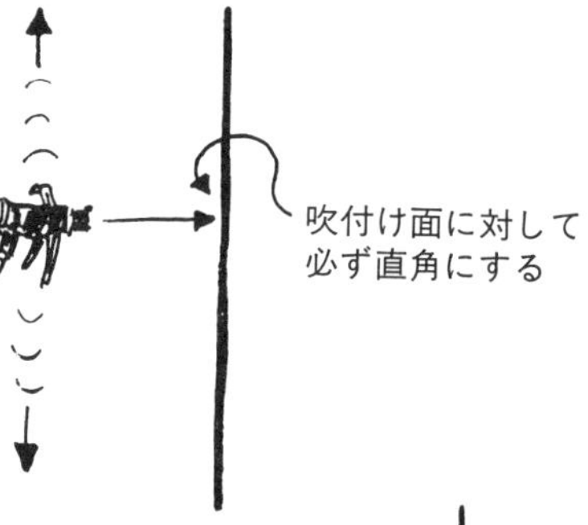

吹付け面に対して
必ず直角にする

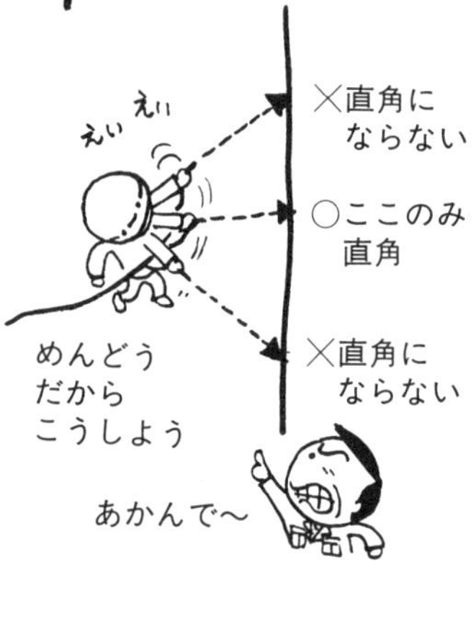

空気圧による
吹付け材供給タンク

えい　えい

×直角に
　ならない

○ここのみ
　直角

×直角に
　ならない

めんどう
だから
こうしよう

あかんで～

233

4.4 左官工事・建具工事　　　　　　　　　4.4.2 建具工事

114　建具一般・建具金物に関する用語

建具とは，戸・障子・ふすまなど，部屋の仕切りに用い，鴨居と敷居の間に取り付けて開閉するもので，常に開閉使用できなければなりません．

くつずりとは，出入口の下方にある板をいい，施工前に裏面にモルタルを充てんします．

開き勝手とはドアの開く方向をいい，把手を右手で持ちドアを開く場合は**右勝手**となります．

角出し曲げとは，曲げた角が鋭く，デザイン的に良くした曲げ加工で，強度を著しく弱めるので，裏板を用いて補強します．なお，ステンレス製建具で角出し曲げ加工できる板厚は 1.5 mm 以上です．

フラッシュ戸（平戸）とは，木材の骨組の両面に合板を接着剤で張り合わせた表面が平らな戸，軽量なので室内用に多用されます．

建具金物とは，建具に付属して使われる**金物**（金属製の器具）をいい，多種あります．**クレセント**とは，引違い窓または上げ下げ窓の金属サッシの召し合せ部分に取り付ける施錠金物．**召し合せ**は引違い窓などを閉じたとき 2 枚の建具が合わさる部分をいいます．**ピボットヒンジ（軸つり金物）**とは，重い開き戸を上下から軸で支え，容易に回転させるための建具開閉金物です．**ラバトリーヒンジ**は，**便所ブース**（大便器を配置した部屋）の開き戸に使用する丁番で，スプリングにより自動的に開いた状態，閉じた状態に保つことができます．**フランス落し**とは，両開き戸の錠前が取り付かない側の戸を固定しておくために，召し合わせ面に取り付ける上げ落し金物のことです．**円筒錠（モノロック）**とは，**握り玉**（扉の把手のうち球状のもの）に，シリンダー錠を組み込んだ錠前です．**本締り付きモノロック**は，**ラッチボルト**（鍵が掛からない留め金物）の他に，**デッドボルト**（本締めボルト）を付けた錠です．**フロアーヒンジ**とは，重い扉の開閉用金物で，油圧により開閉速度を調整しながら自動的に扉を閉める機能をもつ，箱形をしていて，直接，床に埋め込みます．**レバーハンドル**とは，L 型をした扉の把手，バックセットが小さくてすみます．

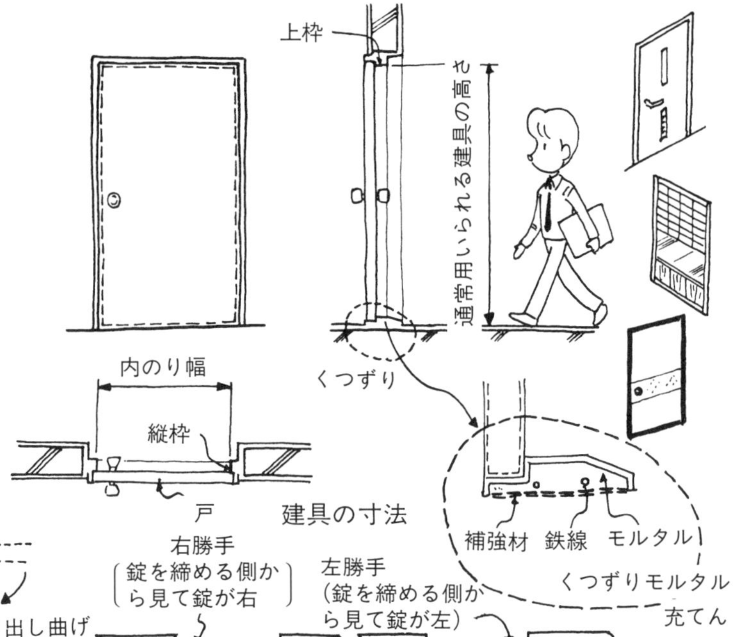

〈仕上げ主体・一部は建築共通〉　　　　　　　　　　**4.仕上げ施工**

上枠

通常用いられる建具の高さ

内のり幅

縦枠

戸　　　建具の寸法

くつずり

補強材　鉄線　モルタル

くつずりモルタル
充てん

切込み

角出し曲げ

右勝手
〔錠を締める側か
ら見て錠が右〕

左勝手
〔錠を締める側か
ら見て錠が左〕

回転部品
が右側

回転部品
が左側

開く側から見る

開く側から見る

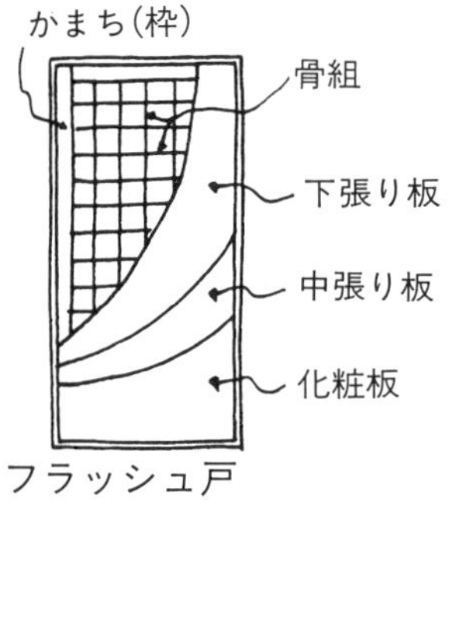

かまち（枠）

骨組

下張り板

中張り板

化粧板

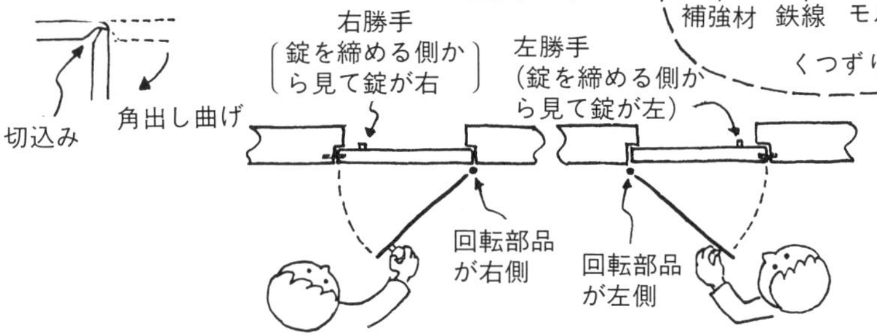

フラッシュ戸

戸の開き勝手

レバー
ハンドル

フランス
落し

235

4.4 左官工事・建具工事　　　　　　　　4.4.2 建具工事

115 建具金物に関する用語

バックセットとは，モノロックのフロント面からノブ（握り玉）の中心までの距離をいいます．

シリンダー錠とは，円筒の中にスプリングの付いた**タンブラー**（小柱状のビン）を数本並べ，そのタンブラーのきざみに合った鍵を入れて回転させることにより開閉する錠．タンブラーの形状により多種があります．

アームストッパー（レバーストッパー）とは，片開きや両開きの扉を開けた状態で止めておく金物で，建具の上部に付けられ90°開放で止まるものが多いです．なお，アームストッパーは，ドアの内側に戸当りの代わりに取り付ける金物なので，握り玉・レバーハンドルなどが壁に当たって，これを傷付けることがないような開き角度で取り付けなければなりません．なお，**戸当り**とは，①締めた扉が所定の位置に止まるように建具枠や**方立て**（出入り口などのわきにある小柱，または薄い木で，戸の納まりをよくするためのもの）の面に突き出させて取り付けた桟木．②開いた扉の握り玉などを壁に当て

ないために取り付ける金物，のことです．

自由丁番とは，前後どちらの方向にも開閉できる丁番です．

旗丁番とは，1枚が上下2つに分かれるようになっていて，上部の軸下部に差し込まれる形式の丁番で，建具高さが1.8 m以下では2枚，1.8 mを超え2.4 m以下では3枚とします．

ドアクローザ（ドアチェック）とは，開いた扉を自動的に速度をゆるめながら閉めるための金具で，扉の上かまちと建具枠の上枠に取り付けます．**ストップ装置付き**と**ストップ無し**のものがありますが，防火戸の場合は常閉状態に保たなければならないので，一般にストップ無しを用います．

かま錠とは，鎌形にとび出した錠の先端を受け座に引っ掛けて施錠する形式の引き戸に使用される錠前です．

〈仕上げ主体・一部は建築共通〉 # 4.仕上げ施工

クレセント　ピポットヒンジ

フランス落し　モノロック

サムターン側ノブ
板バネ付き固定リング
ケース
丸座
キーガイド
サムターン
ラッチボルト
デッドボルト
シリンダー
キー　シリンダー側ノブ
フロント
ストライク
とろよけ

本締まり付きモノロックの各部名称

ラバトリーヒンジ

レバーハンドルは
両手がふさがって
いても開けられますね

戸当りが
なかったら
ドアも壁も
いたんでしまう

丁番　旗丁番

ドアクローザ

ドアの
閉まる
スピードは
ゆっくりだよ

用心鎖

戸当り

床付用

237

4.4 左官工事・建具工事　　　　　　　　　4.4.2 建具工事

116 サッシ・シャッターに関する用語

サッシとは，建物の外壁の一部を開口し，窓枠を取り付け，これにガラスをはめ込んだもので，**アルミニウムサッシ**と**スチールサッシ**に大別されますが，前者が主に用いられます．サッシは次のように分けられます．

普通サッシ（m）：耐風圧性，気密性，水密性，開閉力，戸先強さなどの性能を備えたものです．

防音サッシ（s）：普通サッシの性能の他に，遮断性を備えているものです．

断熱サッシ：普通サッシの性能の他に，断熱性を備えたものです．

なお，いずれのサッシでも遮音性については示されていません．

そして，JIS による金属製建具の性能項目と等級は右表のとおりです．各性能は下段にいくほど（数値が大きいほど）性能がよいのですが，気密性については等級の数値が小さいほど性能がよいとされており，この点よく留意して下さい．

サッシュアンカーとは，サッシを壁に固定するための金物で，鉄筋コンクリート造では，サッシ側とコンクリート側に鋼製アンカー金物を付け，それを溶接で固定します．

水切りとは，窓台・ひさしなど，壁より突き出た部分にかかる雨水が，下端に回り込み壁まで伝わってくるのを防止するため，その先端付近に付ける溝をいい，**水切り勾配（水垂れ勾配，水返し勾配）**は開口部における窓台等において，雨水が外部へ流れるように付けた勾配をいいます．

シャッターとは開閉式のよろい戸，すなわち，巻き上げ，巻き込みおよび，巻き戻しで開閉する建具で，スラットをすだれ状に組み合わせたスチール製，アルミ製に大別されます．材質・開閉方式により種々ありますが，一般に**スチールシャッター**が用いられ，板厚が 15 mm を超えるものを**重量シャッター**といい，特定防火設備となり防火シャッター，防煙シャッターとされます．そして，板厚 15mm 以下のものを**軽量シャッター**といい，防火設備として扱われます．

238

〈仕上げ主体・一部は建築共通〉　　　　　　　　　　　　　# 4.仕上げ施工

JISによる含層製建具の性能項目と等級

性能項目	耐風圧性	気密性	水密性	遮音性	断熱性
等　　級	80	120	10	25	0.22
	120	30	15	30	0.25
	160	8	25	35	0.28
	200	2	35	40	0.34
	240		50		0.43
	280				
	360				

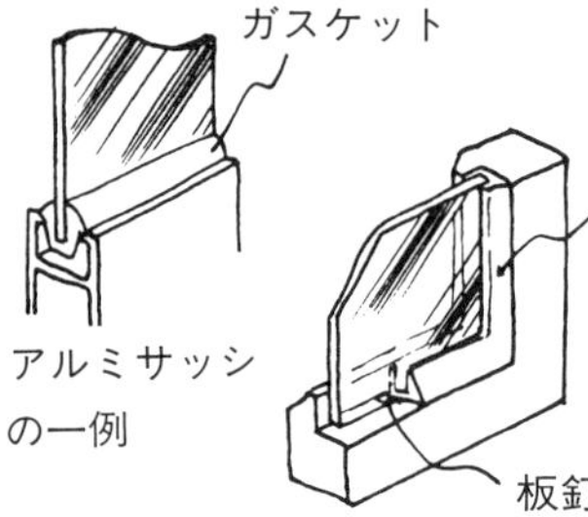

ガスケット

アルミサッシ
の一例

パテ

板釘

木製建具の一例

アングルクリップ

パテ

スチールサッシの一例

水切り勾配

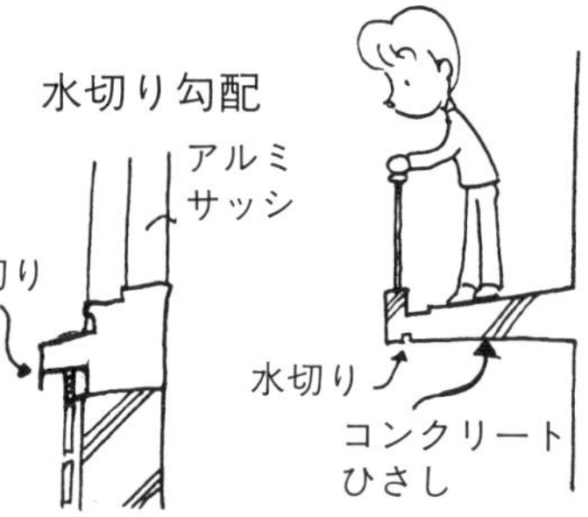

アルミサッシ

水切り

水切り

コンクリート
ひさし

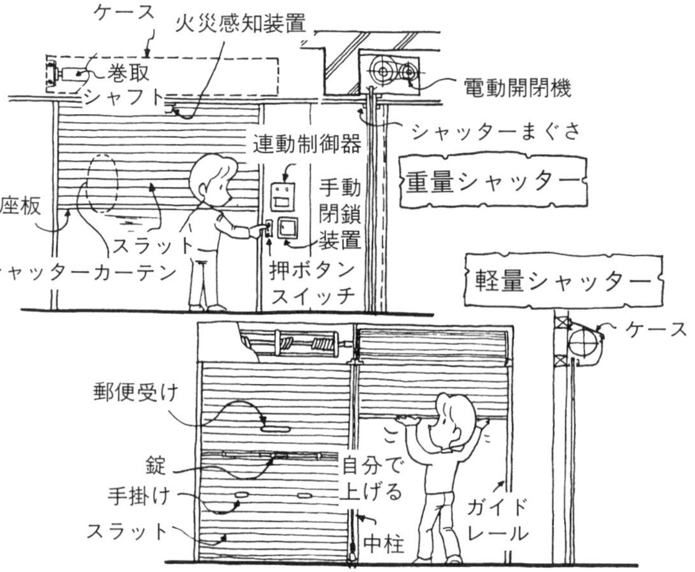

ケース
火災感知装置
巻取
シャフト

電動開閉機

シャッターまぐさ

連動制御器

重量シャッター

座板

手動
閉鎖
装置

スラット

シャッターカーテン

押ボタン
スイッチ

軽量シャッター

ケース

郵便受け

錠

自分で
上げる

手掛け

ガイド
レール

スラット

中柱

239

4.4 左官工事・建具工事　　　　　　　　　　　4.4.2 建具工事

117 シャッター工事・ガラス工事に関する用語

スラットとは，シャッターにおいて遮へい面を構成する小幅板をいい，**インターロッキング形スラット**と**オーバーラッピング形スラット**とがあり，前者は防火シャッター用で，後者は防火・防煙シャッター用とされます．

ガイドレールは，スラットがはずれないようにした縦の溝金物をいいます．

防火シャッターの取付け工事の手順の概略は次のとおりです．①墨出し，ガイドレールの取付け，**まぐさ**（窓・出入口の上部の壁を支えるために渡す横架材）の取付け．②ブラケット台の取付け．巻取りシャフトの取付け．③スラット・ケースの取付け．④自動閉鎖装置・各種スイッチ類の取付け．

ガラスの取付けのポイントは，①**ガラスの保管**に関しては，板ガラスは平積みにせず，紙などにはさんで立て置きとし，アルカリ，特にアンモニアの近くでは保管しない．②外部に面する部分のガラスのはめ込みは，左官工事の着手前に行う．③**ガラスの止め方**は，パテ止め・押縁止

め・かんぬき止め・落し込み式があり，アルミサッシの場合はガスケット止めとする．

セッティングブロックとは，板ガラスをはめ込んだとき，ガラスの端部がサッシに直ちに接することを防ぐための合成ゴムなどの小片をいいます．

クリアランスとは板ガラスをサッシにはめ込んだ場合のすき間をいい，次の2種があります．

エッジクリアランスは，右図のbの寸法をいい，地震時の建物躯体の変形によりサッシ枠が面内変形しても，枠がサッシに接触しないよう（ガラスが割れないよう）にするためのスペースです．

面クリアランスは図のaのクリアランスで，板ガラスに風圧力が作用しても，板ガラスに局部的に応力が生じないように，また水密を保つために緩衝材（バックアップ材）やシール材を充てんするため，また板ガラスの厚さやサッシの溝幅の誤差を吸収するためのスペースとするわけです．

〈仕上げ主体・一部は建築共通〉

4.仕上げ施工

スラット

プラスチック

軽量シャッター用

オーバーラッピング形

重量シャッター用

スラット

インターロッキング形

グリル → リンク

パイプ

まぐさ

開口

コンクリート
ブロック

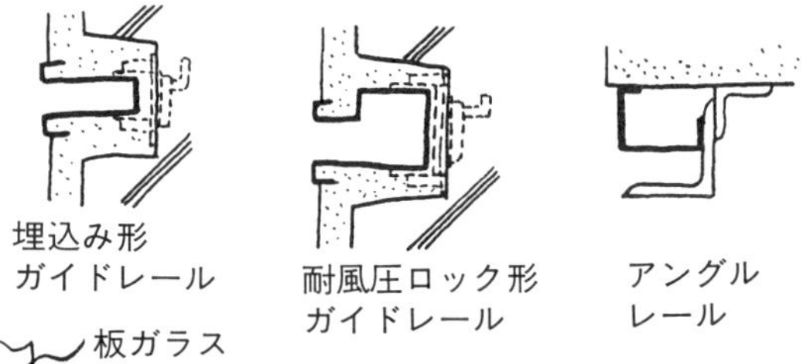

埋込み形
ガイドレール

耐風圧ロック形
ガイドレール

アングル
レール

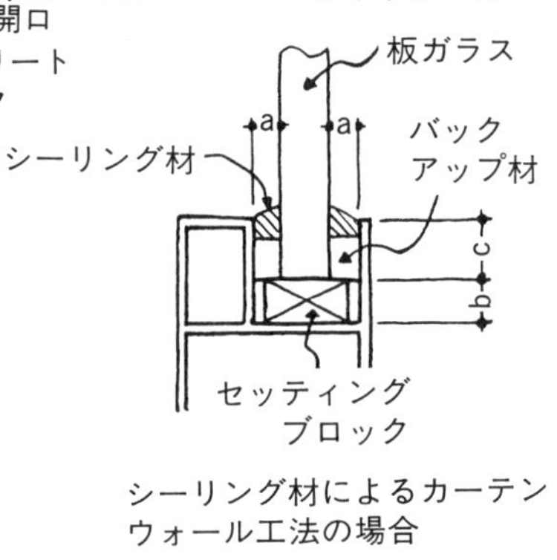

板ガラス

シーリング材

バック
アップ材

a a

c

b

セッティング
ブロック

シーリング材によるカーテン
ウォール工法の場合

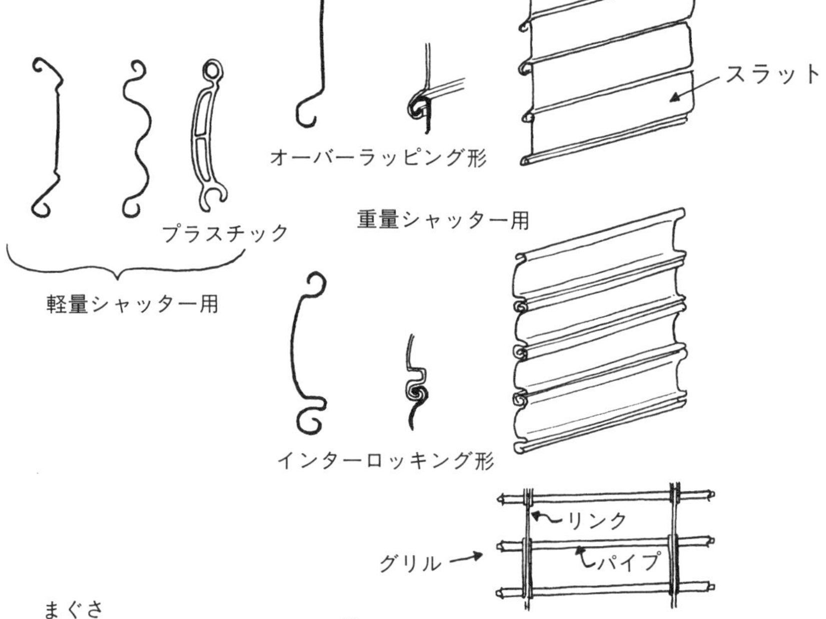

板ガラスのクリアランスおよびかかり代

仕事時間にクリアランス（余裕）
があると
おだやかに
よい仕事が
できる

♪～

きちきちの
時間に
追われると
切れやすく
なる

241

4.5 塗装工事・内装工事　　　　　　　　　　　　4.5.1 塗装工事

118 可燃性塗装材料の保管・取扱いに関する用語

塗装材料には右表に示すものがあります．31および32の項も参照して下さい．

プライマー（下地調整液）とは，塗料や溶融アスファルト等の，下地への付着性をよくするために用いる下塗用の液状物で，アスファルトプライマーと塗装の下地に用いる**塗料用プライマー**などがあります．

エッチングプライマー（ウォッシュプライマー）とは，金属の表面処理と錆止めを同時に行う塗料です．すなわち，金属の表面をりん酸で侵食して粗面とし，表面を錆止め顔料で被覆します．**金属前処理塗料**ともいいます．

ボイル油とは，乾性油の乾燥性をよくするために加工された塗料油です．

可燃性塗装材料の保管については，塗料および溶剤は消防法により危険物に指定されているものが多く，これらの可燃性塗装材料の作業現場での保管・貯蔵に関しては次に示す要領で，これらの法令を厳守しなければなりません．

①不燃材料で造った独立した平屋建とし，通常周囲の建物から1.5 m以上離す．

②屋根は軽量な不燃材料で葺き，天井は設けない．

③建物内の置場は，耐火構造または防火構造の室を選ぶ．

④床には不浸透性の材料を敷く．

⑤消火に有効な消火器，消火用砂などを備える．

⑥じゅうぶんな換気を図る．

⑦窓および出入口には甲種防火戸または乙種防火戸を設ける．

⑧戸には戸締まりを設け，「塗料置場」「火気厳禁」の表示を行う．

そして，**塗装作業中の安全管理**として，次の点にも留意しなければなりません．

有機溶剤（有機質系の溶剤で，気化・引火しやすく，かつ毒性があり，トルエン・ソルベントナフサなど）を使用して作業する場合は，作業者の健康障害防止の措置について労働安全衛生法，有機溶剤中毒予防規則なども厳守しなければなりません．

〈仕上げ主体・一部は建築共通〉   # 4.仕上げ施工

塗装材料

種　　　類		材　　　料	利　点	欠　点	用　　途
ペイント	調合ペイント	溶解ペイントともいい顔料約60％,油分約40％の組成	耐候性良	耐アルカリ性小乾燥が遅い	建築物一般（木部,鋼材面）
	エナメルペイント	顔料と油ワニス	乾燥早い光沢大	耐アルカリ性小	家具・建具
	油　ワ　ニ　ス	樹脂と油分	耐久性良耐水性良	乾燥が遅い	家具・建具
	水性ペイント	にかわ,カゼイン,防腐剤（現在は合成樹脂塗料）	安　価	耐水性小耐久性小	しっくい,プラスターへの塗装
ワニス	ラ　ッ　カ　ー	人造樹脂	揮発性剤乾燥早い	耐候性可燃性大	木部,鉄部
	セラックニス	セラックをアルコールで加熱溶解	乾燥早い耐油性	耐水性小耐久性小	木部の節止め色押え
	オイルステイン	オイルと染料	木材の素地を生かす	――	木　　材

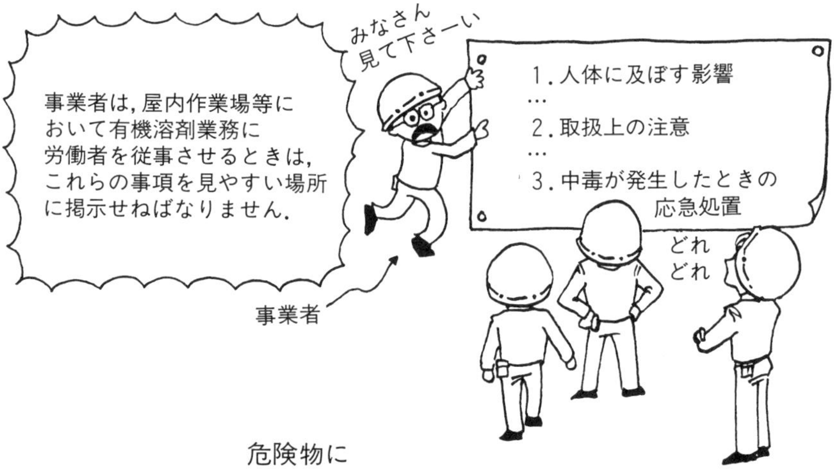

みなさん
見て下さーい

事業者は,屋内作業場等において有機溶剤業務に労働者を従事させるときは,これらの事項を見やすい場所に掲示せねばなりません.

1.人体に及ぼす影響
…
2.取扱上の注意
…
3.中毒が発生したときの応急処置

どれ
どれ

事業者

危険物に
共通する3つの特徴

火災発生の危険性が
大きい

火災拡大の危険性が
大きい

消火の困難性が
高い

4.5 塗装工事・内装工事　　　　　　　　4.5.1 塗装工事

119　下地ごしらえに関する用語

　下地ごしらえ（素地ごしらえ，素地調整）とは，塗装に先だって被塗装物の下地面を清掃・研磨して，下地面の汚れ・付着物を除去し，かつ，不陸を是正することをいい，塗装対象に応じて次の要領で行います．

　木部の下地ごしらえは次の順序で行います．汚れの除去→研磨→節止め・やに止め→穴埋め（割れ穴等をパテで埋めること）．

　亜鉛鉄板の下地ごしらえは次の順序で行います．表面に錆を発生させる→ワイヤーブラシなどで錆を除去→水洗い→必要に応じてエッチングプライマー塗り．

　コンクリート・プラスター・モルタルの下地ごしらえは次の順序で行う．各下地をよく乾燥させる（アルカリ中性化）→汚れ・付着物除去→吸水止め（吸込み止め）→穴埋め→パテしごき→研磨紙ずり．なお，研磨紙ずりとは塗装面にサンドペーパーをかけて平滑にすることです．

　パテしごき（パテ飼い）とは，下地の不陸や傷・目違いにパテをへらで塗り付け平らにすることで，乾燥

後，サンドペーパーで一層平らにします．

　鉄面の下地ごしらえは次の順序で行います．汚れ・付着物（溶接のスパッタなど）の除去→油類除去（石油系溶剤による洗浄など）→錆落し（ワイヤーブラシ，研磨紙などによる）→錆止め塗装．

　ディスクサンダーとは，研磨材をモーターで回転させる研磨機械です．スクレーパは，鉄部の錆・汚れをかき落すための手工具．皮すきとは，汚れ落しやペンキ落しに使用する用具で，皮を裁つ刃物としても使われるので，かわたちともいわれるのです．

　チョーキングとは，塗装やシーリング材の表面が，劣化によりチョーク状の粉をふいたようになる現象で，下地ごしらえとしてチョーキングを除去するのには，水の高圧洗浄が適しています．

　化成皮膜処理とは，鉄表面にりん酸塩溶液を作用させ，安定なりん酸鉄の皮膜を形成することで，鉄面の下地ごしらえ（防錆処理）として用いられます．

244

〈仕上げ主体・一部は建築共通〉

4.仕上げ施工

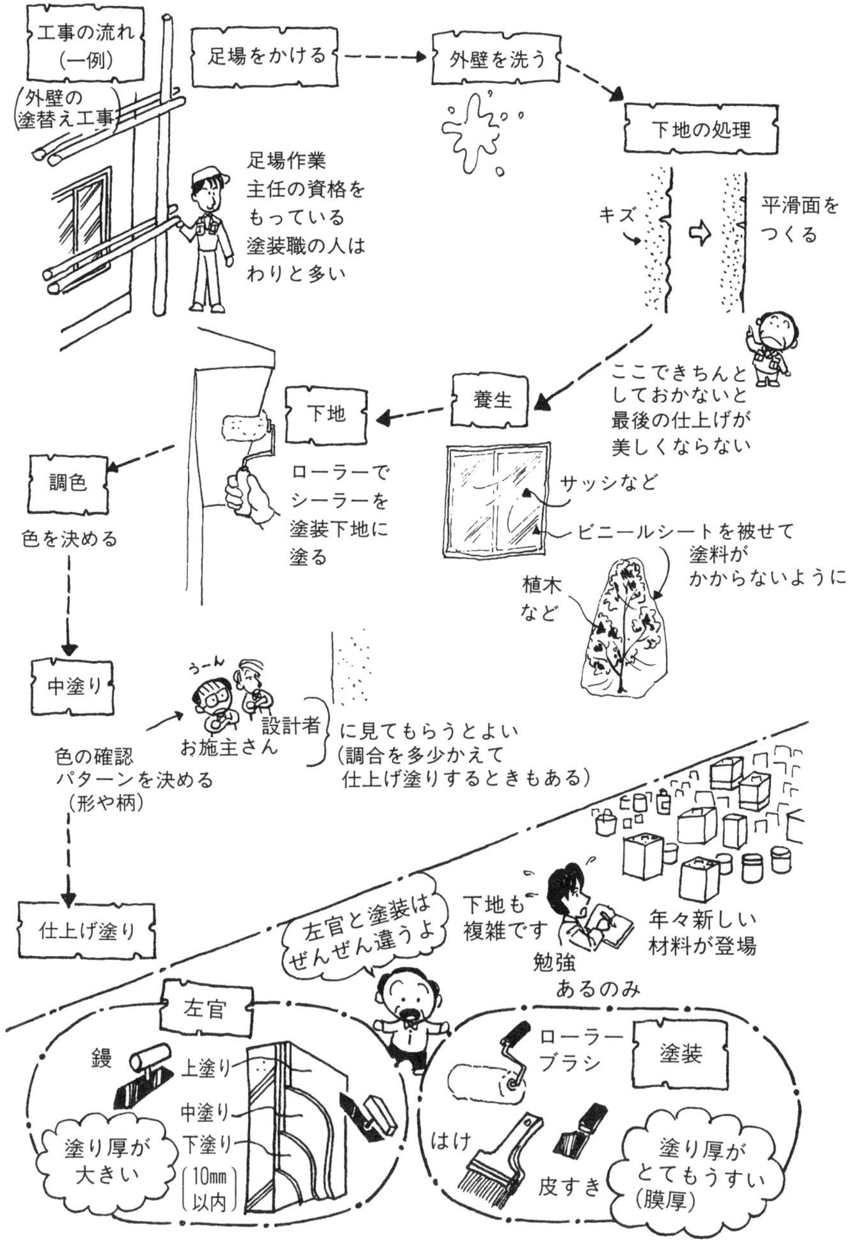

工事の流れ
（一例）

外壁の
塗替え工事

足場をかける ---→ 外壁を洗う ---→

下地の処理

足場作業
主任の資格を
もっている
塗装職の人は
わりと多い

キズ ⇨ 平滑面を
つくる

ここできちんと
しておかないと
最後の仕上げが
美しくならない

養生 ←--- 下地

調色

色を決める

ローラーで
シーラーを
塗装下地に
塗る

サッシなど

ビニールシートを被せて
塗料が
かからないように

植木
など

中塗り

うーん

設計者
お施主さん に見てもらうとよい
（調合を多少かえて
仕上げ塗りするときもある）

色の確認
パターンを決める
（形や柄）

年々新しい
材料が登場

下地も
複雑です

勉強
あるのみ

仕上げ塗り

左官と塗装は
ぜんぜん違うよ

左官

鏝

上塗り
中塗り
下塗り

塗り厚が
大きい
10mm
以内

ローラー
ブラシ

塗装

はけ

皮すき

塗り厚が
とてもうすい
（膜厚）

245

4.5 塗装工事・内装工事　　　　　　　　4.5.1 塗装工事

120 塗装工法に関する用語

　塗装とは，対象とする素地面に塗料を塗り（流動状態で表面に広げ），薄い塗膜を形成させ，対象物の保護・美観をはかる作業をいい，素地ごしらえ完了後に行うわけです．そして塗装は工法により，はけ塗り，吹付け塗り，ローラーブラシ塗りの3つに大別されます．

　塗装の要点は下塗り→中塗り→上塗りの3工程で仕上げ，また，壁では上から下へ塗り進むのが原則で，低温多湿（気温5℃以下，湿度85％以上），降雪雨，強風などの気象条件の場合は，塗装欠陥を生じるので，塗装作業は行ってはなりません．

　はけ塗りは，塗料をはけによく含ませ，均一に塗り広げるもので古くから広く用いられている塗装方式です．

　ローラーブラシ塗りは，フェルト，化学繊維などのローラーブラシに塗料を含ませ回転させながら塗装する工法で，スチップル仕上げ（表面に小さい波形模様）〔凹凸〕の付いた塗装仕上げ）や広い面積の塗装に用いられます．なお，この工法の場合，

隅や散り回り（仕上げ面の段差やその部分）はあらかじめ，はけ塗りをしておかなければなりません．

　吹付け塗装とは，塗料をスプレーガン（吹付け塗装用の工具）で霧化状態にして吹き付け，均一な塗膜を形成するもので，作業能率は良好で次の2つの方式があります．

　エアスプレー方式は，圧縮空気によって塗料を霧化し，スプレーガンからその圧力を用いて塗装する方法で，塗膜が薄く，塗装時に周囲への霧化塗料が飛散しやすい欠点があります．

　エアレススプレー方式は，塗料の霧化は圧縮空気を用いずに，高圧ポンプにより塗料自体を高圧（20MPa 程度）にし，その圧力によってスプレーのノズルで霧化し吹き付ける方式で，塗料をシンナー希釈しないので厚膜塗装ができ，飛散ロスも少ない特長があります．

　吹付け塗装は，スプレーガンと塗り面の距離が近すぎるとむらになりやすいのです．

〈仕上げ主体・一部は建築共通〉   **4.仕上げ施工**

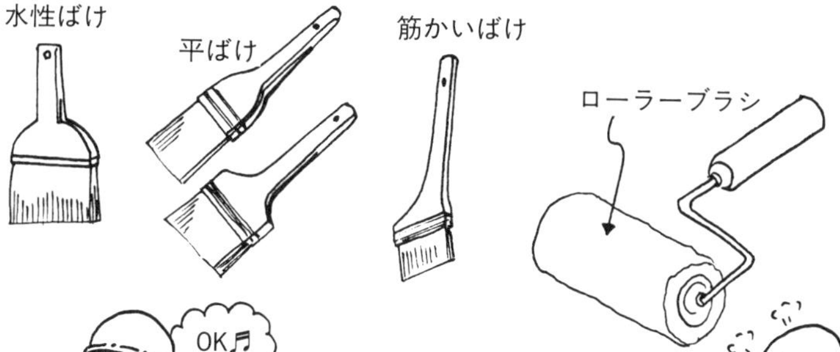

水性ばけ

平ばけ

筋かいばけ

ローラーブラシ

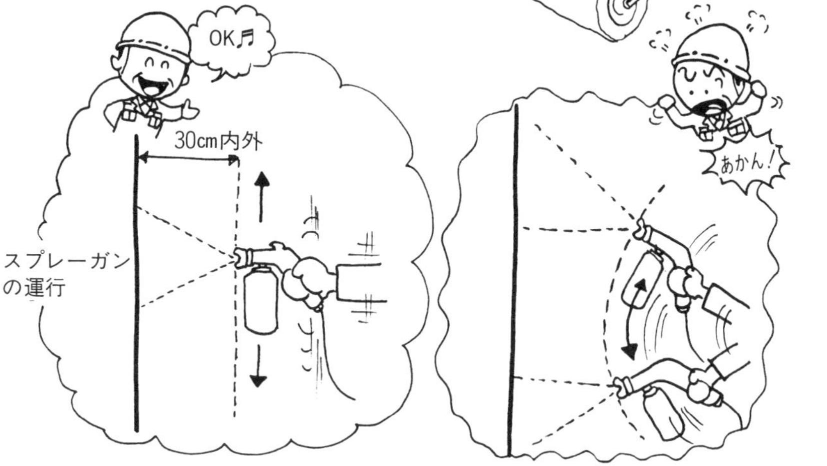

OK♪

30cm内外

スプレーガン
の運行

あかん！

低温

湿度
85%以上

気温
5℃
以下

仕事は
お休み！

強風

雨

風で
ほこりが
まいあがる

4.5 塗装工事・内装工事　　　　　　　　　　4.5.1 塗装工事

121 | 塗装・塗装欠陥に関する用語

パテ塗りとは，被塗物の凹凸や穴などを処理（下地ごしらえ）し，塗装の仕上げ精度を高めるための工法をいいます．

塗料の調合については，上塗り塗料は指定された製造所（塗料メーカー）で行うのが原則で，現場調合してはなりません．この理由は，現場では指定された色・つやなどに正確に合致するように調合できないからです．なお，中塗りは上塗りと色を変えて塗装します．これは塗装工程を確認しやすくするためです．

塗装の放置時間とは，例えば下地塗りから中塗りの工程へ移る場合，下地塗り面が乾くことが必須条件となり，この塗ってから乾くまでの時間をいい，放置時間は塗装に当たって良好な塗膜形成に重要なことで，放置時間は塗料の種類，気象条件に応じて適切に定めます．標準放置時間は，合成樹脂調合ペイントは 24 時間以上，合成樹脂エマルションペイント，アクリル樹脂エナメル，塩化ビニル樹脂エナメルでは 3 時間以上です．

塗膜欠陥とは，塗装材料の不適合，塗装作業の不良などにより塗装後，塗膜に生じる欠陥をいい，極めて多種あり，その主なものを示すと次のとおりです．

白化（被り，ブラッシング）：塗装時に高い湿度であった場合（とくに冬季），塗膜が白くなる現象．ふくれ：水分が塗膜を浸透し，塗膜下の水溶性物を溶かし，ふくれる現象．はく離（はがれ）およびはじき：素地面から塗膜がはがれる現象．素地面に油・汚れなどが付着していることが主因．糸ひき：吹付け塗装時，溶剤の蒸発が早過ぎる場合，スプレーガン口において蒸発し，塗料が糸状になって吹き付けられる現象．しわ：油性塗料を厚塗りしたとき，上乾きし，表面が収縮する現象．だれ（流れ）：例えば壁面に塗装する場合，厚塗りのし過ぎ，塗料の希釈し過ぎにより，塗った塗料がたれ下がるような現象．つやの不良：下地の吸込みが著しく，つやが悪くなる現象．ひび割れ：塗膜の柔軟性が失われ，収縮膨張によりひびが入る現象．

248

〈仕上げ・一部建築共通〉

4.仕上げ施工

素地

チームワーク♪

下塗り　中塗り　上塗り

上塗りだけ高価なのを使って中塗りや下塗りは安いのにしたら？

素地との密着性を確保します

膜厚を一定に確保して劣化因子を遮断します

色彩や光沢,中塗りや下塗りの保護

バランスが悪いとチームワークがみだれるから塗装仕様の性能が発揮されないよ

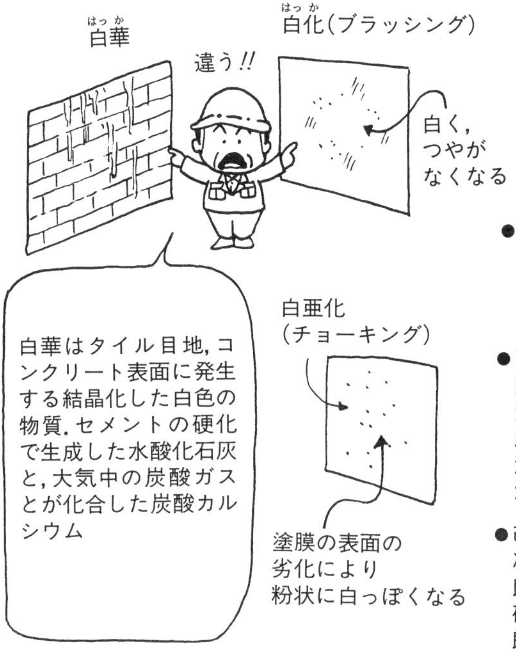

白華(はっか)

白化(はっか)（ブラッシング）

違う!!

白く,つやがなくなる

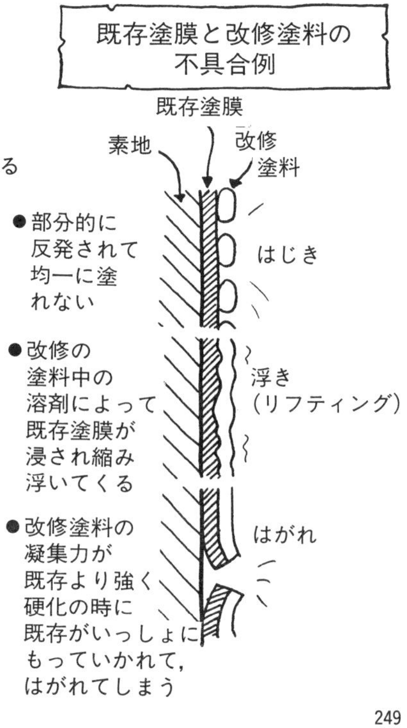

既存塗膜と改修塗料の不具合例

既存塗膜

素地　改修塗料

●部分的に反発されて均一に塗れない　はじき

白華はタイル目地,コンクリート表面に発生する結晶化した白色の物質.セメントの硬化で生成した水酸化石灰と,大気中の炭酸ガスとが化合した炭酸カルシウム

白亜化（チョーキング）

塗膜の表面の劣化により粉状に白っぽくなる

●改修の塗料中の溶剤によって既存塗膜が浸され縮み浮いてくる　浮き（リフティング）

●改修塗料の凝集力が既存より強く硬化の時に既存がいっしょにもっていかれて,はがれてしまう　はがれ

249

4.5 塗装工事・内装工事　　　　　　　　　　4.5.2 内装工事

122 フローリング床張りに関する用語

　内装工事とは，建物内部の仕上げ工事を総称していい，各部の仕上げには表に示すような材料が用いられます．

　フローリング床張りとは，床仕上げ材としてフローリングを張る床仕上げの総称で，材料別や工法別に種々よばれます．

　フローリングとは，木質系床仕上げ材の総称で次のように大別されます．①**フローリングボード**：幅5〜10 cmほどの板で，表面をかんな仕上げし，側面を**さねはぎ**（一方の板に凸形の突起〔実〕をつくり，他方の板に凹形の溝を加工して継ぎ合せる板張りの接合法）加工した床仕上げ材．②**フローリングブロック**：ひき板を接合して正方形（30 cm角）・長方形で厚さ15 mmまたは18 mmのブロックとし，コンクリート床に張り込む床仕上げ材．

　釘留め工法とは，**フローリングボード（一般）張り**に用いられるもので，文字通り釘でフローリングボードを根太に固着させる工法で，その要領を示すと次のとおりです．①板

の割付け墨に合せ，通りよく敷並べて締付け，根太当りに**隠し釘打ち**（表面から見えないように釘を打ち込む）して留付ける．②**捨張り**（下地用と仕上げ用の二重に張る場合の下地用で，捨張りに使用する板を**捨板**といい，一般に耐水性能を有するJAS普通合板1類が用いられる）のある場合は，木口の継手を根太（受材）心継ぎとしなくてもよい．③敷居際の板そばは，敷居下に適当な空げきを設ける．

　フローリングボード特殊張りとは，捨張りの上にフローリングボードを接着剤で接着し，隠し釘と**脳天釘**（床板などの釘を真上から打ち込むこと）で張り付ける，いわば釘留め工法と接着工法を併用したもので，体育館や武道場などの床の張度，弾力性を特に要求される広い床に適用される工法です．フローリングボードは激しい衝撃によるめざね肩の欠けを防ぐために，**さね**（板のそばに付けた細長い突起）を小さくし，かつ，浅くします．

250

〈仕上げ・一部建築共通〉

4.仕上げ施工

仕上表

室名	床	幅　木	壁	天　井
玄関	クリンカータイル張り	クリンカータイル	化粧合板張り	クロス張り
台所	フローリングボード張り	ラワン O.S 塗	不燃クロス張り	不燃クロス張り
居間	フローリングボード張り	ラワン O.S 塗	化粧合板張り	クロス張り
浴室	磁器タイル	—	磁器タイル	ラスモルタル
和室	畳敷	—	京ジュラク	敷目板張り
子供室	フローリングボード張り	ラワン O.S 塗	化粧合板張り	クロス張り

寄木張り

フローリングブロック張り

フローリング
ボード張り

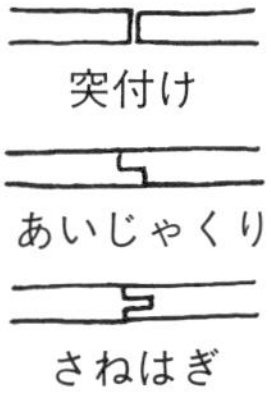

突付け

あいじゃくり

さねはぎ

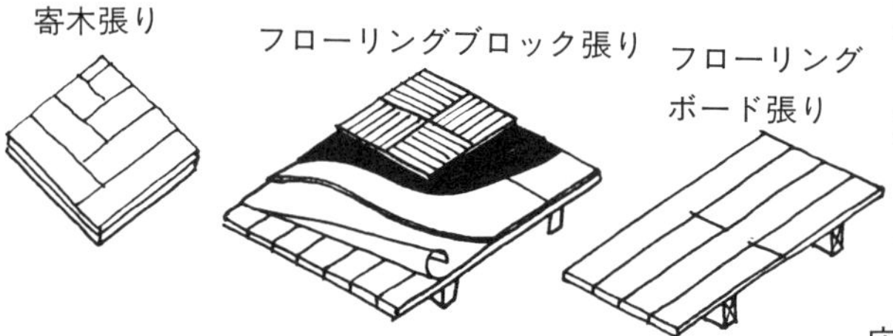

木製床張り

床板のはぎ方

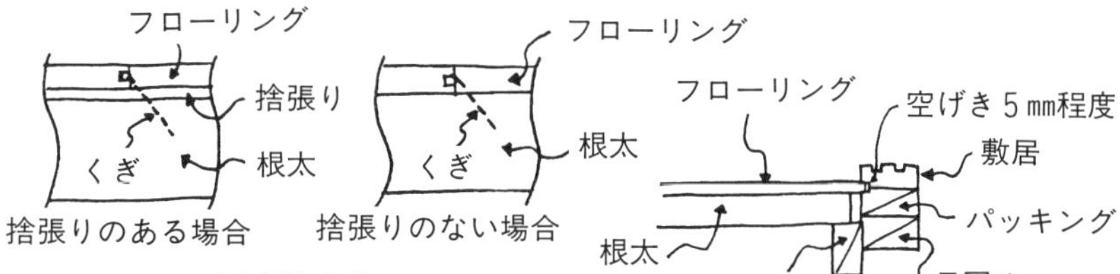

フローリング

捨張り

くぎ

根太

捨張りのある場合

フローリング

くぎ

根太

捨張りのない場合

(a)床納まり

フローリング

空げき 5 mm程度

敷居

パッキング

根太

根太掛け

足固め

(b)敷居際の納まり

フローリング(一般)張り

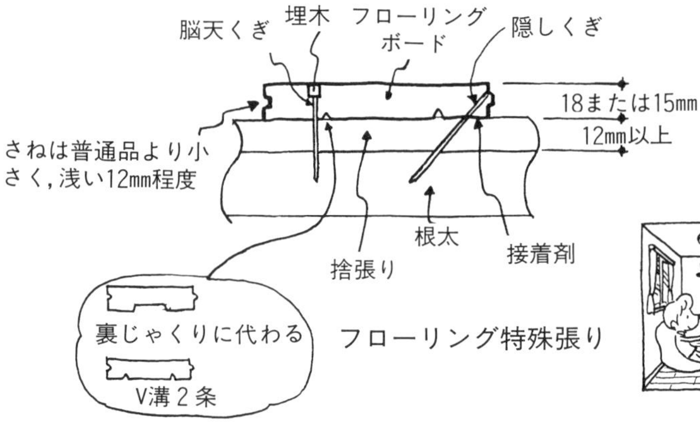

脳天くぎ

埋木

フローリング
ボード

隠しくぎ

18または15mm

12mm以上

さねは普通品より小
さく,浅い12mm程度

根太

捨張り

接着剤

裏じゃくりに代わる

V溝 2 条

フローリング特殊張り

251

4.5 塗装工事・内装工事　　　　　　　　　　4.5.2 内装工事

123 モルタル埋込み工法・ビニル床タイル・シート張りに関する用語

モルタル埋込み工法とは，コンクリート下地の上に，堅練りモルタルを平に敷き均し，セメントペーストを2mm程度むらなく表面に張り込み，その上にフローリングブロックをたたき締めて張り込むもので，仕上げ代はコンクリート面から50mm程度とし，フローリングブロックの裏面の防食・防水処理として，**ブローンアスファルト**（加熱しながら空気を吹き込んで脱水素を促進させた石油アスファルトで，硬質で耐熱性が大きい）を塗布します．

ビニル床タイル張りとは，コンクリート床面に貧調合のモルタルを平滑に塗布し，含水率が8％以下に乾燥後，モルタル下地面に接着剤（JISによるビニル床タイル・ビニル床シート用接着剤〔エポキシ樹脂系2液形〕）をくし目ごてで塗布した後，**ビニルタイル**（ビニル製の上張りタイル）を張るもので，**ビニルシート**（長尺のビニル製床仕上げ材）を張る場合を**ビニル床シート張り**といい，後者の場合は熱溶接工法を用います．

熱溶接工法とは，ビニルシートを防湿・防じんなどの目的で，はぎ目および継手を熱溶接するものです．すなわち，①ビニルシートは張付け後，接着剤が完全に硬化してから，はぎ目および継手を溝切りカッターや電動溝切り機で，溝切りを行う．②溝は，深さをシート厚さの2/3程度とし，V字形またはU字形に均一な幅とする．③熱溶接機で，溶接部を180〜200℃の温度で，シートと溶接棒を同時に溶融し，溶接棒を両端にビードができる程度に加圧しながら溶接する．④溶接完了後，溶接部が完全に冷却した後，余盛りを削り取り平滑にする．なお，ビニル床シート張りの場合，作業前10日間程度，現場で**シートの仮敷き**を行い，シートの巻きぐせを取るとともに，じゅうぶん伸縮させてから張り付けなければなりません．この理由は，シートは巻いて運搬・保存され，かつ，シートは伸縮する性質があるためです．そして，保存の場合，柱などにロープで縦方向に固定します．横積みにすると重量で変形するからです．

252

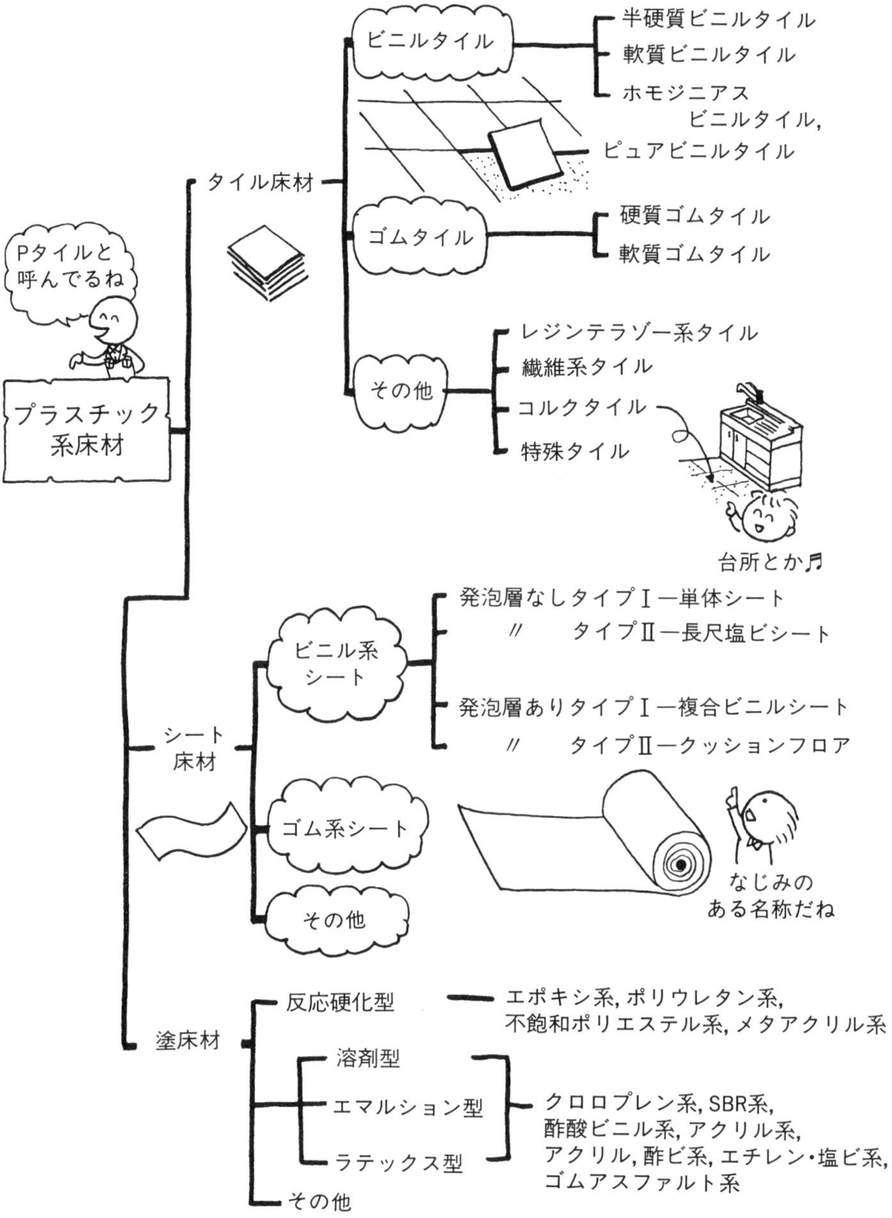

〈仕上げ・一部建築共通〉　　　　　　　　　　　　# 4.仕上げ施工

半硬質ビニルタイル
軟質ビニルタイル
ホモジニアス
　　　　ビニルタイル,
ピュアビニルタイル

ビニルタイル

タイル床材

硬質ゴムタイル
軟質ゴムタイル

ゴムタイル

Pタイルと
呼んでるね

プラスチック
系床材

レジンテラゾー系タイル
繊維系タイル
コルクタイル
特殊タイル

その他

台所とか♪

発泡層なしタイプⅠ—単体シート
　　〃　　　タイプⅡ—長尺塩ビシート

ビニル系
シート

発泡層ありタイプⅠ—複合ビニルシート
　　〃　　　タイプⅡ—クッションフロア

シート
床材

ゴム系シート

その他

なじみの
ある名称だね

反応硬化型　　　　エポキシ系, ポリウレタン系,
　　　　　　　　不飽和ポリエステル系, メタアクリル系

塗床材

溶剤型

エマルション型

ラテックス型

その他

クロロプレン系, SBR系,
酢酸ビニル系, アクリル系,
アクリル, 酢ビ系, エチレン・塩ビ系,
ゴムアスファルト系

253

4.5 塗装工事・内装工事　　　　　　　　　　4.5.2 内装工事

124 ビニル床張り・合成樹脂塗り床工事に関する用語

　ビニル床張り作業は，張付け時の室温が，5℃以下の場合には採暖して，20℃程度に保ちながら施工することが肝要です．そして，**ビニル床張り用接着剤**は湿気の生じやすい床にはエポキシ樹脂系の接着剤を，湿気を伴わない一般の床では酢酸ビニル樹脂系接着剤を用いるのです．

　合成樹脂塗り床とは，常温で硬化する合成樹脂製塗り床材を塗布して，**シームレス**（床一面に継ぎ面のない）な床に仕上げるもので，機械的強度，科学的特性および居住性の向上を目的とするものです．**合成樹脂製塗り床材**は床の目的に応じ，次の3つが主に用いられます．**①ウレタン樹脂（弾性ウレタン）**：弾力性，衝撃性，耐摩耗性に優れるが，汚れが付きやすく，黄変しやすく，高湿下で発泡しやすい．一般事務所，廊下，学校，体育館，病院などに用いる．**②ウレタン樹脂（溶剤系ウレタン）**：強じん性，耐水性，耐摩耗性に優れるが，黄変しやすく厚塗りすると発泡しやすい．一般事務所，倉庫，防塵床などに用いる．**③エポキシ樹脂**：機械

的強度，耐薬品性に優れるが，耐候性，低温硬化性（5℃以下）が劣る．工場，研究・実験室，倉庫，厨房などに用いられる．

　合成樹脂塗り床工事の基本的留意点は次のとおりです．①下地調整モルタルは，一般に普通ポルトランドセメントを用い，ポリマーセメントは含有するポリマー（重合体）の作用により，強度低下し，はく離・ふくれの原因となるので用いてはならない．②1回の塗り厚さは2mm以下とし，これを超える厚さの場合は乾燥後，塗り回数を増やす．これは，ウレタン樹脂の場合，硬化時にガスを発生するため，1回で厚塗りするとガスが内部に封じ込められたままとなり，じゅうぶん硬化しないため．③施工場所の気温が5℃以下の場合や湿度80％以上では，低温による硬化不良や結露による仕上がり不良をきたすので，作業は行わない．

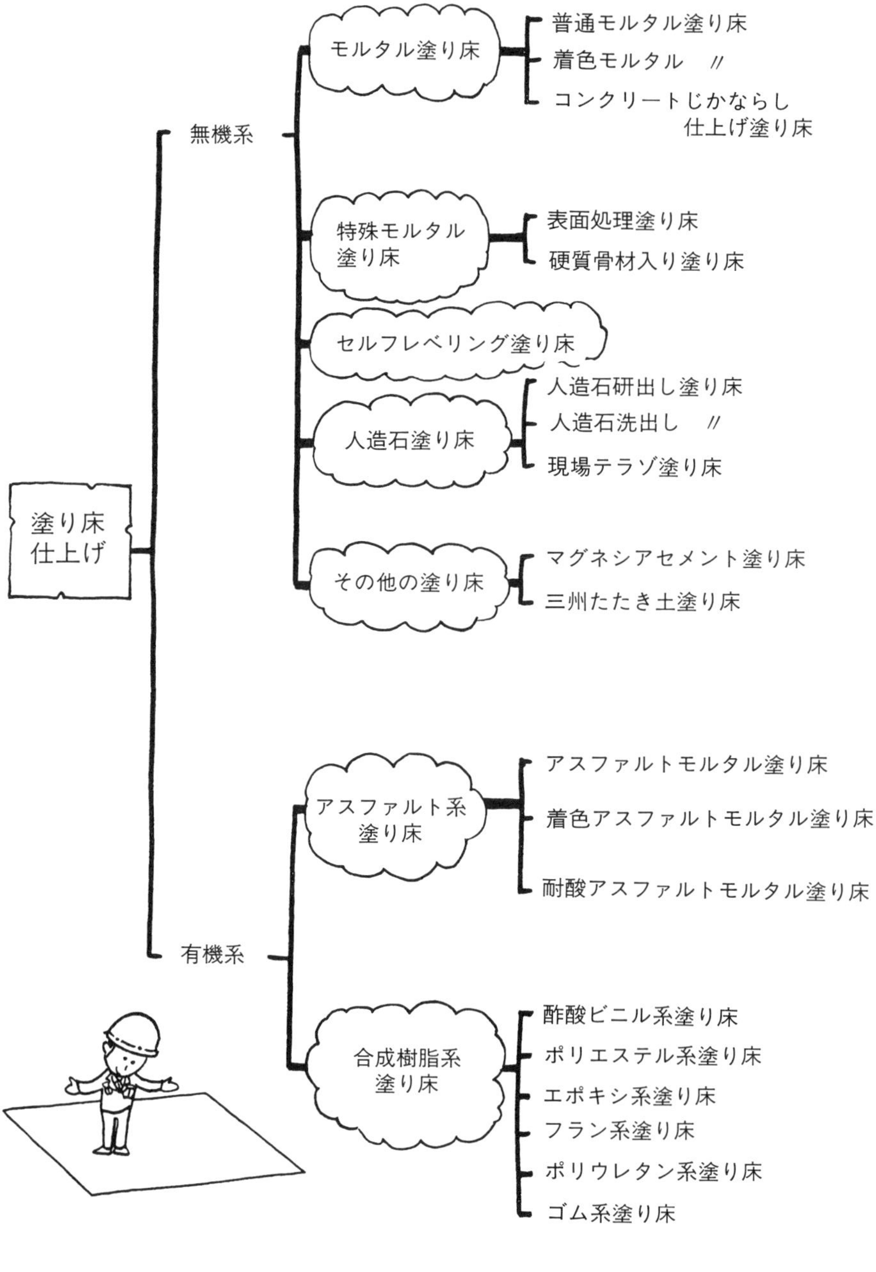

〈仕上げ・一部建築共通〉　　　　　　　　　　　**4.仕上げ施工**

塗り床
仕上げ

- 無機系
  - モルタル塗り床
    - 普通モルタル塗り床
    - 着色モルタル　〃
    - コンクリートじかならし
      仕上げ塗り床
  - 特殊モルタル塗り床
    - 表面処理塗り床
    - 硬質骨材入り塗り床
  - セルフレベリング塗り床
  - 人造石塗り床
    - 人造石研出し塗り床
    - 人造石洗出し　〃
    - 現場テラゾ塗り床
  - その他の塗り床
    - マグネシアセメント塗り床
    - 三州たたき土塗り床
- 有機系
  - アスファルト系塗り床
    - アスファルトモルタル塗り床
    - 着色アスファルトモルタル塗り床
    - 耐酸アスファルトモルタル塗り床
  - 合成樹脂系塗り床
    - 酢酸ビニル系塗り床
    - ポリエステル系塗り床
    - エポキシ系塗り床
    - フラン系塗り床
    - ポリウレタン系塗り床
    - ゴム系塗り床

255

4.5 塗装工事・内装工事　　　　　　　　　　4.5.2 内装工事

125　エポキシ樹脂塗り床工事に関する用語

トップコートとは，床の表面に塗って摩耗や滑りを防ぐ仕上げ材で，露出防水の最上層に塗って防水層を保護するためにも用いられます．

合成樹脂塗り床工事の種類は，仕上げの方法によって次の5つに大別されます．

①**薄膜流し展べ仕上げ**：厚さ0.8mm程度に樹脂ペーストを平滑に仕上げるもので，一般床，廊下，食堂などに用いられます．

②**厚膜流し展べ仕上げ**：厚さ2mm程度に樹脂ペーストとけい砂などの骨材を混合したものを平滑に仕上げるセルフレベリング工法です．骨材を混合することによって耐久性が向上するので，実験室，軽作業室，便所など耐摩耗性，耐薬品性を主目的とした床に用いられます．なお，**セルフレベリング工法**とは，床工事において上塗り材をコンクリートスラブ上に流して，平滑な床下地面をつくる方法をいいます．

③**樹脂モルタル仕上げ**：厚膜流し展べ仕上げの骨材を3〜8倍混合して，さらに耐衝撃性，耐久性を向上

させ，厚さ5mm程度にこて塗りする工法で，外部の舗装床，倉庫，機械室，重作業室などに用いられます．なお，**樹脂モルタル**とは，合成樹脂や合成ゴムに砕石・砕砂・顔料などを混入した塗り仕上げ材です．平滑なコンクリートやモルタル面にこてやローラーで薄く塗り，防じん・防滑・耐水・耐薬品などを目的とした床仕上げに多用されます．

④**防滑仕上げ**：防滑性を目的とし，表面を凹凸状態に仕上げる工法で，厚膜流し展べ仕上げ，樹脂モルタル仕上げと併用できます．外部通路，厨房，駐車場ランプなど水を使用する場所に用いられます．

⑤**コーティング仕上げ**：主に水系，溶剤系塗り床材をローラーやスプレーで，厚さ0.02〜0.1mmに塗布する工法で，防塵，美装を主目的とした床に使用します．

〈仕上げ・一部建築共通〉

4.仕上げ施工

床の塗料は
よく選んで使いましょう

滑りやすい
床は困ります

松ヤニが
びっちりついて
切れないよ

松

はじめに
ノコギリに
灯油をぬれば
よかったね

松ヤニも
樹脂の
１つです

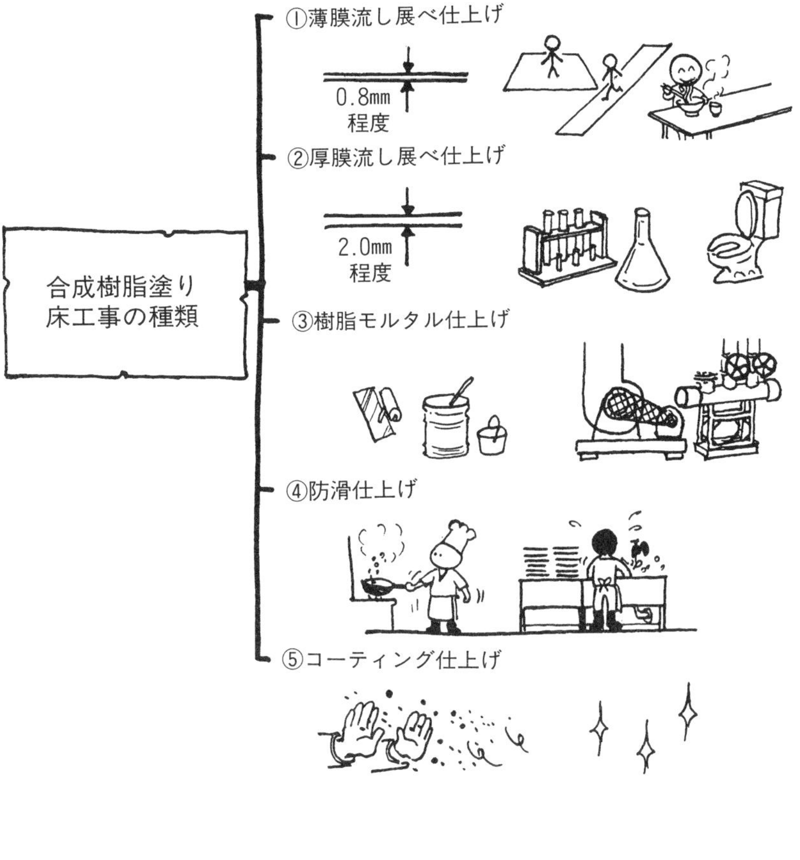

合成樹脂塗り
床工事の種類

①薄膜流し展べ仕上げ

0.8mm
程度

②厚膜流し展べ仕上げ

2.0mm
程度

③樹脂モルタル仕上げ

④防滑仕上げ

⑤コーティング仕上げ

257

4.5 塗装工事・内装工事　　　　　　　　　　　4.5.2 内装工事

126 石こうボード張りに関する用語

石こうボード張りとは，壁（壁下地）や天井（天井下地）の上（表面）に石こうボードを張り付けることをいいます．石こうボード（プラスターボード）とは，石こうを心に，その両面に厚紙で被覆し形成した板で，建築物の内装などに広く用いられ，防火・防音性に優れ，温・湿度による伸縮が少なく，施工が容易ですが，衝撃や湿気に弱い欠点があります．JIS では，石こうボード，石こうラスボード，吸音用穴あき石こうボードに分けられます．

直張り工法（GL 工法）とは，コンクリート下地面に接着剤をだんご状に塗り，石こうボードを押し付けて張るもので，接着剤の間隔はボード周辺部で 150～200 mm とし，接着剤の盛り上げ高さは，仕上げ厚の 2 倍以上とします．そして壁面に張り付ける場合は，くさびをかい，床面から 10 mm 程度浮かして（離して）張り付けます．この理由は床面からの水分の吸い上げを防止するためです．なお，くさびとは，二材の接合を緊着させるものです．

二重張りとは，下張りの上に表張りするもので，一般に下張りはボードを横にし，表張りはボードを縦にして，下張りと表張りの継目位置が重ならないようにしなければなりません．捨張りとは，二重張りにおける下張りのことをいいます．そして，下張りの上に表張りを張る場合は，接着剤を主として，必要に応じて小ねじ，釘，ステープル（双またになった U 字型の釘）を併用して張り付けます．

壁や天井の下地が，骨組み下地の石こう張りは，木造下地の場合は釘留め仕上げで行いますが，釘の頭が石こうボードの表面より少しへこむように留付け，ボードの表面紙を破損しないよう留意します．軽量鉄骨下地の場合は，ドリリングタッピングビス（タッピングビスともいい，ビス自身でねじ立てができるビス）で留め付けます．

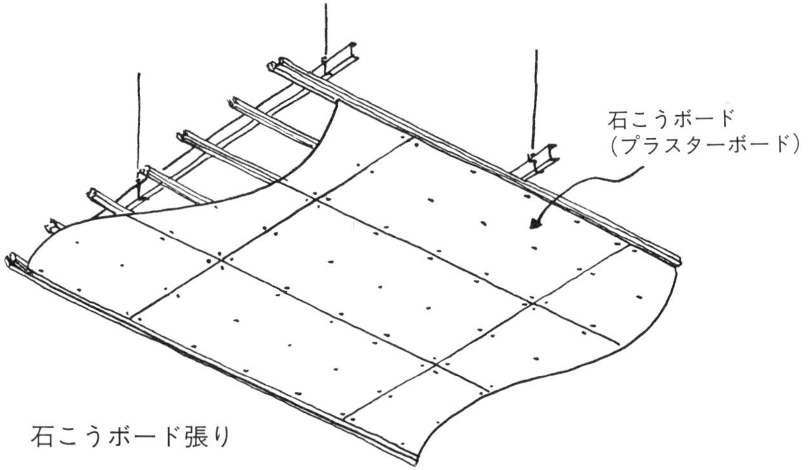

〈仕上げ・一部建築共通〉 　　　　　　　　　　　　　**4.仕上げ施工**

石こうボード
（プラスターボード）

石こうボード張り

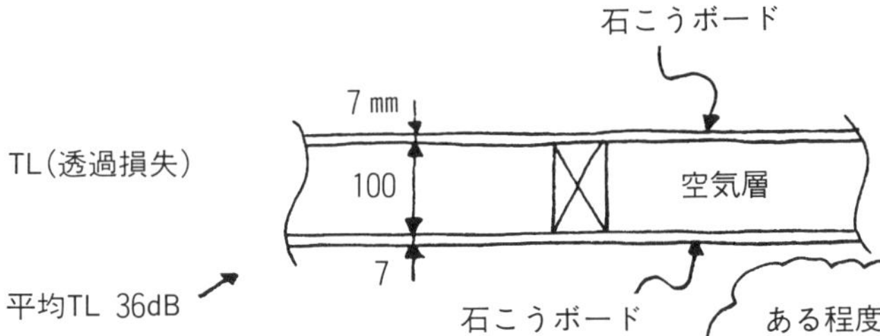

石こうボード

TL（透過損失）

7mm

100

空気層

7

平均TL 36dB

石こうボード

ある程度
騒音を
遮断するよ

防音

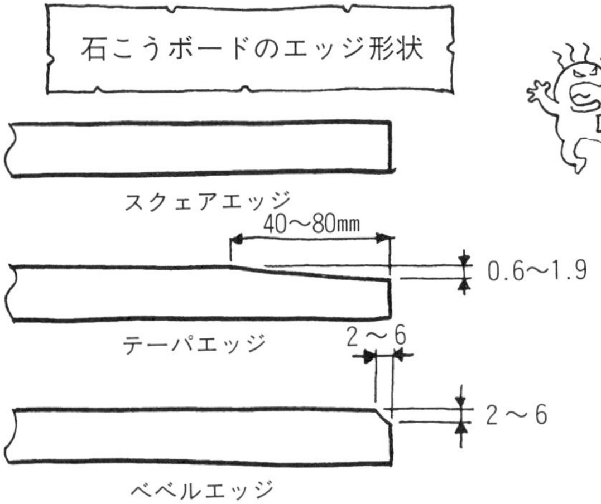

石こうボードのエッジ形状

スクェアエッジ

40～80mm

0.6～1.9

テーパエッジ

2～6

2～6

防火

ベベルエッジ

4.5 塗装工事・内装工事　　　　　　　　　　　　　4.5.2 内装工事

127 | カーペット敷きに関する用語

カーペット敷きとは，床下地面に
カーペットを敷くことをいい，下記
の4つの工法が用いられます．なお，
カーペットとは，繊維製床敷物の総
称で，パイルのないものと，**パイル**
（カーペットの表面に出ている繊維
の束）のあるものに大別され，後者
は**じゅうたん**とよばれます．

①**グリッパー工法**：床の周囲に釘
または接着剤で固定した**グリッパー**
（**スムースエッジ**ともいい，釘の先端
が多数突き出た板）とよばれる取付
具にカーペットの端部を引掛け，ゆ
るみのないように一定の張力を加え
て張りつめる工法で，耐衝撃性を高
めるために下敷き材が使用されます．
ウィルトンカーペット（よこ糸2本
または3本ごとにワイヤを打込み，
カットパイルを形成したカーペッ
ト）や**タフテッドカーペット**（基布
にパイル糸を刺し込んでパイルを形
成し，裏面に接着剤を用いてパイル
を固定したカーペット）に採用され
ます．

②**全面接着工法**：接着剤を使って
カーペットを床に固定させる工法で，

温・湿度変化による収縮を防ぎ，維
持・補修も容易で，カーペット敷き
の主流となっています．

③**ヒートボンド工法**：接着テープ
をアイロンで160℃程度に加熱しな
がら接着はぎ合せする**はぎ合せ工法**
です．

④**置敷き工法**：床仕上げをした部
屋の一部にカーペットを敷く工法で
す．

ステアツールとは，グリッパー工
法の張り仕舞いにおいて，カーペッ
トの端を溝に巻き込むように入れて
張るときの用具です．**ニーキッカー**
とは，グリッパー工法の張り仕舞い
において，伸展しながらグリッパー
に引っ掛ける用具です．

タイルカーペットとは，50 cm角
のタイル状に切断したカーペット．
下地との接着は行わず，市松模様に
敷き並べるだけで仕上げる工法で，
施工や部分的取り替えもごく簡単に
行えます．

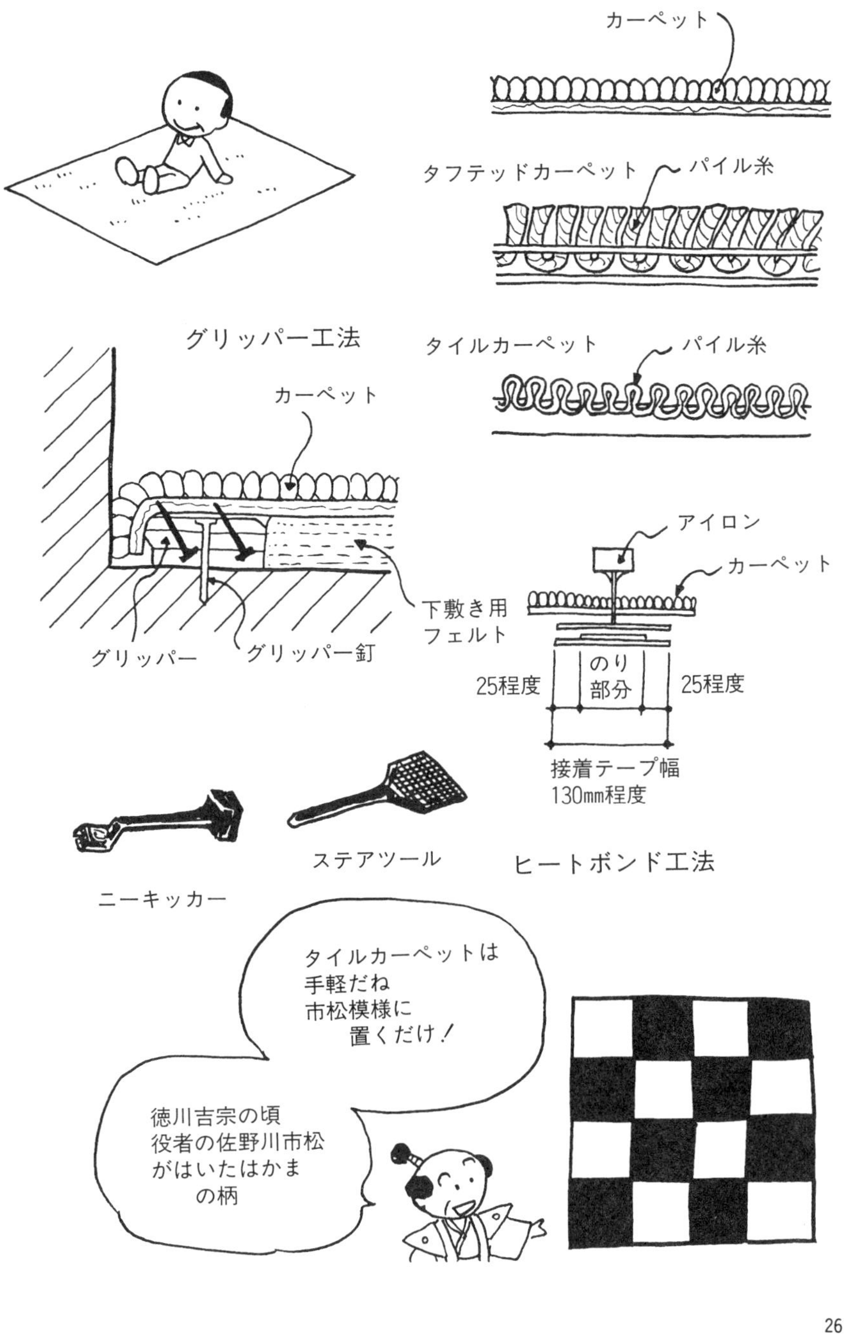

〈仕上げ・一部建築共通〉   # 4.仕上げ施工

カーペット

タフテッドカーペット　パイル糸

タイルカーペット　パイル糸

グリッパー工法

カーペット

アイロン

カーペット

下敷き用
フェルト

グリッパー　グリッパー釘

25程度　のり部分　25程度

接着テープ幅
130mm程度

ステアツール　ヒートボンド工法

ニーキッカー

タイルカーペットは
手軽だね
市松模様に
　置くだけ！

徳川吉宗の頃
役者の佐野川市松
がはいたはかま
　の柄

261

5.1 施工計画・工程管理　　　　　　　　　　　　　　5.1.1 施工計画

128 施工・施工管理に関する用語

施工とは，工事契約に基づき，設計図および仕様書に従って建設工事を行い，建築物を完成させることをいいます．

設計とは施主（建築主）より示された与条件を建築的に適合させ，建物の配置・平面・断面・立面・構造・設備などそれぞれの計画を図面に表し，また仕様書に図面で表現できないものを書き表して設計図書を作成することをいいます．法的には当該建築士の責任において作成せねばなりません．

設計図とは，設計者の意思を一定の規約に基づいて図面で示すものです．

建築工事施工の基本は，まず建築主（施主）の要望を満足させることであり，このための施工計画を基本施工計画といい，工事には品質（Q），予算（C），工期（D），安全（S）の4つの基本要素があり，これらのバランスを取りながら計画をまとめていくことが肝要です．

施工計画とは，工事を完成するための各部門別工事の進め方，方法，手段等を計画することをいい，工事着手にあたり，適切な工法を選択し，安全で能率的かつ経済的な施工計画を次の事項に注意して立案します．

①工事契約図書をじゅうぶん検討し工事内容を把握する．②工事現場の敷地の周辺の状況などを把握するため事前調査を実施する．③事前調査の結果により仮設，使用機械，施工方法などについて検討し，工事計画を立案する．④工事計画に基づき仮設，調達などの各計画を具体的に立案する．⑤各計画の立案後，現場に最適の施工方法，管理方法，現場組織などの管理計画をまとめ施工計画書を作成する．

施工計画図とは，施工計画を図面に表したもの．すなわち，工事を遂行するための計画図をいい，主なものに足場，資材搬入路，根切り，山止め，杭打ち，コンクリート打ちなどの計画図（設計の意図，計画を表した図面）があります．

262

〈建築・躯体・仕上げ共通〉　　　　　　　　　　　　　　　　**5. 施工管理法**

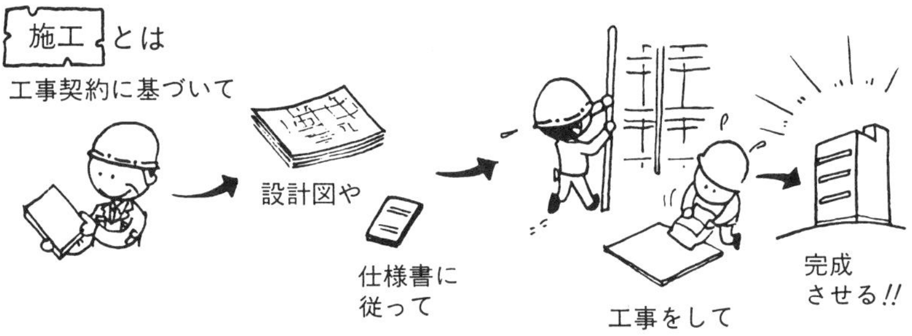

施工 とは

工事契約に基づいて

設計図や

仕様書に
従って

工事をして

完成
させる!!

設計 とは

建築主より示された条件を
建築的に適合させて　　　　　　　　→　　　設計図書を作成

このごろは「バリアフリー」があたりまえに
なってきました. 高齢者やハンディキャップの方々に
やさしい建物は誰にとってもくらしやすい♬

図面につける

特記仕様書

意匠・構造・設備の
図面

特記仕様書と
共通仕様書に
かいてあることが
ちがう場合
特記仕様書を
優先!!

共通仕様書

施工計画

工法は
どれに

安全

能率的

経済的

現場の内外の調査

機械を
どれに

263

5.1 施工計画・工程管理　　　　　　　　　　　　　　　　5.1.1 施工計画

129 施工計画・施工計画書に関する用語

　施工計画を構成する基本的事項のうち，**生産の三要素**（品質・原価・工程）間の相互関係を表した図を**工程と品質および原価の関係図**といいます．これによれば原価と工程の関係をX曲線が示すように，施工を早めて数量を多くすると単位数量当たりの価格は安くなるが，**突貫工事**（普通に施工すれば当然かかるはずの日数を機械，人員を大量に投入し，日数を大幅に短縮する形態の工事方法）すると逆に価格は上昇します．工程と品質の関係はZ曲線が示すように，施工を早めて突貫作業をすると品質は悪くなることがわかります．

　仮設備計画のポイントとして，仮設工事や仮設建築物などの仮設備は，工事完了後はすべて撤去されるものですが，施工業者のもつ最高の技術レベルで対処するように施工計画をたてなければなりません．仮設備の良否が工事の死命を制しているといってもよいほどです．

　乗入れ構台とは，根切りや地下躯体工事において，土砂の搬出や材料の搬入・搬出を行う車両が乗り入れる**構台**（仮設的に設ける構造物）をいいます．

　プレロードとは，圧密を促進するために，あらかじめ盛土などの上載荷重を地表面に加えることをいいます．

　施工計画書とは，請負契約後，請負業者が当該工事のために作成する文書で，実際に施工するのに必要な事項を具体的に記入し，そのとおりに施工することを約束したもので，原則として設計図書と相違があってはなりません．施工計画書は次のように大別されます．

　①**総合仮設計画書**：工事全般で仮設を主としたものです．**工種別施工計画書（施工要領書）**：主に仮設，基礎，躯体，仕上げの各工事別の施工計画書で，すべての工程について作る必要はありません．工種別施工計画書は工種に必要な管理体制，使用材料（商品名，メーカー名など具体的に記載する），施工方法や工種別工程表などを記載します．ただし，費用明細は記載されません．

264

〈建築・軀体・仕上げ共通〉

5. 施工管理法

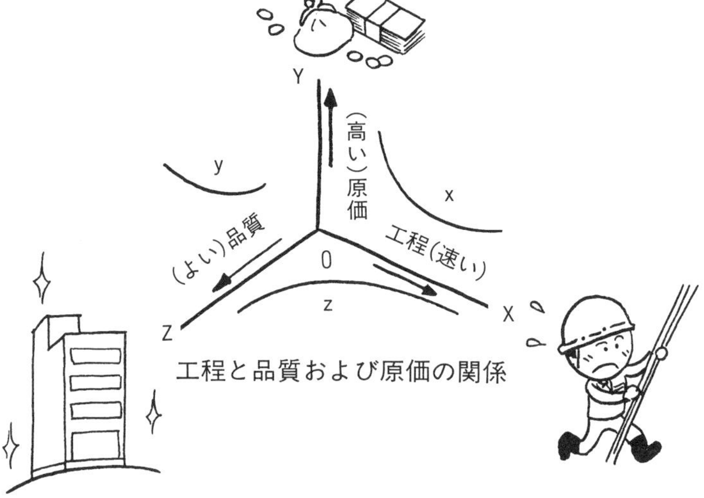

Y

（高い）原価

y

x

（よい）品質

工程（速い）

0

Z

z

X

工程と品質および原価の関係

突貫工事は品質がわるくなる

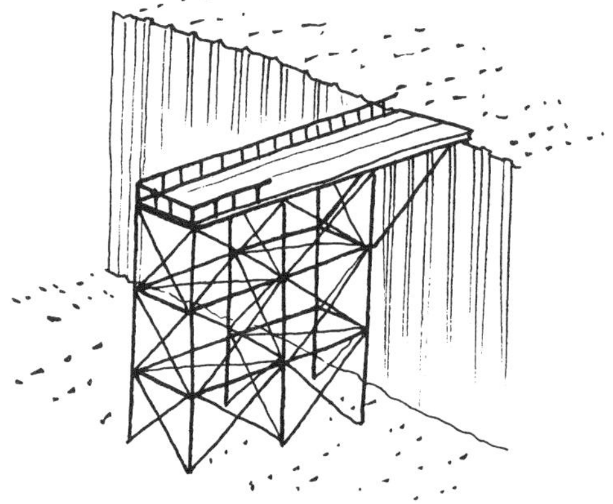

乗入れ構台

工種別施工計画書

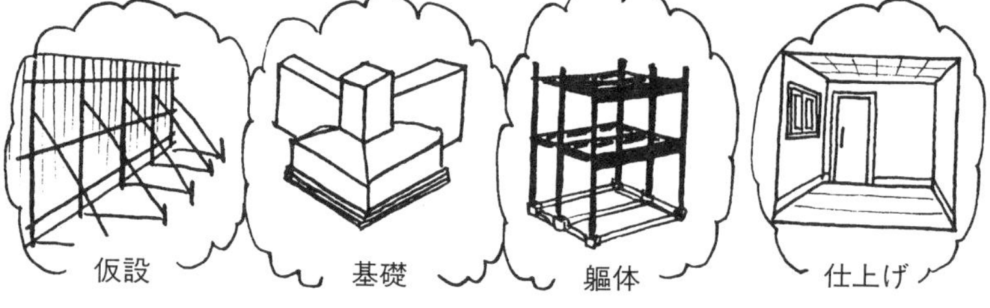

仮設　　　基礎　　　軀体　　　仕上げ

5.1 施工計画・工程管理　　　　　　　　　　5.1.1 施工計画

130 施工計画に係る届出に関する用語

建築工事計画届とは，①高さ 31 m を超える建築物等の建設，解体等，②最大支間 50 m 以上の橋梁の建設，③深さ 10 m 以上の地山の掘削，の仕事を開始しようとするときに，労働安全衛生法に基づき当該工事の開始の日の 14 日前までに，労働基準監督署長に届け出なければならない計画書です．

建設物・機械等設置届とは，①建設物・機械等の設置，移転または主要構造物の変更，②機械等で危険な作業等を必要とするもの等の設置，移転，変更の場合に，労働安全衛生法に基づき当該工事の開始の日の 30 日前までに，労働基準監督署長に届け出なければならない計画です．

特定建設作業実施届出書とは，著しい騒音または振動を発生する作業で，騒音規制法で定められた坑打ち機等，振動規制法で定められた坑打ち機等の各作業を行う場合，作業開始の 7 日前までに都道府県知事に届け出る書類です．

道路使用許可申請書とは，建設作業等において，作業に必要な自動車を止めなければならない場合に，道路交通法に基づき許可を得るために警察署長に申請する許可申請書です．

道路占用許可申請書とは，仮囲い等，道路上にはみ出して設置しなければならない場合，または道路を掘削する場合，道路法に基づき，**道路管理者**（高速道路・国道は国土交通大臣，都道府県道は知事，市町村道は市町村長）に申請する許可申請書です．

建築物除却届とは，建築物を除却する場合，施工者が建築基準法に基づき都道府県知事に届け出するものです．

工事完了検査の申請とは，建築工事が完了した場合に，完了後 4 日以内に建築基準法に基づき建築主事等に提出するものです．

仮使用承認申請書とは，建築物の新・増改築に関する工事をする場合で検査証の交付を受ける前に仮に使用したいとき，建築基準法に基づき，**特定行政庁**（建築主事を置く市町村の長，これ以外は知事）に行う承認申請書です．

266

〈建築・躯体・仕上げ共通〉　　　　　　　　　　　　**5. 施工管理法**

31mは
9階〜10階
だよ

31mを超える
建築物は
建築工事
計画届がいるね

道路

道路

道路占用許可
申請書

道路
管理者

警察
署長

道路使用
許可申請書

工事完了検査の申請は
4日以内に
届けます

建築
主事
等

5.1 施工計画・工程管理　　　　　　　　　　　　　5.1.2 工程管理

131 工程管理に関する用語

施工図とは，設計図に基づいて実際に施工できるように細部を図示したもので，原寸図，工作図，取付図などがあり，一般には現場で作成されるものです．**原寸図**とは，設計上，特に詳細を要する部分を実物と同じ寸法（S 1/1）で描いた部分設計図で，鉄骨構造物の場合は，S 1/10，1/20や1/50等の施工図を基に，工場の床面に加工用の線付けを行います．

施工管理とは，建築工事の施工全般を管理することで，工程管理，技術管理，作業管理，安全衛生管理，材料管理，労務管理，現場管理などを総称していいます．

工程とは，全工事の工期などから決めた各作業部門別工事の進行日程をいいます．工事を予定の工期内で完成させるために，工事の内容・順序・速度などを検討し，その工事に最も適正な構想を選定することを**工程計画**といい，そして工事進行状況を管理することを**工程管理**といいます．

工程計画の要点については，**請負契約書類**（契約書・設計図書・仕様書等）および現場の状況を検討し，次の点に注意して計画します．①工事期間：工事の時期，天候，気温，工事日数などの考慮．②工事内容：工事と場所，内容，質等の理解．③工事数量：全体・工事別の工事量（材料・労務など）の把握．④労務・材料の手配：適切な労務人員と材料の手配．⑤施工機器：現場状況と工事内容にそった施工機器の能力の理解と手配．⑥仮設用動力：施工機器，照明，用水設備を考慮した動力容量の計画．

工程計画の注意点については次の点をよく理解して下さい．①原則として，経済速度で計画するが，できるだけ余裕を見込んで作る．②重複できる工事は重複させ，能率的に計画する．③季節と天候を考慮する．④計画が完成すれば工事監理者の承認を受ける．⑤一度決まった計画は極力，変更しないように努力する．⑥計画を変更するときは，工事監理者と協議し承認を得る．

〈建築・軀体・仕上げ共通〉

5. 施工管理法

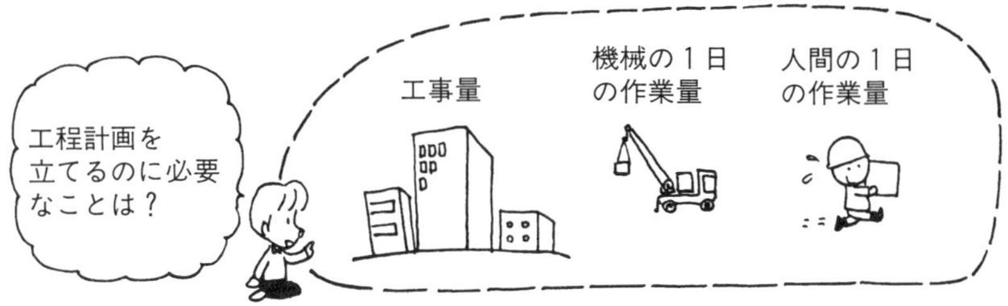

工程計画を
立てるのに必要
なことは？

工事量

機械の1日
の作業量

人間の1日
の作業量

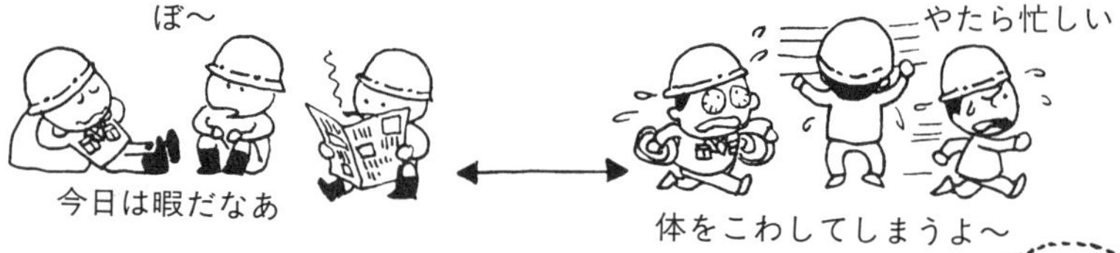

ぼ〜

今日は暇だなあ

やたら忙しい

体をこわしてしまうよ〜

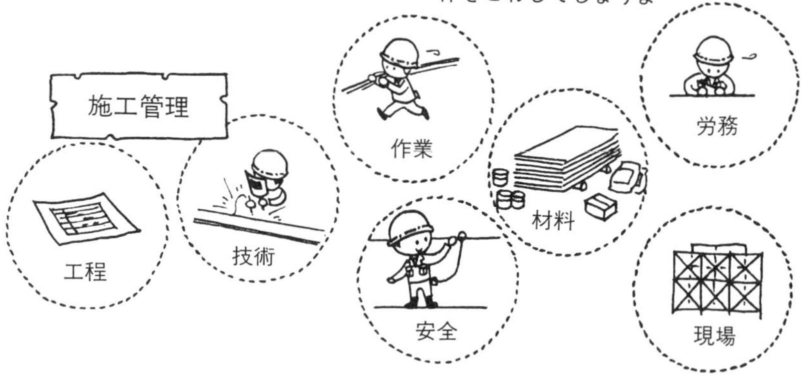

施工管理

工程

技術

作業

材料

労務

安全

現場

このごろ
天気予報は
ずいぶんと
こまかく, 正確に
なってきたね

工程計画も
たてやすくなりました

計画の変更は
かならずといっていい
ほどある

ちゃんと
他の人にも
伝えた
かな

1つの
変更によって
数個から
数十個の
変更を
伝えなければ
ならないことだって
あるよ

269

5.1 施工計画・工程管理　　　　　　　　　　　　　　5.1.2 工程管理

132 施工管理に係る活動・工期とコストに関する用語

QC工程表（施工品質管理表）とは，着工から竣工までの流れのなかで良い品質をつくり込んでいくための計画表をいいます．

OJTとは，作業中の指導および作業開始時，作業開始後に作業従事者に対して訓練を施すことをいいます．

VE（価値分析）とは，建築工事において企画・設計・施工・維持管理・解体の機能を最低のコストで実現するために，建物に要求される品質・耐久性・美観などの諸機能を分析し，実現手段を改善していく組織的活動をいいます．

KYTとは，危険予知トラブルの頭文字で，安全管理の一貫として現場内の作業者などを含めたグループ討議によって危険防止対策を検討することです．**KYK（危険予知活動）**とは，工事現場での作業開始前に作業遂行上予想される危険を洗い出し，対策をたてて実作業にいかす活動をいいます．

総建設費とは，直接費と間接費の合計です．**直接費（直接工事費）**と

は材料費，施工費，外注費の純工事費と運搬費の合計をいい，工期の短縮に伴って増加します．**間接費**とは管理費，共通仮設費，減価償却費，金利などの合計で，工期の短縮に伴って減少します．

工期とコストの関係図を右図に示します．**最適工期**とは総建設費が最小となる点をいいます．なお，各作業の直接費がそれぞれ最小になる方法と工期で工事を行うと全工事の総直接費は最小となり，これを**ノーマルコスト（標準工費）**といい，図の直接費の実線の右端部で，ノーマルコストに要する工期を**ノーマルタイム（標準時間）**といいます．そして，各作業はどんなに直接費をかけても，ある限度以上は短縮できない時間があり，これを**クラッシュタイム（特急時間）**といい，各作業のクラッシュタイムのコストを集計したものは最高の直接費となるので**オールクラッシュコスト（全作業特急費用）**とよび，そしてクラッシュタイムにおいて得られる最小の直接費を**クラッシュコスト（特急費用）**とよびます．

〈建築・軀体・仕上げ共通〉　　　　　　　　　　　　　　# 5. 施工管理法

企画

設計

施工

VE（価値分析）

解体

維持管理

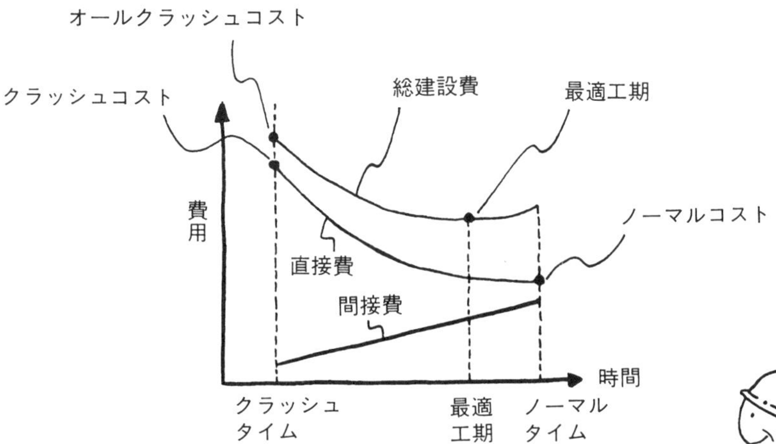

オールクラッシュコスト

クラッシュコスト

総建設費

最適工期

費用

ノーマルコスト

直接費

間接費

時間

クラッシュ
タイム

最適
工期

ノーマル
タイム

工期とコストの関係図

5.1 施工計画・工程管理　　　　　　　　5.1.2 工程管理

133 請負契約・工程表に関する用語

　請負契約とは，民法で，規定されているもので，当事者の一方がある仕事を完成することを約束し，相手方がその仕事の結果に対してこれに報酬を与えることを約束することによって効力を生ずる契約です。**一式請負，分割請負，職別工事別請負，定額請負，単価請負**などの種類がありますが，いずれにしても建築の施工契約の多くは請負契約です。

　工程表とは，各工事期間内の各部分工事の作業量と日程計画を関連させながら総合的に図表化したもので，工程管理に必須とするものです。内容的には**基本工程表，部分工事工程表，総合工程表（全体工程表**ともいい，着工から完成に至るまでの期間を対象にして，主要工事を主体とした基本的な工程表）があり，次のようなものが用いられます。

　横線工程表は，縦軸に工事名，横軸に工期をとり，予定日数を横線グラフで示した総合工程表で，各工程の作業日数が把握しやすく，作成も簡単ですが，作業相互の関連が不明という欠点があります。**バーチャー**

ト工程表と**ガントチャート工程表**の2種があります。

　曲線式工程表とは，工事出来高または施工量の累計を縦軸にとり，日数，週数，月数など，工期の時期的経過を横軸にとって，**出来高**（工事施工が完了した部分）の進捗状況をグラフ化したもので，主にバーチャート工程表と併用されます。この理由はバーチャートでは工事の出来高の進捗管理ができないためです。出来高は工事初期は準備のため伸びないが，初期から中期に向かって増加し，工事半ばの最盛期が最も多く，中期から終期に向かって減少していき**工程曲線（累計出来高曲線）**の勾配は**Ｓカーブ**となります。工程の進度を管理するとき，実施の進度曲線は上方許容限界曲線，下方許容限界曲線を設け，区域内に収まるように施工しなければなりません。この両曲線がバナナの形状になることから**バナナ曲線**といわれ，バナナ曲線は管理の限界を明確化できますが，出来高の管理判断以外は不明となります。

〈建築・軀体・仕上げ共通〉   # 5. 施工管理法

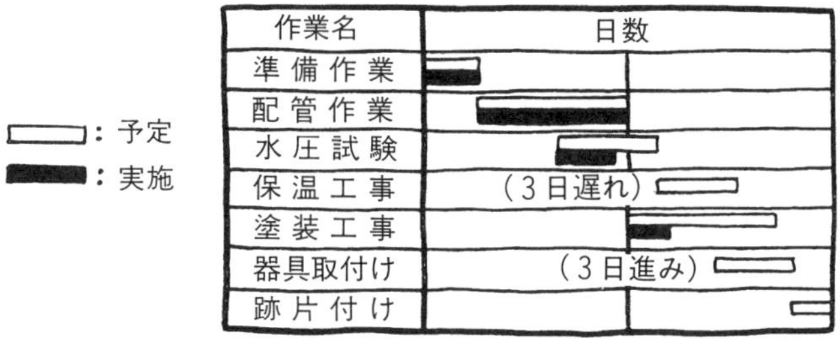

作業名	日数
準 備 作 業	
配 管 作 業	
水 圧 試 験	
保 温 工 事	（3日遅れ）
塗 装 工 事	
器具取付け	（3日進み）
跡 片 付 け	

□：予定
■：実施

ガントチャート

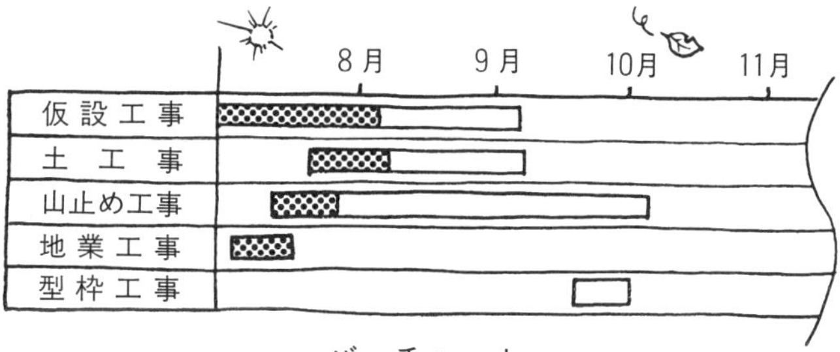

	8月	9月	10月	11月
仮 設 工 事				
土 工 事				
山止め工事				
地 業 工 事				
型 枠 工 事				

バーチャート

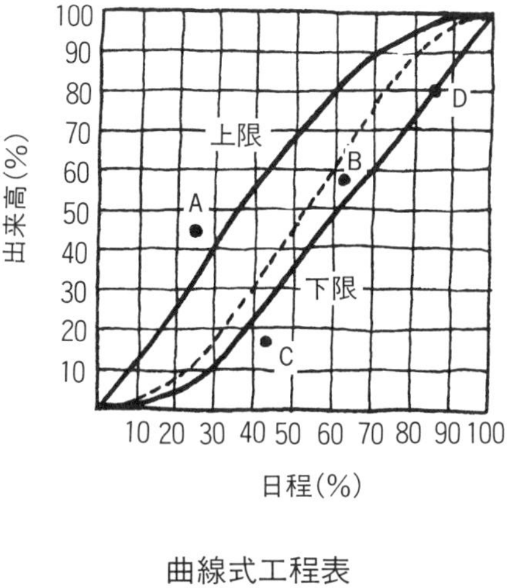

曲線式工程表

273

5.1 施工計画・工程管理 　　　　　　　　　　5.1.2 工程管理

134 ネットワーク工程表に関する用語

グラフ式工程表とは，縦軸に数量，横軸に工期をとり，工事量と工期が明確に表されるので，部分工事工程表に用いられます．

列記式工程表は，文書などで記載するような事項が多い手配予定表に使用するものです．

ネットワーク工程表とは，矢線と丸印で組み立てられた網線状の工程表で，作業の順序関係を正確に，かつ，完全に表現するものです．作成には熟練を要しますが，作業相互の関連を明確にできる（計画時の理論性と各工事の工程調整に便利な）大きな長所があり，作業を矢線で示し，作業の進捗状態が把握できやすくて多用される**アロー型ネットワーク工程表**と，丸印で作業を示し，開始・完了時点のチェックに有効な**サークル型ネットワーク工程表（イベント型ネットワーク工程表）**に分けられます．

アロー型ネットワーク工程表に関する基本用語を次に示します．

①**アクティビティ（作業）**は，ネットワーク表示（作業活動，見積り，材料入手など時間を必要とする諸活動）に用いる矢線で，作業に必要な時間の大きさは矢線の下に，矢線は作業の進行方向に，作業の内容は矢線の上に表示する．

②**イベント（結合点）**は，作業開始・終了時点を示す○印（→○→）で結合点には番号（正整数）または記号を付け，これを結合点番号またはイベント番号とよび，作業を番号でよぶことができます．1つのネットワークで同じ番号が2つ以上あってはならず，番号は作業の進行方向に向かって大きな数字とする．

③**ダミー**は，架空の作業を意味し，点線の矢印（…→）で表し，作業および時間の要素は含まない．

④**最早開始時刻（EST）**は，その結合点において作業が最も早く開始できる時刻です．

⑤**最遅終了時刻（LFT）**は，工事を所要時間以内に完了するために，各結合点が遅くとも終了しなくてはならない時刻をいいます．

〈建築・躯体・仕上げ共通〉 **5. 施工管理法**

工程表の比較

工程表	バーチャート	ガントチャート	ネットワーク
作成の難易	やや複雑	容易	複雑熟練要す
作業の手順	漠然	不明	判明
作業の日程・日数	判明	不明	判明
各作業の進行度合	漠然	判明	漠然
全体進行度	判明	不明	判明
工程上の問題点	漠然	不明	判明

ネットワーク工程表の利点と欠点

利　　　　　点	欠　　　　　点	用　　途
1．説得性がある 2．重点管理ができる 3．全体と部分の関連がわかり，各作業の余裕時間が把握できる	1．作成が難しく熟練を要する 2．修正が面倒（ただし，コンピュータ化で容易になる）	1．複雑な工事 2．重要な工事 3．大型工事

アロー型ネットワーク
（作業を矢線で表示する方法）

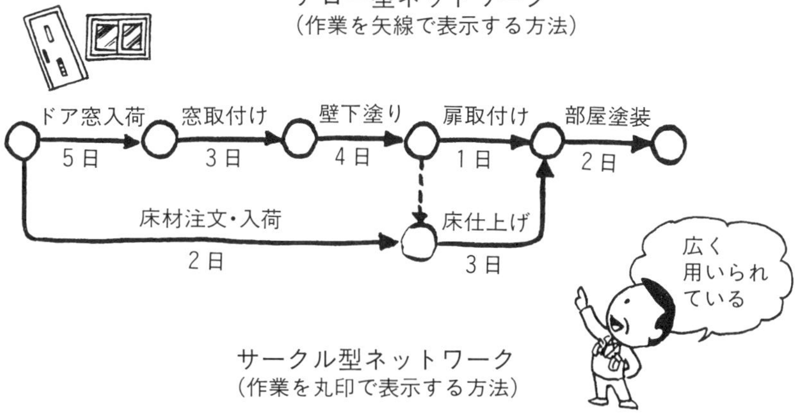

ドア窓入荷　5日　窓取付け　3日　壁下塗り　4日　扉取付け　1日　部屋塗装　2日

床材注文・入荷　2日　床仕上げ　3日

広く用いられている

サークル型ネットワーク
（作業を丸印で表示する方法）

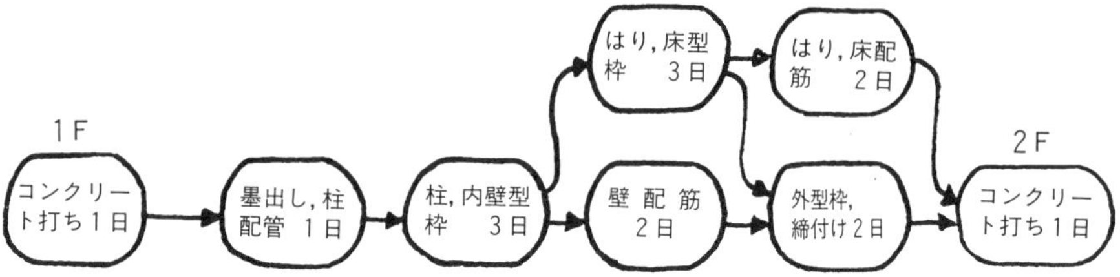

1F
コンクリート打ち1日　→　墨出し，柱配管 1日　→　柱，内壁型枠 3日　→　壁配筋 2日　→　外型枠，締付け2日　→　2F コンクリート打ち1日

はり，床型枠 3日　→　はり，床配筋 2日

275

5.1 施工計画・工程管理　　　　　　　　　　　　5.1.2 工程管理

| 135 | アロー型ネットワーク工程表に関する用語 |

⑥最早終了時刻は，その作業が最も早く完了できる時刻のことで，その作業の最早開始時刻に作業の所要時間を加えたものです．

⑦最遅開始時刻は，その作業が遅くともその時刻に開始されなければ，予定工期までに完成できないという時刻のことで，その作業の最遅終了時刻からその作業に要する所要時間を引いたものです．

⑧フロート（余裕時間）は，各作業に所要時間の差がある場合，各作業の中で最も遅く完了する作業以外の時間的余裕をいいます．

⑨トータルフロート（TF，最大余裕時間）は，作業を最早開始時刻に始め，最遅終了時刻で完了する場合に生じる余裕時間です．

⑩フリーフロート（FF，自由余裕時間）は，トータルフロートをもつ先行作業が，トータルフロートの一部または全部を使うと，後続作業は最早開始時刻で始められなくなります．そこで作業の中で自由に使っても，後続する作業に影響を及ぼさない余裕時間をフリーフロートという

のです．

⑪デペデントフロート（DF）は，後続作業のもつトータルフロートに影響を与えるフロートをいい，**インタフェアリングフロート（IF）**ともよびます．

⑫クリティカルパス（CP）は，各ルートのうち最も日数を要する作業経路をいいます．

日程短縮とは，ネットワークが作成され，各作業の時間見積りをして，フロート，クリティカルパスが計算されると，標準状態でその工事完成に何日を要するかがわかります．しかし予定と現実には狂いが生じやすく，所定の工期に工事が間に合わないケースも多々あり，改めてプランを修正する必要が生じ，クリティカルパス上の作業のいずれかを超えた日数だけ短縮しなければなりません．この調整作業を日程短縮といい，これは実務的に重要であり，かつ，熟練しないと調整できません．日程短縮のため，工期の途中でチェックし調整することを**フォローアップ**といいます．

〈建築・軀体・仕上げ共通〉

5. 施工管理法

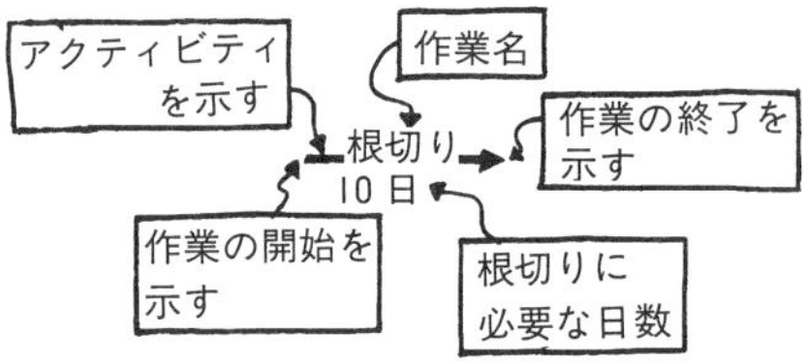

アクティビティ
を示す

作業名

根切り
10日

作業の終了を
示す

作業の開始を
示す

根切りに
必要な日数

アクティビティ

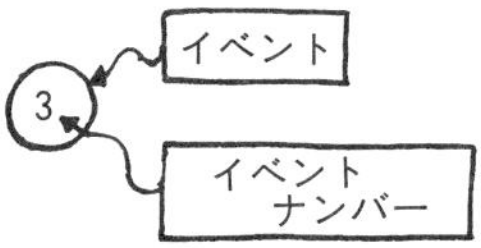

イベント

③

イベント
ナンバー

仕事の流れの
順番を示す

イベント

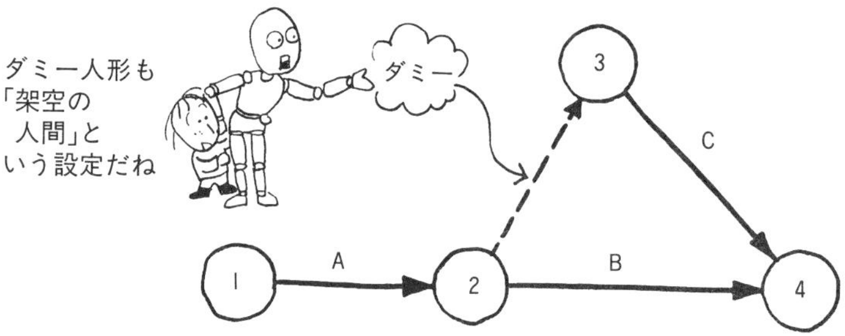

ダミー人形も
「架空の
人間」と
いう設定だね

ダミー

① A ② B ④ C ③

ネットワーク工程表

この工事は　10＋10＋15＋20＋10＝65日です

① 10日 ② 20日 ③ 5日 ⑥ 15日 ⑨ 10日 ⑩

② 15日 ④ 5日 ⑦

② 10日 ⑤ 15日 ⑧ 20日

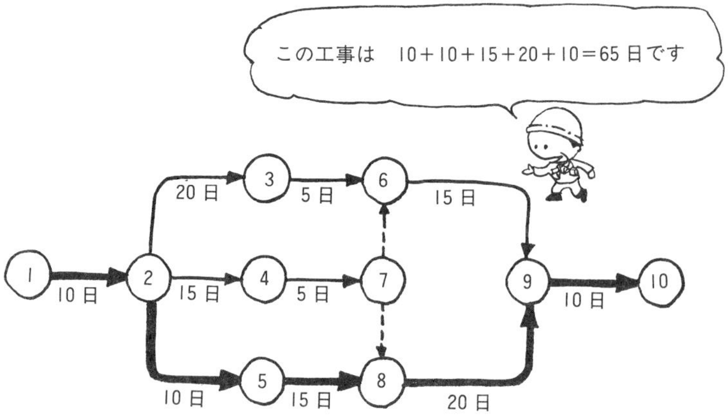

クリティカルパス

277

5.2 品質管理・安全管理　　　　　　　　　　　　　　5.2.1 品質管理

136 品質管理図表に関する用語

品質管理とは，一般的には買手の要求にあった品質の品物またはサービスを，経済的に作り出すための手段の体系をいいますが，建設工事における品質管理は，設計図書に示された規格をじゅうぶん満足するような建造物の，欠点やかしを未然に防ぎながら，最も経済的に作るための管理をいうわけです．

管理図（**X管理図**）とは，工程が安定な状態にあるかどうかを調べるため，または，工程を安定な状態に保持するために用いる図をいい，管理限界を示す一対の線を引いておき，これに品質または工程の条件などを表す点を打っておき，点が管理限界線の中にあり，点の並び方にくせがなければ工程は安定な状態にあります．管理限界線の外に出たり，点の並び方にくせが現れれば，見逃せない原因があったことを示します．見逃せない原因があったことがわかれば，その原因を調べ，工程に対して，再び起こらないような処置を講ずることにより，工程が安定な状態に保持することができるわけです．

管理図法とは，管理図を使って工程が安定な状態にあるかどうかを調べ，または工程を安定な状態に保持する方法をいいます．

管理限界線は，見逃せない原因と偶然原因を見分けるために管理図に設ける限界線をいい，管理図に平均値を示すために引いた直線を**中心線**といいます．

ヒストグラムとは，測定値の存在する範囲を幾つかの区間に分けた場合，各区間を底辺とし，その区間に属する測定値の出現度数に比例する面積をもつ柱（長方形）を並べた図をいい，区間の幅が一定ならば，柱の高さは各区間に属する値の出現度数に比例しますから，高さに対して度数の目盛りを与えることができます．ヒストグラムからは，規格や標準値から外れている度合，データの全体分布，平均やばらつき，工程の異常といったことなどがわかるわけです．

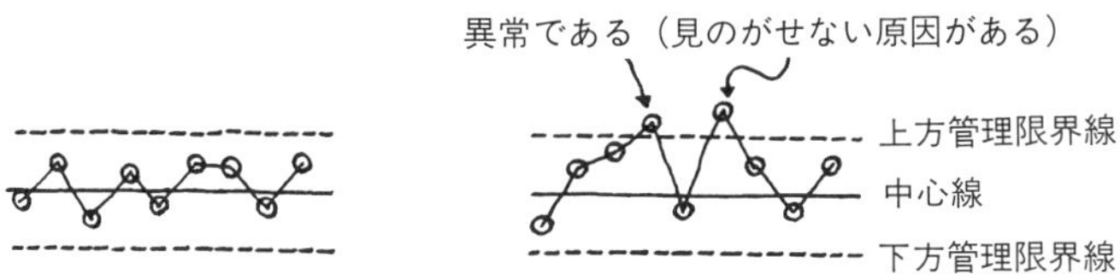

〈建築・軀体・仕上げ共通〉 **5. 施工管理法**

異常である（見のがせない原因がある）

上方管理限界線
中心線
下方管理限界線

安定状態　　　　　管理されていない状態

管理図

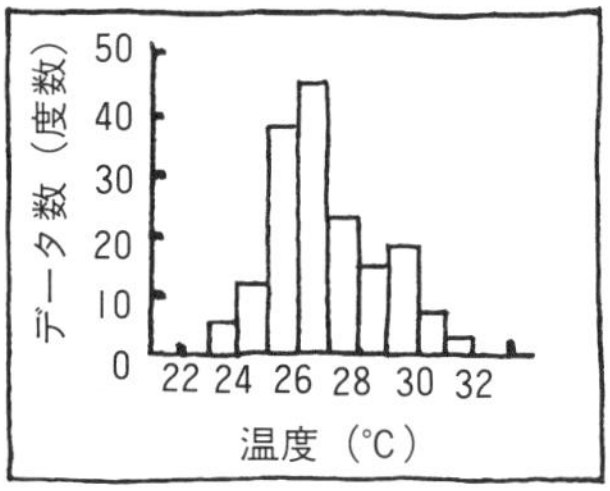

ヒストグラム

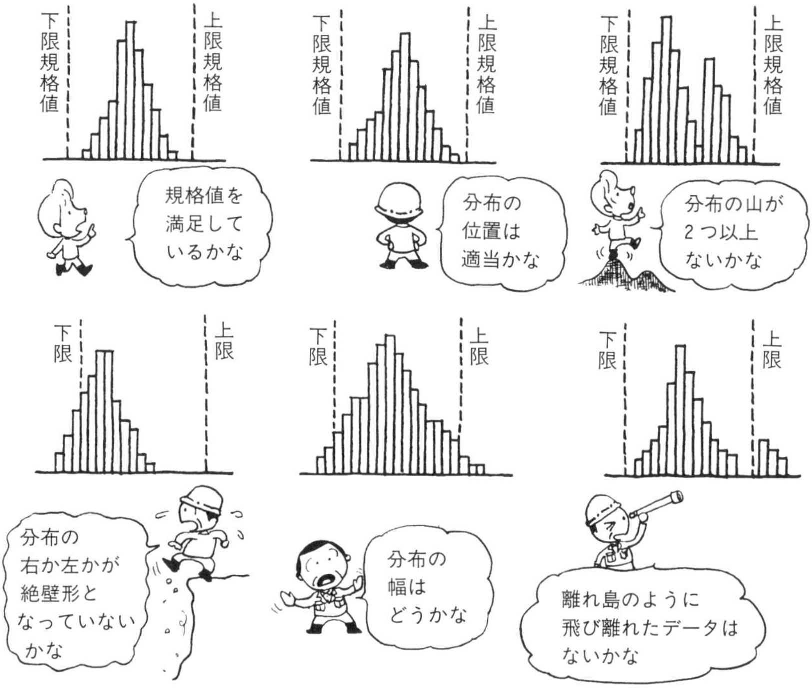

下限規格値　　上限規格値

規格値を
満足して
いるかな

下限規格値　　上限規格値

分布の
位置は
適当かな

下限規格値　　上限規格値

分布の山が
2つ以上
ないかな

下限　　上限

分布の
右か左かが
絶壁形と
なっていない
かな

下限　　上限

分布の
幅は
どうかな

下限　　上限

離れ島のように
飛び離れたデータは
ないかな

ヒストグラムの見方

279

5.2 品質管理・安全管理　　　　　　　　　　　5.2.1 品質管理

137 品質管理図表・抜取検査, 全数検査に関する用語

パレート図とは, 部品の不良, 各種のクレーム, 事故などに関する発生件数や損失金額について, その原因別や現象別にデータをとって多い順に棒グラフに書くとともに, これらの値を逐次累積して折れ線で表した図で, 問題の重点がどれであるかを見出すために用います.

散布図とは, 主として2つの変数間の関係を調べるために, 変数を縦軸と横軸にとって, 測定点を打点してつくった図で, 2つのデータの関係の有無がわかります.

特性要因図は, 品質の特性や不良特性などとその原因との関係を系統的に整理した図で, 図の形が魚の骨に似ているので魚の骨と俗称され, 原因と結果の関係を整理するために用います. すなわち, ①不良の原因を整理する. ②図を中心に話し合い, 関係者の意見を引き出す. ③原因を追及し, 改善の手段を決める. ④問題に対する全員の意志統一を図る. ⑤仕事や管理の要領を理解するために用いる.

抜取検査とは検査ロットから, あらかじめ定められた抜取検査方式にしたがって, サンプルを抜き取って試験し, その結果をロット判定基準と比較して, そのロットの合格・不合格を判定する検査をいい, 次のような場合に必要とします. 破壊検査の場合, 管継手, 弁, 水栓など, 数量の多い既製品の小型機材, 材料の場合などです. なお, 検査ロットとは, 検査しようとする母集団の中で等しい条件で生産された品物の特定量をいいます.

全数検査とは材料, 部品, 製品などについて, 使用するまたは検査対象となるすべてのものに対して行う品質, 性能などの検査をいいます. 機材については冷凍機, ボイラなどの大型機械, 特注機器や新種機器, 防災機器, 取外し困難な機器などについて行い, 施工上では圧力試験, 満水試験, 通水試験や現場試運転調整などを行います. そして, 鉄骨部材の溶接や壁式プレキャストコンクリート鉄筋コンクリート部材の溶接による接合部分は, 全数検査によることが多いのです.

〈建築・躯体・仕上げ共通〉　　　　　　　　　　**5. 施工管理法**

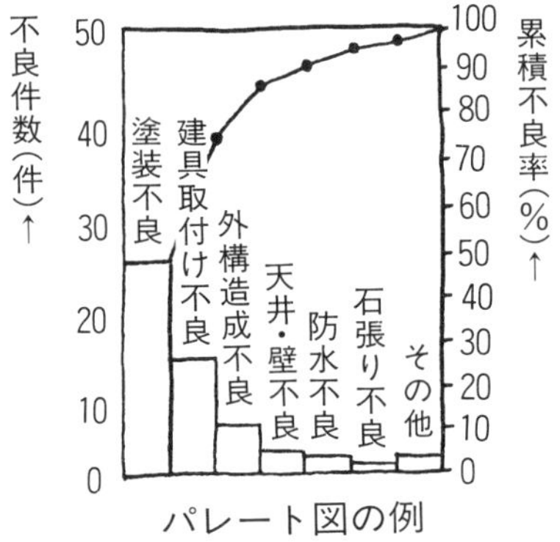

不良件数（件）↑　　　　　　　　　累積不良率（%）↑

塗装不良
建具取付け不良
外構造成不良
天井・壁不良
防水不良
石張り不良
その他

パレート図の例

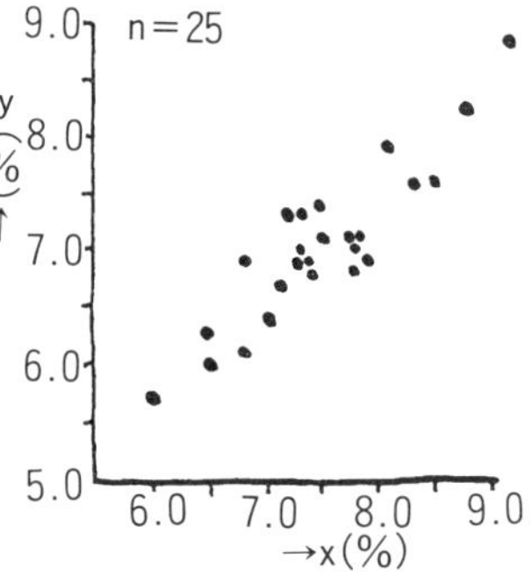

n＝25

y（%）↑

→x（%）

x, yの散布図

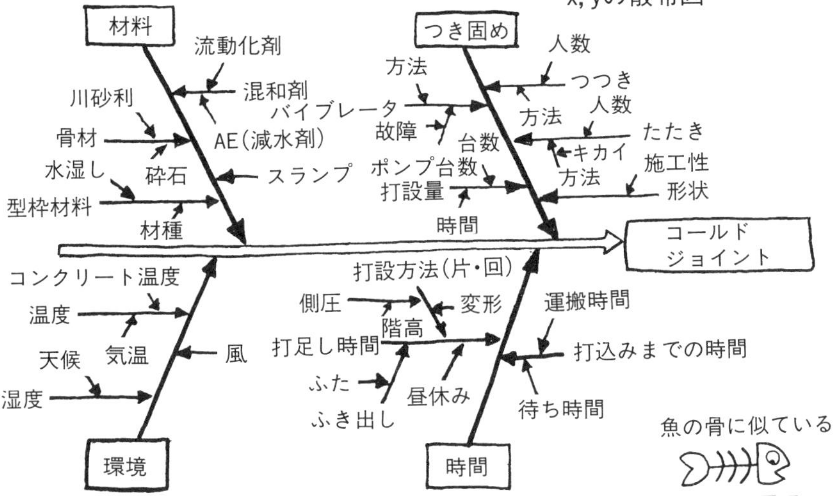

材料
流動化剤
混和剤
川砂利
骨材
AE（減水剤）
水湿し
砕石
型枠材料
材種
バイブレータ
スランプ

つき固め
人数
方法
つつき人数
方法
故障
台数
たたき
キカイ
ポンプ台数
方法
打設量
施工性
形状

コンクリート温度
温度
天候
気温
風
湿度

環境

時間

打設方法（片・回）
側圧
変形
運搬時間
階高
打足し時間
打込みまでの時間
ふた
昼休み
待ち時間
ふき出し

時間

コールドジョイント

魚の骨に似ている

特性要因図

特性要因図の例

本数が多いと
全部調べるのは
時間がいくら
あっても
たいへんなので
抜取検査にする

大型機械
特注, 新種の機器
防災機器
取外し困難な
機器

すべて調べる
全数検査

5.2 品質管理・安全管理　　　　　　　　　　　　　5.2.1 品質管理

138　品質管理に関する用語

品質認証制度とは，生産者が規格または仕様に適合している品質をもつ品物またはサービスを供給できることを，中立的な機関が証明する制度をいいます．わが国では工業標準化法に基づく JIS 表示制度，電気用品取締法に基づく型式認可制度，農林物資の規格化および品質表示の適正化に関する法律に基づく JAS マーク表示許可制度などがあります．

TQC（トータル・クオリティー・コントロール）とは，企業のトップから従業員にいたる全社的品質管理運動のことをいいます．

PDCA（デミングサイクル，品質管理のサイクル）とは，P は計画，D は実施，C は結果の確認，A は処置を表し，品質を重視する意識を高めることをいいます．

QA（品質保証）とは，品質が所定の水準にあることを保証することをいい，JIS では「消費者の要求する品質がじゅうぶんに満たされていることを保証するために，生産者が行う体系的運動」と定義されています．

QC（品質管理）とは，品質の不良発生の予防，品質検査の実施，品質不良に対する適切な処置および再発防止などに関する一連の活動をいいます．JIS では「買い手の要求に合った品質の品物またはサービスを経済的につくり出すための手段の体系」と定義されます．

QC サークルとは，QC の各種手法を使って自主的に職場の管理改善活動を継続的に行うサークルのことです．

QC 工程表（施工品質管理表）とは，着工から竣工までの作業の流れのなかで，良い品質をつくり込んで行くための計画表です．

QCDMS とは，現場の第一線監督者がやらなければならない，Q＝品質向上，C＝原価の低減，D＝納期厳守，M＝作業意識の向上，S＝安全確保の 5 大使命のことをいいます．

オアシス運動とは，オハヨウ，アリガトウ，シツレイシマス，スミマセンの頭文字による現場の安全管理運動のことです．

282

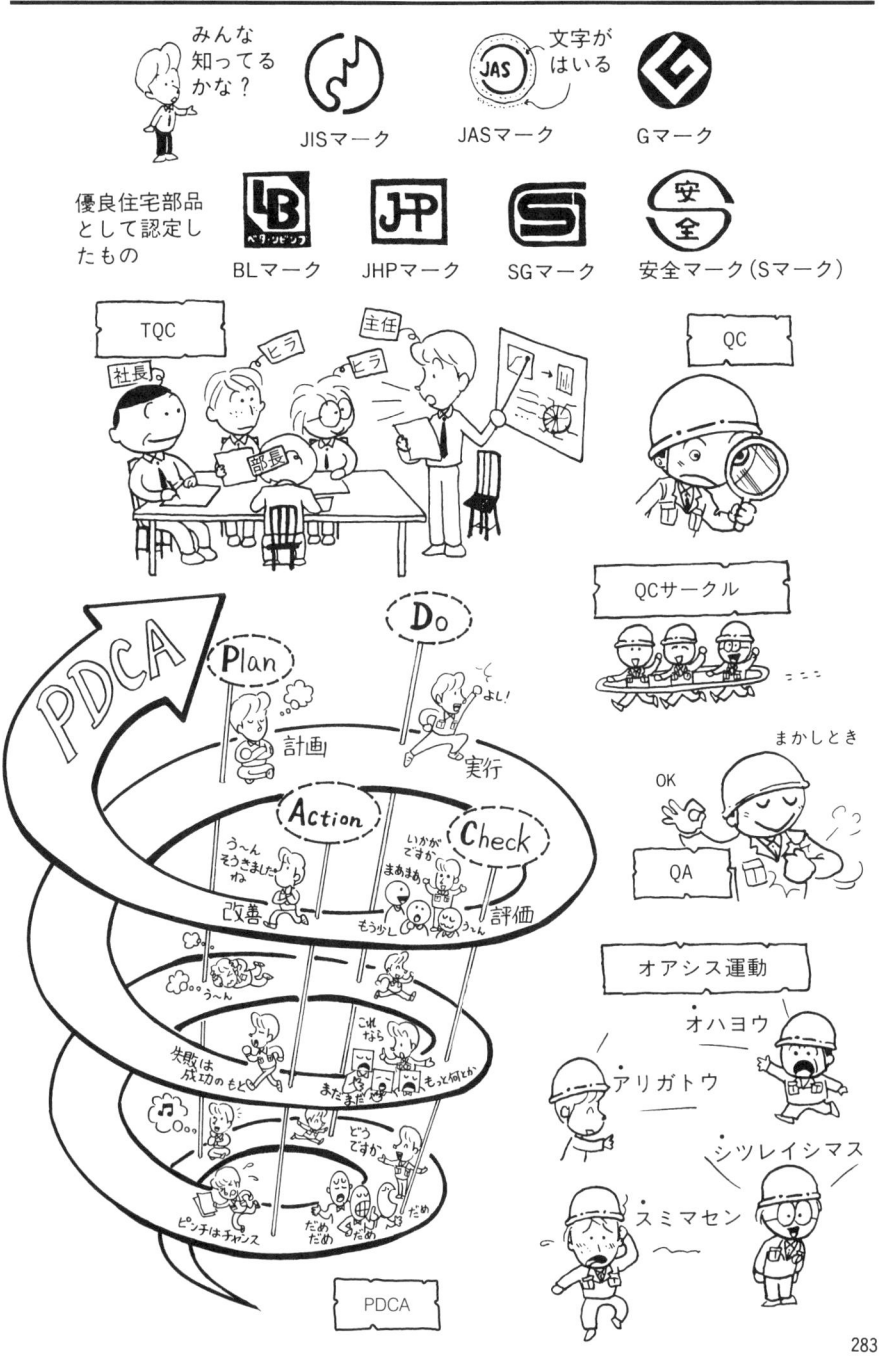

〈建築・軀体・仕上げ共通〉　　　　　　　　　　　　　# 5. 施工管理法

みんな知ってるかな？

JISマーク

JASマーク　文字がはいる

Gマーク

優良住宅部品として認定したもの

BLマーク　　JHPマーク　　SGマーク　　安全マーク（Sマーク）

TQC

社長　ヒラ　部長　ヒラ　主任

QC

QCサークル

まかしとき

OK

QA

オアシス運動

・オハヨウ

・アリガトウ

・シツレイシマス

・スミマセン

PDCA

Plan　計画

Do　実行　よし！

Action　改善　うーんそうきましたね

Check　評価　いかがですか　まあまあ　もう少し　うーん

失敗は成功のもと　これならまだまだ　これも又何とか　う〜ん

どうですか

ピンチはチャンス　だめだめ　だめ　だめ

PDCA

283

5.2 品質管理・安全管理　　　　　　　　　　　　5.2.2 安全管理

139 | 安全管理に関する用語

安全・衛生管理（**安全管理**）とは，労働災害を防止し，労働者の安全確保および健康の維持を図るとともに快適な作業環境をつくることをいい，安全管理には労働基準法，労働安全衛生法，職業安定法，失業保険法などの関係法規の知識を必要不可欠とします．

度数率とは，災害発生の頻度を示す指標で，100万延べ労働時間当たりの労働災害による死傷者数を表すもので次式で計算します．

$$度数率 = \frac{死傷者数}{延べ労働時間数} \times 1000000$$

強度率は災害の規模程度を示す指標で，1000延べ労働時間当たりの労働損失日数で表すもので，次式で計算します．

$$強度率 = \frac{労働損失日数}{延べ労働時間数} \times 1000$$

なお，**労働損失日数**は，次のように定められています．

①死亡および永久労働不能（身体障害1〜3級）の場合は，休業日数に関係なく1件につき7500日とします．②永久一部労働不能の場合は，

休業日数に関係なく右表によります．③一時全労働不能による損失は次式によります．

$$暦日による休業日数 \times \frac{300}{365}$$

年千人率とは，災害発生頻度を示す指標で，労働者千人当たりの1年間に発生した死傷者数で表すもので，次式で計算します．

$$年千人率 =$$
$$\frac{年間死傷者数}{年間平均労働者数} \times 1000$$

なお，**月万人率**は次式で表したものです．

$$\frac{月間の死傷者数の総数}{月間の平均労働者数} \times 10000$$

いずれにしても**安全衛生管理活動**としては，具体的に労働安全衛生法を中心に，種々の規制化がなされています．

なお，建設業における近年の**死傷災害**（**休業4日以上**）の**発生件数**（発生比率）は，墜落・転落が約30％を占めています．切れ・こすれが12％程度．はさまれ・巻き込まれが約12％です．

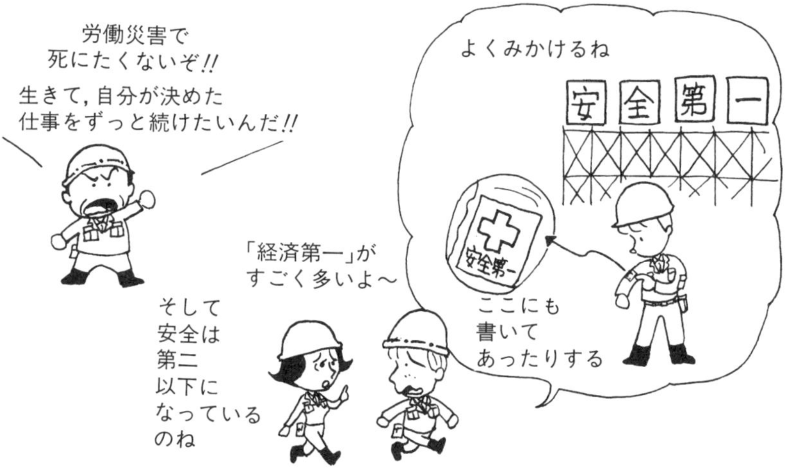

5. 施工管理法

〈建築・躯体・仕上げ共通〉

労働損失日数に関する表

身体障害等級（級）	4	5	6	7	8	9	10	11	12	13	14
労働損失日数（日）	5500	4000	3000	2200	1500	1000	600	400	200	100	50

5.2 品質管理・安全管理　　　　　　　　　　　　　　　　5.2.2 安全管理

140 | 安全管理・作業主任者に関する用語

安全工程打合せとは，毎日一定時刻に，元請事務所などにおいて，統括責任者，安全担当者，安全衛生責任者，職長，係員などで実施すべき活動をいいます．

危険予知活動（KYK）とは，工事現場での作業開始前に，作業遂行上予想される危険性を予想し，検討して，対策をたてて，安全作業にいかす活動で，作業主任者を中心に進めるものです．KYK は安全ミーティングなどで，作業者相互が連帯感を強めるという大きな効果があり，これが安全作業につながるという相乗効果があります．

ヒヤリ・ハット運動とは，「ヒヤッ」としたり「ハッ」としたが，ケガにならずに済んだ災害を取り上げ，その原因を取り除く運動です．

4S運動とは，整理，整とん，清掃，清潔の頭文字を使い安全管理運動としたものです．

作業主任者とは，安全管理の見地から必要とする一定の作業について，都道府県労働基準局長の免許を受けた者，またはその指定する技能講習を修了した者のうちから，作業区分に応じてその指揮をとらねばならない，この有資格者をいいます．

労働安全衛生法により建築施工関係で選任が義務づけられている作業主任者名と，資格取得に免許取得を必要とするものと，技能講習を修了すればよい場合を（免）（技）として（　）内に示すと次のとおりです．

高圧室内作業主任者(免)．ガス溶接作業主任者(免)．コンクリート破砕器作業主任者(技)．地山掘削作業主任者(技)．土留め支保工作業主任者(技)．型枠支保工の組立等作業主任者(技)．鉄骨の組立等作業主任者(技)．酸素欠乏危険作業主任者(技)．木材加工用機械作業主任者(技)．有機溶剤作業主任者(技)．コンクリート造の工作物の解体作業主任者(技)．コンクリート橋架設等作業主任者(技)．鋼橋架設等作業主任者（技）．足場の組立等作業主任者(技)．

〈建築・躯体・仕上げ共通〉　　　　　　　　　　　　　　　　　　　　**5. 施工管理法**

安全管理に必要な資格者

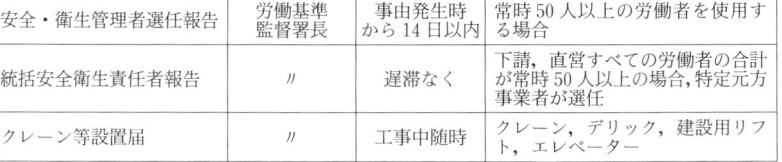

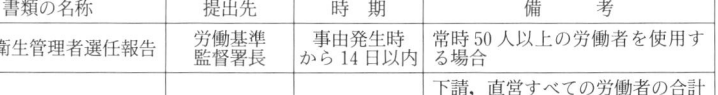

区　分	対象業種・規模など	備　　考
総括安全衛生管理者	100 人以上	事業の実施を総括管理する者を充てる
安全管理者	50 人以上	1．専属者であること(建設業の場合 300 人以上に 1 人専任) 2．資格者 　イ．大学・高専理科系卒　実務 3 年 　ロ．高校理科系卒　実務 5 年 　ハ．告示で定める資格を有する者 3．作業場の巡視，設備，作業方法等の危険防止措置
衛生管理者	50 人	1．専属者であること 2．対象：有資格者 3．規模により員数の増加，専任者必要 4．法 10 条第 1 項各号の衛生に係る技術的事項の管理

建築基準法関係の届出

書類の名称	提出先	時　期	備　　考
確認申請書	建築主事等	着工前	建築主が届出
建築工事届，建築物除却届	知事	〃	建築工事届は建築主が，建築物除却届は施工者が届出
建築計画の事前公開標識の設置	現場設置	〃	高さ 10 m 以上の工事の場合
建築確認済の表示	〃	〃	現場の見えやすい場所
工事完了検査の申請	建築主事等	竣工後	建築主が届出

労働基準法関係の届出

書類の名称	提出先	時　期	備　　考
安全・衛生管理者選任報告	労働基準監督署長	事由発生時から 14 日以内	常時 50 人以上の労働者を使用する場合
統括安全衛生責任者報告	〃	遅滞なく	下請，直営すべての労働者の合計が常時 50 人以上の場合，特定元方事業者が選任
クレーン等設置届	〃	工事中随時	クレーン，デリック，建設用リフト，エレベーター

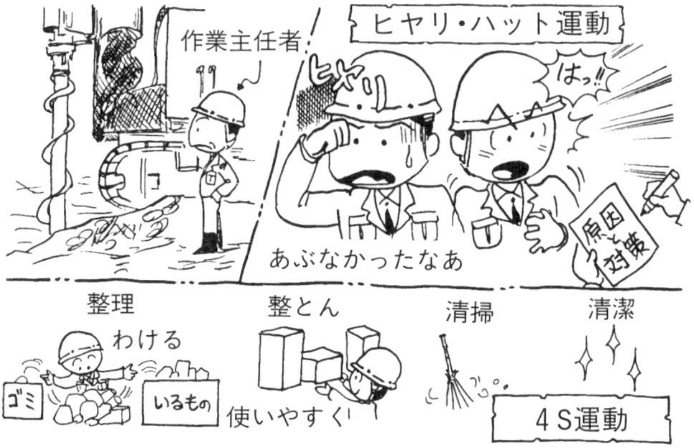

6.1 建築基準法・建設業法　6.1.1 建築基準法

141 建築物に関する用語Ⅰ

建築とは，建築物を新築し，増築，改築または移動することをいいます．**建築物**とは土地に定着する工作物のうち，屋根および柱もしくは壁を有するもの，つまり雨露を防ぎ人間生活を守るものをいい，具体的には，①屋根および柱または壁のあるもの．これに付属する門，へい．②観覧のための工作物．③地下または高架工作物内の事務所・店舗・興行場・倉庫等．④立体式駐車施設．⑤①～④に設ける建築設備．

特殊建築物とは，学校，体育館，病院，劇場，集会所，旅館，共同住宅，百貨店等，多数の人が集まる施設で，災害が発生した場合に大惨事に至るおそれがあるものの他，工場，倉庫，危険物の貯蔵場，火葬場等，用途が特殊な建築物をいいます．

建築設備とは，建築物に設ける電気，ガス，給水，排水，換気，暖房，冷房，消火，排煙，汚物処理の設備，または煙突，昇降機もしくは避雷針をいいます．

工作物とは，煙突，広告塔，高架水槽，擁壁等をいいます．

居室とは，人間が居住，執務，作業，集会，娯楽その他これらに類する目的のために，継続的に使用する室（居間，寝室，会議室等）をいい，玄関，倉庫，便所等は除きます．なお，居室は採光，換気，日照，天井高さ，内装等の制限を受けます．

主要構造部とは，壁，柱，床，はり，屋根，階段をいい，建築物の構造上重要でない，間仕切壁，間柱，最下階の床，小ばり，ひさし，局部的な小階段，屋外階段その他，これらに類する建築物の部分は除きます．

構造耐力上主要な部分とは，建築物は種々の荷重に対して安全な構造でなければならず，そして，これらの荷重を地盤に安全に伝えなければなりません．その軸組となるのが構造耐力上主要な部分で次のように定義されます．「基礎，基礎ぐい，壁，小屋組，土台，斜材（筋かい，方づえ，火打ち材等），床板，屋根版または横架材（はり，けたその他これに類するもの）」で，自重もしくは積載荷重，積雪，風圧，土圧等の荷重を支持する部材をいいます．

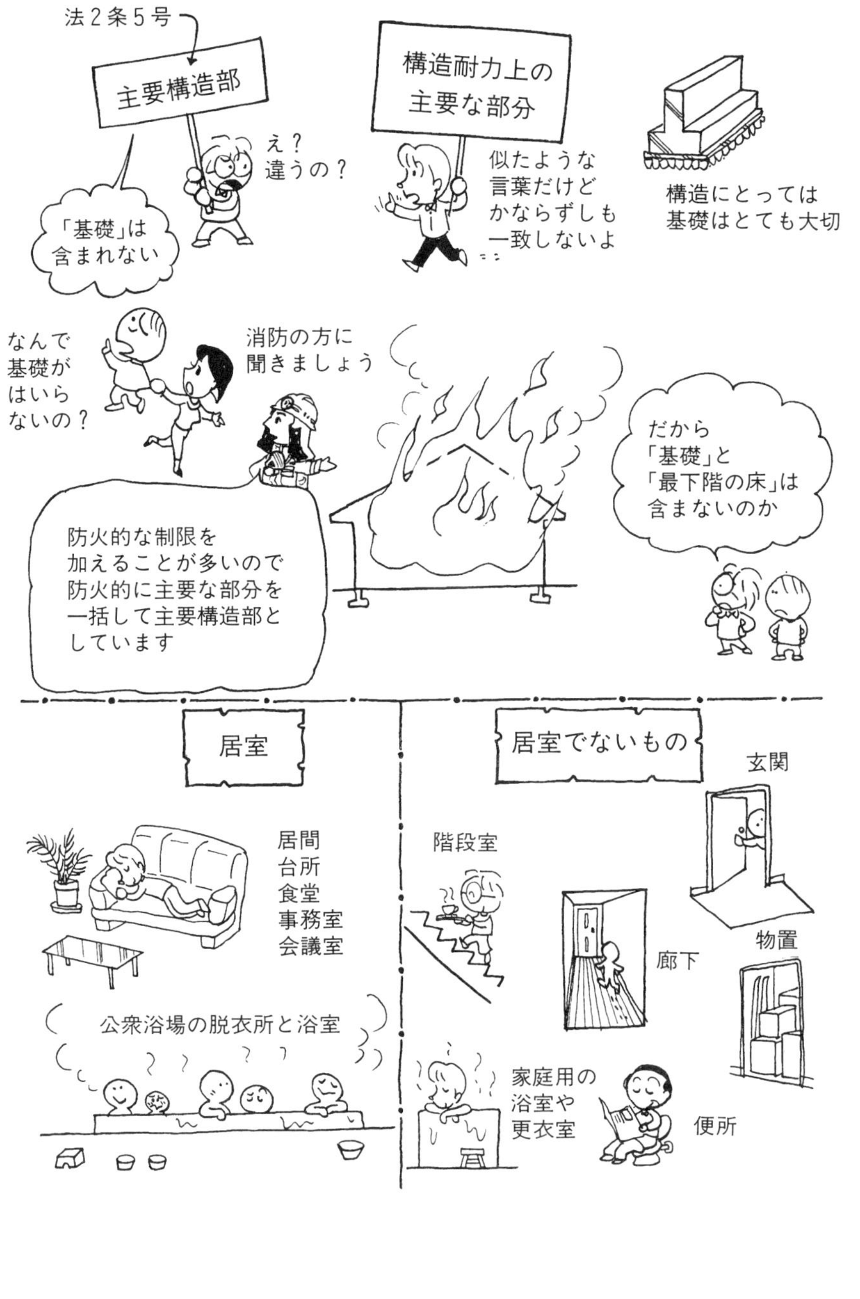

〈建築・軀体・仕上げ共通〉　　　6. 法規

法2条5号

主要構造部

え？違うの？

「基礎」は含まれない

構造耐力上の主要な部分

似たような言葉だけどかならずしも一致しないよ

構造にとっては基礎はとても大切

なんで基礎がはいらないの？

消防の方に聞きましょう

防火的な制限を加えることが多いので防火的に主要な部分を一括して主要構造部としています

だから「基礎」と「最下階の床」は含まないのか

居室

居間
台所
食堂
事務室
会議室

公衆浴場の脱衣所と浴室

居室でないもの

玄関

階段室

廊下

物置

家庭用の浴室や更衣室

便所

6.1 建築基準法・建設業法　　　　　　　　　　　　6.1.1 建築基準法

142 建築物に関する用語 Ⅱ

　延焼のおそれのある部分とは，隣地境界線，道路中心線または同一敷地内の2以上の建築物（合計延べ面積が500 m²以内の建築物は1の建築物とみなす）相互の外壁間の中心線から1階で3 m以内，2階以上は5 m以内の距離にある建築物の部分をいいます．ただし，防火上有効な公園，広場，川などの空地もしくは水面または耐火構造の壁に面する部分は除きます．**大規模の建築物**とは，高さが13 mまたは軒の高さが9 mを超える建築物をいい，種々の規制を受けます．**大規模の修繕**とは，主要構造部の一種以上について行う過半の（50％を超える）修繕をいいます．**大規模の模様替え**とは，主要構造部の一種以上について行う過半の模様替えをいいます．**耐火構造**とは，鉄筋コンクリート造，れんが造等の構造で，壁，柱，床，はりおよび屋根が，国土交通大臣が通常の火災時の加熱に一定時間以上耐える性能（**耐火性能**）を有すると認めて指定するものをいいます（右頁の表参照）．なお，耐火性能は耐火時間（分，時

間）で表します．**耐火建築物**とは，主要構造部を耐火構造とした建築物で，外壁の開口部で延焼のおそれのある部分に防火戸その他の防火設備を有するものをいいます．**準耐火建築物**とは，主要構造部を準耐火構造以上とし，層間変形角が1/150以内とした建築をいいます．
　耐火建築物または準耐火建築物としなければならない建築物は，特殊建築物です．**防火構造**とは，鉄網モルタル塗，しっくい塗等，耐火構造より防火性能は劣りますが，火災の延焼防止に有効な構造をいいます．**不燃材料**とは，通常の火災時に，燃焼せず，煙や有害ガスも出ない不燃性の建築材料をいい，コンクリート，れんが，瓦，ガラス，モルタル，鋼材，石綿スレート等です．そして不燃性能は，不燃材料＞準不燃材料＞難燃材料の順になります．**準不燃材料**とは，通常の火災時にほとんど燃焼せず，煙も微量しか発生しない材料で，不燃材料に準ずる防火性能を有するものをいい，木毛セメント板，石こうボード等です．

〈建築・軀体・仕上げ共通〉

6. 法規

耐火性能

建築物の階 / 建築物の部分		最上階及び最上階から数えた階数が2以上で4以内の階	最上階から数えた階数が5以上で14以内の階	最上階から数えた階数が15以上の階
壁	間仕切壁（耐力壁に限る）	1時間	2時間	2時間
	外壁（耐力壁に限る）	1時間	2時間	2時間
柱		1時間	2時間	3時間
床		1時間	2時間	2時間
は　り		1時間	2時間	3時間
屋　根		30分間		
階　段		30分間		

(注1) この表において，第2条第1項第8号の規定により階数に算入されない屋上部分がある建築物の最上階は，当該屋上部分の直下階とする
(注2) 前号の屋上部分については，この表中最上階の部分の時間と同一の時間とするものとする
(注3) この表における階数の算定については，第2条第1項第8号の規定にかかわらず，地階の部分の階数は，すべて算入するものとする

鉄筋コンクリート造（RC）

防火性能(cm)

下地材		仕上材	塗厚さの最低
壁・床	不燃材	鉄網モルタル塗	1.5
		木毛セメント板張 ＋ ｛モルタル塗／しっくい塗｝ 石こうボード張	1.0
		木毛セメント板＋｛モルタル塗／しっくい塗｝＋金属板	

れんが造

瓦　ガラス　モルタル

不燃性能

不燃材料（法2条9号）（令108条の2）	コンクリート，れんが，瓦，石綿スレート，鉄鋼，アルミニューム，ガラス，モルタル，しっくいなど
準不燃材料（令1条5号）	木毛セメント板，石こうボード等国土交通大臣が指定するもの
難燃材料（令1条6号）	難燃合板，難燃繊維板，難燃プラスチック板など国土交通大臣が指定するもの

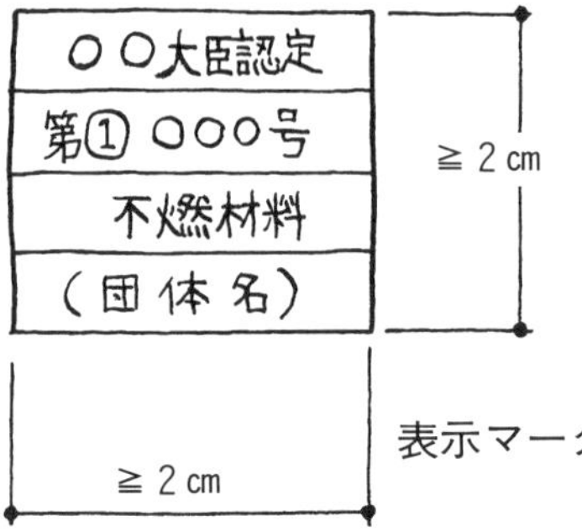

○○大臣認定
第①○○○号
不燃材料
（団体名）

≧2cm

≧2cm

表示マーク

291

6.1 建築基準法・建設業法　　　　　　　　　　　　6.1.1 建築基準法

143 建築手続に関する用語

建築手続とは，建築基準法を順守させるための各種の手続をいい，確認申請，許可申請，建築工事届，工事完了検査の申請，除却届および定期報告があり，申請先は，都道府県，特定行政庁および建築主事等です．

確認とは，建築計画の内容が，建築基準法その他の関係法令に適合していることを公式に認定する行為をいい，建築主が確認申請書を特定行政庁または指定確認検査機関に提出し，建築主事または指定確認検査機関等がこれを確認します．

確認（建築確認）を要する建築物・工作物とは，建築物の建築に先立ち，確認を必要とするもので，次の場合です．①特殊建築物で，その用途に供する床面積が100 m²を超えるもの．②木造建築物で，階数が3以上，延べ面積が500 m²，高さ13 m，軒高が9 mのいずれか1つを超えるもの．③木造以外の建築物は，階数が2以上，延べ面積が200 m²を超えるもの．④建築設備および工作物も，規模と種類により確認を受けなければならない．

建築主事とは，建築基準法に基づく確認に関する事務をつかさどるための都道府県，特定の市町村および特別地区に置かれる，建築主事の国家試験に合格した吏員（地方公務員）をいいます．

特定行政庁とは，建築主事を置く市町村の区域についてはその市町村長をいい，これ以外の市町村の区域については都道府県知事をいいます．

工事現場における確認の表示（確認の表示）とは，確認を受けた建築物の建築，大規模の修繕・大規模の模様替の工事の施工者は，当該工事現場の見やすい場所に，所定の様式によって建築主，設計者，工事施工者および工事の現場管理者の氏名または名称ならびに当該工事に係る確認があった旨を表示することをいい，その工事に係る設計図書を工事現場に備えておかなければなりません．

292

〈建築・軀体・仕上げ共通〉

6. 法規

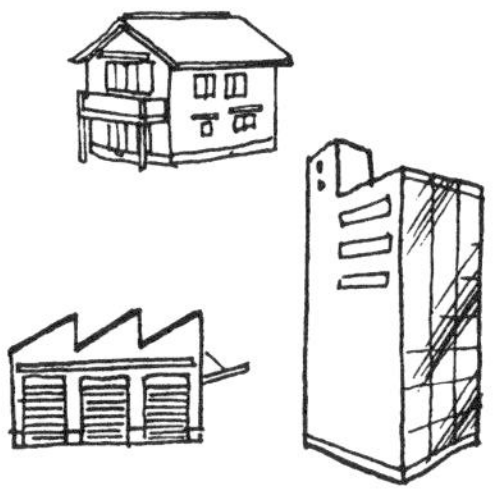

確認を必要とする建築物

区　域	建築物の種類	規　模	備　考
全　国	特殊建築物 (法別表1(い)欄)	用途に使用 する延面積 $>100\,m^2$	①建築 ②大規模の 　修繕 ③大規模の 　模様替 ④用途変更
	木造建築物	階数 ≥ 3 延面積 $>500\,m^2$ 高さ $>13\,m$, 軒の高さ $>9\,m$	
	その他の建築物	階数 ≥ 2 延面積 $>200\,m^2$	
都市計画区域内 知事指定区域内	すべての建築物		
除　外	①防火地域・準防火地域外における 　増築・改築・移転での延べ面積 ②工事用仮設建築物	$\leq 10\,m^2$	

建築申請の手続

条文＼種類	申請者	内　容	申請先	備　考
法6条　確認申請	建築主	建築計画の内容が法に適合するか申請する	建築主事等 または 指定確認検査機関	①正副2通 ②法6条1項1号〜3号に該当する場合は,受理した日から21日以内に,同項4号に該当する場合は7日以内に審査・確認をし,申請者に文書をもって通知する ③確認には,消防長等の同意が必要
法15条　建築工事届	建築主	建築物を建築する場合の届	都道府県 知事	①床面積の合計が10m²以内の場合不要 ②建築統計作成資料になる
建築物 　　　　除却届	施工者	建築物を除却する場合の届		
法48条 など　許可申請	建築主 築造主	建築基準法で原則的に禁止されているが,制限を緩和してもらうための申請	特定行政庁	建築審査会の同意,公開聴聞会などを必要とするものがある。①道の幅員,②道路内の建築制限,③壁面線の指定,④用途地域内の建築制限,⑤容積率の緩和など
法42条 1項5号　道路の位置 　　　　指定申請	築造者	土地を建築物の敷地として利用するため道路を築造する場合の申請	特定行政庁	①令144条の4（道に関する規準）に適合すること ②条例に適合すること ③公告し,申請者に通知する
法7条 法7条の2　工事完了 　　　　検査の申請	建築主	建築物が工事完了した場合の届	建築主事等 または 指定確認検査機関	①完了した日から4日以内に到達するように届ける ②届出を受理した日から7日以内に,規定に適合しているか検査をうけ,検査済証の交付を受ける ③検査済証の交付を受けた後でなければ,使用してはならない

確認の表示等

35 cm 以上

建築基準法による確認済	
確認年月日番号	
建築主事氏名	
建築主又は築造主氏名	
設計者氏名	
工事施工者氏名	
工事現場管理者氏名	

25 cm 以上

293

6.1 建築基準法・建設業法　　　　　　　　　　　6.1.1 建築基準法

144 建築基準法に関する用語

　検査済証とは，建築主は工事が完了したとき，工事完了検査の申請を建築主事等に届け出ますが，建築主事等は受理した日から7日以内に検査し，適合している場合に建築主に対して交付されるものです．建築主は検査済証の交付を受けた後でなければ，原則としてその建築物の使用をしてはなりません．

　単体規定（建築単体規定）とは，建築物自体の個々の安全・衛生・防火上の制限をいい，建築物かつ市街地として集団した場合に加えられる制限をいい，**集団規定**に対する用語です．

　具体的には敷地の衛生および安全，構造耐力，防火壁，耐火建築物または準耐火建築物としなければならない特殊建築物，居室の採光および換気，便所，設備関係，特殊建築物等の避難および消火に関する技術基準，特殊建築物の内装などの規定があります．

　敷地とは，1つの建築物または用途上不可分の関係にある2以上の建築物のある一団の土地をいいます．

　内装制限とは，防災・避難の見地から，内装材に不燃材料や準不燃材料，難燃材料を使用しなければならない制限（規制）をいい，概略，次のように定められています．①一定面積以上の特殊建築物や一般建築物は，階数3以上または延べ面積1000 m²（平家建ては300 m²）を超えるもの，無窓の居室をもつ建築物，火気使用の建築物は内装制限を受ける．②自動車車庫，自動車修理工場は構造，床面積に関係なく内装制限を受ける．③内装制限の対象は居室・通路の天井，壁（床から1.2 m以下を除く）とする．④住宅以外の調理室，浴室，ボイラ室等の火気を使用する室は，すべて内装制限を受ける．

　内装箇所とは，法的に内装制限を受ける箇所をいいます．

　集団規定とは，都市を構成する施設として建築物の集団としてのあり方について，建築基準法により定められたものをいい，集団規定は都市計画区域内に限り適用されます．

〈建築・軀体・仕上げ共通〉

6. 法規

内装制限

用途 ＼ 構造	耐火建築物	準耐火建築物	その他	適用除外等	内装制限	
					壁・天井	主たる廊下, 階段, 通路
1 劇場,映画館,演芸場,観覧場,公会堂,集会場など	客席≧400㎡	客席≧100㎡			不燃材料 準不燃材料 難燃材料	不燃材料 準不燃材料
2 病院, 診療所, ホテル, 旅館, 下宿, 共同住宅, 寄宿舎, 児童福祉施設など	3階以上の合計≧300㎡	2階部分≧300㎡（病院は病室がある場合のみ）	200㎡以上	耐火建築物, 準耐火建築物にあっては, 100㎡以内に防火区画された部分を除く.		
3 百貨店, マーケット, 展示場, キャバレー, カフェー, ナイトクラブ, バー, ダンスホール, 遊技場, 公衆浴場, 待合, 料理店, 飲食店, 物品販売店（＞10㎡）など	3階以上の合計≧1000㎡	2階以上の合計≧500㎡				
4 自動車車庫, 自動車修理工場					不燃材料 準不燃材料	
5 地階又は地下工作物内の居室等で, 1～3の用途に供するもの	全て適用する					
6 無窓の居室（令128条の3の2）				天井の高さが6mをこえるものを除く.		
7 階数及び規模	階数が3以上で, 500㎡をこえるもの 階数が2で, 1000㎡をこえるもの 階数が1で, 3000㎡をこえるもの			・学校等（令126条の2第2号） ・100㎡以内ごとに防火区画された耐火建築物, 準耐火建築物の高さが31m以下の部分	不燃材料 準不燃材料 難燃材料	
8 火気使用室	階数が2以上の住宅で, 最上階以外の階にある火気使用室 住宅以外では, 火気使用室は全部			主要構造部を耐火構造としたもの	不燃材料 準不燃材料	——

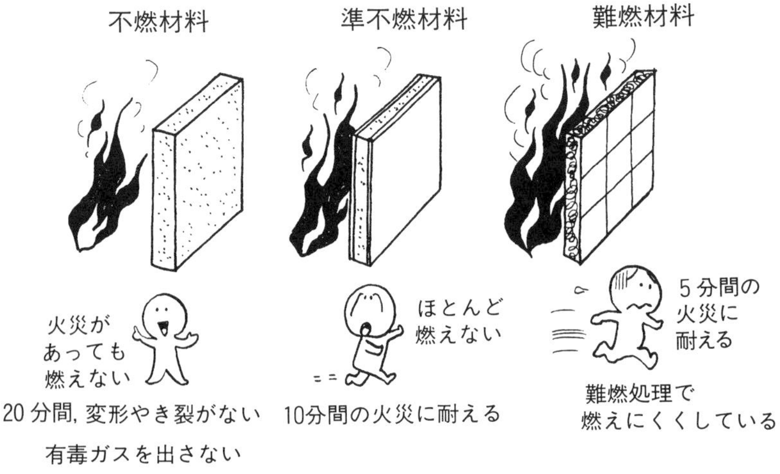

不燃材料

火災があっても燃えない

20分間, 変形やき裂がない
有毒ガスを出さない

準不燃材料

ほとんど燃えない

10分間の火災に耐える

難燃材料

5分間の火災に耐える

難燃処理で
燃えにくくしている

6.1 建築基準法・建設業法　　　　　　　　　　　6.1.2 建設業法

145　建設業に関する用語

建設工事とは，土木建築に関する工事で，①土木一式工事，②建築一式工事，③大工工事，④左官工事等28業種をいいます。

建設業とは，建設工事の完成を請負う業者をいい，総合，専門，元請，下請とかの名称種別を問いません。

建設業の許可：建設業を営もうとする者は，建設業法に基づく許可を受けなければなりません（1つの都道府県で営業する場合は，都道府県知事の許可．2以上の都道府県で営業する場合は，国土交通大臣の許可）。ただし，**軽微な建設工事**（建築一式工事で1500万円未満または延べ面積150 m²未満の木造住宅工事など）のみを請負うことを営業とする者は許可を受けなくてもよいのです。

建設業の許可の種類には，一般建設業と特定建設業の2つがあります。

一般建設業は，下請専門か，元請となった場合でも，下請に出す工事の金額が建築工事業で4500万円未満，その他の業種で3000万円未満とする形態で施工しようとする者が受

ける許可をいい，28業種あります。

特定建設業は，元請となった場合，下請に出す工事の金額が建築工事業で4500万円以上，その他の業種で3000万円以上とする形態で施工しようとする者が受ける許可をいいます。

特定建設業は28業種ですが，指定建設業（7業種）と**指定建設業以外**（21業種）に分かれます。**指定建設業**とは特定建設業のうち，土木・建築・電気工事・管工事・鋼構造物・舗装・造園の7業種をいいます。

なお，1つの営業所で，例えば土木工事業と建築工事業の許可を受けることができます。そして，建設業の許可は5年ごとにその更新を受けなければ，許可の効力が失われます。

発注者とは，建設工事（他の者から請け負った者を除く）の注文者をいい，**元請負人**とは，下請契約における注文者で建設業者である者です。**下請負人**とは下請契約における請負人をいいます。

296

〈建築・軀体・仕上げ共通〉　　　　　　　　　　　　　　　　　　　**6. 法規**

建設工事の種類

土木一式工事	土木工事業
建築一式工事	建築工事業
大工工事	大工工事業
左官工事	左官工事業
とび・土工・コンクリート工事	とび・土工工事業
石工事	石工事業
屋根工事	屋根工事業
電気工事	電気工事業
管工事	管工事業
タイル・れんが・ブロック工事	タイル・れんが・ブロック工事業
鋼構造物工事	鋼構造物工事業
鉄筋工事	鉄筋工事業
ほ装工事	ほ装工事業
しゅんせつ工事	しゅんせつ工事業
板金工事	板金工事業
ガラス工事	ガラス工事業
塗装工事	塗装工事業
防水工事	防水工事業
内装仕上工事	内装仕上工事業
機械器具設置工事	機械器具設置工事業
熱絶縁工事	熱絶縁工事業
電気通信工事	電気通信工事業
造園工事	造園工事業
さく井工事	さく井工事業
建具工事	建具工事業
水道施設工事	水道施設工事業
消防施設工事	消防施設工事業
清掃施設工事	清掃施設工事業

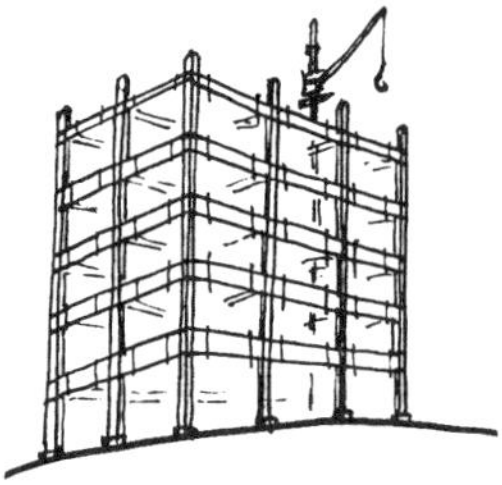

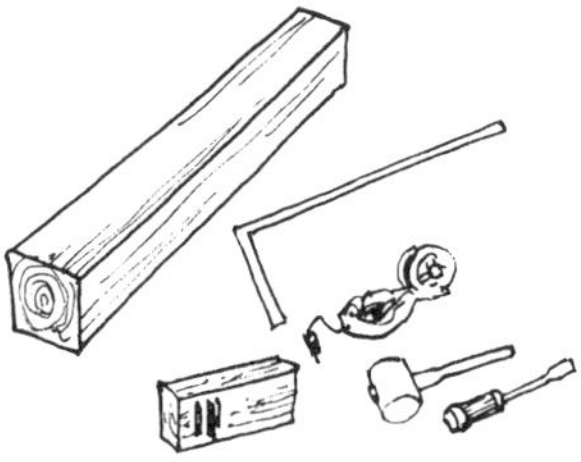

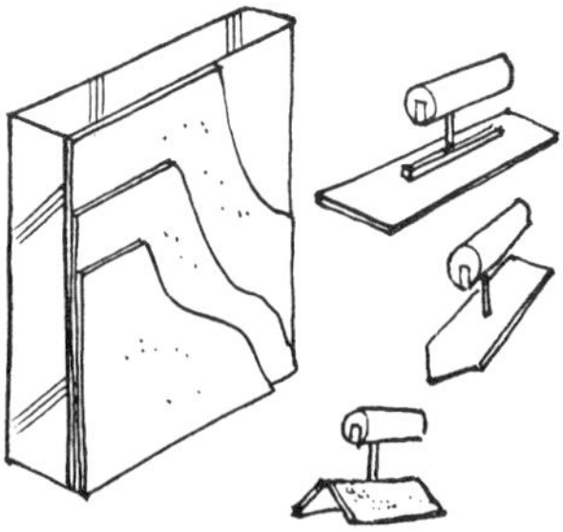

6.1 建築基準法・建設業法　　　　　　　　　　　6.1.2 建設業法

146 施工技術者に関する用語

営業所に置く専任の技術者（専任技術者）とは，営業所ごとに置かなければならない専任の技術者（一定の資格または経験を有する者で専任でなければならない）をいい，建設業の許可基準の1つ．一般建設業：高校指定学科卒業後5年以上または大学・高専指定学科卒業後3年以上の実務経験者．特定建設業：原則として，1級建築施工管理技士，1級建築士，技術士のいずれか．

主任技術者とは，建設業者が請け負った建設工事現場における建設工事の施工の技術上の管理をつかさどる者をいいます．

監理技術者とは，特定建設業者が発注者から直接工事を請負い，そのうち3000万円（建築一式工事は4500万円）以上を下請施工させる場合の主任技術者をいいます．

主任技術者および監理技術者の職務は，工事現場における建設工事を適正に実施するため，当該建設工事の施工計画の作成，工程管理，品質管理その他の技術上の管理および当該建設工事の施工に従事する者の技術上の指導監督を誠実に行わなければなりません．そして，**施工従事者の義務**とは，工事現場における施工に従事する者は，主任技術者または監理技術者がその職務として行う指導に従わなければなりません．

なお，公共性のある工作物に関係した重要な工事現場の主任技術者および監理技術者は専任とし，専任監理技術者は**監理技術者資格者証**の交付を受けた人でなければなりません．そして，元請が特定建設業者であり監理技術者を置く場合でも，下請の建設業者は主任技術者を置かねばなりません．

主任技術者・監理技術者の資格要件は，一般建設業，特定建設業（指定建設業，指定建設業以外）の区分や下請金額などにより詳しく規定されていますが，一般的には1級建築施工管理技士，2級建築施工管理技士または，実務経験者，国土交通大臣特別認定者が資格要件となります．

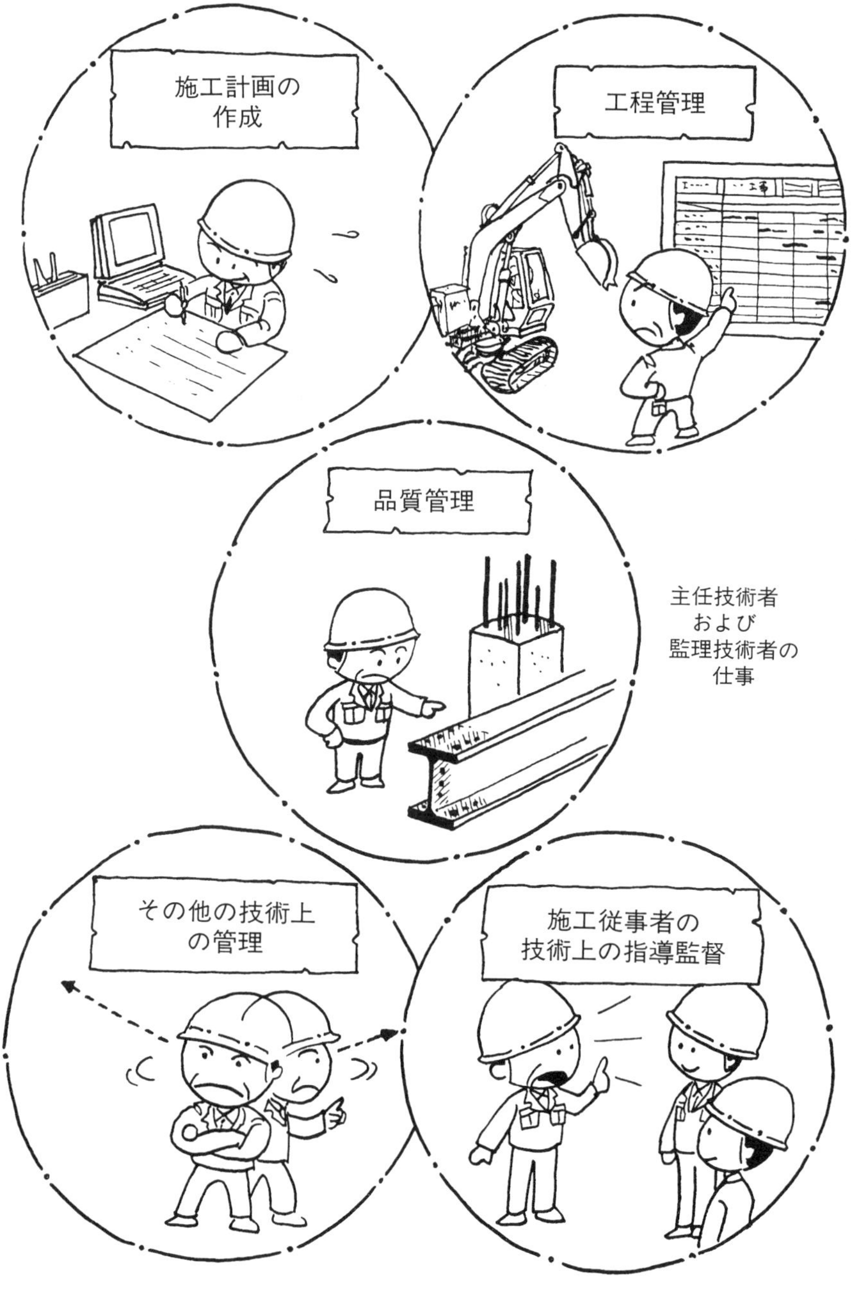

〈建築・軀体・仕上げ共通〉　　　　　　　　　　　　　　　**6. 法規**

施工計画の
作成

工程管理

品質管理

主任技術者
および
監理技術者の
仕事

その他の技術上
の管理

施工従事者の
技術上の指導監督

6.1 建築基準法・建設業法　　　　　　　　6.1.2 建設業法

147　現場代理人・請負契約などに関する用語

施工体制台帳については次のように規定されています．特定建設業者は，建設工事の適正な施工を確保するため，建設工事の内容，工期などを記載した施工体制台帳を作成し，工事現場ごとに備え置かなければなりません．

現場代理人とは，工事現場において元請業者を代表する者をいい，現場代理人に関しては次のように規定されています．請負人は，請負契約の履行に関し，工事現場に現場代理人を置く場合においては，当該請負現場代理人の権限に関する事項および当該現場代理人の行為についての注文者の請負人に対する意見の申し出の方法を，書面により注文者に通知しなければなりません．なお，主任技術者，監理技術者は現場代理人を兼務することができます．

監督員とは，工事現場において注文者を代表する者で，施工状態などを監督することが職務です．監督員に関しては次のように規定されています．注文者は，請負契約の履行に関し，工事現場に監督員を置く場合においては，当該監督員の権限に関する事項及び当該監督員の行為についての請負人の注文者に対する意見の申し出の方法を，書面により請負人に通知しなければならない．

建設工事の請負契約については次のように定められています．①請負契約の当事者は，各々の対等な立場における合意に基づいて公正な契約を締結し，信義に従って誠実にこれを履行する．②工事契約書には，工事内容，請負代金の額，着工および完成時期，紛争解決方法等を記載し，署名または記名押印して交互に交付するものとする．③原価に満たない金額を，請負代金の額とする契約をしてはならない．④注文者の地位を利用して，使用資材等の購入を強制してはならない．⑤建設業者が適正な見積りができるような一定の見積り期間を設ける．⑥建設業者がその請負った工事を一括して下請することを禁止する．⑦施工に著しく不適当と認められる下請負人があるときは，注文者はその変更を請求することができる．

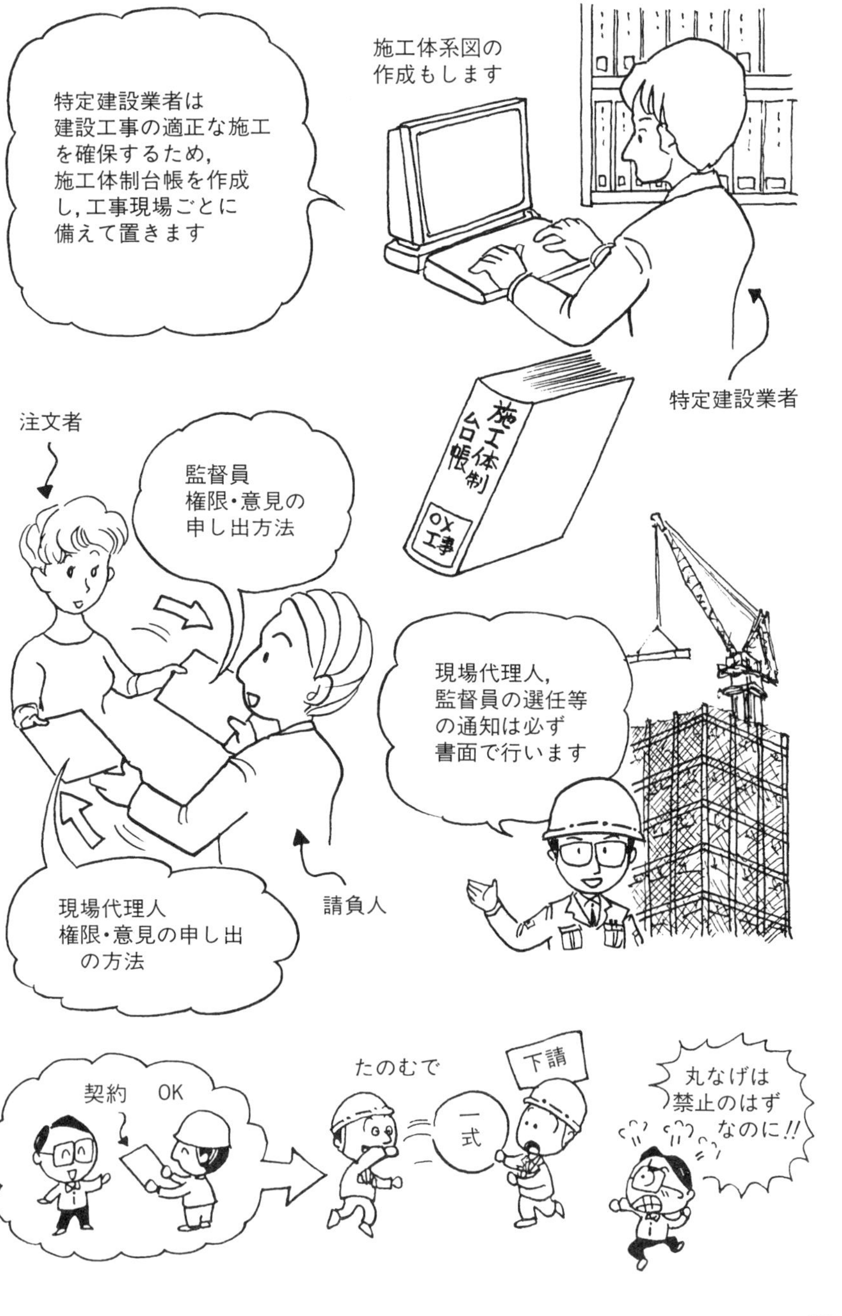

〈建築・軀体・仕上げ共通〉   **6. 法規**

施工体系図の
作成もします

特定建設業者は
建設工事の適正な施工
を確保するため,
施工体制台帳を作成
し,工事現場ごとに
備えて置きます

施工体制台帳
○×工事

特定建設業者

注文者

監督員
権限・意見の
申し出方法

現場代理人,
監督員の選任等
の通知は必ず
書面で行います

現場代理人
権限・意見の申し出
の方法

請負人

契約　OK

たのむで

下請

一式

丸なげは
禁止のはず
なのに!!

301

6.2 労働基準法・労働安全衛生法   6.2.1 労働基準法

148 | 労働基準法に関する用語

労働契約については労働基準法で定める基準に達しない労働条件を定める労働契約は無効とされます．**労働条件の明示**については，使用者は労働契約の締結に際し，労働者に対して賃金，労働時間その他の労働条件を明示しなければなりません．

解雇制限に関しては，労働者が業務上負傷し，または疫病にかかり療養のために休業する期間およびその後30日間は解雇できません．**解雇予告**は，使用者は労働者を解雇しようとする場合は，少なくとも30日前にその予告をしなければなりません．

休憩については，労働時間が6時間を超える場合は少なくとも45分間，8時間を超える場合は1時間の休憩時間が必要です．

年少者とは満18才に満たない者をいい，15才未満の児童は労働者としては使用できず，18才未満の者には**危険有害業務**（労働基準法62条および年少者労働基準規則第8条に，その範囲の46業務が示されている）につかせてはなりません．

就業規則については，常時10人以上の労働者を使用する使用者は，就業規則を作成し労働基準監督署長に届け出なければなりません．

災害補償は次のように分けられます．①**療養補償**：労働者が業務上負傷し，または疾病にかかった場合は，使用者はその療養費を負担しなければならない．②**休業補償**：労働者が①による療養のため，労働することができなかった場合は，療養中平均賃金の60％の休業補償を行わなければならない．③**障害補償**：労働者が①により治った場合，その身体に障害が存するときは，使用者は障害の程度に応じて所定の金額の障害補償を行わなければならない．④**遺族補償**：労働者が業務上死亡した場合は，使用者は遺族に対して，平均賃金の1000日分の遺族補償を行わなければならない．⑤**葬祭料**：④の場合，使用者は葬祭を行う者に対して，平均賃金の60日分の葬祭料を支払わなければならない．

〈建築・躯体・仕上げ共通〉

6. 法規

労働条件の決定

労働協約,就業規則,労働契約をお互い守りましょう

立場が対等でないと思い込んで泣きねいりするな

使用者

対等の立場

労働者

危険有害業務の就業制限

使用者

労働条件の明示

仕事をさせてやるよ

やってみたいなあ

アカン

使用者

長時間で安いよ

労働者

満18才未満

使用者は満18才未満年少者に命令で定める危険な業務,命令で定める重量物を取り扱う業務に就かせてはならない

賃金
・労働時間
・その他の労働条件

労働者

使用者は労働条件の明示をしなければならない,明示された労働条件が事実と相違する場合は,即時に労働契約を解除できる

労働時間が6時間を超える場合

少なくとも45分の休けい必要

労働時間が8時間を超える場合

少なくとも1時間の休けい必要

303

6.2 労働基準法・労働安全衛生法　　　6.2.2 労働安全衛生法

| 149 | 安全衛生管理体制に関する用語 |

総括安全衛生管理者とは，労働者の危険または健康障害の防止を指揮するため**事業者**（事業を行う者で，労働者を使用する者）によって選任される者をいい，建設業では100人を超える事業場ごとに選任しなければなりません．なお，**総括安全衛生管理者の資格要件**はなく，事業場の上級管理職が通常，選任されます．

安全管理者とは，労働者の危険または健康障害の防止のうち，安全に係る技術的事項の管理を担当する者で，**衛生管理者**は衛生に係る技術的事項の管理を担当する者（**衛生管理免許を有する者**）をいい，両者とも，労働者50人以上の事業場ではそれぞれ選任しなければなりません．なお，**安全管理者の資格要件**は，産業安全の実務経験者です．

産業医とは，労働者の健康管理等の事項を担当する者で，常時50人以上の労働者を使用する事業場では選任しなければならず，**産業医の資格要件**は医師の免許を有する者です．

作業主任者については140の項を参照して下さい．

統括安全衛生責任者とは，工事現場において元請・下請の労働者が50人以上（トンネル工事，圧気工事の場合は30人以上）で作業する場合，労働災害を防止する目的で選任される責任者をいい，その現場を統括管理する者（**工事事務所長等**）を選任します．

元方安全衛生管理者とは，統括安全衛生責任者を補佐し，技術的事項を管理する者で，その資格要件は所定の学歴，実務経験を有する者です．

店社安全衛生管理者とは，ずい道，橋梁の建設または圧気工法による作業を行う仕事，主要構造部が鉄骨または鉄骨鉄筋コンクリート造である建築物の建設の仕事の場合は常時20人以上，この他では常時50人以上の事業場で，現場において統括安全衛生管理者に対する指導等を行う業務を担当させるために元方事業者が選任する者です．

〈建築・軀体・仕上げ共通〉 **6. 法規**

建設業では100人を超え
る事業場ごとに事業者は
「総括安全衛生管理者」を
選任しなければならない

100人を超える

たのむ
ね

事業者

危険や
健康障害の
防止を
指揮します

労働者50人以上の事業場
では「衛生管理者」を,
そして産業安全の実務経験者
の中から「安全管理者」を
選任しなければならない

50人以上

安全管理者

衛生管理者

元方安全衛生管理者は
統括安全衛生責任者を
補佐します

元方安全衛生管理者

統括安全衛生責任者

1. 大学,高専の理科系
　卒業後3年以上安全
　衛生の実務経験者
2. 高校の理科系卒業後
　5年以上安全衛生の
　実務経験者
3. 労働大臣の定める者

人の和を
組みたててこそ
いい仕事

参考および引用文献（順不同）

① 建設省住宅局建築指導課監修　基本建築関係法令集　平成11年版（霞ヶ関出版社）

② 建設省建設経済局建設業課監修　建設業者のための施工管理関係法令集(尚友出版)

③ 建築施工管理技術研究会　建築施工管理技術テキスト　建築技術・施工管理編（地域開発研究所）

④ 建築慣用語研究会　建築現場実用語辞典（井上書院）

⑤ 建築用語辞典編集委員会　建築用語辞典（技報堂出版）

⑥ 日本規格協会　JIS工業用大辞典　第4版（日本規格協会）

⑦ 石福昭・中井多喜雄　建築設備用語辞典（技報堂出版）

⑧ 配管用語研究会（中井多喜雄）図解・配管用語辞典（日刊工業新聞社）

⑨ 空調技術用語研究会（中井多喜雄）図解・空調技術用語辞典（日刊工業新聞社）

⑩ ボイラー用語研究会（中井多喜雄）図解・ボイラー用語辞典（日刊工業新聞社）

⑪ 国際単位研究会（中井多喜雄）SI単位ポケットブック（日刊工業新聞社）

⑫ 中井多喜雄　図説・溶接技術用語集（日刊工業新聞社）

⑬ 中井多喜雄　よくわかる2級建築施工管理技士試験（弘文社）

⑭ 中井多喜雄　よくわかる2級建築士試験（弘文社）

⑮ 荒木兵一郎・中井多喜雄　福祉・住環境用語集（学芸出版社）

⑯ 中井多喜雄・石田芳子　イラストでわかる二級建築士用語集（学芸出版社）

⑰ 中井多喜雄・石田芳子　イラストでわかる管工事用語集（学芸出版社）

⑱ 日本建築学会　建築法規用教材（丸善株式会社）

⑲ 日本建築学会　建築環境工学用教材 環境編（丸善）

⑳ 日本建築学会　建築環境工学用教材 設備編（丸善）

㉑ 日本建築学会　構造入門教材　ちからとかたち（丸善）

㉒ 日本建築学会　建築材料用教材（丸善）

㉓ 日本建築学会　構造用教材（丸善）

㉔ 西島一夫・蔦谷　博　図解・建築施工（学芸出版社）

㉕ 建築施工計画図の描きかた　新訂版（彰国社）

㉖ 建築用語辞典編集委員会　図解 建築用語辞典（理工学社）

㉗ 山田　修　図解 建築法規の学び方（オーム社）

㉘ 宮脇　毅・南部　武　新 建築と設備の接点（学芸出版社）

㉙ 建築技術 増刊 No.456 vol.1（建築技術）

㉚ 建築技術 増刊 No.463 vol.2（建築技術）

㉛ 宍道恒信・宇野英隆・加藤裕久・直井英雄　構法計画（朝倉書店）

㉜ 建築用語編集委員会　建築現場用語おもしろ事典（山海堂）

㉝ 建設大臣官房官庁営繕部　工事写真の撮り方 建築編（地域開発研究所）

㉞ デザイナーのための内外装材チェックリスト（彰国社）

㉟ 建築界 vol. 36・No. 3 （理工図書）

㊱ 内藤龍夫　わかりやすい建築技術 仮設工事の計画（鹿島出版会）

㊲ 建設業の安全作業標準集（労働基準調査会）

㊳ 建築知識「クレーム予知」の設計監理術 外壁編（エクスナレッジ）

㊴ 橋場信雄　建築用語図解辞典（理工学社）

㊵ 稲垣秀雄　絵で見る建築工事管理のポイント（彰国社）

㊶ 畑中和穂　図説 建築の型わく工事（理工学社）

㊷ 藤本盛久・大野隆司監修　《鉄骨造》図解 建築工事の進め方（市ケ谷出版社）

㊸ 岸田林太郎監修　《鉄筋コンクリート造》図解 建築工事の進め方（市ケ谷出版社）

㊹ 建設省住宅局木造住宅振興室監修　木造住宅耐震設計のポイント　より耐震性の高い木造住宅を造るために（財団法人　日本住宅・木材技術センター）

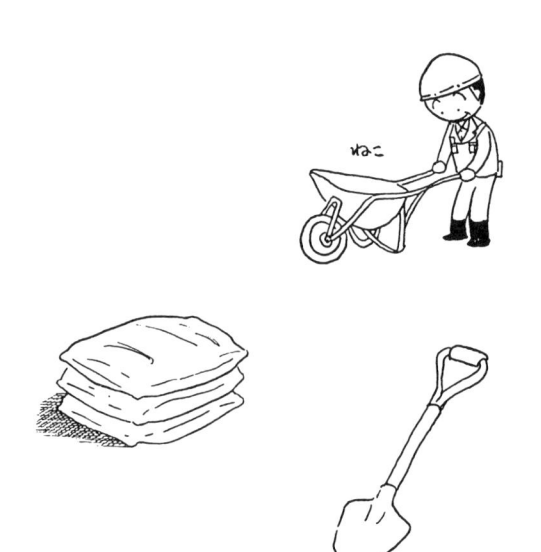

索 引

【あ】

アークストライク ……………………170
アーク溶接 …………………………168
アースアンカー工法 ………………110
アースオーガー ……………………122
アースドリル ………………………126
アースドリル工法 …………………126
アームストッパー …………………236
RH …………………………………20
RC構造 ……………………………38
RT …………………………………74
IF …………………………………276
合口 …………………………………190
合場 …………………………………190
アイランド工法 ……………………108
アウトレットボックス ………………82
亜鉛鉄板の下地ごしらえ …………244
亜鉛鉄板葺き ………………………204
あおり ………………………………208
赤身 …………………………………54
あき …………………………………130
アクティビティ ……………………274
アクリルウレタン系 ………………184
アクリル系 …………………………184
朝顔 …………………………………104
アジテータトラック …………………96
足止め ………………………………104
足場 …………………………………100
足場板 ………………………………102
足場の組立て・解体の作業 ………104
足場の組立等作業主任者 …………104
足場の高さ制限 ……………………102
アスファルト …………………………64
アスファルトの溶融温度の上限 ……180
アスファルトの溶融作業の注意事項 ……180
アスファルトプライマー ……………64・178

アスファルト防水工事の要領 ………176
アスファルト防水工法 ……………176
アスファルト防水工法の種類 ……178
アスファルト防水紙 …………………64
アスファルトルーフィング …………64
アスファルトルーフィング流し張り ……176
アスファルトルーフィング類の張付け …180
仇折り ………………………………208
圧縮力を負担する筋かい ……………48
圧縮冷凍機 …………………………74
圧着張り ……………………………196
厚付け仕上塗材 ……………………230
厚膜流し展べ仕上げ ………………256
圧密 …………………………………32
圧密沈下 ……………………………32
圧力水槽給水方式 …………………76
圧力タンク方式 ……………………76
当てモルタル ………………………192
後施工アンカー ……………………216
後付け工法 …………………………194
後付け方式 …………………………216
後詰め工法 …………………………158
後踏み ………………………………102
穴埋め ………………………………244
アネモスタット ………………………72
あばら筋 ……………………………40
あま …………………………………58
雨押さえ ……………………………206
雨仕舞 ………………………………204
網入りガラス ………………………66
荒らし目 ……………………………226
蟻害 …………………………………54
アリダード …………………………94
アルミニウムサッシ ………………238
アロー型ネットワーク工程表 ……274
アロー型ネットワーク工程表に関する基本用語 …274
泡消火設備 …………………………84

アンカー ……………………50・130・216	インターロッキング形スラット ………240
アンカープレート ………………………160	インタフェアリングフロート …………276
アンカーフレーム ………………………160	インパクトレンチ ………………96・164
アンカーボルト …………………………160	
安山岩 ……………………………………66	**【う】**
安全・衛生管理 …………………………284	
安全衛生管理活動 ………………………284	ウィルトンカーペット …………………260
安全管理 …………………………………284	ウイングプレート ………………………160
安全管理者 ………………………………304	ウェブプレート …………………………44
安全管理者の資格要件 …………………304	ウェルドメッシュ ………………………38
安全工程打合せ …………………………286	ウェルポイント工法 ……………………114
アンダーカット …………………………170	ウォータハンマ …………………………76
	ウォッシュプライマー …………………242
【い】	浮き ……………………………198・228
	請負契約 …………………………………272
EST ………………………………………274	請負契約書類 ……………………………268
異形鉄筋 …………………………………64	請負契約約款 ……………………………88
異形棒鋼 …………………………………38	請負代金内訳書 …………………………88
いすか ……………………………………106	請負代金の変更 …………………………90
遺族補償 …………………………………302	受材 ………………………………………208
板目 ………………………………………54	受材の取付け方法 ………………………216
一文字葺き ……………………202・206	雨水排水 …………………………………78
1週強度 …………………………………146	薄付け仕上塗材 …………………………230
一般管理費 ………………………………92	薄膜流し展べ仕上げ ……………………256
一般建設業 ………………………………296	打込み杭 …………………………………36
一般構造用圧延鋼材 ……………………62	打込み工法 ………………………………120
一般用電気工作物 ………………………80	打継ぎ …………………………142・186・190
一本足場 …………………………………100	打継ぎの要点 ……………………………142
移動式足場 ………………………………104	打止め …………………………………144
糸ひき ……………………………………248	うま ……………………………128・150
糸面 ………………………………………192	うま目地 …………………………………194
イベント …………………………………274	埋込み杭 …………………………………36
イベント型ネットワーク工程表 ………274	埋込み工法 ………………………………122
いも目地 …………………………………194	埋戻し ……………………………………116
入母屋造り ………………………………202	裏足 ………………………………………200
入母屋屋根 ………………………………202	裏込めモルタル …………………………190
色 …………………………………………26	裏込めモルタルの打継ぎ ………………190
色対比 ……………………………………26	ウレタン樹脂 ……………………………254
色の三属性 ………………………………26	上塗り …………………………224・228
色の三要素 ………………………………26	上端筋 ……………………………………40

309

【え】

エアスプレー方式	246
エアレススプレー方式	246
永久日影	10
営業所に置く専任の技術者	298
衛生管理者	304
衛生管理免許を有する者	304
AE 減水剤	58
AE コンクリート	60
AE 剤	58
ALC	60
ALC パネル	60
液状化現象	32
エコー	22
SR	64
SRR	64
SS	62
SM	62
S カーブ	272
S 造	44
SD	64
SDR	64
X 管理図	278
エッジクリアランス	240
HL 仕上げ	220
HTB	162
エッチングガラス	220
エッチング仕上げ	220
エッチングプライマー	242
エナメルペイント	68
N 値	32
FRP	70
FF	276
エフロレッセンス	154
エプロン	206
エポキシ樹脂	254
エマルションペイント	68
MC	224
エリミネータ	72

LFT	274
LGS	62
エレクションピース	158
エレベータシャフト	86
塩化ビニル樹脂系シート	182
円形ダクト	72
延焼のおそれのある部分	290
演色性	82
鉛丹	68
鉛丹さび止めペイント	68
鉛直荷重	148
円筒錠	234
エンドタブ	172

【お】

オアシス運動	282
オイルステイン	70
応力	30
応力・ひずみ線図	30
応力度	30
応力度・ひずみ曲線	30
大壁	50
OJT	270
オーバーラッピング形スラット	240
オーバラップ	170
大梁の主筋継手	42
オープンタイム	198
大棟	202
オームの法則	80
大面	192
オールクラッシュコスト	270
オールケーシング工法	126
置敷き工法	260
屋外消火栓設備	84
屋外排水	78
屋内消火栓設備	84
屋内排水	78
屋内配線方式	80
汚水排水	78

尾垂れ …………………………206
乙種電気用品 ……………………80
音 ………………………………22
音の三要素 ………………………22
音の種類 …………………………22
鬼ボルト ………………………160
帯筋 ………………………………40
親杭 ……………………………112
親杭横矢板工法 ………110・112
折曲げ筋 …………………………40
音響効果と騒音防止は建築物の必須条件 ……24
温水暖房 …………………………74
温水ボイラ ………………………74
音速 ………………………………22
温度差による換気 ………………16
温風暖房 …………………………74

【か】

カーペット ……………………260
カーペット敷き ………………260
カーボランダム ………………192
外観検査 ………………174・200
解雇制限 ………………………302
解雇予告 ………………………302
開先 ……………………………168
概算積算 …………………………92
回折 ………………………………22
外装タイル ………………………66
回転圧入工法 …………………124
回転根固め工法 ………………124
開トラバース ……………………94
ガイドレール …………………240
外部足場 ………………………102
改良圧着張り …………………196
改良積上げ張り ………………196
欠込み ……………………………48
隠し釘打ち ……………………250
拡底 ……………………………126
確認 ……………………………292

確認(建築確認)を要する建築物・工作物 ……292
確認の表示 ……………………292
下弦材 ……………………………44
花こう岩 …………………………66
火災危険温度 ……………………52
火災報知器 ………………………84
笠木 ……………………………190
重ね折板形 ……………………204
重ね継手 ………………………132
重ね長さ ………………………132
重ね溶接 ………………………168
かし担保期間 ……………………88
荷重 ………………………………30
可照時間 …………………………8
ガス圧接 ………………………132
ガス圧接技量資格者 …………132
ガス圧接に関する留意事項 ……134
ガス圧接の作業 ………………132
ガス圧接部の鉄筋の切断 ……134
ガス切断 ………………………134
ガス溶接 ………………………132
火成岩 ……………………………66
化成皮膜処理 …………………244
仮設計画 …………………………98
仮設建築物 ………………………98
仮設工事 …………………………98
仮設倉庫 …………………………98
ガセットプレート ………………44
型板 ……………………………156
型板ガラス ………………………66
型板取り ………………………156
片押し打ち ……………………142
片側(窓)採光 …………………14
形鋼 ………………………………62
硬練りコンクリート …………190
型枠 ……………………………148
型枠支保工 ……………110・150
型枠存置期間 …………………152
型枠の組立て …………………148
型枠の構造計算 ………………148

311

型枠はく離剤 ······152
価値分析 ······270
角出し曲げ ······234
金ごて ······226
金物 ······234
可燃性塗装材料の保管 ······242
鹿のこずり ······224
かぶり ······38
被り ······248
被り厚さ ······38・128
壁タイル張り工法の種類 ······196
壁つなぎ ······102
かま錠 ······236
釜場 ······114
釜場工法 ······114
カラーステンレス ······220
ガラス ······66
ガラス繊維強化プラスチック ······70
ガラスの止め方 ······240
ガラスの取付けのポイント ······240
ガラスの保管 ······240
からぶき ······192
仮囲い ······98
仮使用承認申請書 ······266
仮設備計画 ······264
加硫ゴム系シート ······182
臥梁 ······50
がりょう ······50
仮枠 ······148
乾き空気 ······20
皮すき ······244
かわたち ······244
瓦葺き ······202
瓦棒 ······206
瓦棒葺き ······202・206
換気 ······16
換気回数 ······16
関係湿度 ······20
かんざし筋 ······130
乾式石張り ······188

乾式石張りの特徴 ······188
乾式工法 ······188
乾式吹付け工法 ······232
干渉 ······22
緩衝工法 ······184
含水率 ······52
間接照明 ······82
間接排水 ······78
間接費 ······270
寒中コンクリート ······138
監督員 ······90・300
ガントチャート工程表 ······272
貫入量 ······122
貫入量・リバウンド量の測定 ······122
監理技術者 ······90・298
監理技術者資格者証 ······298
管理限界線 ······278
管理図 ······278
管理図法 ······278

【き】

木裏 ······54
木表 ······54
機械換気 ······16
機械換気設備 ······72
機械掘削工法の施工手順 ······126
気乾 ······52
気乾状態 ······56
気乾比重 ······52
気乾木材 ······52
木杭 ······34
危険有害業務 ······302
危険予知活動 ······270
危険予知活動 ······286
気孔 ······170
気候図 ······12
気硬性 ······56
気硬性セメント ······56
気候要素 ······12

木ごて …………………………226	極軟鋼 …………………………62
気象要素 …………………………12	居室 ……………………………288
既製杭 …………………………122	許容騒音レベル …………………24
既製コンクリート杭 ……………120	切妻造り ………………………202
既製コンクリート杭打ち地業 …120	切妻屋根 ………………………202
既製コンクリート柱列壁工法 …110	切りはだ ………………………192
擬石 ……………………………66	切張り …………………………110
基礎 ……………………………34	切梁工法 ………………………110
基礎構造 …………………………34	切張り工法 ……………………110
基礎スラブ ………………………36	金属拡張アンカー ………………216
気泡コンクリート ………………60	金属管工事 ………………………82
基本施工計画 ……………………262	金属材料の表面処理の目的 ……218
逆打ち工法 ……………………110	金属の表面仕上げ ………………220
脚長 ……………………………170	金属板葺き ……………………202
逆止め弁 …………………………76	金属前処理塗料 …………………242
脚立 ……………………………104	金属溶射 ………………………218
キャップタイ ……………………128	金属溶射皮膜法 …………………218
キャンバー ……………………150	銀点 ……………………………170
QA ……………………………282	
休業補償 ………………………302	
休憩 ……………………………302	【く】
QC ……………………………282	杭 ……………………………34・118
QC 工程表 ……………………270	くい ……………………………34
QC 工程表 ……………………282	杭打ち機 ………………………120
QC サークル …………………282	杭打ち地業 ……………………36・118
QCDMS ………………………282	杭打ち試験 ……………………122
吸収音 …………………………24	杭頭 ……………………………120
吸収冷凍機 ………………………74	杭頭キャップ ……………………120
給水管 …………………………76	杭基礎 …………………………34
給水弁 …………………………76	杭基礎の許容支持力 ……………36
給水量 …………………………76	杭基礎の支持方式 ………………36
強化ガラス ………………………66	杭基礎の施工法 …………………36
強制換気 …………………………16	くい地業 ………………………118
共通仮設工事 ……………………98	クイックサンド …………………32
共通仮設費 ………………………92	クイックサンド現象 ……………112
共通仕様書 ………………………88	空気調和 …………………………72
共通費 …………………………92	空気調和機 ………………………72
強度率 …………………………284	空気調和設備 ……………………72
鏡面仕上げ ……………………220	空気レンチ ………………………96
曲線式工程表 ……………………272	空調用ダクトとの絶縁 …………214

313

空洞コンクリートブロック ……………50
偶力 ……………………………………28
クーリングタワー ……………………74
釘留め工法 ……………………………250
矩形ダクト ……………………………72
くさび …………………………………258
くし引き ………………………………196
くし目 …………………………………196
軀体 …………………………………46
管柱 ……………………………………48
屈曲 ……………………………………38
くつずり ………………………………234
屈折 ……………………………………22
組立てばり ……………………………168
組み立て溶接 …………………………172
グラスウール …………………………222
クラック ………………………………170
クラッシュコスト ……………………270
クラッシュタイム ……………………270
グラフ式工程表 ………………………274
クランプ ………………………………100
クリアランス …………………………240
グリッパー ……………………………260
グリッパー工法 ………………………260
クリップ ………………………………212
グリップアングル ……………………158
クリティカルパス ……………………276
クリモグラフ …………………………12
クリヤラッカー ………………………68
グルーブ ………………………………168
クレセント ……………………………234
黒皮 ……………………………………164
クロスコネクション …………………76
クロム塩皮膜法 ………………………218
クロメート処理 ………………………218

【け】

計画図 …………………………………262
蛍光灯 …………………………………82

珪酸セメント …………………………56
型式認可制度 …………………………282
傾斜形シュート ………………………144
軽微な建設工事 ………………………296
契約約款 ………………………………88
契約用書類 ……………………………88
軽量形鋼 ………………………………62
軽量骨材コンクリート ………………60
軽量コンクリート ……………………60
軽量シャッター ………………………238
軽量鉄骨 ………………………………212
軽量鉄骨壁下地 ………………………212
軽量鉄骨壁下地の組立て ……………212
軽量鉄骨造 ……………………………62
軽量鉄骨天井下地 ……………………212
軽量鉄骨天井下地の組み方 …………214
KYK ………………………………270・286
ケーシング ……………………………126
ケーソン工法 …………………………110
KYT ……………………………………270
けがき …………………………………156
罫書 ……………………………………156
化粧 ……………………………………230
化粧目地 ………………………………194
けた ……………………………………42
結合点 …………………………………274
結合トラバース ………………………94
結束 ……………………………………130
結束線 …………………………………130
欠点 ……………………………………188
結露 ……………………………………20
けらば …………………………………204
弦材 ……………………………………44
検査済証 ………………………………294
検査ロット ……………………………280
減水剤 …………………………………58
原寸図 …………………………………268
建設業 …………………………………296
建設業の許可 …………………………296
建設業の許可の種類 …………………296

建設工事 …………………………296
建設工事の請負契約 ……………300
建設物・機械等設置届 …………266
建築 ………………………………288
建築化照明 ………………………82
建築工事計画届 …………………266
建築工事原価の内訳 ……………92
建築工事施工の基本 ……………262
建築主事 …………………………292
建築数量積算基準 ………………92
建築設備 …………………………288
建築単体規定 ……………………294
建築手続 …………………………292
建築物 ……………………………288
建築物除却届 ……………………266
見当杭 ……………………………106
現場打ちコンクリート杭地業 …124
現場作業の工程 …………………156
現場代理人 …………………90・300
現場調合モルタルおよびモルタルの塗厚 …196
現場配合法 ………………………232
研磨紙ずり ………………………244

【こ】

高圧 ………………………………80
高架水槽給水方式 ………………76
鋼管支柱 …………………………150
鋼管製樋 …………………………210
工期とコストの関係図 …………270
公共工事標準請負契約款 ………90
鋼杭 ………………………………34
光源 ………………………………82
硬鋼 ………………………………62
鋼材 …………………………44・62
工作物 ……………………………288
工事価格の構成 …………………92
工事完了検査の申請 ……………266
工事現場における確認の表示 …292
工事事務所長等 …………………304

工事中の留意・監視事項 ………108
硬質塩化ビニル管 ………………210
硬質塩化ビニル製樋 ……………210
工事の丸なげ …………………88・90
工事費見積り ……………………92
甲種電気用品 ……………………80
工種別内訳 ………………………92
工種別施工計画書 ………………264
公称断面積 ………………………38
公称直径 …………………………38
工場配合法 ………………………232
合成高分子ルーフィング防水 …182
合成ゴム系シート ………………182
合成樹脂 …………………………70
合成樹脂エマルション系複層仕上塗材 …230
合成樹脂エマルションペイント …68
合成樹脂系シート ………………182
合成樹脂製塗り床材 ……………254
合成樹脂調合ペイント …………68
合成樹脂塗り床 …………………254
合成樹脂塗り床工事の基本的留意点 …254
合成樹脂塗り床工事の種類 ……256
鋼製せき板 ………………………150
硬石 ………………………………66
鋼接合 ……………………………168
構造計算 …………………………46
構造計算上の外力 ………………46
構造計算上の荷重 ………………46
構造設計 …………………………46
構造設計の原則 …………………46
構造耐力上主要な部分 …………288
構造用鋼材 ………………………62
高速ダクト ………………………72
高側窓 ……………………………14
構台 ………………………………264
後退色 ……………………………26
高置タンク方式 …………………76
高張力ボルト ……………………162
工程 ………………………………268
工程管理 …………………………268

315

工程曲線	272
工程計画	268
工程計画の注意点	268
工程計画の要点	268
高低差測量	94
工程と品質および原価の関係図	264
工程表	272
高度	10
鋼板葺き	202・204
鋼板矢板	108
降伏点	30・62
鋼矢板工法	110
合流式	78
合力	28
高力ボルト	162
高力ボルト接合	162
高力ボルト接合のポイント	164
高力ボルトの1次締め後のマーキングの目的	166
高力ボルトの締付け	164
高力ボルト摩擦接合	162
高炉セメント	56
コーキング	186
コーキングガン	96
コーキング材	186
コーティング仕上げ	256
コールドジョイント	144
小口	190
小口タイル	200
こけら板葺き	204
骨材	56
骨材の含水量	56
こて	226
鏝	226
固定荷重	46
固定クランプ	100
こて押え	226
こはぜ	206
小端立て	36
小間	204
こま	204

コラムクランプ	152
ころばし	102
コンクリート	58
コンクリート・プラスター・モルタルの下地ごしらえ	244
コンクリート混和剤	58
コンクリート存置期間	146
コンクリート調合	138
コンクリートの圧縮強度	146
コンクリートの強度	146
コンクリートの空気量	138
コンクリートの所要空気量	138
コンクリートの設計基準強度	140
コンクリートの側圧	148
コンクリートブロック下地	226
コンシステンシー	138
混練	136
混和剤	58

【さ】

サークル型ネットワーク工程表	274
再圧接	134
災害補償	302
載荷板	32
採光	14
最高彩度	26
採光に必要な開口部	14
採光率	14
細骨材	56
細骨材率	56・136
サイズ	170
再生異形棒鋼	64
再生鋼材	64
再生丸鋼	64
砕石	56
最早開始時刻	274
最早終了時刻	276
最大乾燥密度	116
最大余裕時間	276
最遅開始時刻	276

最遅終了時刻 ……………274
最適含水比 ……………116
最適工期 ……………270
最適残響時間 ……………22
彩度 ……………26
材料置場 ……………98
材料桟橋 ……………104
材料分離 ……………142
材齢 ……………140
魚の骨 ……………280
砂岩 ……………190
左官工事 ……………222
左官工事の施工順序 ……………222
左官材料 ……………222
先付け工法 ……………194・198
先付け方式 ……………216
作業 ……………274
作業主任者 ……………286・304
作業床 ……………102
座屈 ……………38
サッシ ……………238
サッシュアンカー ……………238
雑排水 ……………78
さね ……………250
さねはぎ ……………250
サポート ……………150
残響 ……………22
産業医 ……………304
産業医の資格要件 ……………304
残響時間 ……………22
散水養生 ……………146
三相三線式 ……………80
桟橋 ……………104
さん橋 ……………104
散布図 ……………280
3面接着 ……………186

【し】

シアカッタ ……………128
仕上げ塗り ……………224・228
仕上塗材 ……………230
仕上塗材仕上げ ……………230
仕上塗材仕上げのポイント ……………230
GL工法 ……………258
シートの仮敷き ……………252
シート防水 ……………182
CP ……………276
シームレス ……………254
シーラー ……………226
シーラー塗り ……………226
シーラント ……………184
シーリング ……………184
シーリング材 ……………184
シーリング材の打継ぎ ……………186
シェル幅 ……………154
直張り工法 ……………258
自家用電気工作物 ……………80
色彩 ……………26
色彩効果 ……………26
色彩の面積効果 ……………26
磁気質タイル ……………66
色相 ……………26
敷地 ……………294
地業 ……………36・118
事業者 ……………304
視距離 ……………94
軸組 ……………48
軸組工法 ……………48
軸つり金物 ……………234
軸方向力 ……………30
軸力 ……………164
自在クランプ ……………100
支持杭 ……………118
死傷災害(休業4日以上)の発生件数 …284
支持力 ……………36
地震力 ……………46

317

止水工法	114	締付け検査	166
JIS 表示制度	282	湿り空気	20
自然換気	16	シャーコネクター	192
自然採光	14	遮音による騒音防止	24
下請負人	296	斜材	48
下小屋	98	JAS マーク表示許可制度	282
下地	204	シャッター	238
下地拵え	222	砂利地業	118
下地ごしらえ	244	就業規則	302
下地調整液	242	秋材	54
下地づくり	222	終日日影	10
下地づくり不良	228	収縮色	26
下塗り	224	収縮膨張率	52
下塗り塗料	226	収縮目地	176
下端筋	40	収縮率	52
下葺き	204	集成材	54
支柱の盛替え	152	じゅうたん	260
四柱屋根	202	集団規定	294
漆喰	222	自由丁番	236
しっくい	222	周波数	80
湿式石張り	188	自由余裕時間	276
湿式石張りの特徴	188	重量コンクリート	60
湿式工法	188	重量シャッター	238
湿式吹付け法	232	重力換気	16
湿潤養生	146	主筋	40
湿度	20	主筋継手の位置	42
指定建設業	296	樹脂モルタル	256
指定建設業以外	296	樹脂モルタル仕上げ	256
自動火災報知設備	84	樹心	54
地肌地業	118	受働土圧	112
地はだ地業	118	主任技術者	90・298
地盤	32	主任技術者・監理技術者の資格要件	298
地盤固結工法	114	主任技術者および監理技術者の職務	298
地盤調査	32	受変電設備	80
地盤の長期許容地耐力度	32	主要構造部	288
指方規	94	準硬石	66
四方柾材	54	春材	54
支保工	110・150	準耐火建築物	290
締固め	116・142	準不燃材料	290
締固め率	116	常温加工	128

障害補償	302
定規ずり	224
蒸気暖房	74
蒸気ボイラ	74
上下階の支柱	152
上弦材	44
小口径タイル	200
昇降路	86
仕様書	88
照度	14
照度基準	14
消防設備	84
消防設備等	84
照明	14
照明器具、ダクトのための補強	214
照明方法	82
初期養生	146
諸経費	92
暑中コンクリート	138
ショットクリート	232
白太	52
シリカセメント	56
シリコン系	184
示力図	28
シリンダー錠	236
しわ	248
真壁	50
心木あり瓦棒葺き	206
心木あり瓦棒葺き工事の要領	208
心木なし瓦棒葺き	206
シングル配筋	130
人工照明灯	82
心材	54
心去り材	52
伸縮調整目地	194
伸縮目地	176・190
進出色	26
心墨	106
人造石	66
心出し	106

振動機	96
振動杭打ち機	120
浸透探傷試験	174
針入度	180
心びき	54
心持ち材	54

【す】

水撃作用	76
水硬性	56
水硬性セメント	56
水準儀	94
水準測量	94
水準点	94
水成岩	66
水性塗料	70
水平打ち	140
水平荷重	148
水平切張り工法	110
水密コンクリート	138
水溶性樹脂混和材	196
水和熱	56
水和反応	56
スウェーデン式サウンディング試験	32
数量積算	92
数量積算のまとめ方	92
スカラップ	172
スクレーパ	244
すさ	222
筋かい	48
図心	30
スターラップ	40
スタッコ状	230
スタッドの間隔	212
スタッド溶接	172
スチールサッシ	238
スチールシャッター	238
スチップル仕上げ	246
スチフナ	44

ステアツール …………………260	せき板存置期間 ………………152
捨板 ……………………………250	石材 ………………………………66
ステープル …………………206・258	積載荷重 …………………………46
捨てコンクリート ………………118	石材の強度 ………………………66
捨張り …………………………250・258	石材の品質 ………………………66
ステンレス鋼の表面仕上げ ……220	積算 ………………………………92
ストップ装置付き ………………236	積雪荷重 …………………………46
ストップ無し ……………………236	積雪の単位荷重 …………………46
ストレッチルーフィング ………64	積層形メンブレン防水層 ………176
砂地業 …………………………118	積層材 ……………………………54
砂付きアスファルトルーフィング …64	施工 ……………………………262
スパイラルダクト ………………72	施工管理 ………………………268
スパッタ ………………………170	施工計画 ………………………262
スパン …………………………42	施工計画書 ……………………264
スプライスプレート ……………44	施工計画図 ……………………262
スプリンクラー設備 ……………84	施工従事者の義務 ……………298
スプレーガン …………………246	施工図 …………………………268
スペーサ ………………………128・150	施工体制台帳 …………………300
すべり係数 ……………………164	施工軟度 …………………………60
墨 ………………………………106	施工品質管理表 ………………270・282
墨出し …………………………106	施工要領書 ……………………264
隅肉溶接 ………………………168	施主 ………………………………88
隅やり方 ………………………106	絶縁工法 ………………………178
スムースエッジ ………………260	石灰倉庫 …………………………98
スライム ………………………126	絶乾状態 …………………………56
スライム処理 …………………126	せっ器質タイル …………………66
スラグ …………………………170	設計 ……………………………262
スラグ巻込み …………………170	設計図 …………………………262
スラット ………………………240	設計図書 …………………………88
スランプ ………………………60	接合幅 …………………………182
スランプ試験 …………………140	石こうプラスター ………………222
スランプ値 ……………………140	石こうプラスター塗り …………228
すりはだ ………………………192	石こうプラスター塗り作業のポイント … 228
	石こうボード ……………………258
【せ】	石こうボード張り ………………258
	絶対湿度 …………………………20
せい ……………………………42	接着系アンカー …………………216
生産の三要素 …………………264	接着張り ………………………198
せき板 …………………………108・150	接着力試験 ……………………200
せき板・支柱の最小存置期間 …………152	セッティングブロック …………240

節点法 ……… 30
折板葺き ……… 204
セパレータ ……… 150
セメント ……… 56
セメント混和用ポリマーディスパージョン… 224
セメントペースト ……… 58
セメントミルク工法 ……… 124
セルフレベリング工法 ……… 226・256
背割り ……… 54
繊維飽和点 ……… 52
全作業特急費用 ……… 270
洗浄弁 ……… 76
全数検査 ……… 280
全体工程表 ……… 272
先端支持杭 ……… 36・118
せん断補強筋 ……… 40
全天日射 ……… 8
専任技術者 ……… 298
全般拡散照明 ……… 82
全面接着工法 ……… 182・260
全面接着のポイント ……… 182

【そ】

ソイルセメント柱列壁工法 ……… 110
騒音 ……… 24
総括安全衛生管理者 ……… 304
総括安全衛生管理者の資格要件 ……… 304
総建設費 ……… 270
総合仮設計画書 ……… 264
総合工程表 ……… 272
葬祭料 ……… 302
相対湿度 ……… 20
送風機 ……… 72
総掘り ……… 108
添板 ……… 44
添板接合 ……… 44
速度圧 ……… 46
側窓採光 ……… 14

測量 ……… 94
測量機材 ……… 94
測量機材の取扱い ……… 94
底板 ……… 160
底板ならし仕上げ ……… 156
粗骨材 ……… 56
素地拵え ……… 222
素地ごしらえ ……… 244
素地調整 ……… 244
組積造 ……… 50・154
外樋 ……… 210
存置期間 ……… 146

【た】

ターンバックル ……… 158
第1種（機械）換気 ……… 16
耐火建築物 ……… 290
耐火建築物または準耐火建築物としなければならない建築物 …… 290
耐火構造 ……… 290
耐火材 ……… 174
耐火性能 ……… 290
耐火被覆 ……… 174
大規模の建築物 ……… 290
大規模の修繕 ……… 290
大規模の模様替え ……… 290
耐候性 ……… 70
第3種（機械）換気 ……… 16
大スパン構造 ……… 48
堆積岩 ……… 66
タイトフレーム ……… 204
台直し ……… 154
第2種（機械）換気 ……… 16
対比効果 ……… 26
太陽の位置 ……… 10
第4種換気法 ……… 16
大理石 ……… 66
大理石 ……… 192
耐力壁 ……… 50
タイル ……… 66

タイルカーペット	260
タイル型枠先付け工法	198
タイル工事	194
タイルシート法	198
タイル張り	194
タイル張り検査	200
タイル張り工事	198
タイル面の伸縮目地	194
タイル割	194
多角測量	94
ダクト	72
打撃工法	120
打診検査	200
打設	140
打設後の養生のポイント	146
多雪地域	46
打設のポイント	140
打設前の準備	140
立ちはぜ	206
タッピングビス	212
タッピングビス	258
建入れ	158
建入れ直し	158
建方	158
建具	234
建具金物	234
建地	102
建地間隔	102
竪樋	210
縦樋	210
縦樋受け金物	210
縦方向の重ね合せ	208
タフテッドカーペット	260
ダブル配筋	130
だぼ	190
ダミー	274
だれ	232・248
だれ吹き	232
単位水量	136
単位セメント量	58

単一ダクト方式	72
単管足場	100
短期荷重	46
だんご張り	196
炭酸化	146
弾性ウレタン	254
弾性シーリング材	186
単相三線式	80
単相二線式	80
炭素鋼	62
単体規定	294
断熱サッシ	238
ダンパ	72
タンピング	142
タンブラー	236
断面一次モーメント	30
断面性能	28
断面二次モーメント	30

【ち】

チェッキ弁	76
力	28
力の合成	28
力の三要素	28
力のつり合い条件	28
力の分解	28
力のモーメント	28
地耐力	32
縮み代	134
窒息消火	84
千鳥張り工法	180
昼光照明	14
中高層の建築物の高さの制限	12
中込み	224
中心線	278
中性化	146
柱底ならし仕上げ	156
超音波探傷試験	174
長期荷重	46

調合強度 ……………………136
超高速セメントペースト ……192
調合ペイント ………………68
頂側窓 ………………………14
丁張 …………………………106
長方形ダクト ………………72
チョーキング ………………244
直接仮設工事 ………………100
直接基礎 ……………………34
直接工事費 …………………270
直接照明 ……………………82
直接暖房 ……………………74
直接費 ………………………270
直達日射 ……………………8
直達日射量 …………………8
直結給水方式 ………………76
直結方式 ……………………76
直交クランプ ………………100
散りじゃくり ………………222
散り回り ……………………246

【つ】

ツー・バイ・フォー構法 ……48
通気管 ………………………78
突合せ溶接 …………………168
つき代 ………………………224
月万人率 ……………………284
つけ送り ……………………222
つけ代 ………………………224
土の締固め …………………116
つなぎモルタル ……………192
つぼ掘り ……………………108
積上げ張り …………………196
つやの不良 …………………248
つり合い鉄筋比 ……………42
吊り足場 ……………………100
吊り子 ………………………206
釣小かぎ ……………………206

【て】

低圧 …………………………80
TF ……………………………276
DF ……………………………276
TQC …………………………282
ディーゼルパイルハンマー …120
ディーゼルハンマー ………96
ディープウェル工法 ………114
定形シーリング材 …………186
ディスクサンダー …………244
低速ダクト …………………72
定着 ………………50・130・216
定着長さ ……………………130
テープ合せ …………………158
出来高 ………………………272
dB ……………………………22
デッキ貫通溶接 ……………172
デッキプレート ……………172
鉄筋 …………………………38・64
鉄筋かご ……………………126
鉄筋コンクリート構造 ……38
鉄筋コンクリート用再生棒鋼 ……64
鉄筋コンクリート用棒鋼 ……62・64
鉄筋継手 ……………………42・132
鉄筋のあき ………………42・128・130
鉄筋の加工 …………………128
鉄筋の重ね継手 ……………132
鉄筋の記号 …………………38
鉄筋の組立て ………………128
鉄筋の使用箇所などによる呼称 ……40
鉄筋の継手・定着 …………130
鉄筋の溶接継手 ……………132
鉄筋端面切断器 ……………134
鉄筋比 ………………………42
鉄骨組立て作業の工程 ……156
鉄骨工事の溶接のポイント ……172
鉄骨構造 ……………………44
鉄骨構造の溶接作業 ………172
鉄骨の工場加工 ……………156

323

デッドボルト ･････････････････234
鉄平石 ････････････････････････66
鉄面の下地ごしらえ ･････････244
鉄網 ･･････････････････････････104
デペデントフロート ･････････276
デミングサイクル ･･･････････282
テラゾー ･･････････････････････66
電圧 ･･･････････････････････････80
電気工事士 ･･･････････････････80
電気の単位 ･･･････････････････80
電気めっき ･･･････････････････218
転鏡儀 ････････････････････････94
天空光 ････････････････････････14
天空放射 ･･････････････････････8
店社安全衛生管理者 ･････････304
天井ふところ ･･･････････････212
展色剤 ････････････････････････68
伝熱 ･･･････････････････････････18
天然石 ････････････････････････66
点張り ･･････････････････････178
天ぷらめっき ･･･････････････218
テンプレート ･･･････････････156
天窓 ･･･････････････････････････14
天窓採光 ･･････････････････････14
電流 ･･･････････････････････････80
電力 ･･･････････････････････････80

【と】

ドアクローザ ･･･････････････236
戸当り ･･････････････････････236
ドアチェック ･･･････････････236
樋 ･････････････････････････････210
とい ･･････････････････････････210
樋設備 ･･････････････････････210
銅・銅合金の表面仕上げ ･････220
透過音 ････････････････････････24
統括安全衛生責任者 ･････････304
陶器質タイル ･･･････････････66
東西方向の隣棟間隔 ･････････12

投射音 ････････････････････････24
道路管理者 ･････････････････266
道路使用許可申請書 ･････････266
道路占用許可申請書 ･････････266
通し柱 ････････････････････････48
トータル・クオリティー・コントロール ･･･282
トータルフロート ･･･････････276
通り心 ･･････････････････････106
特殊建築物 ･････････････････288
特殊高力ボルト ･････････････164
特性要因図 ･････････････････280
特定行政庁 ･･･････････266・292
特定建設業 ･････････････････296
特定建設作業実施届出書 ･････266
溶込み不良 ･････････････････170
土工事 ･･････････････････････108
土工事前の調査事項 ･････････108
土質 ･･･････････････････････････32
度数率 ･･････････････････････284
塗装 ･･････････････････････････246
塗装材料 ･･･････････････････242
塗装作業中の安全管理 ･･･････242
塗装の放置時間 ･････････････248
塗装の要点 ･････････････････246
土台 ･･･････････････････････････48
突貫工事 ･･･････････････････264
特記仕様書 ･･････････････････88
特急時間 ･･･････････････････270
特急費用 ･･･････････････････270
トップコート ･･･････････････256
トップライト ･･･････････････14
どぶづけめっき ･････････････218
塗膜 ･･････････････････････････68
塗膜欠陥 ･･･････････････････248
塗膜主要素 ･･････････････････68
塗膜助要素 ･･････････････････68
塗膜副要素 ･･････････････････68
塗膜防水 ･･･････････････････184
塗膜防水の施工方法 ･････････184
塗膜要素 ･･･････････････････68

留付け金物	210		【な】	
留付け工法	210		内装箇所	294
止め付け工法	210		内装工事	250
止面戸	206		内装制限	294
共上がり	126		内装タイル	66
とも回り	166		内部結露	20
ドライアウト	198		流し張り	178
ドラグショベル	96		中墨	106
トラス	30		中塗り	224
トラスに生じる応力	30		中塗りは上塗りと色を変えて塗装	248
トラックミキサー	96		中掘り工法	124
トラップ	78		流れ	248
トラバース	94		流れ方向の重ね合せ	208
トラバース測量	94		鳴竜	24
トラバーチン	66		ナット	160
トランシット	94		ナット回転法	160
トランシットミキサー	96		ナトリウム灯	82
取合い	182		生コンクリート	60
塗料	68		生コン車	96
塗料の種類	68		なまし鉄線	130
塗料の調合	248		波板の受材への留め付け	208
土量変化率	116		波板の登りの重ね	208
塗料用プライマー	242		ならしモルタル	176
ドリリングタッピングビス	258		均しモルタル	176
トルク	96		なわ張り	106
トルクコントロール法	164		縄張り	106
トルクコントロールレンチ	164		軟化点	180
トルクシア形高力ボルト	164		軟鋼	62
トルク値	166		軟弱地盤	34
トルクレンチ	96・164		軟石	66
トルシア形高力ボルト	164		南中高度	10
トレミー管	126		南中時	10
トレンチカット工法	108		軟練りコンクリート	190
ドレンチャー設備	84		NO.1仕上げ	220
とろ	58		NO.3仕上げ	220
ドロップハンマー	120		NO.2D仕上げ	220
ドロマイト石灰	222		NO.2B仕上げ	220
ドロマイトプラスター	222		NO.4仕上げ	220
ドロマイトプラスター塗り	228			

【に】

ニーキッカー …………………………260
握り玉 ………………………………… 234
逃げ墨 …………………………106・212
二重ダクト方式 ……………………… 74
二重張り ……………………………… 258
ニス ……………………………………… 70
日較差 ………………………………… 12
二丁掛けタイル ……………………… 200
日射 ……………………………………… 8
日照時間 ……………………………… 8
日照率 ………………………………… 8
日程短縮 ……………………………… 276
2面接着 ……………………………… 186
入射音 ………………………………… 24

【ぬ】

抜取検査 ……………………………… 280
布 ……………………………………… 102
布掘り ………………………………… 108
塗壁 …………………………………… 222
塗壁材料 ……………………………… 222
塗り材料 ……………………………… 188
塗り代 ………………………………… 224

【ね】

根入れ …………………………34・110
根切り ………………………………… 108
根切り工法 …………………………… 108
熱可塑性プラスチック ……………… 70
熱間圧延 ……………………………… 64
熱間圧延異形棒鋼 …………………… 64
熱間圧延棒鋼 ………………………… 64
熱貫流 ………………………………… 18
熱貫流抵抗 …………………………… 18
熱貫流率 ……………………………… 18
熱硬化性プラスチック ……………… 70

熱せきめっき …………………………… 218
熱線吸収ガラス ……………………… 66
熱通過 ………………………………… 18
熱伝達 ………………………………… 18
熱伝達率 ……………………………… 18
熱伝導 ………………………………… 18
熱伝導率 ……………………………… 18
ネットワーク工程表 ………………… 274
熱ポンプ ……………………………… 74
熱溶接工法 …………………………… 252
ねむり目地 …………………………… 192
年較差 ………………………………… 12
年少者 ………………………………… 302
年千人率 ……………………………… 284

【の】

脳天釘 ………………………………… 250
ノーマルコスト ……………………… 270
ノーマルタイム ……………………… 270
軒先フレーム ………………………… 206
軒樋 …………………………………… 210
軒樋受け金物 ………………………… 210
のこぎり屋根 ………………………… 14
野地 …………………………………… 202
野地板 ………………………………… 202
のど厚 ………………………………… 170
野縁 …………………………………… 212
野縁の配置 …………………………… 214
登り桟橋 ……………………………… 104
乗入れ構台 …………………………… 264
法付けオープンカット工法 ………… 112
法面 …………………………………… 112
のろ …………………………………… 58
ノロ掛け ……………………………… 142
ノンワーキングジョイント ………… 186

【は】

バーサポート …………………………150	柱主筋の主筋継手の位置 …………42
バーチャート工程表 ………………272	はぜ継ぎ ……………………………206
バーベンダー ………………………96	旗丁番 ………………………………236
排煙設備 ……………………………86	肌分かれ ……………………………198
配筋 …………………………………42	肌分かれ ……………………………228
配筋のポイント ……………………42	白華 …………………………………154
排水管 ………………………………78	白化 …………………………………248
排水口空間 …………………………78	バックアップ材 ……………………186
排水工法 ……………………………114	バックセット ………………………236
排水処理 ……………………………114	バックホー …………………………96
排水トラップ ………………………78	バッチャープラント ………………96
排水の種類 …………………………78	発注者 ………………………………296
配線工事 ……………………………82	パテ飼い ……………………………244
配線に使用する電線 ………………82	パテしごき …………………………244
ハイテンションボルト ……………162	パテ塗り ……………………………248
パイピング現象 ……………………112	鼻がらみ ……………………………208
パイプ ………………………………170	はなたれ ……………………………154
パイプサポート ……………………150	バナナ曲線 …………………………272
バイブレーター ……………………96	幅止め筋 ……………………………40
バイブロパイルハンマー …………120	バフ …………………………………220
配力筋 ………………………………40	破封 …………………………………78
パイル ………………………………260	バフ仕上げ …………………………220
はがれ ………………………………248	腹起し ………………………………110
はぎ合せ ……………………………206	腹筋 …………………………………40
はぎ合せ工法 ………………………260	パラペット …………………………190
白熱電球 ……………………………82	はり，けたその他の横架材 ………48
白熱灯 ………………………………82	張り石工事 …………………………188
はく離 ………………………………248	はりせい ……………………………42
はく離剤 ……………………………152	張付け代 ……………………………200
はけ塗り ……………………………246	はり間 ………………………………42
羽子板ボルト ………………………160	パレート図 …………………………280
はじき ………………………………248	パワーショベル ……………………96
場所打ち杭 …………………………36	反響 …………………………………22
場所打ちコンクリート杭地業 ……124	反射音 ………………………………22
場所打ちコンクリート杭地業の施工法 …126	バンドプレート ……………………44
場所打ちコンクリート杭の施工手順 ……126	反応硬化形合成樹脂エマルション系複層仕上塗材 ……230
場所打ち鉄筋コンクリート杭 …………36	反力 …………………………………28
場所打ち鉄筋コンクリート柱列壁工法 …110	

327

【ひ】

BA 仕上げ ………………………220
BM ………………………………94
PC 杭 ……………………………34
PDCA ……………………………282
ヒートボンド工法 ………………260
ヒートポンプ ……………………74
ヒービング現象 …………………112
火打ち ……………………………48
控え材 ……………………………102
日影 ………………………………8
日影規制 ………………………10・12
日影曲線 …………………………8
日影曲線図 ………………………10
日影曲線図の使用法 ……………10
非加硫ゴム系シート ……………182
引き金物 …………………………192
引締めねじ ………………………158
引戸 ………………………………98
菱葺き ……………………………202
比強度 ……………………………52
非構造壁 …………………………50
非常警報設備 ……………………84
非常時荷重 ………………………46
非常電源 …………………………84
非常用エレベータ ………………86
非常用照明灯 ……………………86
非常用進入口 ……………………86
ヒストグラム ……………………278
ひずみ度 …………………………30
ひずみ取り ………………………156
ひずみ直し ………………………156
左葺 ………………………………208
ピッチ ……………………………162
ピット ……………………………170
引張り強さ ………………………62
引張鉄筋 …………………………40
引張鉄筋比 ………………………42
引張力を負担する筋かい ………48

必要換気量 ………………………16
非鉄金属 …………………………64
一側足場 …………………………100
ビニルシート ……………………252
ビニルタイル ……………………252
ビニル床シート張り ……………252
ビニル床タイル張り ……………252
ビニル床張り作業 ………………254
ビニル床張り用接着剤 …………254
比熱 ………………………………18
非破壊検査 ………………………174
ビヒクル …………………………68
ひび割れ …………………………248
ひび割れ誘発目地 ………………194
ピポットヒンジ …………………234
ヒヤリ・ハット運動 ……………286
表乾状態 …………………………56
標準貫入試験 ……………………32
標準工費 …………………………270
標準時間 …………………………270
標準放置時間 ……………………248
表色系 ……………………………26
表面結露 …………………………20
表面仕上げ状態 …………………220
表面熱伝達 ………………………18
避雷針 ……………………………86
避雷設備 …………………………86
平板葺き …………………………202
平瓦 ………………………………202
開き勝手 …………………………234
開きボルト ………………………160
平戸 ………………………………234
平屋根 ……………………………202
平やり方 …………………………106
品質管理 ………………………278・282
品質管理のサイクル ……………282
品質認証制度 ……………………282
品質保証 …………………………282
貧調合 …………………………138・190
貧調合コンクリート ……………138

貧調合モルタル …………………138・190

【ふ】

ファスナー …………………………188
ファン ………………………………72
ファンコイルユニット ……………72
ファンコイルユニット方式 ………72
VE …………………………………270
部位科目による分類 ………………92
フィッシュアイ ……………………170
VP管 ………………………………210
VU管 ………………………………210
フィラープレート …………………44
風圧力 ………………………………46
封水 …………………………………78
封水破壊 ……………………………78
フーチング …………………………34
フーチング基礎 ……………………34
風道 …………………………………72
フープ ………………………………40
風力換気 ……………………………16
フォームタイ ………………………150
フォローアップ ……………………276
歩掛り ………………………………92
不活性ガス消火設備 ………………84
葺き足 ………………………………204
吹出し口 ……………………………72
吹継ぎ ………………………………232
吹付け工法 …………………………232
吹付け仕上げのポイント …………232
吹付け塗装 …………………………246
副筋 …………………………………40
複筋 …………………………………40
複筋ばり ……………………………42
複合単位 ……………………………92
複層ガラス …………………………66
複層仕上塗材 ………………………230
複層仕上塗材RE ……………………230
複層塗材E …………………………230

複層塗材CE …………………………230
ふくれ ………………………………248
腐食代 ………………………………34
富調合 ………………………………138
富調合コンクリート ………………138
富調合モルタル ……………………138
普通板ガラス ………………………66
普通コンクリート …………………60
普通サッシ …………………………238
フック ………………………………128
フックボルト ………………………160
物体の落下による危険防護棚 ……104
不定形シーリング材 ………………186
ふところ ……………………………212
不燃材料 ……………………………290
負の周面摩擦 ………………………36
負の摩擦力 …………………………36
部分別内訳 …………………………92
部分密着張り ………………………178
踏み桟 ………………………………104
フライアッシュセメント …………56
プライマー ………………………178・242
プライマー塗り ……………………178
プラスター …………………………228
プラスター塗り ……………………228
プラスターボード …………………258
プラスチック ………………………70
フラッシュ戸 ………………………234
フラッシュバルブ …………………76
ブラッシング ………………………248
フランジプレート …………………44
フランス落し ………………………234
ブリージング ………………………60
フリーフロート ……………………276
不良圧接 ……………………………134
プルショベル ………………………96
プルボックス ………………………82
プレートガーダー …………………44
フレキシブルシュート ……………144
プレキャストコンクリート部材下地 ……226

プレストレス ……………………34
プレストレストコンクリート杭 ………34
フレッシュコンクリート ……………58
振止め ……………………212
振止めの補強 ……………………214
プレボーリング工法 ……………124
プレボーリング根固め工法 …………124
プレボーリング併用打撃工法 ………122
プレロード ……………………264
フロアーヒンジ ……………234
フロアダクト工事 ……………82
フロー試験 ……………………140
フロー値 ……………………140
フロート ……………………276
フロート板ガラス ……………66
ブローホール ……………170
フローリング ……………250
フローリングブロック ……………250
フローリングボード ……………250
フローリングボード（一般）張り ………250
フローリングボード特殊張り ………250
フローリング床張り ……………250
ブローンアスファルト ………64・252
不陸 ……………………200・222
分離 ……………………142
分流式 ……………………78
分力 ……………………28

【へ】

ヘアライン仕上げ ……………220
閉トラバース ……………………94
平板載荷試験 ……………………32
平板測量 ……………………94
併用継手 ……………………162
ペイント ……………………68
ベースプレート ……………160
壁体 ……………………50
壁面の方位と日照 ……………8
ベクトル ……………………28

べた基礎 ……………………34
隔て子 ……………………150
ベノト工法 ……………………126
辺材 ……………………52
便所ブース ……………………234
変成岩 ……………………66
変成シリコン系 ……………184
ベンダー ……………………96
ベンチマーク ……………………94
ベントナイト安定液 …………114・122
ベントナイト注入工法 ……………114
ベントパイプ ……………………78

【ほ】

ボイラ ……………………74
ボイリング現象 ……………112
ボイル油 ……………………242
方位角 ……………………10
防音サッシ ……………………238
防火区画 ……………………86
防火構造 ……………………290
防火シャッターの取付け工事の手順 ……240
防滑仕上げ ……………………256
棒鋼 ……………………62
防災設備 ……………………86
防水 ……………………176
防水層施工の良否 ……………176
防水モルタル ……………184
方立て ……………………236
膨張剤 ……………………58
膨張色 ……………………26
膨張セメント ……………………58
膨張モルタル ……………158
防網 ……………………104
防露対策の基本 ……………20
ボーダタイル ……………200
ホールダウン金物 ……………49
ボールタップ ……………………76
補強筋 ……………………40

補強コンクリートブロック工事のポイント …154
補強コンクリートブロック造 …………50
補強コンクリートブロック造の配筋方法 ……154
補強立ちはぜ ………………………206
ほぐし率 ……………………………116
補剛材 ………………………………44
保護断熱防水 ………………………178
保護防水 ……………………………178
補助筋 ………………………………40
補色 …………………………………26
保水剤 ………………………………226
ポゾラン ……………………………226
ボックス柱 …………………………44
骨組下地の石こう張り ……………258
骨組測量 ……………………………94
ポリウレタン系 ……………………184
ポリサルファイド系 ………………184
ポリバス ……………………………70
ポリマーセメント系複層仕上塗材 ……230
ボルト ………………………………160
ボルト接合 …………………………162
ボルト接合・高力ボルト接合の設計 ……162
ボルトセパレータ …………………150
ボルトピッチ ………………………160
ポルトランドセメント ……………56
ボルト列中心 ………………………160
ポロシティ …………………………170
phon …………………………………22
本足場 ………………………………100
本瓦葺き ……………………………202
本締り付きモノロック ……………234
ボンデライジング …………………64
ボンドブレーカー …………………184
本磨き仕上げ ………………………192

【ま】

マーキング …………………156・166
前踏み ………………………………102
幕板 …………………………………150

まぐさ ………………………………240
マグネシア石灰 ……………………222
曲げモーメント ……………………28
摩擦杭 ……………………………36・118
柾目 …………………………………54
増し張り ……………………………180
マスキング …………………………22
マスキングテープ …………………184
マスク ………………………………196
マスク張り …………………………196
窓採光 ………………………………14
豆板 …………………………………222
丸瓦 …………………………………202
丸太足場 ……………………………100
丸棒鋼 ………………………………38
回し打ち ……………………………142
回し溶接 ……………………………172
マンセルの色立体 …………………26
マンセル表色系 ……………………26

【み】

みかげ石 ……………………………66
右勝手 ………………………………234
右葺 …………………………………208
見切り ………………………………232
水糸 …………………………………106
水返し勾配 …………………………238
水切り ………………………………238
水切り勾配 …………………………238
水杭 …………………………………106
水勾配 ……………………………196・202
水締め ………………………………116
水セメント比 ……………………58・136
水垂れ勾配 …………………………238
水貫 …………………………………106
水盛り ………………………………106
道板 …………………………………102
道切り ………………………………192
密着工法 …………………………178・184

331

密着張り ……………………196
見積り ………………………92
ミルスケール ………………164
民間(旧四会)連合協定工事請負契約約款 ……88

【む】

ムーブメント ………………186
むくり ………………………150
無彩色 ………………………26
無収縮セメント ………………58
無収縮モルタル ……………158
棟 ……………………………202
斑直し ………………………224
むらなおし …………………224

【め】

明細積算 ……………………92
明度 …………………………26
明瞭度 ………………………24
目地 …………………………190
召し合せ ……………………234
目地詰め ……………………198
目地ます法 …………………198
メタリコン法 ………………218
目違い ………………………200
メチルセルロース …………196・224
めっき ………………………218
めっき以外の金属表面処理 …218
めっき法 ……………………218
目止め ………………………70
面クリアランス ……………240
面積効果 ……………………26
面取り ………………………134
メンブレン …………………176
メンブレン防水 ……………184

【も】

モーメント …………………28
木構造 ………………………48
木構造の設計のポイント …50
木材の一般的性質 …………52
木材の強度 …………………52
木材の収縮率 ………………52
木材の腐朽と蟻害 …………54
目視検査 ……………………200
木質系構造 …………………48
木製せき板 …………………150
木製矢板 ……………………108
木造 …………………………48
木部の下地ごしらえ ………244
木目 …………………………54
木理 …………………………54
モザイクタイル ……………66・200
元請負人 ……………………296
元方安全衛生管理者 ………304
モノロック …………………234
母屋 …………………………208
モルタル ……………………58
モルタル埋込み工法 ………252
モルタル調合 ………………226
モルタル調合の混和剤 ……224
モルタル塗り ………………224
モルタル塗りの要点 ………224
モルタル防水 ………………184
モルタル防水工事のポイント ……184
もんけん ……………………120

【や】

矢板 …………………………108
薬液注入工法 ………………114
屋根勾配 ……………………202
屋根下地 ……………………204
屋根の種類 …………………202
屋根葺き ……………………202

屋根防水に用いるアスファルト ……180
破れ目地 ……194
山留め ……108
山止め ……108
山留めオープンカット工法 ……108
山留め壁 ……108
山留め工法 ……110
山留め支保工 ……110
山留め壁の種類と選定 ……110
やり方 ……106
やりかた ……106
やり方杭 ……106
やり方貫 ……106
ヤング係数 ……30

【ゆ】

油圧パイルハンマー ……120
有機溶剤 ……242
有効採光面積 ……14
有孔ばり ……38
融合不良 ……170
有彩色 ……26
UT ……174
床タイル ……66
床暖房 ……74
ゆがみ直し ……156
床面のタイル張り工法における敷モルタル …196
油性調合ペイント ……68
ユニットタイル ……200
ユニット張り ……196

【よ】

陽極酸化皮膜法 ……218
溶剤系ウレタン ……254
養生 ……146
容積比 ……226
溶接 ……168
溶接金網 ……38

溶接記号 ……172
溶接欠陥 ……170
溶接検査 ……174
溶接構造用圧延鋼材 ……62
溶接継手の形状 ……168
溶接の設計 ……168
溶接部の内部欠陥 ……174
溶接部の表面欠陥 ……174
溶接割れ ……170
要素別分類 ……92
溶融亜鉛めっき ……218
溶融アスファルト ……180
横筋用ブロック ……154
横線工程表 ……272
横樋 ……210
横方向の重ね合せ ……208
寄せ棟造り ……202
寄せ棟屋根 ……202
呼び強度 ……136
予備電源 ……84
余掘り ……112
余盛り ……116・170
余裕時間 ……276
4S運動 ……286
4週強度 ……140
四丁掛けタイル ……200

【ら】

ラーメン ……168
ラッカー ……68
ラッカーエナメル ……68
ラッチボルト ……234
ラバトリーヒンジ ……234
ラフテレーンクレーン ……97
ラム ……120
ランナー ……212
ランマー ……96

333

【り】

リーダ …………………………122
リーマ …………………………96・166
リバース工法 …………………126
リバースサーキュレーション工法 ………126
リバウンド量 …………………122
リベット接合 …………………162
リベット接合の要点 …………162
リベット用圧延棒鋼 …………62
硫化いぶし仕上げ ……………220
流動化剤 ………………………58
両側（窓）採光 ………………14
療養補償 ………………………302
りん酸塩被膜法 ………………218
隣棟間隔 ………………………12

【る】

累計出来高曲線 ………………272
ルーフィング …………………178
ルーフィングシート …………182
ルーフィングシート接合部の重ね代 …182
ルーフィング葺き ……………204
ルーフドレン …………………210

【れ】

冷間圧延 ………………………64
冷間加工 ………………………128
冷却塔 …………………………74
レイタンス ……………………142
冷凍機 …………………………74
冷凍トン ………………………74
礫 ………………………………32
列記式工程表 …………………274
レディーミクストコンクリート ……60・136
レディーミクストコンクリートの呼び方 ……136
レバーストッパー ……………236
レバーハンドル ………………234

【れ】（続き）

レベル …………………………94
レミコン ………………………60
連続地中壁工法 ………………110
連力図 …………………………28

【ろ】

労働契約 ………………………302
労働条件の明示 ………………302
労働損失日数 …………………284
ローラーブラシ ………………246
ローラーブラシ塗り …………246
ローリングタワー ……………104
陸屋根 …………………………202
露出防水 ………………………178
ロックウール吹付け …………232
露点 ……………………………20

【わ】

ワーカビリティー ……………60
ワーキングジョイント ………186
ワイヤーメッシュ ……………38
わく組足場 ……………………100
枠組壁工法 ……………………48
ワックス仕上げ ………………192
ワニス …………………………70
割栗地業 ………………………36・118

●著者

中井　多喜雄 （なかい　たきお）

1950 年　京都市立四条商業学校卒業
　　　　　垂井化学工業株式会社入社
1960 年　株式会社三菱銀行入社
現　　在　技術評論家（建築物環境衛生管理技術者・建築設備検査資格者・特級ボイラー技士・
　　　　　第 1 種冷凍機械保安責任者・甲種危険物取扱者・特殊無線技士）

〈おもな著書〉

福祉住環境テーマ別用語集／学芸出版社
福祉・住環境用語集／学芸出版社
イラストでわかる二級建築士用語集／学芸出版社
イラストでわかる管工事用語集／学芸出版社
イラストでわかるビル管理用語集／学芸出版社
イラストでわかる建築施工管理用語集／学芸出版社
イラストでわかる空調設備のメンテナンス／学芸出版社
イラストでわかる給排水・衛生設備のメンテナンス／学芸出版社
イラストでわかる建築電気設備のメンテナンス／学芸出版社
イラストでわかるビル清掃・防鼠防虫の技術／学芸出版社
イラストでわかる建築電気・エレベータの技術／学芸出版社
改訂版　イラストでわかる給排水・衛生設備の技術／学芸出版社
改訂版　イラストでわかる空調の技術／学芸出版社
改訂版　イラストでわかる消防設備の技術／学芸出版社
廃棄物処理技術用語辞典／日刊工業新聞社
ガスだきボイラーの実務／日刊工業新聞社
図解ボイラー用語事典／日刊工業新聞社
図解配管用語事典／日刊工業新聞社
SI 単位ポケットブック／日刊工業新聞社
ボイラの燃料燃焼工学入門／燃焼社

ボイラの水処理入門／燃焼社
スチームトラップで出来る省エネルギー／燃焼社
鋳鉄製ボイラと真空式温水ヒータ／燃焼社
ボイラーの運転実務読本／オーム社
ボイラーの事故保全実務読本／オーム社
新エネルギーの基礎知識／産業図書
ボイラー技士のための自動制御読本／明現社
ボイラー技士のための自動ボイラー読本／明現社
ボイラー一問一答取扱い編／明現社
SI 単位早わかり事典／明現社
最新エネルギー用語辞典／朝倉書店
自動制御用語辞典／技報堂出版
危険物用語辞典／朝倉書店
ボイラ自動制御用語辞典／技報堂出版
建築設備用語辞典／技報堂出版
よくわかる！　1 級ボイラー技士試験／弘文社
よくわかる！　2 級建築士試験／弘文社
2 級土木施工管理技士検定試験／学献社
図説燃料・燃焼技術用語辞典／学献社

石田　芳子 （いしだ　よしこ）

1981 年　大阪市立工芸高校建築科卒業
現　　在　石田（旧木村）アートオフィス主宰／二級建築士

〈おもな著書〉

イラストでわかる二級建築士用語集／学芸出版社
イラストでわかる管工事用語集／学芸出版社
イラストでわかるビル管理用語集／学芸出版社
イラストでわかる建築施工管理用語集／学芸出版社
イラストでわかる消防設備士用語集／学芸出版社
イラストでわかる空調設備のメンテナンス／学芸出版社
イラストでわかる給排水・衛生設備のメンテナンス／学芸出版社

イラストでわかる建築電気設備のメンテナンス／学芸出版社
イラストでわかるビル清掃・防鼠防虫の技術／学芸出版社
イラストでわかる建築電気・エレベータの技術／学芸出版社
改訂版　イラストでわかる給排水・衛生設備の技術／学芸出版社
改訂版　イラストでわかる空調の技術／学芸出版社
改訂版　イラストでわかる消防設備の技術／学芸出版社
マンガ建築構造力学入門Ⅰ、Ⅱ／集文社

イラストでわかる建築施工管理用語集

2000 年 7 月 30 日　第 1 版第 1 刷発行
2017 年 4 月 30 日　第 1 版第 11 刷発行

著　者　中井多喜雄・石田芳子
発行者　前田裕資
発行所　株式会社 **学芸出版社**
　　　　京都市下京区木津屋橋通西洞院東入
　　　　〒 600-8216　TEL 075（343）0811
　　　　製版・印刷：創栄図書印刷／製本：山崎紙工
　　　　写植：立生／カバーデザイン：前田俊平

ⓒ中井多喜雄・石田芳子，2000　　　　　　　Printed in Japan
ISBN978-4-7615-3087-7

┌───┐
JCOPY〈(社)出版者著作権管理機構委託出版物〉
　本書の無断複写（電子化を含む）は著作権法上での例外を除き禁じられています。複
写される場合は、そのつど事前に、(社)出版者著作権管理機構（電話 03 - 3513 - 6969、
FAX 03 - 3513 - 6979、e-mail: info@jcopy. or. jp）の許諾を得てください。
　また本書を代行業者等の第三者に依頼してスキャンやデジタル化することは、たと
え個人や家庭内での利用でも著作権法違反です。
└───┘